AMERICAN STUDIES – A MONOGRAPH SERIES
Volume 112

Edited on behalf
of the German Association
for American Studies by
REINHARD R. DOERRIES
GERHARD HOFFMANN
ALFRED HORNUNG

SABINE SCHINDLER

Authentizität und Inszenierung

Die Vermittlung von Geschichte
in amerikanischen *historic sites*

Universitätsverlag
WINTER
Heidelberg

Bibliografische Information Der Deutschen Bibliothek
Die Deutsche Bibliothek verzeichnet diese Publikation
in der Deutschen Nationalbibliografie;
detaillierte bibliografische Daten sind im Internet
über *http://dnb.ddb.de* abrufbar.

Diese Arbeit wurde im Jahr 2002 von der Philosophischen Fakultät
der Universität Passau als Dissertationsschrift angenommen.
Sie wurde ausgezeichnet mit dem E.ON Bayern-Kulturpreis 2003.

ISBN 3-8253-1619-X

© 2003 Universitätsverlag Winter GmbH Heidelberg
Imprimé en Allemagne · Printed in Germany
Druck: Memminger MedienCentrum, 87700 Memmingen

Gedruckt auf umweltfreundlichem, chlorfrei gebleichtem
und alterungsbeständigem Papier

Den Verlag erreichen Sie im Internet unter:
www.winter-verlag-hd.de

Für Heidi

Vorwort

Die vorliegende Studie ist im Juni 2002 von der Philosophischen Fakultät der Universität Passau als Dissertationsschrift angenommen worden. Sie wurde durch ein Graduiertenstipendium des Landes Bayern und durch die Studienstiftung des Deutschen Volkes gefördert. Beiden Stipendiengebern möchte ich für die gewährleistete Unterstützung sehr danken.

Mein besonderer Dank gilt dem Betreuer meiner Dissertation, Herrn Prof. Dr. Klaus P. Hansen, der diese Arbeit in jeder Hinsicht förderte und unterstützte. Außerdem danke ich den Koreferenten Herrn Prof. Dr. Hartmut Laufhütte, auch in seiner Funktion als Vertrauensdozent der Studienstiftung des Deutschen Volkes, und Herrn Prof. Dr. Jürgen Kamm. Herrn Prof. Dr. Berndt Ostendorf verdanke ich neben wichtigen inhaltlichen Anregungen zahlreiche Kontakte zu Gesprächspartnern in den Vereinigten Staaten. Ohne die Mitarbeiter der historischen Stätten Mount Vernon, Colonial Williamsburg und Plimoth Plantation wäre die Durchführung dieser Studie nicht möglich gewesen. Ihnen danke ich für das entgegengebrachte Interesse und die Kooperationsbereitschaft.

Mein herzlicher Dank geht schließlich an Ingrid, die meine Arbeit von Beginn an mit konstruktiver Kritik und Worten der Ermutigung begleitet hat und an Tanja, die mir nicht nur bei der Endredaktion des Manuskripts zur Seite stand.

Juli 2003   Sabine Schindler

Inhalt

I. Einleitung

1. Forschungsgegenstand: Die historische Stätte

Die kollektive Identität einer Nation wird unter anderem durch die gemeinsame Geschichte gestiftet. Dabei sind es nicht nur die historischen Fakten und bloßen Ereignisse, die in das "kulturelle Gedächtnis" eingehen, als vielmehr Deutungen der Geschichte, die oftmals patriotischer Natur sind und bisweilen politisch instrumentalisiert werden.[1] Wie bei allen Phänomenen kultureller Art läßt sich die Frage nach deren Ursprung nicht einfach durch den Rückgriff auf eine planvoll agierende Instanz beantworten. Der Historiker, sofern er nicht bloß im Dienste zeitgeistlich und parteiisch motivierter Auslegungen des Faktenmaterials steht, prägt die im kulturellen Gedächtnis einer Nation verankerten Wissensbestände nur bedingt. Diejenigen Deutungen von Geschichte, die Nationalität und Nationalstolz konstituieren, sind weder wissenschaftlicher noch akademischer Natur, sondern Produkte der Öffentlichkeit, die unter anderem durch die Stätten nationaler Erinnerung verbreitet werden. Die vorliegende Arbeit will sich mit solchen Stätten und ihren Popularisierungsformen befassen.

In den angeblich geschichtsarmen Vereinigten Staaten herrscht an historischen Museen und *historic sites* kein Mangel. Die *American Association of Museums* zählt derzeit über 4400 registrierte Institutionen, die sich der Darstellung bestimmter Epochen, Persönlichkeiten und Ereignisse der amerikanischen Geschichte widmen.[2] Ihre Bandbreite reicht von den Nationalmuseen der *Smithsonian Institution* über *historic house museums* wie Monticello, von den *Revolutionary* und *Civil War battlefields* wie Lexington-Concord und Gettysburg hin zu den zahlreichen *trading posts* entlang der ehemaligen *frontier* und den wieder errichteten *historical communities* wie sie in Old Sturbridge Village oder Colonial Williamsburg vergegenwärtigt werden. Diese Stätten empfangen gemeinsam rund 100 Millionen Besucher im Jahr–"a massive public audience for the past."[3]

Der touristische Besucher trifft in amerikanischen *historic sites* auf Formen der Vermittlung, die inzwischen auch in Europa verstärkt praktiziert werden, in den Vereinigten Staaten jedoch bereits seit einigen Jahrzehnten weit verbreitet sind. Der Anspruch dieser Stätten besteht insbesondere darin, Geschichte zum einen authentisch und zum anderen sinnlich erfahrbar zu präsentieren. Dieses Ziel soll folgendermaßen erreicht

---

[1] Vgl. Jan Assmann, *Das kulturelle Gedächtnis: Schrift, Erinnerung und politische Identität in frühen Hochkulturen* (München: Beck 1999). Maurice Halbwachs, *La mémoire collective* (Paris: Presses universitaires de France 1950).

[2] Vgl. Michael Kammen, *Mystic Chords of Memory: The Transformation of Tradition in American Culture* (New York: Vintage Books 1993) 635.

[3] Warren Leon and Roy Rosenzweig, "Introduction," *History Museums in the United States: A Critical Assessment*, Hg. Warren Leon and Roy Rosenzweig (Urbana and Chicago: University of Illinois Press 1989): xii.

werden: Durch umfangreiche Restaurations- und Rekonstruktionsarbeiten wird versucht, die historischen Gebäude und das sie umgebende Gelände in den ursprünglichen Zustand zu versetzen, wobei man sich an einem bestimmten Stichjahr orientiert. Des weiteren kommen vielerorts Schauspieler zum Einsatz, die inmitten der historischen Kulisse in die Rolle der ehemaligen Bewohner schlüpfen und ausschließlich aus deren zeitlicher Perspektive mit dem Besucher kommunizieren. Dieser als *living history* bekannte Ansatz macht die dialogische Interaktion mit den sogenannten *first-person interpreters* zur Hauptinformationsquelle des Museumsgängers.[4] In einigen Stätten werden durch einstudierte *theatrical skits* wichtige Ereignisse der porträtierten Epoche dramatisch wiedergegeben: Geschichte wird hier in des Wortes wahrster Bedeutung inszeniert. Daneben setzen viele Stätten nach wie vor konventionelle Vermittlungsverfahren wie Orientierungsfilme, Führungen und betextete Exponate ein, um ihrem Publikum den historischen Gegenstand näherzubringen. Die Mehrzahl der Einrichtungen verleiht ihren Intentionen in Form von *mission statements* und weiterer Informationsträgern wie etwa Museumsführern, Veranstaltungsprogrammen und Werbebroschüren Ausdruck. Diese geben nicht nur Hinweise auf die Inhalte, die kommuniziert werden sollen, sondern zeigen darüber hinaus, wie die Einrichtung ihre Rolle als Mittler historischen Wissens definiert, welche theoretischen Grundannahmen und welches Geschichtsverständnis sich hinter der Vermittlungstätigkeit verbergen.

---

[4]   Anderson zufolge umfaßt die *living history* neben ihrer museumsdidaktischen Dimension den Bereich der *experimental archaeology* sowie das äußerst beliebte Hobby des *reenacting*. Vgl. Jay Anderson, "Living History: Simulating Everyday Life in Living Museums," *American Quarterly* 34.3 (1982): 291. Die experimentelle Archäologie simuliert vergangene Strukturen, um den funktionalen Kontext historischer Sachkultur zu klären. *Reenactors* schlüpfen in ihrer Freizeit in historische Kostüme, schlagen unter freiem Himmel Feldlager auf und imitieren in Gesellschaft Gleichgesinnter die Lebensbedingungen vergangener Zeiten, wobei die Ära des *Revolutionary War* und die des *Civil War* in der Popularitätsskala ganz oben stehen. Jedes Jahr werden vor großem Publikum die Schlachten dieser Kriege nachgespielt, so etwa in Gettysburg, wo bereits 1986 über 50.000 Schaulustige gezählt wurden. Vgl. Kammen, *Mystic Chords of Memory* 628. Tony Horwitz gibt einen facettenreichen und detailgenauen Einblick in die ebenso faszinierende wie befremdliche Subkultur der südstaatlichen *Civil War reenactors*. Tony Horwitz, *Confederates in the Attic: Dispatches from the Unfinished Civil War* (New York: Vintage Books 1998). Eine kulturanthropologische Kritik an der Authentizitätsbesessenheit der *reenactors* liefern Richard Handler and William Saxton, "Dyssimulation: Reflexivity, Narrative, and the Quest for Authenticity in 'Living History,'" *Cultural Anthropology* 3.3 (1988): 242-60. Eine Zeitschrift, die sich an *reenactors* allgemein richtet, ist *Living History: The Journal of Historical Reenactment & Interaction*, Fairfax, Virginia: Great Oak, Spring 1995ff. Das Interesse der vorliegenden Arbeit gilt den museal institutionalisierten Formen der *living history*.

Als Institutionen, die sich nicht primär an das Fachpublikum, sondern an den historischen Laien wenden, gehören *historic sites* zum Bereich der *public history*, der sämtliche Formen einer "nonacademic history in many media" umfaßt.[5] In den letzten Jahrzehnten ist hier ein großes und variantenreiches Angebot an populärhistorischen Informationsmöglichkeiten geschaffen worden, das neben dem Museumsbesuch, dem *reenactment* geschichtlicher Ereignisse und der Teilnahme an öffentlichen Festtagen mit historischem Bezug beispielsweise auch den Konsum von historischen *docudramas* und Romanen umfaßt.[6] Während sich die Publikationen der *academic historians* mit einem kleinen Wirkungskreis bescheiden müssen, erreichen die Einrichtungen der *public history* ein Millionenpublikum und üben beträchtlichen Einfluß auf das Geschichtsverständnis der Öffentlichkeit aus.[7] Dies trifft in besonderem Maße auf *historic sites* zu, denn: "In a single year, the average interpreter reaches more people than a teacher in a classroom will reach in a lifetime."[8] Die museal institutionalisierte *living history* gilt heute "as one of the *main* ways in which large numbers of uneducated people learn anything about their past."[9] An diese Stätten nationaler Erinnerung lassen sich nunmehr zwei Fragen richten: Die nach den Vermittlungsformen und die nach den Vermittlungsinhalten. Diese Zweiteilung ist jedoch nur eine Dichotomie,

---

[5] Barbara Franco, "Public history and Memory: A Museum Perspective," *Public Historian. A Journal of Public History* 19.2 (1997): 66. Franco definiert *public history* weitergehend als "history in action and sometimes reenacted" sowie als "history in usable, tangible, and visible forms that evoke personal and often highly emotional responses." Ebd.

[6] "[...] ever since the 1950s and '60s [...] public history (broadly understood) has been produced and promulgated in the United States more effectively and with greater diversity and versatility than ever before." Michael Kammen, "Public History and National Identity in the United States," *Amerikastudien/American Studies. A Quaterly* 44.4 (1999): 463. Allein die Sendungen des *History Channel* locken wöchentlich 30 Millionen Zuschauer vor die Bildschirme. Vgl. Diane F. Britton, "Public History and Public Memory. National Council on Public History President's Annual Address," *Public Historian. A Journal of Public History*, 19.3 (1997): 11.

[7] "It is rare, for example, for a scholarly monograph in black history to sell 36.000 copies in a year. Similarly, the 350.000 visitors to Plimoth Plantation probably exceed the cumulative readership of all the new scholarly works in colonial history in a typical year." Leon and Rosenzweig, "Introduction" xii. Die Verdrängung der akademischen Geschichtswissenschaft durch populärhistorische Institutionen und Veranstaltungen wurde in den 1990er Jahren heftig diskutiert. Vgl. hierzu etwa Thomas Bender, "'Venturesome and Cautious': American History in the 1990s," *The Practice of American History*, spec. issue of *Journal of American History* 81.3 (1994): 992-1003; Alan Brinkley, "Historians and Their Publics," ebd.: 1027-30 und Edward T. Linenthal, "Committing History in Public," ebd.: 986-91.

[7] Leon and Rosenzweig, "Introduction" xii.

[8] John Fortier, "The Dilemmas of Living History," *ALHFAM Proceedings of the 1987 Annual Meeting* 10 (1989): 8.

[9] Fortier, "Dilemmas of Living History" 8. Hervorhebung im Original.

denn Formen implizieren immer schon Inhalte, eine Einsicht, die sich erst
allmählich durchzusetzen beginnt und in der Forschungsliteratur bislang
kaum diskutiert wurde.

2. Forschungsstand und Methode

Die Wissenschaft hat sich dem Themenbereich der *public history* insgesamt
nur zögerlich zugewandt. Ende der 1980er Jahre wurde ihr noch eine
"reluctance to address historical presentations that affect the perceptions of
literally millions of Americans" attestiert und insbesondere die "absense of
critical scrutiny of museum-based historical presentation" kritisiert.[10] Der
außerordentliche Erfolg von populärhistorischen Angeboten ist der uni-
versitären Geschichtswissenschaft indes nicht verborgen geblieben, die
ihrerseits den schwindenden Einfluß der akademischen Historiker auf das
Geschichtsverständnis der breiten Bevölkerung beklagt.[11] Erst die Be-
ständigkeit einer eigentümlichen Diskrepanz zwischen dem ubiquitären
Geschichtsenthusiasmus der Amerikaner einerseits und dem Mangel an
fundierten historischen Kenntnissen andererseits hat dazu geführt, daß sich
die *academia* der *public history* und somit auch des Teilsegments der
historic sites und Museen angenommen hat. Den wenigen existenten
Standardwerken zur Geschichte des amerikanischen Museumswesens
wurden neue Ansätze zur Seite gestellt.[12]

---

[10] Leon and Rosenzweig, "Introduction" xii. Kammen hat diese Schieflage von
"historical amnesia amidst so much apparent interest in the past displayed at
museums, historic sites, and thematic historical places" auf den Begriff des "cultural
paradox" gebracht. Michael Kammen, *In the Past Lane: Historical Perspectives on
American Culture* (New York/Oxford: Oxford University Press 1997) xii.

[11] Kaye datiert die Proliferation an populärhistorischen Angeboten und den Beginn der
bis heute anhaltenden Krisenstimmung in der *historical profession* auf die Mitte der
1970er Jahre: "Historians themselves first became aware of the 'crisis of history' in
the mid-1970s when they saw commitment to historical study collapse at all levels of
schooling. It was a truly frustrating experience, for the very same developments that
led to the enervation of the grand narrative and the devaluation of historical
education engendered a tremendous popular demand for 'the past' as people sought
new ways of relating to history." Harvey J. Kaye, "The Making of American
Memory," *American Quarterly* 46.29 (1994): 252. Auch Kammen weist darauf hin
"[that] at a time when public interest in history *appears* to be high, [...] actual
knowledge of history is sadly low [...]." Kammen, "Public History and National
Identity" 467.

[12] Als Klassiker der Geschichte des amerikanischen *preservation movement* gilt bis
heute: Charles B. Hosmer, Jr., *The Presence of the Past: A History of the
Preservation Movement in the United States Before Williamsburg* (New York:
Putnam's Sons 1965); ders., *Preservation Comes of Age: From Williamsburg to the
National Trust, 1926-1949* (Charlottesville: University of Virginia Press 1981). Eine
nicht nur auf Geschichtsmuseen beschränkte Darstellung bietet Edward P.

Zu diesen gehören die *history and memory studies*, die die konkrete Vermittlungsarbeit in historischen Stätten nur am Rande streifen und sich vorrangig dem Gesamtphänomen des kollektiven Gedächtnisses sowie den Bedingungen seiner Konstituierung und Transformation widmen. Sie analysieren "the interrelationsships between different versions of history in public,"[13] die durch verschiedene "Gedächtnisorte"[14] wie Kriegsdenkmäler, Nationalfeiertage sowie nicht zuletzt Museen und *historic sites* geprägt werden.[15] Prozesse der Selektion und Verzerrung historischer Fakten sind dabei genauso von Interesse wie die politische Instrumentalisierung und kommerzielle Verunglimpfung von Geschichte.[16] In Bezug auf museale

---

Alexander, *Museums in Motion: An Introduction to the History and Functions of Museums* (Nashville, Tenn.: American Association for State and Local History 1979).

[13] David Glassberg, "Public History and the Study of Memory," *Public Historian. A Journal of Public History* 18.2 (1996): 9.

[14] Pierre Nora, *Zwischen Geschichte und Gedächtnis* (1984; Berlin: Wagenbach 1990) 11.

[15] Den besten Zugang zur Literatur und dem aktuellen Theoriestand der amerikanischen *history and memory studies* leistet: Glassberg, "Public History and the Study of Memory" 7-23 sowie die zu Glassberg Stellung nehmenden Beiträge von Robert R. Archibald, Jo Blatti, Barbara Franco, Michael Kammen, Edward Linenthal und David Lowenthal in: *Public Historian. A Journal of Public History* 19.2 (1997): 31-67. Vgl. auch David Lowenthal, *The Past Is A Foreign Country*, 5. Aufl. (Cambridge: Cambridge University Press 1995), insbes. Part II: "Knowing the Past," 185-259. Siehe auch den kürzlich erschienenen Band *Sites of Memory in American Literatures and Cultures*, Hg. Udo Hebel, American Studies–A Monography Series; 101 (Heidelberg: Winter 2003).

[16] Die Diskussion um die politische Instrumentalisierung von Geschichte wurde insbesondere in den 1990er Jahren, der Dekade der *history wars*, heftig geführt. Sie entzündete sich zum einen an der Absicht des Disney-Konzerns, auf einem 3000 *acres* umfassenden Areal in unmittelbarer Nähe der Bull Run/Manassas *battlefields* in Virginia einen *historical themepark* zu errichten. Vgl. Marcia G. Synnott, "Disney's America: Whose Patrimony, Whose Profits, Whose Past?" *Public Historian. A Journal of Public History* 17.4 (1995): 43-59. Zum anderen stand die Debatte um *Enola Gay*, eine vom *National Air and Space Museum* konzipierte Ausstellung über das Ende des Zweiten Weltkrieges, die vom amerikanischen Kongreß durch die Kappung der Finanzmittel verhindert wurde, im Zentrum der *history wars*. Vgl. Michael Wallace, "The Battle of the Enola Gay," *History Wars: The Enola Gay and Other Battles for the American Past*, Hg. Edward T. Linenthal and Tom Engelhardt (New York: Metropolitan 1996) 269-318 und Edward T. Linenthal, "Anatomy of a Controversy," ebd. 9-62. Schließlich stellte der umstrittene Stellenwert des Geschichtsunterrichts und die Debatte um den Zuschnitt und die Inhalte eines nationalen *historical canon* im amerikanischen Bildungssystem ein weiteres Reizthema der 1990er Jahre dar. Vgl. Gary B. Nash, Charlotte Crabtree and Ross E. Dunn, *History on Trial: Culture Wars and the Teaching of the Past* (New York: Knopf 1997); Gary B. Nash, *The History Wars of the 1990s*, Lawrence F. Brewster Lecture In History XV (Greenville, North Carolina: East Carolina University 1996).

Einrichtungen besteht Einigkeit darüber, daß diese nicht "as simple repositories of cultural and historical treasures" zu verstehen, sondern als kultur- und gedächtnisstiftende Institutionen zu begreifen sind, die kollektive Identitäten herstellen und perpetuieren.[17] Unterschiedlich wird jedoch die Frage nach dem Charakter und der Legitimität der gegenwartspolitischen Deutungsmacht beantwortet, die damit ausgeübt wird. Konsensorientierte Historiker neigen dazu, widerstreitende öffentliche Geschichtsdeutungen in einem entpolitisierten Erklärungsmodell aufzuheben und Auseinandersetzungen um die Repräsentation von Vergangenheit im Lichte eines "American quest for consensus and stability" zu interpretieren.[18] Das Lager der *radical historians* betont hingegen die Konflikthaftigkeit und den eminent politischen Charakter des kollektiven Erinnerungsprozesses. Sie hinterfragen den Legitimitätsanspruch von geschichtlichen Repräsentationen, die ihren quasi-offiziellen Status der politischen, kulturellen und ökonomischen Dominanz von Eliten verdanken. Besonders diejenigen musealen Institutionen, die prägende Wirkung auf das nationale Selbstverständnis der Vereinigten Staaten erlangt haben, sind in diesem Zusammenhang ins Kreuzfeuer der Kritik geraten.[19]

Während die *history and memory studies* eine Funktionsbestimmung und Einordnung von *historic sites* in einen breiten erinnerungspolitischen Kontext vornehmen, widmen sich viele im Verlauf der letzten beiden Dekaden entstandenen Arbeiten der musealen Geschichtsvermittlung im engeren Sinne. Es mag auf die bereits angeklungene Heterogenität des Gegenstandes zurückzuführen sein, daß die Erkenntnisse dieser Forschungstendenz über eine fast unüberschaubare Anzahl von einzelnen Fallstudien verstreut sind.[20] Ihr Interesse richtet sich einerseits auf die Formen, andererseits auf die Inhalte der Vermittlung.

Diejenigen Untersuchungen, die eine Evaluation der Vermittlungsformen anstreben, konzentrieren sich zumeist auf museumstechnische Fragestellungen, d.h. sie analysieren aus didaktischer Perpektive die Mittel, die bewußt einzusetzen sind, um erfolgreich mit dem Besucher zu

---

[17] Richard Handler and Eric Gable, *The New History in an Old Museum: Creating the Past at Colonial Williamsburg* (Durham, N.C.: Duke University Press 1997) 8. Vgl. auch *Museums and Communities: The Politics of Public Culture*, Hg. Ivan Karp, Christine Mullen Kreamer, and Steven D. Lavine (Washington: Smithsonian Institution Press 1992).

[18] Kammen, *Mystic Chords of Memory* 14.

[19] Vgl. Mike Wallace, *Mickey Mouse History and Other Essays on American Memory* (Philadelphia: Temple University Press 1996) 3-32. John Bodnar, *Remaking America: Public Memory, Commemoration, and Patriotism in the Twentieth Century* (Princeton, N.J.: Princeton University Press 1992). Siehe auch Anm. 16.

[20] So haben sich im Verlauf der 1980er Jahre in fast allen wichtigen historischen und themenverwandten Zeitschriften *exhibit review sections* etabliert, in denen jeweils aktuelle Museumsausstellungen besprochen werden.

kommunizieren.[21] Die neuere Forschung auf diesem Gebiet favorisiert bei aller Vielfältigkeit der Gegenstände, Zielsetzungen und Ausstellungskonzepte einhellig eine Pädagogik, die auf die Grundsätze des *experiential learning* abstellt: Der Besucher soll nicht in seiner überkommenen Rolle als passiver Rezipient verharren, sondern an einem ganzheitlichen, interaktiv gestalteten Lernprozeß partizipieren, der sowohl kognitive als auch affektive Zugänge zur jeweiligen Thematik eröffnet und darüber hinaus verschiedene Möglichkeiten der multisensorischen Wahrnehmung bietet.[22] Eine nahezu ideale Umsetzung dieser museumspädagogischen Desiderate wird im allgemeinen von den *living history practitioners* reklamiert, also von jenen Museumsdidaktikern, die dieses Konzept in ihren Institutionen zur Anwendung bringen[23]: "Information is absorbed affectively as well as

---

[21] Als klassisches Handbuch der museumsdidaktischen Praxis gilt bis heute Freeman Tilden, *Interpreting Our Heritage*, 3. Aufl. (Chapel Hill: University of North Carolina Press 1977). Tilden definiert die Interaktion mit dem Besucher als zentrales pädagogisches Prinzip und skizziert situations- und stättenabhängige Möglichkeiten der effektiven Umsetzung. William J. Lewis, *Interpreting for Park Visitors* (Philadelphia: Eastern Acorn Press 1980) wendet sich speziell an *historic sites*, die dem System des staatlichen *National Park Service* eingegliedert sind. Alderson und Payne verbinden in ihrem vielbeachteten Handbuch museumsdidaktische Überlegungen mit verschiedenen Möglichkeiten der organisatorischen Gestaltung einer historischen Stätte. William T. Alderson and Shirley Payne Low, *Interpretation of Historic Sites*, 2. überarb. Aufl. (Nashville, Tenn.: American Association for State and Local History 1985).

[22] Einen Überblick über diesen aktuellen Stand der Museumsdidaktik geben die Beiträge des Kapitels "Design and Technique in the Realization of Interpretive Programs" in: *Past Meets Present: Essays about Historic Interpretation and Public Audiences*, Hg. Jo Blatti (Washington, D.C. and London: Smithsonian Institution Press 1987) 95-130. Vgl. insbesondere Barbara Fahs Charles, "Exhibition as (Art) Form," ebd. 97-104; Irene U. Burnham, "So the Seams Don't Show," ebd. 105-15 und Warren Leon, "A Broader Vision: Exhibits That Change the Way Visitors Look at the Past," ebd. 133-52. Ausführliche didaktische Anweisungen zur Implementierung der *first-person interpretation*-Methode gibt Stacy F. Roth, *Past into Present: Effective Techniques for First-Person Historical Interpretation* (Chapel Hill and London: University of North Carolina Press 1998).

[23] Wie Roth richtig feststellt, ist der größte Teil an Literatur über die museale Praxis der *living history* allein für den museumsinternen Gebrauch bestimmt und für externe Forschungsvorhaben nur schwer zu erschließen: "There is no shortage of printed matter on the subject, but it is diffuse, difficult to locate through public avenues of research, and highly specific to employee, volunteer, or reenacter groups. The best materials are nonpublished or privately distributed, such as looseleaf collections of training documents, site training manuals, guidebooks that are issued to National Park Service employees, and the proceedings of the Association for Living Historical Farms and Agricultural Museums." Roth, *Past Into Present* 4. Die von Jay Anderson verfaßte oder herausgegebene Literatur zeigt jedoch einen repräsentativen Querschnitt an Stimmen von *living history practitioners*. Vgl. Anderson, "Living History"; ders., *Time Machines: The World of Living History* (Nashville: American Association for State and Local History 1984); ders., *The Living History Sourcebook*

cognitively. The senses and the emotions, as well as the intellect, are an integral part of the experience."[24] Der Ansatz sei geeignet, besonders dem Laien einen leichten und lebendigen Zugang zu komplexen historischen Sachverhalten zu eröffnen. Bildung und Unterhaltung würden auf erkenntnisfördernde Art und Weise kombiniert: "Living history [is] a good way of making 'history come alive' at museums and historic sites often considered stuffy and dull."[25] Der *living history* wird darüber hinaus die "power to transport a person vicariously from one time to another" zugeschrieben.[26] Im Idealfall soll der Museumsgänger mithin in die Geschichte eintauchen und die Vergangenheit dadurch in ihrer Totalität verstehen können. Den Befürwortern, so lassen sich die Argumente bündeln, gilt die *living history* als "thought provoking, educational, multi-sensory, emotion invoking, appealing, entertaining, useful to academic inquiry, and fun."[27]

Die allumfassenden Ansprüche der *practitioners* sind jedoch nicht unwidersprochen geblieben. Es ist das Verdienst der mehrheitlich aus der *academia* kommenden Kritiker, die pädagogische Leistungsfähigkeit dieser Vermittlungsmethode hinterfragt zu haben. So wird zwar eingeräumt, "[that] living history is a popular and effective teaching tool because it communicates a relatively wide impression of the past."[28] Allerdings gelangten die Erklärungsversuche dieses Konzepts oftmals nicht über die gegenständliche Oberfläche historischer Phänomene hinaus: "[Living history] excels at treating object-centered activities like housework, ship building, or farming. It is less succesful at addressing more cerebral processes like government and religious beliefs."[29] Auch der pädagogische Wert einer suggerierten Zeitreise, deren Plausibilität auf die Grundlage einer *willing suspension of disbelief* seitens des Besuchers angewiesen ist, wird angezweifelt, denn: "Visitors need to have their disbelief awakened and guided, not suspended by assertions that they are in a time machine."[30] Die Einwände der *academia*, die jedoch nicht pauschal auf sämtliche *living history sites* übertragbar sind, verdichten sich in der Feststellung "[...] that the attempt to re-create the past is quixotical, misleading, incomplete, inaccurate, lopsided, rude, embarrassing, nostalgic, phony, too entertaining

---

(Nashville: American Association for State and Local History 1985); ders., Hg., *A Living History Reader*, vol. 1: Museums (Nashville: American Association for State and Local History 1991).

[24] Roth, *Past Into Present* 27.

[25] Anderson, "Living History" 295.

[26] Anderson, *Time Machines* 79.

[27] Roth, *Past into Present* 21.

[28] David Peterson, "There is no Living History, There are no Time Machines," *History News* 43.5 (1988): 28.

[29] Ebd.

[30] Ebd. 29.

or theatrical, too shockingly unlike the present, or alternately, too homogeneous with the present."[31]

Der weitaus größere Teil der Studien widmet sich nicht den Vermittlungsformen und deren pädagogischer Leistungsfähigkeit, sondern konzentriert sich auf die Vermittlungsinhalte. Diese Forschungstendenz bezieht ihre Evaluationskriterien aus den Zielsetzungen der akademischen *new social history*, die seit den 1960er Jahren anstrebt, bislang marginalisierte Diskurse in den historiographischen *mainstream* einzugliedern und die klassische Personen- und Ereignisgeschichte um die Beleuchtung sozialer und alltagsgeschichtlicher Strukturen zu ergänzen.[32] Die Studien, die begleitend zu diesem Prozeß durchgeführt worden sind, überprüfen folglich, inwieweit "the holy trinity of race, class, and gender" in den *historic sites* inzwischen zur Darstellung gelangt.[33] Der Gegenstand wird im Hinblick auf seine thematische Vollständigkeit und epistemologische Aktualität zumeist aus historischer Perspektive betrachtet. Obwohl die erhebliche Variationsbreite der untersuchten Stätten nur ein selektives Urteil erlaubt, kommt die Forschung im Querschnitt zu ähnlichen Ergebnissen: Es wird partiell eine Erweiterung des thematischen Spektrums konzediert, das *historic sites* in jüngerer Zeit anbieten. Bislang vernachlässigte gesellschaftliche Gruppen seien in den Darstellungskanon integriert und der liberalen Konsensgeschichtsschreibung der Nachkriegszeit sei eine Absage erteilt worden:

> In the 1940s, 1950s, and 1960s, America's history museums drowsed happily on the margins of a go-ahead culture, tending their genteel artifacts, perpetuating regnant myths in which African Americans, women, immigrants, and workers figured as supporting actors or not at all. [...] In the 1970s and 1980s a new generation of curators [...] entered these institutions and began to revamp their agendas. Museums shifted from enshrining objects toward using them to explain

---

[31] Roth, *Past into Present* 21. Vgl. hierzu auch David Glassberg, "Living in the Past," *American Quarterly* 38.2 (1986): 305-10; David Lowenthal, "The American Way of History," *A Living History Reader*, Hg. Anderson 157-62; ders., *The Past Is A Foreign Country*, insbes. "Re-enactments," 295-301; Robert Ronsheim, "Is the Past Dead?" *A Living History Reader*, Hg. Anderson 170-74.

[32] Im Verlauf der 1980er Jahre rekrutierten zahlreiche museale Institutionen ihre programmgestaltenden Mitarbeiter aus dem Kreis dieser sog. *new social historians*.

[33] Bender, "'Venturesome and Cautious'" 995. Ein repräsentatives Beispiel dieser Forschungstendenz stellen die Beiträge in *History Museums in the United States*, Hg. Leon and Rosenzweig dar. "In looking at the historical content and interpretation of museums, our authors are especially concerned with how recent scholarship has and has not been translated into museum presentations. This concern reflects, in turn, a particular moment in the history of museums, a moment stretching over the past two decades, in which the so-called new social history has had enormous influence." Leon and Rosenzweig, "Introduction" xviii.

social relations. Novel exhibits tackled issues of race, gender, class, imperialism, and ecology."[34]

Mit der Würdigung der Fortschritte geht jedoch zumeist die Forderung nach einer Weiterführung der inhaltlichen Neuerungen einher. Inklusion und Perspektivenpluralität müßten im Rahmen der musealen Präsentation noch stärker in den Vordergrund rücken und die Auseinandersetzung mit konfliktbeladenen Themen wie etwa *sexuality and gender*, *domestic violence*, *homelessness* oder *deindustrialization* intensiviert werden.[35] Der durch die *new social history* geleitete Ansatz drängt darauf, Emphasen und Auslassungen hervorzuheben, die historische Stätten im Vergleich zum gegenwärtigen Forschungsstand der akademischen Geschichtswissenschaft aufweisen. Der Versuch, *historic sites* lediglich als Medium der direkten Übersetzung zeitgemäßer geschichtswissenschaftlicher Erkenntnisse in gegenständliche Darstellungen zu bewerten, greift allerdings zu kurz. Eine bloße Bilanzierung der in den Stätten thematisierten Aspekte vergangener Wirklichkeit kann nur einen Teilbereich der im Museum übermittelten Botschaften erfassen: diejenigen, die explizit artikuliert werden.

Eine Fallstudie, die über die Ergebnisse der didaktischen und historisch-deskriptiven Untersuchungen hinausweist, ist jedoch diejenige von Handler und Gable, die sich mit dem *living history*-Museum Colonial Williamsburg befaßt haben. Die Kulturanthropologen sprengen die Grenzen der Dichotomie von Vermittlungsform und Vermittlungsinhalt und gelangen zu der Einsicht, daß Formen immer schon Inhalte implizieren. Handler und Gable nähern sich ihrem Gegenstand in Form einer *exploratory ethnography*, die sich durch eine konsequente Anwendung der Diskursanalyse von verbalen Äußerungen vor und hinter den Kulissen des Museums auszeichnet. Dieses wird "as a social arena in which many people of differing backgrounds continuously and routinely interact to produce, exchange, and consume messages" verstanden.[36] Ein Teil der Studie prüft, inwiefern die Vermittlungsintentionen der Stätte, die sich erklärtermaßen den kritischen Ansätzen der *new social history* verpflichtet fühlt, im Museumsdorf zur Umsetzung gelangen. Der Institution wird partiell die Einlösung der programmatischen Ansprüche attestiert. Im Vergleich zu früheren Jahren, so das Ergebnis, werde heute "an enlarged cast of characters and a wider range of topics" präsentiert.[37] Mahnen herkömmliche Studien an diesem

---

[34] Wallace, *Mickey Mouse History* 116. Leon and Rosenzweig, "Introduction" xviii.

[35] "If history museums have embraced a far wider range of subjects, objects, and issues than ever before, distinct limits remain on what can be said. Some politically volatile topics–delicately referred to as 'controversial'–can be addressed only if the discussion is not brought down to the present; others are entirely taboo." Wallace, *Mickey Mouse History* 120.

[36] Handler and Gable, *The New History in an Old Museum* 9.

[37] Ebd. 220f.

Punkt für gewöhnlich die Vervollständigung des historischen Themen-
spektrums an, werfen die Kulturanthropologen einen zweiten Blick auf die
kommunizierten Botschaften. Dabei kommen sie zu dem Schluß, daß das
Kritikpotential des sozialgeschichtlichen Ansatzes–entgegen der organisa-
tionsinternen Metadiskurse–in der Vermittlungsarbeit kaum Relevanz
besitzt. Auf dem Wege der Interpretation weisen sie nach, daß vor Ort
Botschaften transportiert werden, die dem erklärten Ziel einer kritischen
Geschichtsdarbietung sogar zuwider laufen: "[...] our ethnography shows
that [...] new characters and topics have become vehicles for an uncritical
retailing of some old American myths and dreams: the Horatio Alger story,
the drama of consumer desire, the wisdom of progress, the primitiveness of
the past, the universality of middle-class familial emotions."[38] Im Kontrast
zu vielen Untersuchungen, die sich mit dem Ist-Zustand der Vermittlung in
historic sites beschäftigen, werden die vorgefundenen *messages* also nicht
nur registriert, sondern die in ihnen mitschwingenden Deutungen ans Licht
geholt. Die Geschichtspräsentation der Stätte wird, wenn auch auf wenige
thematische Ausschnitte beschränkt[39], in ihrer konnotativen Dimension
betrachtet und die Dichotomie zwischen Formen und Inhalt dadurch
aufgehoben.

Ein Defizit der Analyse besteht indes darin, daß sie fast ausschließlich
die verbalen Diskurse ins Visier nimmt und der visuelle Bereich unbe-
rücksichtigt bleibt, der gerade kennzeichnend für die kommunikativen
Wirkungsweisen des *living history*-Konzepts ist. Zu recht hat etwa Melosh
in einer Untersuchung herkömmlicher musealer Ausstellungen darauf hingewiesen, daß die Interpretation des "Textes" eines Museums sämtliche
mediale und insbesondere die visuellen Ausdrucks- und Deutungsebenen
miteinbeziehen muß. Melosh unterstreicht "the importance of visual
presentation as part of the 'text' of an exhibit," denn "the design of a display
is no passive vehicle but an active element that may enhance, reinforce,
modify, or even subvert the message of the labels."[40] Der Umstand, daß die
living history im allgemeinen ohne betextete Exponate auskommt, tut
dieser Feststellung keinen Abbruch, denn auch sie wartet mit einer
distinkten Präsentationssprache auf, die die verbal explizierten Botschaften
unauffällig ergänzen, verstärken oder subvertieren kann.

Der Nexus zwischen den Formen und Inhalten musealer Geschichts-
präsentationen, so ließe sich der Forschungsstand zusammenfassen, wird in
der Regel weder durch die museumsdidaktischen Fallstudien geklärt, noch

---

[38] Ebd. 221.

[39] Der Großteil der Untersuchung von Handler und Gable widmet sich ausschließlich
den institutionsinternen Diskursen und Strukturen. Die Deutungen, die den Besucher
on site erreichen, werden nur an selektiven Beispielen der Darstellung von *black
history* und der *history of consumption* ermittelt.

[40] Barbara Melosh, "Speaking of Women: Museums' Representation of Women's
History," *History Museums in the United States*, Hg. Leon and Rosenzweig: 185.

durch diejenigen, die sich von den Maßstäben der *new social history* leiten lassen.[41] Die Mehrzahl der Arbeiten, die sich der konkreten Vermittlung in *historic sites* widmen, benennt die audio-visuellen Bedeutungsträger zwar als solche, macht sie aber nicht zum Gegenstand einer interpretierenden Analyse. Die latenten Konnotationen der Zeichen, mit denen der Besucher konfrontiert wird, bleiben im allgemeinen im Dunkeln. Mit Ausnahme der *museum ethnography* Handlers und Gables, die über diese Defizite hinausführt, macht der Großteil der Forschung methodisch gesehen auf halber Strecke Halt.

Das Instrumentarium für eine konsequente Ermittlung und Auslegung musealer Botschaften stellt jedoch die Kultursemiotik bereit. Sie beschäftigt sich mit der Erfassung und Interpretation von Zeichen, die innerhalb einer Benutzergemeinschaft Verwendung finden und richtet ihr Augenmerk auch auf den Zeichencharakter von Alltags- und sonstigen Gegenständen, denen man bis dato kein kommunikatives Potential zugetraut hatte. Als Wegbereiter der Semiotik hat sich Roland Barthes in seinem Buch *Mythen des Alltags*, das 1957 in Frankreich erschien, mit der Deutung von Zeichensystemen auseinandergesetzt. Im Rückgriff auf die linguistische Zeichentheorie Ferdinand de Saussures eröffnet er einen systematischen Zugang zur Auslegung verbaler und non-verbaler Ikonologien. Saussures Zeichentheorie etablierte die Erkenntnis, daß sich Wörter nicht auf die in der Wirklichkeit existierenden Gegenstände be-ziehen, sondern auf Vorstellungen, die die Sprachgemeinschaft mit den jeweiligen Objekten verknüpft, d.h. "Wörter beinhalten Vorstellungen, die nicht die Wirklichkeit abbilden, sondern sie mit einer Deutung versehen."[42] Die Korrelation zwischen dem realen Objekt und den Assoziationen ist willkürlich und erwächst aus dem kulturellen Kontext des Benutzer-kollektivs, das die Zeichen und deren Gebrauch konventionalisiert. Diese Konventionalisierung kann, wie im Fall der Verkehrszeichen, aus einer planvollen Institutionalisierung hervorgehen. Für den Kulturwissenschaft-ler sind jedoch jene Ikonologien von besonderem Interesse, die eher unintentional entstehen und doch intuitiv von den Mitgliedern der jeweiligen Gemeinschaft angewendet und verstanden werden. Barthes demonstriert die zunächst willkürliche, aber kulturell codierte und konventionalisierte Korrelation zwischen dem realen Objekt und den Assoziationen an folgendem alltäglichen Beispiel:

---

[41] Kulik untermauert diese Einschätzung der Forschungslage: "[t]ypically, discussions center on content, not on the relation of design to content or on the effectiveness of the interrelationship." Gary Kulik, "Designing the Past: History-Museum Exhibitions from Peale to the Present," ebd. 31.

[42] Klaus P. Hansen, *Kultur und Kulturwissenschaft. Eine Einführung*, 2. vollst. überarb. und erw. Aufl. (Tübingen und Basel: Francke 2000) 77.

Ich sitze beim Friseur, und man reicht mir eine Nummer von Paris-Match. Auf dem Titelbild erweist ein junger Neger in französischer Uniform den militärischen Gruß, den Blick erhoben und auf eine Falte der Trikolore gerichtet. Das ist der Sinn des Bildes. Aber ob naiv oder nicht, ich erkenne sehr wohl, was es mir bedeuten soll: daß Frankreich ein großes Imperium ist, daß alle seine Söhne, ohne Unterschied der Hautfarbe, treu unter seiner Fahne dienen und daß es kein besseres Argument gegen die Widersacher eines angeblichen Kolonialismus gibt als den Eifer dieses jungen Negers, seinen angeblichen Unterdrückern zu dienen.[43]

Die Bedeutung des Titelbildes, so erklärt Barthes, wird durch zwei Zeichen konstituiert, die sich überlagern. Die Bedeutung des ersten, denotativen Zeichensystems besteht in dem Bild des schwarzen Soldaten, der der französischen Flagge militärisch seine Reverenz erweist. Diese wird in einem zweiten Schritt nunmehr zum Träger für eine weitere, die Apologie und patriotische Überhöhung des französischen Kolonialismus. Diese konnotative Bedeutung trägt das Bild nicht von Natur aus in sich, sondern wird durch einen Deutungsprozeß generiert, der kulturell bestimmt ist.

Ohne sich explizit auf Barthes zu beziehen, macht Clifford Geertz diese Einsicht in seiner Essaysammlung *The Interpretation of Cultures* zur Grundlage einer modernen Kulturwissenschaft, die er als eine deutende Wissenschaft definiert.[44] An einem ebenso einfachen wie effektiven Beispiel demonstriert er, worauf es dem kultursemiotischen Ansatz in Abgrenzung von den experimentellen Wissenschaften ankommt: Bewegt jemand rasch sein Augenlid, so kann dies einerseits ungewollt geschehen, andererseits eine beabsichtigte Botschaft an ein Gegenüber darstellen. Das äußerlich sichtbare Geschehen läßt diesen Unterschied allerdings nicht erkennbar werden. Während etwa die Biologie das Zucken des Augenlides unabhängig von der potentiellen Absicht als rein somatischen und kausal erklärbaren Ablauf betrachtet, geht es der Kulturwissenschaft um etwas anderes: Sie will gerade den Vorsatz ermitteln, welcher sich gegebenenfalls hinter dem Zucken verbirgt. Das gewollte Augenzwinkern hat eine Bedeutung, d.h. es fungiert als Zeichen oder Mitteilung, die innerhalb einer bestimmten Benutzergemeinschaft kulturell kodiert ist. So kann sie dem Adressaten beispielsweise die mangelnde Ernsthaftigkeit einer Aussage oder das Interesse an einer Kommunikationsaufnahme mit dem Gegenüber signalisieren. Ziel des Kultursemiotikers ist es, die Zeichenhaftigkeit dieser Bewegung wahrzunehmen und ihre Bedeutung durch Interpretation oder, um mit Geertz zu sprechen, "dichte Beschreibung" herauszufinden.[45] Geertz vertritt die im theoretischen Diskurs mittlerweile unbestrittene Ansicht, daß unsere Lebenswirklichkeit ein kulturell erschaffenes Konstrukt ist, das ein kollektives "Normalitätsgefühl" erzeugt und "das Konstruierte

---

[43] Roland Barthes, *Mythen des Alltags* (1957; Frankfurt am Main: Suhrkamp 1964) 95.

[44] Clifford Geertz, *The Interpretation of Cultures* (New York: Basic Books 1973).

[45] Vgl. ebd. 10-12. Siehe auch Hansen, *Kultur und Kulturwissenschaft* 297-99.

als vorgegebene Wirklichkeit" erscheinen läßt.[46] Er unterbewertet allerdings die negativen Funktionen von Kultur und die ideologische
Wirksamkeit der Zeichen. Geertz zufolge besteht das Wesen von Kultur
vorrangig darin, die Wirklichkeit durch das Angebot von Sinn- und
Orientierungshilfen zu ordnen und den Individuen dadurch "Existenzsicher-
heit" und ein "geregeltes, konfliktarmes Miteinander" zu gewährleisten.[47]
Ist die Feststellung, daß Kultur Strukturen bereitstellt, die bei der Deutung
der Wirklichkeit behilflich sind, richtig, so greift Geertz' ausschließlich
positive Funktionsbestimmung zu kurz, wie Hansen in *Kultur und Kulturwissenschaft* hervorhebt. Kultur, so legt er da, schafft nicht nur eine
komplexitätsreduzierte, weitgehend harmonische Ordnung und verhilft der
Vernunft zum Durchbruch, sondern generiert genauso die Unübersichtlichkeit konkurrierender Sinn- und Handlungsofferten, erzeugt intra- und
interkollektive Konflikte und bringt nicht zuletzt Ideologien hervor, also
"kulturelle Standardisierungen des Denkens, die in Diensten bestimmter
Kollektive stehen und ihnen Vorteile verschaffen."[48] Diese kulturkritische
Einsicht steht auch im Zentrum des von Barthes entwickelten Mythos-
begriffs. Die sprachlichen und nichtsprachlichen Zeichensysteme vertrauter
Alltagsphänomene, so der Franzose, vermitteln unterschwellig Botschaften,
die nach seiner Lesart politischen Charakters sind. Der Terminus "Mythos"
weist auf die Suggestivität hin, die für diese Art der Kommunikation
kennzeichnend ist: Sie entzieht die tieferliegenden Inhalte einer Botschaft
der direkten rationalen Verarbeitung. Wie das oben zitierte Beispiel zweier
sich überlagernder Zeichensysteme zeigt, wird die pimäre Bedeutung des
Bildes vom Adressaten rational erfaßt, während die sekundäre eher unauffällig ihre Wirkung tut. Sie wird rezipiert, aber nicht kritisch reflektiert.
Fast jedes beliebige Objekt, so folgert der Semiotiker aus der Arbitrarität
der Zeichen, kann mit sekundären Bedeutungen versehen werden, die ihm
nicht *per se* zu eigen sind, sondern kulturell konstituiert werden: "[A]us der
'Natur' der Dinge vermöchte er [der Mythos] nicht hervorzugehen. [...]
jede beliebige Materie kann willkürlich mit Bedeutung ausgestattet werden
[...]."[49] Das Entziffern des Mythos mündet bei Barthes in eine Ideologie-
kritik Marx'scher Prägung und wird von ihm weithin als Strategie bürgerlichen und wirtschaftlichen Machtstrebens apostrophiert. Hansen hat in
diesem Zusammenhang klargestellt, daß die Manipulation des Adressaten
durch suggestive Botschaften allerdings nicht auf den Bereich politischer
oder kapitalistischer Konspiration beschränkt ist. Vielmehr gehört "diese
Strategie und die in ihr lauernde Gefahr [...] zu den grundsätzlichen
Wirkungsweisen der Kultur."[50] Es ist die willkürliche Zuordnung von

[46] Hansen, *Kultur und Kulturwissenschaft* 302.
[47] Ebd. 309.
[48] Ebd. 290.
[49] Ebd. 87.
[50] Ebd. 85.

Vorstellungsinhalten zur materiellen Realität, die diesen Vorgang erlaubt, und zwar einschließlich der Möglichkeit zur Falschaussage in unlauterer Absicht.[51] Diese Ausweitung der semiotischen Wirkungsweise auf das Gesamtphänomen Kultur stellt einen der zentralen ideologiekritischen Befunde Barthes indes nicht in Abrede: Der Mythos "verwandelt Geschichte in Natur," d.h. er führt potentiell eine Enthistorisierung und Entpolitisierung der vermittelten Inhalte herbei, die auch in dieser Form jedoch als Teil der Normalität wahrgenommen werden.[52] Aus diesem Umstand erklärt sich die Tatsache, daß der Mythenkonsument, der die unterschwelligen Mitteilungen zumindest bemerken muß, um sie aufzunehmen, nicht zur kritischen Hinterfragung des Rezipierten gelangt. Die wertmäßig aufgeladene Botschaft wird für eine faktische Aussage gehalten, ihre Vertrautheit regt nicht zu einer verstandesgeleiteten Verarbeitung an.[53] Hansen berücksichtigt diese ideologische Wirksamkeit der Zeichen und macht zugleich die kulturkritischen Versäumnisse von Geertz durch den Rückgriff auf die Erkenntnisse des Ethnologen Marshall Sahlins wett. Auch dieser beruft sich auf die Zeichentheorie Saussures. Er stellt in seinem 1976 veröffentlichten Buch *Culture and Practical Reason* klar, daß kulturelle Sinnstiftung zwar frei erfolgt und auf der Willkürlichkeit des Verhältnisses zwischen Kultur und Wirklichkeit beruht, sie aber nicht allein, wie Geertz es darstellt, den Regeln des Praktischen und des Vernünftigen folgt.[54] Auf dieser Grundlage löst Hansen die kulturellen Bedeutungen aus den Zwängen der Vernunft und eröffnet ihnen über den Begriff der Willkür ideologische Spielräume.[55] Ohne sich einseitig dem Barthes'schen Dogmatismus oder dem Optimismus der semiotischen Kultureuphorie anzuschließen, trägt er sowohl den positiven Orientierungs- und Sinnstiftungsleistungen von Kultur Rechnung als auch deren negativen Wirkungen, die in Form von Manipulation und Ideologisierung zu Tage treten.

Die Barthes'sche Kultursemiotik bezieht sich auf Ikonologien jeglicher Art. Das oben zitierte Beispiel des salutierenden Soldaten demonstriert jedoch, daß vor allem die non-verbalen Zeichensysteme als Mythenvehikel ersten Ranges zu gelten haben. Die visuell vermittelte Botschaft verweigert sich dem rationalen Zugriff in besonderem Maße, denn "sie zwingt uns ihre Bedeutung mit einem Schlag auf, ohne sie zu analysieren, ohne sie zu

---

[51] Ebd. 84. Vgl. auch 49ff.

[52] Barthes, *Mythen des Alltags* 113.

[53] "Deshalb wird der Mythos als eine unschuldige Aussage empfunden: nicht weil seine Intentionen verborgen sind—wenn sie das wären, könnten sie nicht wirksam sein -, sondern weil sie natürlich gemacht sind. […] Der Mythos wird als ein Faktensystem gelesen, während er doch nur ein semiologisches System darstellt." Ebd. 115.

[54] Marshall Sahlins, *Culture and Practical Reason* (Chicago: University of Chicago Press 1976).

[55] Vgl. Hansen, *Kultur und Kulturwissenschaft* 300-16.

zerstreuen."[56] Die Mitteilungsmöglichkeiten des Bildes sind nicht nur äußerst umfangreich, es ist die unmittelbare Wirksamkeit und Suggestivität, die sie auszeichnet und zu einem ambivalenten Phänomen macht, das der besonderen analytischen Aufmerksamkeit bedarf. Der Vorzug der hohen Informationsdichte, den visualisierte Botschaften aufweisen, birgt die Gefahr von Fehl- und Falschinformationen, die auf den ersten Blick nicht zu erkennen sind, aber unterschwellig ihre Wirkung tun. Diesen Weg subtiler assoziativer Kommunikation macht sich bekanntermaßen die Werbung zu nutze.

Die Problematik semantischer Vielschichtigkeit erweist sich im Hinblick auf die Vielfalt verbaler und visueller Zeichensysteme, von denen die Geschichtsvermittlung in *historic sites* getragen wird, als besonders relevant. Die komplexen musealen Ikonologien fungieren nicht bloß als Medium der direkten Übersetzung des inhaltlichen Programms. Die Vermittlung vor Ort setzt sich vielmehr aus einer Fülle sowohl absichtsvoll gestalteter als auch ungeplant mitschwingender Details zusammen, die sich beispielsweise in den rekonstruierten Gebäuden und deren Innendekor, den Führungen, Rundgangsbeschreibungen, Broschüren und den Rollenspielen kundtun. In ihrem Zusammenwirken beeinflussen sie die Formation von Geschichtsbildern im Bewußtsein des touristischen Besuchers. Der kulturelle Kontext, allen voran die nationale Kultur und der aktuelle Zeitgeist, bildet den Hintergrund, vor dem sich die Bedeutung dieser Zeichen ergibt.[57]

Die vorliegende Untersuchung versteht *historic sites* mithin als semiotische Systeme, die dem Besucher auf verbalem und visuellem Wege bewußte und unbewußte Deutungen von Geschichte liefern, die kulturell verankert sind. Ausgehend von der historischen Entwicklung der ausgewählten Stätten konzentriert sie sich auf den Ist-Zustand der Vermittlung, wie er sich dem Besucher darbietet. Die ebenso interessante Frage, wie Geschichte am besten zu vermitteln sei, soll ausgeblendet werden. Sie zu beantworten, wäre Aufgabe der Geschichtsdidaktik, die durch die Ergebnisse einer kultursemiotisch ausgerichteten Analyse jedoch hilfreiche Anhaltspunkte erhalten dürfte. Stattdessen steht die Erforschung der verbalen und visuellen Zeichensysteme im Vordergrund, mit denen der Besucher konfrontiert wird, nachdem sich die jeweilige Institution für bestimmte Umsetzungskonzepte entschieden hat.[58]

---

[56] Ebd. 87.

[57] Dies legt auch John Berger in Bezug auf visuelle Zeichensysteme klar: "The way we see things is affected by what we know or what we believe. In the Middle Ages when men believed in the physical existence of Hell the sight of fire must have meant something different from what it means today." John Berger, *Ways of Seeing* (London: Penguin Books 1972) 8.

[58] Damit soll nicht einem interpretatorischen Determinismus das Wort geredet werden. Jede Art der musealen Vermittlung läßt unabhängig von der Explizität der

Träger der Vermittlung sind vor allem die verbalen und visuellen Zeichensysteme der *historic sites*. Die versprachlichten Botschaften manifestieren
sich in Form von Führungstexten, Rollenspielen und dialogischen Erklärungen der *interpreters* sowie in den Betextungen der Exponate. Zu ihnen
gehört jedoch auch die offizielle Programmatik der Stätten, die in den
mission statements, den Vorgaben der Museumsleitung und sonstigen
Informationsträgern zum Ausdruck kommt. Den visualisierten Botschaften
begegnet der Besucher in Gestalt der rekonstruierten baulichen Ensembles
und Landschaftselemente, dem Habitus der *first-person interpreters* und
dem Erscheinungsbild der Inszenierungen bestimmter Aspekte historischer
Realität. Diese Zeichensysteme sollen in einem Analysemodell, das
zwischen verbaler und visueller Rhetorik unterscheidet, erfaßt und
interpretiert werden. Ohne deren semiotisches Zusammenwirken zu ver-
nachlässigen, erlaubt dieses zweigeteilte Konzept die Ermittlung der kommunikativen Eigenschaften unterschiedlicher Zeichensysteme, die etwa
nach dem Ausmaß ihrer inszenatorischen Theatralität und dem Charakter
ihrer Fiktionalisierung und narrativen Strategien noch weiter zu differenzieren sind. Im Gegensatz zu zahlreichen vorliegenden *new social history*-
Fallstudien werden die Stätten dabei an ihren eigenen Maßstäben gemes-
sen: Die Analyse der Vermittlung *on site* überprüft im wesentlichen die
Umsetzung der in der Zweckbestimmung genannten Inhalte. Diese werden
zunächst beschrieben und auf implizite Widersprüche und selektive
Verzerrungen des historischen Gegenstands befragt. Den außerhalb der
offiziellen Programmatik liegenden geschichtswissenschaftlichen und
museumsdidaktischen Problemstellungen wird dadurch nicht die Relevanz
abgesprochen. Auch sie werden, wann immer sinnvoll, ins Blickfeld
genommen.

Deutungen Raum für eine große Vielfalt individualisierter Auslegungsprozesse und
Sinnkonstitutionen. Die Grundannahme, daß in der musealen Präsentationssprache
kulturell encodierte Geschichtsdeutungen angelegt sind, steht dem jedoch nicht
entgegen. Sie macht deren Erfassung und Analyse vielmehr erst operationalisierbar.

3. Begründung der Stättenauswahl

Es wurden drei historische Stätten zur Untersuchung ausgewählt, die verschiedene Aspekte des Gründungsmythos der Vereinigten Staaten thematisieren: Mount Vernon, der am Potomac River in Virginia gelegene historische Landsitz George Washingtons, der im Zustand des Jahres 1799 präsentiert wird, Colonial Williamsburg, die wiedererrichtete koloniale Hauptstadt Virginias, deren Erscheinungsbild das Jahr 1774 reflektiert, und Plimoth Plantation, eine Rekonstruktion der Siedlung der puritanischen *Pilgrims* im heutigen Massachusetts, die das Stichjahr 1627 nachstellt.[59] Die Kongruenzen, die sich aus dem vorrevolutionären Epochenbezug ergeben, darin unterscheidet sich diese Studie von Teilen der vorliegenden Forschungsliteratur, sind für die Auswahl des empirischen Gegenstandes jedoch sekundär. Ausschlaggebend ist vielmehr, daß am Beispiel der drei *sites* ein Spektrum an Vermittlungstechniken betrachtet werden kann, das eine klare Konturierung der verschiedenen semiotischen Wirkungsweisen und deren Beitrag zur Konstitution von Geschichtsbildern im Kopf des Besuchers erlaubt. Mount Vernon bedient sich konventioneller Verfahren, d.h. das Anwesen und George Washingtons Wirken wird dem Besucher durch *guided tours*, Video-Animationen und Betextungen nähergebracht. In Colonial Williamsburg kommt ein Mischkonzept zur Anwendung. Der Besucher trifft *on site* sowohl auf herkömmliche Führungen als auch auf kostümierte Schauspieler, die verschiedene historische Charaktere aus der kolonialen Elite, den *middling sorts* und der *slave community* verkörpern. Von besonderem Interesse ist die neue Präsenz von *theatrical skits*, die wichtige Ereignisse der Kolonial- und Revolutionszeit in dramatisierter Form zur Darstellung bringen. Plimoth Plantations Konzept, eine konsequente Umsetzung der *first-person interpretation*, basiert auf der Vermittlung einer möglichst glaubwürdigen Vergangenheitsillusion. Der Besucher ist bei der Erkundung des Museumsdorfs ganz auf sich gestellt. Die *interpreters* sollen in der Rolle der *Pilgrims* für sich sprechen und die historische Lebenswirklichkeit in Echtzeit reflektieren.[60] Alle drei Stätten setzen Geschichte also "in Szene," auch wenn die zugrundeliegenden Inszenierungskonzepte Divergenzen aufweisen. Der im engeren Sinne

---

[59] Die Schreibweise "Plimoth Plantation" bezieht sich auf das heutige Museum, während "Plymouth" den Ort bezeichnet.

[60] Die genannten Stätten wurden im Verlauf mehrmonatiger Feldstudien untersucht: Mount Vernon im Sommer 1996, Herbst 1998 und Frühjahr 1999, Colonial Williamsburg im Sommer 1997 und 1999, Plimoth Plantation im Sommer 1999. Das Vermittlungsangebot wurde durch die Teilnahme an einer jeweils repräsentativen Selektion von Einführungsfilmen, *tours* und Veranstaltungen, durch Gespräche mit *on site* tätigen *interpreters* und weiteren Museumsmitarbeitern sowie Recherchen in den institutionseigenen Bibliotheken und Archiven erschlossen. Sämtliche Gespräche, Führungen und Veranstaltungen wurden auf Tonbändern aufgezeichnet, die im Besitz der Verfasserin sind.

verstandene Begriff der Inszenierung ist dem Bereich des Theaters entliehen und umfaßt eine statische Komponente, die des Bühnenbildes, und ein dynamisches Element, das durch "Akteure, welche Handlungsabläufe spielen" gegeben ist.[61] In den genannten Stätten wird das Bühnenbild durch ein Ensemble von historischen Exponaten–Häuser, Grünanlagen und die Innenausstattung der Gebäude–konstituiert. Während sich die Inszenierung auf Mount Vernon auf "die Anordnung und Installation von Objekten [...] nach Maßgabe einer Deutung,"[62] also gleichsam auf den 'toten Apparat' beschränkt, bringen Colonial Williamsburg und Plimoth Plantation Geschichte unter zusätzlichem Einsatz von kostümierten Schauspielern szenisch zur Aufführung.[63] Ihr Vermittlungsverfahren kommt mithin dem theatralisch geprägten Bedeutungsumfang des Insenzierungsbegriffes näher. Die nachfolgenden Untersuchungen sollen unter anderem zeigen, wie in den drei Museen 'Inszenierung als Form des Transports von Bedeutung' eingesetzt wird.[64] Die Art und Weise der Inszenierung hat Auswirkungen darauf, wie das Präsentierte interpretiert wird, denn durch sie werden die Möglichkeiten zur Auslegung des Gezeigten in unterschiedlichem Maße offen gehalten, eingeschränkt oder zielgerichtet dirigiert.

Das Vorhaben, Geschichte wahrheitsgetreu und sinnfällig zu präsentieren, nimmt im Rahmen der Vermittlungsintentionen aller drei Stätten einen prominenten Platz ein. Besonders die *living history* hat sich jedoch durch die Artikulation umfassender Ansprüche eine nicht zu unterschätzende Bringschuld auferlegt. Schenkt man ihren Postulaten Glauben, so ist sie anderen Vermittlungsmethoden überlegen, da sie den Besucher über das Nacherleben vergangener Wirklichkeit zu geschichtlichem Verstehen führt und sich durch die unverfälschte Authentizität, im Sinne der Echtheit des Dargestellten, auszeichnet. Diese Ambitionen verspricht sie auf dem Wege der Inszenierung einzulösen. Das mimetische Geschichtsverständnis, das sich hinter diesem Anspruch verbirgt, und das die Begriffe Authentizität und Inszenierung in eine paradoxe Korrelation bringt, erscheint jedoch in hohem Maße angreifbar. Selbst wenn man die Möglichkeit einer originalgetreuen Replikation der Vergangenheit präsumiert, bleibt zu fragen, ob der vornehmlich auf visuelle und affektive Wahrnehmung rekurrierende Ansatz historischer Inszenierungen dem touristischen Besucher tatsächlich einen besseren Zugang zum Verständnis von

---

[61] Hans-Joachim Klein und Barbara Wüsthoff-Schäfer, *Inszenierung an Museen und ihre Wirkung auf Besucher*, Staatliche Museen Preußischer Kulturbesitz, Heft 13, (Berlin: Institut für Museumskunde 1990) 7.

[62] Gottfried Korff und Martin Roth, "Einleitung," *Das historische Museum: Labor, Schaubühne, Identitätsfabrik*, Hg. Gottfried Korff und Martin Roth (Frankfurt und New York: Campus 1990) 22.

[63] Zitiert in: Klein und Wüsthoff-Schäfer, *Inszenierung an Museen* 8.

[64] Zitiert in: ebd. 9.

Geschichte verschaffen kann als herkömmliche, hauptsächlich auf kognitive Rezeption abstellende Verfahren. Das subtile semiotische Mythisierungspotential, das Barthes jeglichen Formen der visuellen Kommunikation zuschreibt, ist in diesem Kontext von erheblicher Relevanz, ebenso wie die zeichentheoretisch begründete Annahme, daß historische Stätten nicht bloß geschichtliche Fakten, sondern sprachliche und optische Deutungen derselben kommunizieren. Wie wird der Authentizitätsbegriff also im Spannungsfeld zwischen Originalität und inszenatorischer Plausibilität jeweils funktionalisiert?

Die historischen Gegenstände Mount Vernons, Colonial Williamsburgs und Plimoth Plantations repräsentieren konstitutive Bestandteile der amerikanischen Nationalmythologie. George Washington ist als ikonenhafter Held der amerikanischen Revolution und erster Präsident der Vereinigten Staaten genauso im populärkulturellen Wissensvorrat verankert wie die in Colonial Williamsburg vergegenwärtigte patriotische Elite um Thomas Jefferson und wie die *Pilgrims*, denen man gemeinhin die Rolle der sittlichen Gründungsväter Amerikas zuschreibt und angeblich einen der wichtigsten Nationalfeiertage, *Thanksgiving*, verdankt. Die Analyse der gegenwärtigen Vermittlung in den *historic sites* soll demnach Aufschluß über "past significance and present meaning" dieser Leitfiguren amerikanischen Selbstverständnisses geben.[65] Neben der Präzisierung der Authentizitäts- und Inszenierungsbegriffe soll die Untersuchung zeigen, wie die ermittelten semiotischen Systeme als identitätsstiftende Kohäsionsfaktoren in der Gegenwart operationalisiert werden und deren Bezug zu Grundstrukturen der amerikanischen Identität und Mentalität herstellen.

---

[65] Robert Weimann, "Past Significance and Present Meaning," *New Literary History: A Journal of Theory and Interpretation* 1.1 (1969): 91.

II. Geschichtlicher Überblick

1. Die historischen Schauplätze vor der Musealisierung

Mit rund drei Millionen Besuchern im Jahr gehören Mount Vernon, Colonial Williamsburg und Plimoth Plantation heute zu den meistbesuchten *historic sites* der Vereinigten Staaten. Sie haben sich seit geraumer Zeit als populäre Ausflugs- und Urlaubsziele auf dem amerikanischen Freizeitmarkt etabliert und werben mit dem Image, authentische Exponate historischer Lebenswelten zu sein. Freilich entspricht der gegenwärtige Zustand dieser Stätten nur noch bedingt der ursprünglichen Gestalt und dem Kontext der Originalschauplätze. Die Museumsanlagen repräsentieren Teilsegmente der geschichtlichen Wirklichkeit und haben ihre ehemaligen Funktionen und historischen Bezüge als autark operierendes Gut, als kolonialer Regierungssitz oder rudimentäres *settlement* einer religiösen Glaubensgemeinschaft nicht erst im Zuge der Musealisierung und tourismusgerechten Aufmachung eingebüßt. Als nationale Andachtsstätten und Medien der Kommunikation geschichtlichen Wissens stellen sie heute didaktisch aufbereitete und an den Informations- und Unterhaltungserwartungen des modernen Publikums orientierte Rekonstruktionen dar, deren historische Rolle zunächst in Grundzügen beschrieben werden soll.

Im 18. Jahrhundert war Mount Vernon, der Landsitz des ersten Präsidenten, eine großflächige Plantage des *Upper South*. George Washington bezog das *estate* im Jahr 1759, nachdem er Martha Dandridge Custis geheiratet hatte, eine wohlhabende Witwe aus dem kolonialen Südadel, die ihm ein beträchtliches Vermögen und den Zugang zur oberen Gesellschaftsschicht verschaffte. Das Anwesen befand sich bereits seit 1674 im Familienbesitz der Washingtons. Lawrence, der ältere Halbbruder des zukünftigen Präsidenten, hatte es nach dem Tod des Vaters Augustine 1743 geerbt und die Little Hunting Creek Plantation in Gedenken an seinen militärischen Vorgesetzten, Admiral Edward Vernon, in Mount Vernon umbenannt. Washington nahm dieses 1754 von seiner im gleichen Jahr verwitweten Schwägerin zur Pacht. Sieben Jahre später, nach dem Tod der Verwandten, ging das *estate* in sein Eigentum über.

In einem Jahrzehnte dauernden Prozeß ließ er das Herrenhaus und das unmittelbar angrenzende Gelände im Stil eines englischen *country seat* umgestalten und vervierfachte bis zu seinem Lebensende den Umfang der anfänglich 2000 *acres* großen Plantage. Diese war in fünf selbständig operierende Farmen gegliedert und wurde von rund 300 afroamerikanischen Sklaven bewirtschaftet, die Washington als wohlhabender Exponent des patriarchalischen Südens besaß. Ungelernte *field hands* machten die überwiegende Mehrheit der *slave work force* aus, die in rudimentären Holzverschlägen untergebracht war. Einige der Sklaven verfügten über *skills* als

blacksmith, shoemaker oder *seamstress* und verrichteten ihren Dienst auf
der Mansion House Farm. Aufgrund ihrer täglichen Interaktion mit der
Familie und der Nähe zum Haus des *master* hatten sie innerhalb der *slave
community* einen privilegierten Status inne. Einigen Sklaven, die
namentlich dokumentiert sind, gelang die Flucht in den Norden. Im
Anschluß an den Revolutionskrieg begann Washington, sich vom System
der Sklaverei zu distanzieren, setzte sich öffentlich allerdings nicht für
dessen Abschaffung ein.[66]

Im Einklang mit den kulturellen Normen seiner Epoche inszenierte sich
Washington auf Mount Vernon als *gentleman farmer*, dessen Eigentum an
Grund und Boden jene Unabhängigkeit und Tugenden gewährleistete, die
den Postulaten der Ideologie des *agrarianism* zufolge den politischen
Führungsanspruch der *gentry* begründeten. Freilich sahen sich auch die nur
vermeintlich unabhängigen Pflanzer der südlichen Kolonien den ökonomischen Zwängen des Marktes ausgesetzt. Der Tabakanbau, der die Kultur
Virginias bis in die 1770er Jahre hinein prägte, erwies sich in
zunehmendem Maße als unprofitabel. Washington, und mit ihm weite Teile
der kolonialen Führungsschicht, sah sich einer Schuldenspirale ausgesetzt,
die die proklamierte Selbstbestimmtheit der *landed gentry* zu untergraben
drohte. Die Verschuldung war allerdings nicht allein durch die Unwägbar-
keiten des kommerziellen Handels mit dem englischen Mutterland
verschuldet, sondern wurde zudem durch die *conspicuous consumption*
befördert, derer sich die Elite befleissigte, um ihrem aristokratischen
Anspruch sichtbare Geltung zu verleihen.[67] Aufgrund der unbefriedigenden
Gewinnsituation gab Washington den Tabakanbau in den 1770er Jahren
auf, um sich auf die Kultivierung von Getreide zu spezialisieren. Mount
Vernon verwandelte sich in der Folge in ein prosperierendes Gut, dessen
Rentabilität gegen Ende des Jahrhunderts jedoch erneut stark abfiel und
seinen Eigentümer dem finanziellen Ruin nahebrachte.

Im Jahr 1775 wurde Washington, der sich zuvor vergeblich um eine
commission in der britischen Armee bemüht hatte, zum *Commander in
Chief of the Continental Forces* berufen, eine Position, zu der ihn die
begrenzte militärische Erfahrung, über die er verfügte, nicht selbstredend
befähigte. Während des *Revolutionary War* verweilte er nur unregelmäßig
auf seinem *estate*. Die Verwaltung der Plantage und der Ausbau des

---

[66] Vgl. Fritz Hirschfeld, *George Washington and Slavery: A Documentary Evidence*
(Columbia and London: University of Missouri Press 1997).

[67] "Circumstances were compelling them to cut through the appearance of independent
country gentry they had sought to maintain and to expose the raw commercial
character of their lives. [...] Many of the planters were living on the edge of
bankruptcy, seriously overextended and spending beyond their means in an almost
frantic effort to live up to the aristocratic image they had created of themselves."
Gordon S. Wood, *The Radicalism of the American Revolution* (New York: Vintage
Books 1991) 117.

Mansion wurde an Lund Washington, einen Cousin, sowie an mehrere *overseers* delegiert. Dem antiken Ideal des *citizen soldier*, und namentlich dem römischen Vorbild des Cincinnatus nacheifernd, legte Washington nach dem erfolgreichen Ende des Revolutionskrieges seine militärischen und öffentlichen Ämter nieder, um sich auf sein landwirtschaftliches Gut zurückzuziehen und erlangte durch diesen Machtverzicht beispiellosen Ruhm. Er galt den Zeitgenossen als Inbegriff republikanischer Tugend und als Inkarnation eines selbstlosen Patriotismus. Diese Reputation und das erhebliche symbolische Kapital, das Washington erworben hatte, prädestinierte ihn dafür, im Jahr 1789 zum ersten Präsidenten der Vereinigten Staaten gewählt zu werden.

Im Laufe seiner Amtszeit, die bis 1797 dauerte, besuchte er Mount Vernon fünfzehn Mal. Erst nach Beendigung seiner beiden *terms of office* ließ er sich wieder dauerhaft auf dem Anwesen nieder, bis zu seinem Tod am 14. Dezember 1799. In seinem Testament legte er fest, daß der Besitz nach dem Ableben seiner Frau aufzuteilen sei und die Sklaven, die er besaß, in die Freiheit entlassen werden sollten. Das Herrenhaus und die Hälfte der insgesamt 8000 *acres* gingen an seinen Neffen Bushrod, der Rest an weitere Erben. Bushrod hinterließ Mount Vernon einem Urgroßneffen des Verstorbenen, John Augustine Washington Jr., der das Gut im Jahr 1858 zur Musealisierung freigab.

Wie Mount Vernon, so vergegenwärtigt auch Colonial Williamsburg die Epoche der Kolonial- und Revolutionszeit, repräsentiert diese jedoch nicht am Beispiel einer Einzelperson, sondern an dem einer *historical community*. Williamsburg löste Jamestown im Jahr 1699 als Hauptstadt Virginias ab. Die vormals Middle Plantation genannte Ansiedlung war seit 1693 Sitz des *College of William and Mary* und eine wirtschaftlich aufstrebende Gemeinde, zu deren Bewohnern zahlreiche führende Persönlichkeiten aus Gesellschaft und Politik gehörten. Governor Nicholson, der damalige Repräsentant der englischen Krone, zeichnete für die bauliche Neugestaltung des Städtchens verantwortlich und ersann einen schachbrettartigen Grundriss, der den Blick auf die imposanten öffentlichen Gebäude–das *College*, die *Bruton Parish Church*, den *Governor's Palace* und das *Capitol*–freigab. Er unterteilte das Stadtgebiet in eine *residential area*, die sich zwischen dem Universitätsgebäude und dem *Governor's Palace* erstreckte, und einen *commercial district*, der sich in der Nähe des *Capitol* befand.

Williamsburg erlebte einen raschen politischen, wirtschaftlichen und kulturellen Aufstieg. Es entwickelte sich zum städtischen Mittelpunkt der Kolonie. Neben Regierung, Parlament, Verwaltung und Gericht siedelten sich unter anderem Gewerbetreibende und Handwerker an, um die wachsende Nachfrage der Bewohner und Reisenden nach Dienstleistungen und Konsumgütern aller Art zu befriedigen. Freilich waren Bildung und Konsum ein Prärogativ der Elite, die ihren materiellen Reichtum ostentativ zur Schau stellte und Williamsburg zu ihrem Wohnsitz wählte, um am soziokulturellen Leben teilzuhaben und sich im Zentrum der politischen Macht zu bewegen. Am Vorabend der Revolution war die Bevölkerung auf rund 2000 Menschen angestiegen. Afroamerikanische Sklaven machten über die Hälfte der Einwohnerzahl aus.

Die politischen Institutionen der Kolonie Virginia waren in Analogie zum Mutterland gestaltet. Sie bestanden aus dem vom König ernannten Gouverneur, dem am Vorbild des englischen Oberhauses orientierten *Governor's Council*, dessen Mitglieder vom Gouverneur ausgewählt und vom Londoner *Board of Trade* auf Lebenszeit ernannt wurden, sowie dem Unterhaus oder *House of Burgesses*, in dem die gewählten Abgeordneten Virginias repräsentiert waren. Gemeinsam konstituierten diese Organe die *General Assembly* und erfüllten weitreichende exekutive, legislative und judikative Aufgaben. Als wichtigstes Instrument der kolonialen Mitbestimmung fungierte das Steuerbewilligungsrecht der *General Assembly*, über das die Kolonisten Einfluß auf die politischen Entscheidungen vor Ort nehmen konnten. Die Abgeordneten, gemeinhin Vertreter der *landed gentry*, wurden von jenen 60-70% der erwachsenen weißen männlichen Einwohner Virginias gewählt, die die Besitzqualifikationen erfüllten.[68] Öffentlich und in volksfestartiger Atmosphäre abgehalten, erfüllten die Wahlen keine demokratische Funktion im heutigen Sinne. Sie waren vielmehr Teil eines Patronagesystems und gehörten zu den "patterns of favor and obligation characteristic of a face-to-face agrarian society."[69]

Wie die nachfolgenden ausgewählten Ereignisse illustrieren, wurde Williamsburg als Regierungssitz unweigerlich zu einem Schauplatz des eskalierenden Konflikts zwischen England und den nordamerikanischen Kolonien. So protestierten die Abgeordneten Virginias, darunter Patrick Henry, George Wythe, Thomas Jefferson und George Washington, gegen die Steuerpolitik des Mutterlandes und organisierten im Jahr 1769 einen Boykott britischer Güter. Die Schließung des Hafens von Boston, die das englische Parlament 1774 unter dem Eindruck der *Boston Tea Party* verfügt hatte, beantwortete Williamsburg solidarisch durch die Anordnung eines "day of fasting, humiliation, and prayer."[70] Im August des gleichen Jahres wurden die Delegierten der Kolonie für den ersten *Continental Congress* in Philadelphia gewählt, ein pragmatischer Bund, hinter dem sich konträr zur populärkulturellen Interpretation der Ereignisse kein Nationalstaatsgedanke verbarg. Lord Dunmore, der letzte in Williamsburg residierende britische Gouverneur, versuchte das Blatt im Jahr 1775 zu

---

[68] Horst Dippel, *Die Amerikanische Revolution 1763-1787* (Frankfurt am Main: Suhrkamp 1985) 23.

[69] Rhys Isaac, *The Transformation of Virginia 1740-1790* (Chapel Hill: University of North Carolina Press 1982) 111.

[70] Michael Olmert, *Official Guide to Colonial Williamsburg* (Williamsburg, Va.: Colonial Williamsburg Foundation 1998) 14.

Gunsten der englischen Krone zu wenden. In einer öffentlichen Proklamation sicherte er all jenen Sklaven die Freiheit zu, die bereit seien, auf Seiten der britischen Armee gegen ihre revoltierenden Eigentümer zu kämpfen. Die Maßnahme verfehlte ihr Ziel, und Dunmore sah sich gezwungen, aus Williamsburg zu fliehen. Im darauffolgenden Jahr stimmte Virginia gegen den Widerstand der *loyalists*, die im gesamten Gebiet der Kolonien etwa ein Fünftel der Bevölkerung ausmachten, für die Unabhängigkeit von England und gab sich im Rahmen des losen Bundes von Einzelstaaten, der sich anschließend konstituierte, eine eigene Verfassung.[71]
Aus Gründen der militärischen Verteidigung und der günstigeren geographischen Lage wurde der Regierungssitz im Jahr 1780 nach Richmond verlegt. Nach der kriegsentscheidenden Niederlage der Briten in der Schlacht von Yorktown, die Washington und Rochambeau 1781 in Williamsburg strategisch vorbereitet hatten, verlor die ehemalige Kolonialstadt an Bedeutung. Sie fungierte weiterhin als Zentrum einer ländlich geprägten Region, hatte an den wirtschaftlichen Transformationen, die das einsetzende Industriezeitalter mit sich bringen sollte, jedoch nur in begrenztem Maße Anteil. In der Zeit des Bürgerkrieges stand die Stadt unter der Besatzung nordstaatlicher Truppen, ihre Bausubstanz blieb jedoch von größeren Zerstörungen verschont. Dies schuf die entscheidende Voraussetzung für die Rekonstruktion und Restaurierung des historischen Stadtkerns im 20. Jahrhundert.

Plimoth Plantation bringt im Vergleich zu Mount Vernon und Colonial Williamsburg eine weiter zurück liegende Epoche zur Anschauung, an deren Anfang eine Gruppe von englischen Siedlern steht, die als sogenannte *Pilgrims* in die Geschichte Amerikas eingegangen sind. Ihre Mitglieder, die sich dauerhaft in der Neuen Welt niederlassen sollten,

---

[71] *A People and a Nation: A History of the United States*, Hg. Mary Beth Norton, David M. Katzman, Paul D. Escott, Howard P. Chudacoff, Thomas G. Paterson and William M. Tuttle, Jr., 5. Aufl. (Boston and New York: Houghton Mifflin 1998) 150f. Konträr zum landläufigen Verständnis der amerikanischen Revolution kommt die jüngere mentalitätsgeschichtliche Forschung zu dem Ergebnis, daß die historischen Ereignisse keine geradlinige Entwicklung darstellten, die in Form einer massendemokratischen Bewegung auf die Etablierung der amerikanischen Nation zulief. Die Schaffung des amerikanischen Staatswesens wurde nach ihrer Lesart vornehmlich von der Bildungselite getragen, deren kollektives Wissen durch die englische und französische Staatsvertragstheorie, die Aufklärungsphilosophie des 18. Jahrhunderts und die politische Theorie der Antike geprägt war. Das Hauptziel bestand weniger in der Etablierung einer im heutigen Sinne demokratischen Regierungsform, sondern darin, ein politisches System zu entwerfen, das unter der Ägide tugendhafter *natural aristocrats* ausreichenden Schutz vor Machtmißbrauch bot. Diese Intentionen wurden im Rekurs auf die Postulate des *classical republicanism* in der amerikanischen Bundesverfassung institutionalisiert. Vgl. Bernard Bailyn, *The Ideological Origins of the American Revolution* (Cambridge: Belknap Press of Harvard University Press 1967).

setzten sich aus *separatists* und *non-separatists* zusammen. Die *separatists* waren Puritaner des radikalen Flügels aus Scrooby, die sich von der *Church of England* losgesagt hatten, weil die Kirchenreform der Stuarts ihre am Urchristentum orientierten Erwartungen nicht erfüllte und ihnen die "congregational autonomy, exclusivity, and rule from within each church by a mutually approved covenant" versagt blieb.[72] Sie sahen die Kirchenhierarchie und offizielle Liturgie unverändert durch die korrumpierenden Elemente des Katholizismus geprägt. In der Folge waren die Sektierer im England James I. der Verfolgung ausgesetzt: "'In those 'ignorante and superstitious times,'" schrieb William Bradford, der zukünftige *Governor* der Pilger, ging die *Church of England* dazu über, "to persecute all the zealous proffessors in the land [...] if they would not submitte to their ceremonies, and become slaves to them and their popish trash.'"[73] Die Glaubensgemeinschaft wanderte deshalb vorübergehend in die religiös toleranteren Niederlande aus. Unter der Führung ihres *minister*, John Robinson, verbrachte sie zwölf Jahre in der Stadt Leiden, wo sie allerdings ein Dasein am Rande des Existenzminimums fristete. Als vor allem die jüngeren Mitglieder der Sekte begannen, sich an die weltliche Kultur ihres Gastlandes zu assimilieren, die den sittlich-religiösen Normen der Puritaner zuwiderlief, beschloß man 1620, nach Amerika aufzubrechen. Die zukünftigen Kolonisten schlossen sich mit einer Reihe englischer Investoren, den sogenannten "merchant adventurers", zu einer *joint-stock company* zusammen. Die *merchants* stellten das Kapital für die Überfahrt bereit, während sich die Siedler dazu verpflichteten, für sieben Jahre ihre Arbeitskraft zur Verfügung zu stellen und ihre Schulden im Zuge des Aufbaus der Kolonie abzutragen. Die Gruppe wurde durch weitere Emigranten verstärkt, die sich allerdings nicht zu den Separatisten rechneten und deren Auswanderung nicht religiös motiviert war. Für sie standen vielmehr die wirtschaftlichen Aspekte des Unternehmens im Vordergrund. Unter ihnen befand sich etwa der spätere Befehlshaber der Plymouth Plantation *militia*, Miles Standish. Einmal angekommen, sollten die *settlers* zunächst alles gemeinschaftlich besitzen und bewirtschaften. Nach der Tilgung der Schulden sollte sich die *joint-stock company* auflösen und das Land sowie sämtliche Besitztümer auf die Kolonisten vor Ort verteilt werden.

Nachdem die *Speedwell*, eines der beiden Schiffe, mit denen nach Amerika übergesetzt werden sollte, vorzeitig Leck schlug und nach England zurückkehren mußte, legte nur ein Teil der ursprünglichen Gruppe am 16. September 1620 mit der *Mayflower* in Southampton ab. Ungefähr 40 der 104 Passagiere gehörten den *separatists* an, darunter William Bradford, der die Geschichte des puritanischen *settlement* in seinem Werk

---

[72] Ann Uhry Abrams, *The Pilgrims and Pocahontas: Rival Myths of American Origin* (Boulder: Westview Press 1999) 25.
[73] Ebd.

Of Plymouth Plantation überlieferte, William Brewster, der *ruling elder* der Kirchengemeinde, sowie Edward Winslow und John Howland, die als *assistants* des *Governor* fungieren sollten. Die Überquerung des Atlantiks, die 66 Tage dauerte, verlief nur bedingt erfolgreich, denn das Schiff verfehlte sein eigentliches Ziel, die Mündung des Hudson River an der nördlichen Grenze der Kolonie Virginia. Stattdessen fanden sich die Emigranten vor der Küste des heutigen Massachusetts wieder, das außerhalb jenes Territoriums lag, zu dessen Besiedelung sie das *patent* des Mutterlandes berechtigte. Einige der *non-separatists*, von den Puritanern auch als "strangers" tituliert, begannen in Anbetracht der unklaren Rechtslage, den Führungsanspruch der religiösen Dissidenten in Zweifel zu ziehen. Aus dieser prekären Situation heraus wurde jenes Dokument konzipiert und unterzeichnet, das heute nach populärkultureller Lesart zu Unrecht als Grundlegung der amerikanischen Demokratie gilt, der sogenannte *Mayflower Compact*. In ihm verpflichteten sich *separatists* und *non-separatists* ein geordnetes Gemeinwesen unter der Souveränität der englischen Krone zu schaffen.[74]

Am 11. Dezember erreichte die Gruppe Plymouth, den Ort, an dem sie sich schließlich dauerhaft niederließ. Über die Hälfte der Neuankömmlinge fiel dem ersten Winter zum Opfer, die Verbleibenden errichteten zum Unterschlupf einfache Holzhütten und begannen im Frühjahr mit dem Feldbau. Ein Friedensvertrag mit den *Pokanoket Indians*, deren Bevölkerung durch europäische Krankheiten stark dezimiert worden war, und die aufgrund der Bedrohung durch den verfeindeten *Narragansett tribe* auf einen Verbündeten angewiesen waren, sicherte das weitere Überleben der Gruppe. Im Herbst des Jahres 1621, der eine reiche Ernte bescherte, hatten die Emigranten nach englischer Tradition Anlaß, ein Erntedankfest zu begehen, das historisch gesehen indes nichts mit dem Nationalfeiertag *Thanksgiving* gemein hat, der heute alljährlich am vierten Donnerstag im November begangen wird.[75] Mit Unterstützung der *Pokanokets*, die die Neuankömmlinge mit Nahrungsmitteln versorgten, ihnen erfolgreiche Anbaumethoden beibrachten und einen Übersetzer für Verhandlungen mit indianischen Stämmen zur Verfügung stellten, konnte sich die kleine Kolonie in den folgenden Jahren stabilisieren. Der Handel mit den *natives*, den anderen Kolonien, englischen und französischen *trading posts* sowie dem Heimatland wurde ausgebaut. Schiffe brachten Nutztiere sowie Güter,

---

[74] Ebd. 26.
[75] Dieser ist vielmehr eine Erfindung des 19. Jahrhunderts, die auf Lincoln zurückgeht, der diesen Tag im Jahr 1863 ausrief, um der Siege der nordstaatlichen Truppen über die *confederacy* zu gedenken. Erst im Zuge des *Colonial Revival* um die Jahrhundertwende wurde der Zusammenhang zu den *Pilgrims* konstruiert Franklin Roosevelt räumte dem *national holiday* im Jahr 1939 den Platz im Kalender der nationalen Festtage ein, den er bis heute einnimmt. Vgl. Abrams, *The Pilgrims and Pocahontas* 10f.

die in der Neuen Welt nicht hergestellt werden konnten, und weitere
Auswanderer, die die Reihen der sogenannten *firstcomers* verstärkten. Die
Bevölkerung, die zu Anfang 50 Personen gezählt hatte, war im Jahr 1627
auf 150 angewachsen. Der Zustrom weiterer *non-separatists* führte
wiederholt zu Spannungen in der Kommune, deren radikal-puritanische
Anführer um die Vorherrschaft "over the diverse population of 'strangers'"
ringen mußten.[76] Verschiedentlich wurden gewaltsame Strafexpeditionen
gegen benachbarte Siedler und Indianerstämme durchgeführt, deren
Lebenswandel oder Geschäftsgebaren nicht mit den sittlich-moralischen
Grundsätzen der Puritaner vereinbar waren und folglich als Bedrohung der
religiösen Enklave wahrgenommen wurden.

Plymouth konnte seinen Status als eigenständige *company* nicht
dauerhaft aufrechterhalten. Die Siedlung war von zu geringer Größe, um
sich gegen ihren neuen Nachbarn, die *Massachusetts Bay Company*, zu
behaupten. Mit der Verteilung der gemeinschaftlich erwirtschafteten Güter
nach 1627 setzte in der Gemeinde ein schleichender Prozeß der Auflösung
ein. Mitglieder der Sekte ließen sich jenseits der Grenzen Plymoths nieder
und entzogen sich dadurch zunehmend dem strengen Einfluß ihrer
Glaubensgenossen. Die sogenannte *Great Migration* des Jahres 1630 führte
unter der Ägide John Winthrops tausende von mittelständischen
puritanischen *congregationalists* nach Neuengland, deren Unternehmung
rasch zu wirtschaftlichem Erfolg gelangte und fortan die politische,
ökonomische und soziokulturelle Entwicklung der Region dominierte. Das
Gemeinwesen, das die *firstcomers* errichtet hatten, ging 1691 in der
Massachusetts Bay Company auf, und die baulichen Strukturen des
settlement verschwanden im Zuge der weiteren städtischen Entwicklung
Plymouths.

---

[76] Ebd. 26.

2. Die *historic sites* im Kontext ihrer institutionseigenen Historizität

Das Sammeln und Bewahren historischer Gegenstände, ihre Erforschung, Ausstellung und Vermittlung an den Besucher zählen zu den Hauptaufgaben musealer Institutionen. Ihrer Natur nach sind dies dauerhafte und langfristig angelegte Tätigkeiten, denen indes keine unveränderliche Statik innewohnt. Ein Blick auf die Genese Mount Vernons, Colonial Williamsburgs und Plimoth Plantations offenbart vielmehr die Zeitgebundenheit der genannten Museumsfunktionen. Politische und soziokulturelle Perzeptionen der jeweiligen Epoche, neue Forschungsergebnisse, wechselnde historiographische Diskurse, museologische Zeitströmungen sowie gesellschaftliche Erwartungshaltungen, die an die Darstellung von Geschichte im Museum gerichtet werden, haben die Interpretation vergangener Ereignisse kontinuierlich verändert. Im Falle der Vereinigten Staaten kristallisieren sich im wesentlichen drei Perioden der musealen Entwicklung heraus, die von der Anfangsphase des *preservation movement* unter dem Einfluß des *Colonial Revival* über die musealen Repräsentationen der liberalen Konsenshistoriographie in den Dekaden des Kalten Krieges bis hin zur Restrukturierung musealer Geschichtsvermittlung durch die *new social history* seit den sechziger Jahren reichen.[77] Mount Vernon, Colonial Williamsburg und Plimoth Plantation sind zu verschiedenen Zeiten ihres Bestehens als innovative Schrittmacher der Entwicklung oder zumindest als charakteristische Repräsentanten der allgemeinen Tendenzen in Erscheinung getreten. Während Mount Vernons inhaltliche und methodische Vermittlung auffallend konstant geblieben ist, hat Colonial Williamsburg seinen Darstellungskanon sukzessive erweitert und experimentierte frühzeitig mit Vorformen der *living history*. Diese haben jüngst die Gestalt der *theatrical interpretation* angenommen und werden *on site* neben den herkömmlichen Kommunikationstechniken eingesetzt. Plimoth Plantation versuchte hingegen, einen radikalen Bruch mit den überkommenen historiographischen Diskursen zu vollziehen. In den sechziger Jahren verabschiedete sich das Museum zudem von den Führungsprogrammen konventionellen Zuschnitts und implementierte schließlich die sogenannte *first-person interpretation.*[78] Ohne den

---

[77] Beobachter der Museumslandschaft konstatieren seit Beginn der neunziger Jahre zu Recht den Eintritt in ein neues Stadium, das vor allem durch die verstärkte Kommodifizierung geschichtlicher Stoffe und die Ausweitung der zielgruppen- und marktorientierten Rahmenaktivitäten historischer Stätten gekennzeichnet ist. Diese Entwicklung kann im Rahmen der vorliegenden Arbeit jedoch nur bedingt berücksichtigt werden. Vgl. Ada Louise Huxtable, "Inventing American Reality," *New York Review of Books*, 3 Dec. 1992: 24-29.

[78] Für den zeitgenössischen Besucher gehört die Aufklärung über die geschichtliche Entwicklung der jeweiligen Institution in der Regel nicht zum regulären Führungsprogramm. Die Stätten erteilen lediglich über die aktuell dargebotene Version des historischen Gegenstandes Auskunft und suggerieren dem unkundigen

Anspruch auf eine vollständige Darstellung und Analyse der Gesamt-
entwicklung der amerikanischen Museumslandschaft zu erheben,
konzentrieren sich die nachfolgenden Ausführungen chronologisch auf die
institutionseigenen Historizitäten der drei Stätten. Ziel ist, über ausgewählte Aspekte des historischen Kontextes eine Perspektivierung der
aktuellen Vermittlungsintentionen von Mount Vernon, Colonial Williamsburg und Plimoth Plantation zu leisten.

2.1 Die Anfangsphase des amerikanischen *preservation movement*

Mount Vernon gilt heute weitgehend unumstritten als amerikanisches
Nationalsymbol und materielle Manifestation des geschichtlichen Her-
kommens der Vereinigten Staaten. In der Mitte des 19. Jahrhunderts, der
Gründungszeit des Museums, mußte sich diese Perzeption indes erst
Geltung verschaffen. Die Idee des Denkmalschutzes hatte sich noch nicht
breitenwirksam etabliert: "Antebellum Americans were not sentimental
about saving old buildings."[79] In einer Gesellschaft, die sich in einer
Hochphase der geographischen, ökonomischen und demographischen
Expansion befand, obsiegte das Diktat eines profitorientierten "booming
land market" zumeist über das Bestreben einzelner, historische Strukturen
für spätere Generationen zu bewahren.[80] Die wachsende ethnisch-kulturelle
Heterogenität der Bevölkerung, der Modernisierungsschub der einsetzen-
den Industrialisierung und die nationale Krise, die sich im politischen
Sektionalismus im Vorfeld des Bürgerkrieges ankündigte, führten
allerdings einen Sinneswandel herbei. Die Errichtung von Denkmälern und
historic sites als kohäsionsstiftende Institutionen rückte fortan ins Blickfeld
konservativer Eliten und Mount Vernon konnte als exemplarischer Fall
Schule machen.

Nach dem Tod Washingtons war das *estate* in einem Prozeß der
"popular deification of Washington" bereits zur nationalen Wallfahrtsstätte
avanciert und wurde von zahlreichen Schaulustigen besucht.[81] Den Erben

---

Touristen, die Vergangenheit sei in den zur Schau gestellten Sachzeugnissen
eindeutig und unveränderlich aufgehoben und werde durch das Museum lediglich
erklärend zur Sprache gebracht. Gerade die Offenlegung des Prozesses, der die
aktuellen Vermittlungsformen und -inhalte hervorgebracht hat, wäre jedoch geeignet,
dem Besucher verständlich zu machen, daß die Faktensicherung und Konservierung
dinglicher Exponate auf der Grundlage historischer Quellen untrennbar mit einer
Deutung des Materials verbunden sind.

[79] Wallace, *Mickey Mouse History* 4.

[80] Ebd. 5.

[81] Vgl. Patricia West, *Domesticating History: The Political Origins of Ameria's House
Museums* (Washington and London: Smithsonian Institution Press 1999) 2. Mount
Vernon Ladies' Association, *Mount Vernon: The Story of a Shrine. An Account of the
Rescue and Continuing Restoration of George Washington's Home by The Mount*

des Präsidenten war daran gelegen, den Staat Virginia als Käufer des unrentabel gewordenen Gutes und des allmählich verfallenden Herrenhauses zu gewinnen. Dieses Vorhaben scheiterte jedoch am Widerstand der Legislative, die einen Präzedenzfall für die staatliche Übernahme denkmalschützerischer Verantwortung vermeiden wollte und die Pflege von Erinnerung und Tradition privaten Initiativen zuwies.[82]

Als geschäftstüchtige Nordstaatler im Jahr 1853 vorschlugen, den Besitz in ein profitables Hotel zu verwandeln, gründete Ann Pamela Cunningham, die Tochter eines wohlhabenden Südstaatenpflanzers aus South Carolina, die *Mount Vernon Ladies' Association of the Union* (MVLA) und startete eine bis dahin beispiellose Kampagne für den Erhalt der historischen Integrität des Anwesens. Cunningham fungierte selbst als sogennante *regent* der Organisation und rekrutierte aus jedem Einzelstaat, in dem Interesse an der Konservierung Mount Vernons bestand, eine sogenannte *vice regent*. Die Frauen, die durchweg "wealth, status, and distinguished Revolutionary ancestry" aufzubieten hatten, verschafften dem Anliegen in der Öffentlichkeit ihres jeweiligen Heimatstaates Gehör und sorgten für den Zufluß von Spendengeldern.[83] Die Struktur der MVLA, die sogleich Vorbildfunktion für nachfolgende Restaurationsprojekte erlangte, hat sich bis zum heutigen Tag nicht verändert.[84]

Vernon Ladies' Association (Mount Vernon, Va.: Mount Vernon Ladies' Association 1991) 19.

[82] Im Vergleich zu den Regierungen anderer Nationalstaaten, die in der Entstehung begriffen waren, schaltete sich die amerikanische Bundesregierung erst mit erheblicher zeitlicher Verzögerung in den Prozeß der Konstituierung einer nationalen Identität und deren Repräsentation durch Denkmäler und historische Stätten ein: "There was no coherent or coordinated plan to subsume all local and regional identities under the 'political roof' of the nation; instead, the nationalizing effort was fuelled by disparate individual activists and voluntary organizations. The United States did not follow the path of countries whose activist governments played a significant role in establishing a national patriotic culture. In fact, it was not until World War I that the federal government fully intervened in this process, and even then it relied on the work of tens of thousands of volunteers and private organizations." Cecilia Elizabeth O'Leary, *To Die For: The Paradox of American Patriotism* (Princeton, New Jersey: Princeton University Press 1999) 6. "A powerful presumption lingered on (far longer in the United States than in Europe) that government bore virtually no responsibility for matters of collective memory, not even for the nation's political memory. That assumption, clearly rooted in the democratic ethos of a people's republic, stood for more than a century as a major impediment to the sustained role of tradition in American culture. If people wished to commemorate an anniversary, celebrate a battle, or save a historic site, they would have to take the initiative. The time, energy, and above all the money must come from them." Kammen, *Mystic Chords of Memory* 54f.

[83] West, *Domesticating History* 15.

[84] Jeder der 50 Einzelstaaten ist in der Regel durch eine *vice regent* vertreten. Aus der Mitte der *vice regents* wird für eine Amtszeit von drei Jahren die *regent* gewählt. Die *Ladies* sind ehrenamtlich tätig und haben den Auftrag, zahlungskräftige Sponsoren

Als erste *national womens' patriotic society* repräsentierte die MVLA
Nord- und Südstaaten gleichermaßen und betrat damit diffiziles politisches
Terrain. Den *Southern States* galt Washingtons historischer Besitz als
Inkarnation der südstaatlichen Kultur und sozioökonomischen Ordnung,
die man vor dem Zugriff der Nordstaaten zu schützen habe, denn diese, so
befürchtete man, "would 'tarnish the soil of Virginia with the polluted
breath of northern fanaticism.'"[85] Auch Cunningham hatte ursprünglich
beabsichtigt, die Rettung Mount Vernons als eine Angelegenheit
voranzutreiben, die allein den Südstaaten oblag. Nach wenigen Monaten
zeichnete sich allerdings ab, daß das Projekt am unzureichenden
südstaatlichen Spendenaufkommen zu scheitern drohte. Dies, sowie die
Verschärfung der zwischenstaatlichen Konflikte, die sich 1854 in der
Verabschiedung des *Kansas-Nebraska-Act* manifestierte, veranlasste die
regent, fortan auf die nationale Karte zu setzen. Die Bewahrung Mount
Vernons, so wurde mit Pathos argumentiert, symbolisiere ein "common
heritage for the estranged children of a common father, the spell of whose
memory will yet have the power to reunite them around his hallowed
sepulchre."[86] Damit bezog Cunningham für jene Partei Position, die den
ersten Präsidenten als "a wishful symbol of national unity" ins Feld der
sektionalen Auseinandersetzungen führte.[87]

Die Tatsache, daß sich Frauen, die vom öffentlichen Leben weitgehend
ausgeschlossen waren, für die Bewahrung und Interpretation amerikanischer Werte und Traditionen zuständig erklärten, konstituierte ein
streitbares Novum, dessen Brisanz Cunningham jedoch erfolgreich zu
entschärfen verstand, indem sie sich auf das Ideal der *republican
womanhood* berief. Die *Association*, so erklärte sie, käme lediglich der
gesellschaftlich anerkannten weiblichen Pflicht nach, jenseits des männlich
dominierten politischen Tagesgeschäfts sozialreformerisch tätig zu sein.
Sie traf dabei den Ton der 'domestic religion,' und des 'aesthetic moralism,'
zweier Diskurse, die das kulturelle Klima der 1850er prägten. Während das
Ideal der *domesticity*, das die MVLA am Beispiel Mount Vernons
sinnfällig zu demonstrieren versprach, den Zeitgenossen als wirksamer
"agent of national moral regeneration" galt[88], sprach man dem *aesthetic
moralism* ähnliches volkserzieherisches Potential zu. Die "properly
designed homes" historischer Eliten, so die zeitgenössische Annahme,

---

   zu gewinnen, der *historic site* in ihren Heimatstaaten Präsenz zu verleihen und
   wichtige Richtungsentscheidungen über die Gestaltung der Museumsarbeit zu
   treffen.
[85] Zitiert in: West, *Domesticating History* 11.
[86] Wallace, *Mickey Mouse History* 5.
[87] Karal Ann Marling, *George Washington Slept Here: Colonial Revivals and
   American Culture 1876-1986* (Cambridge and London: Harvard University Press
   1988) vii.
[88] West, *Domesticating History* 28.

könnten eine dem amerikanischen Gemeinwesen zuträgliche, charakter-bildende Wirkung auf den Betrachter ausüben, indem sie unmittelbar jene Ideale zur Anschauung brächten, die das Fundament der Nation ausmachten. Beide Diskurse zählen bis heute zu den grundlegenden Prämissen der Vermittlungsarbeit auf Mount Vernon.

Den konfliktlosen Fortbestand der Union konnten Cunningham und ihre Mitstreiterinnen bekanntermaßen nicht sichern. Es gelang ihnen jedoch, $ 200.000 zu sammeln und im Dezember 1858 das *Mansion*, die dazugehörigen *outbuildings* und 200 umgebende *acres* von John Augustine Washington, Jr. zu erwerben. Seit 1858 befindet sich Mount Vernon auf der rechtlichen Grundlage einer *charter* des Staates Virginia im Besitz der MVLA. Die Organisation setzte sich das von zivilreligiösen Motiven durchtränkte Ziel "to perpetuate the sacred memory of 'The Father of His Country'" und öffnete das Anwesen im gleichen Jahr "to the inspection of all who love the cause of liberty and revere the name of Washington."[89]

Als Prototyp des amerikanischen *historic house museum* sollte Mount Vernon das *preservation movement* in zweierlei Hinsicht prägen: Zum einen wurde das Vorhaben, den Originalzustand historischer Gebäude wiederherzustellen zum unhintergehbaren *standard of authenticity* für vergleichbare Restaurationsprojekte. Cunningham verband das Authentizi-tätsgebot zugleich mit einem konservativen und antimodernistisch anmutenden Appell: "Ladies, the Home of Washington is in your charge. [...] Let no irreverent hand change it; no vandal hands desecrate it [by] the fingers of–progress! [...] Let one spot in this grand country of ours be saved from 'change!'[90] Diese eindringliche Ermahnung der scheidenden *regent* ist der Organisation bis heute Richtlinie und Verpflichtung und wird auf den alljährlichen Tagungen der MVLA in feierlichem Rahmen rezitiert. Zum anderen bedeutete die Öffnung des Anwesens für die Allgemeinheit einen ersten Schritt zur Demokratisierung des Zugangs zu Geschichte und Tradition. Allerdings schuf die *Association* zugleich den Präzedenzfall für eine selektive Denkmalschutzpolitik, die bis ins zwanzigste Jahrhundert fortgesetzt werden sollte und dem Erhalt von Heimstätten der "mythologized white male political figure[s]" uneingeschränkten Vorrang einräumte.[91]

Ein weiterer Vertreter des "movement to preserve distinguished architecture and to glorify Anglo-Saxon values" ist Colonial Williams-burg[92], dessen Inauguration im Jahr 1926 einen Höhepunkt des *preservation movement* markiert, der aufgrund der Fixierung auf die Epoche der amerikanischen Kolonial- und Revolutionszeit als *Colonial*

---

[89] MVLA, *Annual Report 1997* (Mount Vernon, Va.: MVLA 1997) 78.

[90] Ebd. 93.

[91] West, *Domesticating History* 5. Vgl. auch Wallace, *Mickey Mouse History* 3-32.

[92] Warren Leon and Margaret Piatt, "Living-History Museums," *History Museums in the United States*, Hg. Leon and Rosenzweig 66.

Revival bezeichnet wird. Das Anliegen der Eliten, durch den Rückgriff auf
Geschichte und Tradition Einfluß auf die Gesellschaft der Vereinigten
Staaten zu nehmen, hatte sich in den Bemühungen der Vorreiter-
organisation MVLA bereits abgezeichnet. Um die Jahrhundertwende
erreichten die Bestrebungen eine neue Qualität: Industriemagnaten,
alteingesessene Familien und Mitglieder der oberen Mittelklasse
verstanden sich aufgrund ihrer Abstammung oder ihres sozialen Status als
legitime Sachwalter der materiellen und immateriellen Kultur Amerikas.
Sie funktionalisierten ihr denkmalschützerisches Engagement als
Identifikations- und Abgrenzungsstrategie gegenüber jenen Schichten, die
im Zeitalter der Industrialisierung zu Einfluß und Macht strebten oder
aufgrund ihrer ethnischen Herkunft als unamerikanisch und schwer
assimilierbar galten.[93] Colonial Williamsburg entstand unter der Ägide des
Ölmillionärs John D. Rockefeller, Jr., dessen Vermittlungsintentionen ganz
im Einklang mit den zeitgenössischen soziokulturellen Perzeptionen seiner
Schicht standen. Die Verklärung der patriotischen Elite "whose voices once
resounded in these halls and whose far-seeing wisdom, high courage, and
unselfish devotion to the common good will ever be an inspiration for
noble living" konstituierte den einen Teil der Botschaft des Freilichtmuseums.[94] Mit ihr verband sich die nostalgisierende Präsentation eines als
mustergültig apostrophierten, kultivierten Lebensstils: "Restored with
painstaking fidelity to its former state of classic beauty and elegance,
Williamsburg is [...] an heroic monument to a Golden Age. [...] You find
yourself in spirit taking part in the opulent culture of the plantation gentry.
You catch the charm and beauty of graceful living that they made so great
an art."[95] Gleichermaßen bedeutsam war indes ein Gesichtspunkt, der
offensichtlich unter dem nationalistischen Einfluß der *Americanization*

---

[93] "Convinced that immigrant aliens with subversive ideologies were destroying the
Republic, elites fashioned a new collective identity for themselves. They believed
that there was such a thing as the American inheritance and that they were its
legitimate custodians. Class struggle was transmuted into defense of 'American
values' against outside agitators." Wallace, *Mickey Mouse History* 7. Die Entstehung
zahlreicher *ancestral* und *historical societies* am Ende des 19. Jahrhunderts
untermauert diese These. In diesem Zeitraum wurden etwa die Vereinigungen der
Sons of the American Revolution (1889), *Daughters of the American Revolution*
(1890) und der *Mayflower Descendants* (1897) ins Leben gerufen. Außerdem
konstituierten sich wichtige *historical societies* und *preservation groups*, darunter die
Association for the Preservation of Virginia Antiquities (1888), *Native Sons of the
Golden West* (1888) und die *Society for the Preservation of New England Antiquities*
(1918). Ebd.

[94] Ansprache John D. Rockefellers, Jr. anläßlich der Eröffnung Colonial
Williamsburgs. Zitiert im Einführungsfilm des *Visitor Center*, Colonial
Williamsburg.

[95] Colonial Williamsburg Foundation, *Colonial Williamsburg*, brochure, Colonial
Williamsburg Foundation, February 1941, n. pag.

campaigns jener Zeit stand. Colonial Williamsburg sollte als sinnfällige Demonstration amerikanischer Identität fungieren. Rockefeller verstand sein Museum als eine Stätte der nationalen Selbstfindung, an der der einzelne Besucher vermittels der affirmativen Suggestivität einer rekreierten historischen Wirklichkeit Anteil haben konnte:

> You feel you know these people well–Mister Jefferson and Mister Henry, Mistress Wythe, Colonel Washington–people who loved fine things and fine living, but who cherished more their liberty and self-respect. Yes, somehow it all seems familiar, a part of your own being. And indeed it is–for the spirit of Williamsburg belongs to the nation; it is part of the heritage of every American today. Here, in this living community, the Wheel of Time has been stayed for you–that you may better see and understand, better know yourself and your country... an inspiration for the future.[96]

In der Retrospektive erscheint die von Rockefeller vorgenommene Funktionalisierung nationaler Traditionsbestände in hohem Maße fragwürdig. Sie stellt jedoch insofern keine Besonderheit dar, als der Umgang mit geschichtlichem Wissen zu allen Zeiten gegenwartsverhafteten und interessengeleiteten Verzerrungen unterliegt. Zu fallspezifischen Hinterfragungen gibt indes folgender Aspekt der musealen Institutionalisierung Colonial Williamsburgs Anlaß: Die angestrebte Vergegenwärtigung historischer Kontinuität verdankte sich einer planvollen Durchtrennung überkommener Traditionen und der Zerstörung historisch gewachsener Strukturen.

Rockefeller musealisierte große Teile eines Ortes, der mit den gesellschaftlichen und wirtschaftlichen Transformationen seiner Zeit zwar nicht Schritt gehalten hatte, dessen Funktionen als Zentrum einer ländlich geprägten Region jedoch intakt waren. Die Umsetzung der historischen Vision des Geldgebers griff tief in das Erscheinungsbild sowie das soziale und ökonomische Gefüge der Stadt ein. Zu Beginn der Rekonstruktionsarbeiten wurde im Einvernehmen mit den vor Ort tätigen Historikern und Restauratoren ein *cut-off date* festgelegt: Jegliche Bauten, die nach 1770 entstanden waren, wurden abgerissen oder entfernt, um an anderer Stelle wieder aufgebaut zu werden. Innerhalb weniger Jahre wurden 731 Häuser vollkommen zerstört, 81 renoviert, 413 Gebäude auf ihren Originalstandorten neu errichtet, und das Schienennetz, das nicht recht in die kolonialzeitliche Atmosphäre passen wollte, wurde an den Stadtrand verlegt.[97] Den Begründern des Museums gelang zwar der diffizile Ausgleich lokaler, sektionaler sowie restaurations- und ausstellungs-

---

[96] Ebd.
[97] Huxtable, "Inventing American Reality" 24. Eine bildliche Dokumentation der Rückverwandlung Colonial Williamsburgs in den Zustand der 1770er Jahre leistet George Humphrey Yetter, *Williamsburg Before and After: The Rebirth of Virginia's Colonial Capital* (Williamsburg, Va.: Colonial Williamsburg Foundation 1988).

technischer Interessen[98], doch das Mammutprojekt zeitigte ambivalente
soziokulturelle Folgeerscheinungen, die insbesondere der schwarzen
Bevölkerung des Südstaatenstädtchens zum Nachteil gereichten. Wie
Foster in einer umfangreichen Studie über das Williamsburg der 1930er
Jahre herausarbeitet, bedeutete die Rekonstruktion der Kolonialstadt für die
weißen Bürger eine Affirmation ihrer überkommenen Identität "[which
was] associated with traditions from the nation's birth in which a small,
elite group dominated community life."[99] Für die afro-amerikanischen
Bewohner kam die Musealisierung allerdings einer weiteren Verdrängung
aus dem öffentlichen Leben des Ortes gleich. Sie waren mehrheitlich im
Gebiet der designierten *historic area* ansässig und wurden in neuerdings
segregierte Stadtviertel umgesiedelt. Am wirtschaftlichen Erfolg des
musealen Projekts konnten sie lediglich durch die Beschäftigung in
niederen Dienstleistungsstellen teilhaben.[100] Das seit Jahrhunderten
internalisierte Muster einer "white dominance and African-American
subservience" wurde insofern durch die Transformation der Stadt in ein
national shrine perpetuiert.[101] Allerdings wurde auch die historische
Identifikation der weißen Bewohner Williamsburgs, die sich zu diesem
Zeitpunkt auf die südstaatliche *Confederacy* richtete, einer bewußten
reorganization of memory unterzogen. Die vom amerikanischen Bürger-
krieg geprägten baulichen, sozialen und kulturellen Strukturen wurden im
kollektiven Gedächtnis durch die Ideale der amerikanischen Revolution
ersetzt.[102] Dieser Prozeß wurde von Teilen der Bevölkerung Williamsburgs
als "Second Yankee Reconstruction" abgelehnt, verlief letztendlich jedoch
erfolgreich.[103]

   Trotz dieser streitbaren Aspekte der Gründungsgeschichte trifft es zu,
daß Colonial Williamsburg neue Maßstäbe setzte, die wegweisend für die
weitere Professionalisierung des amerikanischen Denkmalschutzes und die

---

[98] Vgl. Kammen, *Mystic Chords of Memory* 364f.

[99] Andrea Kim Foster, *"They're turning the town all upside down:" The Community Identity of Williamsburg, Virginia Before and After the Restoration*, diss., George Washington University, 1993, 223f.

[100] Foster, *The Community Identity of Williamsburg* 243f.

[101] Ebd. viii.

[102] Als illustratives Beispiel sei die Entfernung eines in der rekonstruierten Kolonialstadt anachronistischen Denkmals für die *Confederacy* genannt: "In January 1932, when the Confederate Monument was removed from the palace green where it had stood since 1908, hundreds of citizens arose in protest to affirm the monument's significance as a symbol to the Confederacy. [...] Yet in the end, the Confederate Monument case actually brought unity between the old and the new Williamsburg, as the ideals associated with the Confederate past were simply shifted to the English heritage of colonial times." Ebd., 165.

[103] Handler and Gable, *The New History in an Old Museum* 31.

museale Popularisierung geschichtlichen Wissens werden sollten.[104] Erstmals wurde ein Konzept der Geschichtsvermittlung verwirklicht, das patriotische, didaktische und kommerzielle Zielsetzungen vereinigte und sich gleichzeitig dem Gebot größtmöglicher, wissenschaflich fundierter Authentizität verpflichtet fühlte–Leitlinien, die die Bemühungen vieler historischer Stätten bis in die Gegenwart hinein bestimmen.[105]

2.2 Die Instrumentalisierung von Geschichte im Kalten Krieg

Die Aufgabe, als Agenten der nationalen Sozialisation in Aktion zu treten, gehörte von Beginn an zum Funktionsrepertoire der historischen Stätten. Im Zweiten Weltkrieg und der nachfolgenden Phase des Kalten Krieges erfuhren die patriotisch gefärbten Botschaften durch die Konfrontation mit dem Kommunismus jedoch eine propagandistische Übersteigerung. Colonial Williamsburg wandelte sich im Verlauf der fünfziger Jahre zur "most vocal non-governmental pulpit for patriotic discourse in the United States".[106] Bereits vor dem Eintritt der Vereinigten Staaten in den Zweiten Weltkrieg besuchten täglich über 300 Soldaten die rekonstruierte Kolonialstadt, um die Errungenschaften der amerikanischen Demokratie in Abgrenzung von totalitären Regimen, und später vor dem Hintergrund der sowjetischen Machtausweitung, zu internalisieren. Der Erfolg des Programms sowie der tiefe Eindruck, den die historische Kulisse hinterließ, spiegelt sich in den enthusiastischen Reaktionen der Adressaten wider, hier vertreten durch das Schreiben eines Soldaten:

> "Of all the signs I have seen, and the books I have read, and the speeches I have heard, none ever made me see the greatness of this country with more force and clearness than when I saw Williamsburg slumbering on its old

---

[104] Lindgren vertritt die These, daß die erste Phase des *preservation movement* durch den tendenziell antimodernistischen "personalism" von Frauenorganisationen, wie etwa der MVLA, geprägt gewesen sei. Diese hätten den Erhalt historischer Gebäude vor allem als Möglichkeit verstanden, traditioneller Werte und vorindustrielle intrakollektive Bindungen zu konservieren. In der *progressive era* sei diese Ideologie durch einen männlich dominierten "professionalism" ersetzt worden, der wissenschaftliche und geschäftsorientierte Kriterien zur Grundlage des Denkmalschutzes machte und die Frauenorganisationen allmählich aus diesem Bereich öffentlicher Aktivität verdrängte. Vgl. James M. Lindgren, "'A New Departure in Historic Patriotic Work': Personalism, Professionalism, and Conflicting Concepts of Material Culture in the Late Nineteenth and Early Twentieth Centuries. Changing Attitudes Toward Material Culture," *Public Historian. A Journal of Public History* 18.2 (1996): 41-60.

[105] Vgl. Marie Tyler-McGraw, "Becoming Americans Again: Re-envisioning and Revising Thematic Interpretation at Colonial Williamsburg," *Public Historian* 20.3 (Summer 1998): 55.

[106] Kammen, *Mystic Chords of Memory* 583.

foundations. [...] As a soldier [...] I am proud to have set foot on such
grand old soil. More than ever it has made me live in the daily hope that by
facing the future together, we shall all survive together, both as an united
nation and as free men."[107]

Die Stätte verstand sich als Bollwerk gegen den kommunistischen Erzfeind
und bezweckte, eine lebendige Verkörperung amerikanischer Werte zu
leisten, die als "(1) the integrity of the individual, (2) responsible
leadership, (3) belief in self-government, (4) individual liberty, and (5)
individual opportunity" definiert wurden.[108] Die im Museumsdorf präsentierte Aufopferungsbereitschaft für das Gemeinwesen, die die Vorfahren
nach Lesart Colonial Williamsburgs gezeigt hatten, sollte in der aktuellen
weltpolitischen Situation zur Nachahmung anregen. Diese, so wurde
fälschlicherweise impliziert, sei durch ähnliche Problemstellungen gekennzeichnet: Die Alternative zwischen Demokratie und Totalitarismus.

Allerdings konnte die Mobilisierung patriotischer Gefühle nach
historischem Vorbild nur um den Preis einer selektiven und in hohem Maße
verzerrenden Geschichtsdarstellung erreicht werden. Der Fokus der
Darbietungen lag ausschließlich auf den großen Taten der patriotischen
Elite, die die gemeinsame Sache der Demokratie und Unabhängigkeit in
harmonischem Einklang mit dem Rest der "prosperous colonial Virginians"
vorangetrieben hätten.[109] Die konstruierte historische Wirklichkeit sparte
jegliche Konfliktstoffe wie den Rassen- oder Klassenaspekt aus und machte
sich aus heutiger Perspektive des Reduktionismus schuldig.

Wie in Colonial Williamsburg, so ist der Versuch, die Revolutionszeit
als direkte Handlungsanweisung für die zeitgenössischen Problemlagen zu
funktionalisieren, auf Mount Vernon gleichermaßen erkennbar. In einem
Dokumentarfilm, der in den fünfziger Jahren regelmäßig auf dem Anwesen
gezeigt wurde, hieß es:

> 'Here at Mt. Vernon we can see an American home that was built when the
> country was changing–and its people were fearful, but hopeful. We who
> make a pilgrimage here today live in a world that is also changing–we, too,
> know fear–but we have hope–and, as in that other time, we are concerned
> about the way of life that we are building. It is important for us to be
> reminded how seeds grow when they are carefully planted–how walls stand
> when they are set on firm foundations–and how ideas of citizenship flower
> in the soil of liberty.'[110]

---

[107] Zitiert in: Carroll Van West and Mary S. Hofschwelle, "'Slumbering On Its Old
Foundations': Interpretation at Colonial Williamsburg," *South Atlantic Quarterly* 83
(1984): 162.

[108] Ebd. 165.

[109] Ebd. 166.

[110] MVLA, *Annual Report 1950* (Mount Vernon, Va.: MVLA 1950) 13.

Während sich Colonial Williamsburg der ideologischen Bekämpfung des äußeren Feindes andiente, richtete die MVLA ihr Augenmerk zugleich auf den einheimischen Gegner, also auf jenes "segment of our own younger generation which is so scornful of history and bent on change [...]."[111] Die *Association* deutete die soziopolitischen Auseinandersetzungen und die geschichtsrevisionistische Gesinnung, die das *Civil Rights Movement* in der Folge hervorbringen sollte, als unamerikanische Entgleisungen und ermahnte die Gesellschaft zur Rückbesinnung auf "the living beauty, the order, and the dignity that George Washington built into the structure of our free Republic."[112] Die Beharrlichkeit, mit der die MVLA diese konservativ geprägte Perzeption soziokultureller Umstände beibehielt, sollte einer Anpassung der Vermittlung an veränderte museologische Tendenzen und gesellschaftliche Erwartungshaltungen fortan im Wege stehen.

In der Mitte des 20. Jahrhunderts betrat mit Plimoth Plantation ein neuer Vertreter die Museumslandschaft der Vereinigten Staaten. Die Stätte nahm sich eines historischen Gegenstandes an, dessen geschichtliche Fakten-grundlage im Zuge eines jahrhundertelangen Mythisierungsprozesses transformiert worden war und ein populärkulturelles Verständnis hervor-gebracht hatte, das der gegenwärtige Historiker der Institution, Jim Baker, rückblickend folgendermaßen beschreibt:

> The [...] assumption was that the Pilgrims had play[ed] a seminal role in the development of American culture, in increased freedom of religion, in the growth of democratic government, in the initiation of public schooling, and had left an indelible imprint on the American judicial system. The Pilgrims were credited with making a fundamental break with their English heritage as soon as they debarked from the Mayflower. According to the myth, the Pilgrims established a prototypical pioneer society that prefigured the ideals of the Revolutionary era. It was this accomplishment, along with the suffering they underwent and the perseverance they showed, that validated the Pilgrims' role as cultural exemplars and made their story a vital part of the American heritage.[113]

Am historischen Schauplatz Plymouth waren die Überreste der ursprüng-lichen Siedlung im Lauf der Jahrhunderte zerstört und durch neue Bauten ersetzt worden. Von der Mitte des 18. Jahrhunderts an bildete zunächst eine steinerne Repräsentation der geschichtlichen Legende, *Plymouth Rock*, den Kristallisationspunkt des Gedenkens. Auf diesen Fels sollen die Pilgerväter bei ihrem ersten Landgang im Jahr 1620 angeblich ihren Fuß gesetzt haben,

---

[111] MVLA, *Annual Report 1968* (Mount Vernon, Va.: MVLA 1968) 8.

[112] MVLA, *Annual Report 1950* 13.

[113] James Baker, "Haunted by the Pilgrims," *The Art and Mystery of Historical Archaeology: Essays in Honor of James Deetz*, Hg. Anne Elizabeth Yentsch und Mary C. Beaudry (Boca Raton et al.: CRC Press 1992): 344.

eine Annahme, die historisch nicht verifizierbar ist, dem Kult um *Plymouth Rock* jedoch zu keiner Zeit Abbruch getan hat: "The Rock quickly became a powerful icon in the American consciousness [...]."[114] Im 19. Jahrhundert wurde das Stadtbild Plymouths um eine Reihe von Denkmälern bereichert, die aus heutiger Sicht durch ihre ahistorische Aktualisierung der puritanischen Vorfahren auffallen. Im Jahr 1824 ließ die *Pilgrim Society*, die vier Jahre zuvor gegründet worden war, das erste *ancestral memorial* der Vereinigten Staaten errichten. In dem neoklassizistischen Gebäude namens *Pilgrim Hall* werden bis heute kolonialzeitliche Antiquitäten ausgestellt, die sich einst im Besitz der *firstcomers* befunden haben sollen. Im Jahr 1889 erbaute man in unmittelbarer Nähe zum Stadtkern das *National Memorial to the Forefathers*, das im Stil der zeitgenössischen *Beaux Arts*-Schule gestaltet ist. Vier allegorische Figuren, die *Morality*, *Education*, *Law* und *Liberty* repräsentieren, sind um eine griechische Statue gruppiert, die das Prinzip *Faith* symbolisiert. *Plymouth Rock*, der 1867 mit einem klassizistischen Baldachin versehen worden war, erhielt im Jubiläumsjahr 1921 einen imposanteren und gleichermaßen antikisierenden Überbau, der von 16 dorischen Säulen getragen wird. Die steinernen Vergegenwärtigungen der Pilgerväter wurden durch zahlreiche Feierlich-keiten komplementiert, darunter die *Pilgrims' Progress* genannte Prozession, in der alljährlich zahlreiche Bewohner Plymouths in historischen Kostümen den Weg beschreiten, den die Siedler regelmäßig zum Gottesdienst zurückgelegt haben sollen.

Im Jahr 1947 zog Harry Hornblower II., ein Hobbyarchäologe aus Boston, die Konsequenz aus der Ansicht, daß die Geschichte der *Pilgrims* durch die vorhandenen Gedenkstätten nicht angemessen repräsentiert sei. "[D]etermined not to perpetuate any serious errors in historical fact," rief er die Plimoth Plantation, Inc. mit dem Ziel ins Leben, den puritanischen Vorfahren auf der Basis geschichtswissenschaftlich und archäologisch gesicherter Erkenntnisse physische Präsenz im zeitgenössischen Plymouth zu verleihen.[115] Dem antiquarischen Interesse, das dem Gebot historischer Genauigkeit verpflichtet war, stand jedoch, wie im Kontext der Zeit nicht anders zu erwarten, ein weiteres Motiv zur Seite. Die gegenständliche Darstellung der historischen Siedlung sollte das pädagogische Potential des überkommenen *Pilgrim myth*, das gerade in den Dekaden des Kalten Krieges erneut an Bedeutung gewann, eindrücklich zur Entfaltung bringen:

---

[114] Ebd. 347.

[115] Ebd. 344. "The number, type, location, and ownership of the original dwellings are known from trustworthy documents and archaeological research. [...] A very considerable fund of historical and archeological knowledge is available to Plimoth Plantation, Inc., which is thus fully capable of undertaking its task with confidence." Plimoth Plantation, *The Pilgrim Memorial to be erected in The Town of Plymouth, Massachusetts: The Program*, brochure, Plimoth Plantation, 1948, 3f.

> The settlement will present Pilgrim life and its setting with an accuracy and vividness which are unattainable at any other place, or in any other way. Our country needs such a living memorial to the founding fathers of 1620 who laid broad and deep the foundations for its liberty and its strength. Our people need to see with their own eyes how our Commonwealth was cradled; better knowing its beginnings, they will more fully appreciate the great tradition of which they are heir.[116]

Diese historischen Stereotypisierungen laufen dem erklärten Ziel historischer Faktentreue zuwider und fügen sich stattdessen nahtlos in die *Cold War rhetoric* Colonial Williamsburgs und Mount Vernons ein. Dennoch etablierte sich Plimoth Plantation in der Folge als wichtiger Exponent musealer Geschichtsvermittlung: Die typisierten Behausungen, die Hornblower zunächst an der Plymouth *waterfront* erbauen ließ, fanden sogleich großen Zuspruch bei der Öffentlichkeit. Mitte der 50er Jahre konnte auf einem rund 50 *acres* großen Grundstück, das wenige Meilen südlich des Originalstandortes liegt und eine vergleichbare Topographie aufweist, mit der Rekonstruktion des eigentlichen Dorfes begonnen werden. In der neuerrichteten Siedlung, die in den Annalen Plimoth Plantations als "attractive [...] as well as historically appropriate" beschrieben wird, wurde im Einklang mit dem Zeitgeist der Mythos der *Pilgrims* vermittelt, "stressing the popular, pious image of them as hard-working, ingenious and reverent pioneers whose stalwart ways and collective courage made them the inspiration for all that was good in America."[117]

---

[116] Ebd. 4.

[117] James W. Baker, *Plimoth Plantation: Fifty Years of Living History* (Plymouth, Ma.: Plimoth Plantation 1997) n. pag. Eine Broschüre, die im Jahr 1949 verteilt wurde, illustriert, daß Plimoth Plantation in der Tat sämtliche Stereotypisierungen der Pilger ins Spiel brachte: "They [the Pilgrims] were a brave lot. [...] The Pilgrims were a deeply religious group and their every-day activities were affected by the teachings in the Holy Bible. In Plimouth Plantation they lived a very peaceful and orderly life. They were industrious and worked very hard to build their new Plymouth. [...] The history of all the northern half of the United States is a succession of events dating to the landing of the Pilgrims at Plymouth and many of the accepted forms of government, religion and social customs which we enjoy today had their beginning with Plimouth Plantation. [...] Even before the Pilgrims came ashore they set up their government by a written Compact–the first charter of a government of the people, by the people and for the people known to history. These men signing the Compact became the first Americans. [...] Here was the birth of popular constitutional liberty, foreshadowing our Declaration of Independence and our American Constitution which guarantees freedom to all of us today. [...] Pilgrim Village [...] will show to Americans of today much more graphically than words could do a picture of the Pilgrims who 'hacked the American way of living out of a primeval forest.'" Plimoth Plantation, *Of Plymouth Plantation* (Plymouth, Ma.: Leyden Publishing, June 1949) n. pag.

2.3 Sozialgeschichtlicher Revisionismus und *living history*

Erst die Auswirkungen der Bürgerrechtsbewegung der sechziger und siebziger Jahre sollten eine graduelle Revision der musealen Darstellungen hervorbringen, die bislang auf historische Eliten sowie Politik- und Ereignisgeschichte fixiert gewesen waren. Minoritäten unterschiedlicher Provenienz begannen, eine angemessene Repräsentation sämtlicher historischer Diskurse einzufordern und hinterfragten das Selbstverständnis der Museen als Agenten eines restriktiv definierten Geschichts- und Kulturverständnisses: "In this climate of increasingly widespread awareness of the selective and distorted character of official history, the history museums' celebratory certainties became harder to sustain."[118] Auch das Interessenprofil des breiten Publikums hatte sich geändert. Museumsgänger "were [...] anxious about wide-spread social change and consequently eager to find out what made human communities tick. [...] They want[ed] to see how their own counterparts lived, the dirt farmer, the working man."[119]

Die Fragestellungen und theoretischen Ansätze, die eine Transformation der überkommenen Vermittlungsinhalte erlaubten, lieferte die *new social history*, sekundiert von den Erkenntnisfortschritten der museumsrelevanten Disziplinen Archäologie sowie *folk life and material culture studies*, die eine umfassendere und detailgenauere Rekonstruktion historischer Strukturen ermöglichten. Die Sozialgeschichte hatte sich in den 1960er Jahren als Fachwissenschaft an den Universitäten etabliert und richtete ihr Augenmerk vorrangig auf gesellschaftsgeschichtliche Thematiken in der Absicht, jene Kollektive und Inhalte ins Blickfeld zu nehmen, die vormals im historischen Diskurs marginalisiert oder ignoriert worden waren:

> [Social history] rejects the traditional notion that rulers are more important than the ruled [...] By reordering priorities to elevate the lowborn to equal prominence with presidents and prime ministers, the new history [...] gives rhyme and reason to everyone in a historical community, the nobodies no less than the somebodies.[120]

Mit einiger zeitlicher Verzögerung, ab Ende der siebziger und verstärkt im Verlauf der achtziger Jahre, fanden die akademischen Entwicklungen auch in den Museen Niederschlag. Die historischen Stätten begannen, ihr Potential zur gegenständlichen Kommunikation alltagsgeschichtlicher Lebenswelten zu nutzen, verfügten sie doch über "collections of ordinary, everyday activities [which] re-create the basic life experiences that serve as

---

[118] Wallace, *Mickey Mouse History* 21.
[119] Cary Carson, "Living Museums of Everyman's History," *A Living History Reader*, Hg. Anderson 26.
[120] Ebd. 27.

focal points for the new social history–birth, education, work, marriage, diet, disease, and the provision of clothing, housing, and material possessions."[121]

Parallel zum inhaltlichen Wandel wurden neue Methoden ersonnen, um historische Sachverhalte, vom Korsett des hochkulturellen Anspruchs befreit, in ansprechender und allgemein verständlicher Form an die breite Öffentlichkeit zu vermitteln. Eine Reihe von Stätten wandte sich der *living history* zu, deren Verfahren zur Simulation vergangener Welten jenseits des Museumsbetriebs bereits erprobt waren, so etwa in den *pageants* des 19. Jahrhunderts und den *re-enactments* historischer Ereignisse, ein Hobby, das besonders seit den siebziger Jahren enormen Zulauf zu verzeichnen hat. Nicht zuletzt erleichterte der ohnehin gegebene Kulissencharakter der Freilichtmuseen den Schritt zum veritablen Nachspielen der Vergangenheit. Die *living history* erschien als probates Mittel, um das zeitgeistliche Desiderat einer demokratisierten und auf einen erweiterten Kulturbegriff bauende Geschichtsdarstellung im Museum zu erfüllen. Allerdings, dies wird von den Befürwortern dieser Vermittlungsform oftmals ausgeblendet, wurde ihr Aufstieg nicht allein von Bildungsambitionen getragen, sondern sollte zugleich die Anpassung der musealen Einrichtungen an die Freizeit- und Erlebniskultur leisten, die in jenen Dekaden eine starke und bis heute andauernde Ausweitung erfuhr. Von Beginn an wies die inszenatorische Geschichtspräsentation Berührungspunkte mit den populärkulturellen *theme parks* à la Disneyland auf, deren kommunikative Strategien prägend auf die Erwartungshaltungen und Rezeptionsgewohnheiten des Massenpublikums gewirkt hatten und den Bereich der informellen Bildung unter Zugzwang setzten.

In den sechziger Jahren konzentrierten sich die historischen Darbietungen in Colonial Williamsburg nach wie vor auf die tradierten Bereiche Architektur und Antiquitäten, Gartenbau, historisches Handwerk, Archäologie und den Kampf um die Unabhängigkeit von England, eine Themenkonstellation, die museumsintern auch als die "six appeals" der *historic area* bezeichnet wurde.[122] Die *new social historians*, die das Personal des Museums seit den späten siebziger Jahren verstärkten, gingen jedoch daran, diese Vermittlungskategorien aufzubrechen. Zwar kamen die

---

[121] Ebd. 25.

[122] Der Inhalt einer Besucherbroschüre aus dem Jahr 1964 vermag einen Eindruck der fortgesetzt euphemistischen Verzerrungen zu geben: "Two Hundred years ago Williamsburg, Virginia was a place of elegant manners, graceful buildings richly furnished, and gardens green and fair on the edge of the wilderness. [...] Life was gay in Williamsburg with excellent music, the finest of foods and wine, and the delights of the ballroom and theatre. Here too, the seeds of revolution and freedom were planted by a group of dedicated gentlemen in white wigs and lace." Colonial Williamsburg Foundation, *Colonial Williamsburg, Virginia*, brochure, Colonial Williamsburg, 1964, n. pag.

six appeals den ästhetischen Erwartungen des Publikums entgegen, sie blieben jedoch an der Oberfläche geschichtlicher Wirklichkeit und erzeugten ein unverbundenes Nebeneinander von "impressions and anecdotes," die nur bedingt zu einem kohärenten Verständnis historischer Sachverhalte beitrugen.[123] Im Jahr 1979 wurde das Museumsprogramm mit der Absicht überarbeitet, die funktionalen Zusammenhänge der *historical community* zu beleuchten und jene historischen Strukturen zu erklären, die durch bloße Anschauung der Gebäude nicht erkenntlich wurden[124]:

> [...] the focus for house tours shifted to the daily lives of household members, their potential interactions within the home and with others in the community. Trade sites were charged with interpreting the diverse labor force used to produce the goods and services of the community while continuing to demonstrate the mysteries and art of the trade. [125]

1985 wurden die neuen Zielsetzungen in dem Rahmendokument *Teaching History at Colonial Williamsburg: A Plan of Education* zusammengefaßt. Die Publikation, die Vorbildcharakter für die Entwicklung neuer Lehrprogramme in anderen *historic sites* erlangte[126], markierte zugleich den Übergang zur sogenannten *thematic interpretation*, deren Inhalte sich bis heute an einem gemeinsamen Leitmotiv, *Becoming Americans*, orientieren. Das Konzept sollte folgende Botschaften vermitteln:

> In the Williamsburg tradition, the story will be a narrative of nation-making presented in ways that reflect findings of recent scholarship. Told as a history of social change, it will start farther back in time, will feature a larger cast of characters, will reveal community relationships, and will give familiar political events and personalities a more informative context.[127]

Als tragende Säulen des Leitmotivs wurden "Government, Work and Enterprise, Family and Community Life, and Cultural Life" definiert, wobei jeder Themenbereich einer bestimmten Gruppe von *exhibition homes* zugeordnet wurde, so daß etwa im *Capitol* vorrangig politikgeschichtliche und in den Häusern der *middling sorts* überwiegend alltagsgeschichtliche Informationen kommuniziert wurden.

Im Zuge dieser Veränderungen entstand zudem das *black history program* der Stätte, das gemeinhin als Indikator für die Hinwendung Colonial Williamsburgs zu einer pluralistischen, inklusiven Repräsentation

---

[123] Colonial Williamsburg Foundation, *Teaching History at Colonial Williamsburg* (Williamsburg, Va.: Colonial Williamsburg Foundation 1985) 1.

[124] Tyler-McGraw, "Becoming Americans Again" 55.

[125] Christy Coleman Matthews, "Twenty Years Interpreting African American History: A Colonial Williamsburg Revolution," *History News* 54.2 (1999): 6.

[126] Tyler-McGraw, "Becoming Americans Again" 55.

[127] Colonial Williamsburg Foundation, *Teaching History at Colonial Williamsburg* 6.

historischer Realität gilt. Vor 1979 hatte die Sklaverei in den Darbietungen der *historic area* keine Rolle gespielt, ein Zustand, der das "corporate sense of embarrassment about the subject" reflektierte.[128] Die Sklaverei sowie der *way of life* der kolonialen Mittelschicht erhielten nun ein Mindestmaß an Präsenz im Museumsdorf, standen jedoch nach wie vor im Schatten der aus den vorigen Dekaden tradierten patriotisch-euphemistischen Diskurse. Die Leitung der Stätte öffnete sich den Erkenntnissen der *new social history* nur halbherzig und erblickte in diesen vielmehr den fragwürdigen Ausdruck eines zeitgeistlichen "suspicion and distrust of leaders and a concomitantly populist view of the world."[129] Longsworth, vormals Präsident der *Colonial Williamsburg Foundation*, unterstrich deshalb die anhaltende Verpflichtung des Museums zur Darstellung einer patriotischen Geschichte:

> [The story of the patriots] is a dramatic, inspiring story that never loses its significance, its appeal, or its importance. I believe that Americans still want an opportunity to understand and take inspiration from the leaders whose courage and imagination were instrumental in the formation of our nation. Those momentous days in the third quarter of the eighteenth century cannot and should not fade from our consciousness. I am glad that we have the opportuniy to portray and reveal that period in our nation's history. And we will continue to do so.[130]

Die revisionistischen Fragestellungen der *new social history* wurden somit weiterhin durch die althergebrachten Inhalte einer *celebratory history* flankiert, deren pädagogische Offerten seit der Gründung der Stätte durch Rockefeller wohlbekannt sind: "You will return home with new pride in America and understanding of the Virginia tradition of gracious hospitality."[131]

Das 1985 inaugurierte Leitthema dient der Stätte bis heute als Folie der Vermittlungstätigkeit. Es wurde seit 1993 sukzessive weiterentwickelt und mit dem Untertitel *Our Struggle to Be Both Free and Equal* versehen. Die vier historischen Themenbereiche, die jeweils in getrennten *exhibit clusters* vorgetragen wurden, sind inzwischen durch jährlich wechselnde *storylines*

---

[128] Rex Ellis, "A Decade of Change: Black History at Colonial Williamsburg," *Colonial Williamsburg. The Journal of the Colonial Williamsburg Foundation*, Spring 1990, 16. In *The Legend of the Founding Fathers* stellt Wesley Frank Craven noch die Frage: "Who among us can wander down the streets of Williamsburg, with promptings on every side to remember Washington and Jefferson, and still remember that it all rested originally on the back of a Negro?" Wesley Frank Craven, *The Story of the Founding Fathers* (Ithaca, New York: Cornell University Press 1965) 212f.

[129] Colonial Williamsburg Foundation, *Communicating the Past to the Present: Report on The Colonial Williamsburg Foundation with A Summary of the Years 1980 and 1981* (Williamsburg, Va.: Colonial Williamsburg Foundation 1982) 7.

[130] Ebd. 8.

[131] Colonial Williamsburg Foundation, *Visit Historic Williamsburg, Virginia's Colonial Capital*, brochure, Colonial Williamsburg, 1984, n. pag.

ersetzt worden, die nunmehr in der gesamten *historic area* kommuniziert werden. In den Jahren 1996 bis 1998 waren dies "Choosing Revolution," "Redefining Family," und "Freeing Religion." 1999 stand mit "Enslaving Virginia" das Thema der Sklaverei im Mittelpunkt, ein Jahr später die Landnahme der Kolonialisten unter dem Schlagwort "Taking Posession", und 2001 wurde die Geschichte des Konsums unter dem Titel "Buying Respectability" beleuchtet.

Die Veröffentlichung und Implementierung des erneut überarbeiteten Programms *Becoming Americans–Our Struggle To Be Both Free And Equal* im Jahr 1998 erbrachte eine weitere einschneidende Veränderung, mit der sich Colonial Williamsburg erneut an die innovative Spitze der musealen Präsentation historischer Stoffe gesetzt hat.[132] Durch die Einführung der sogenannten *theatrical interpretation* verwandelte sich die *historic area* mehr denn je in eine Bühne für die choreographierte Veranschaulichung vergangener Lebenswelten: "[…] Williamsburg crossed a Rubicon of interpretation into the land of performance art."[133] Ein Großteil der Darstellungen basiert heute auf der Aufführung von *theatrical skits*, die verschiedene Ereignisse aus der (vor-) revolutionären Zeit in dramatisierter Form zu Anschauung bringen. Der Besucher wohnt ihnen zumeist als passiver Rezipient, zuweilen auch als Komparse bei.

Vorläufer dieser Methode sind bis in die Entstehungszeit Colonial Williamsburgs zurückzuverfolgen, denn vom vermittlungstechnischen Standpunkt aus gesehen hatte sich Colonial Williamsburg von Beginn an als Bühne begriffen, auf der die nationale Vergangenheit zur Darstellung gebracht werden konnte. Bis in die 1950er Jahre hinein war die Stätte allerdings noch fest in der Tradition des *historic house and historic preservation movement* verwurzelt gewesen und hatte überwiegend *hostesses* mit konventioneller Führungstechnik beschäftigt.[134] In den 1940er Jahren experimentierte man erstmals mit Vermittlungsverfahren, aus denen letztendlich die *theatrical interpretation* heutigen Zuschnitts hervorgegangen ist. Es wurden kostümierte *interpreters* eingesetzt, die historische Handwerke vorführten oder bestimmte Persönlichkeiten der Kolonialstadt repräsentierten, ohne jedoch im Sinne der modernen *first-person interpretation* konsequent in deren Rolle zu schlüpfen. Vorausgegangen war die Erkenntnis, daß die akribisch rekonstruierten Gebäude *per se* nicht vermochten, die Ideale von 'patriotism, high purpose, and unselfish devotion for the common good' auszustrahlen, die Rockefeller in

---

[132] Ein Indiz dafür ist die Tatsache, daß die Fachzeitschrift *The Public Historian* eine gesamte Ausgabe den Neuerungen in Colonial Williamsburg gewidmet hat. Vgl. *Public Historian. A Journal of Public History* 20.3 (Summer 1998).

[133] Cary Carson, "Colonial Williamsburg and the Practice of Interpretive Planning in American History Museums," ebd. 50.

[134] Vgl. Warren and Piatt, "Living-History Museums" 66.

Gestalt der rekonstruierten Kolonialstadt übermitteln wollte.[135] In den 1970er Jahren wurde erstmals versucht, eine Gruppe von *first-person interpreters* als Medium der Informationsübermittlung einzusetzen. Die kostümierten Schauspieler, die auch Sklaven verkörperten, wandten sich spontan an die Besucher. Sie verwickelten diese in einen Dialog und gaben dabei vor, man befände sich im Jahr 1774. Die Gespräche trafen das Publikum jedoch unvorbereitet und sorgten für Verwirrung, so daß dieser Ansatz, von kritischen Beobachtern ironisierend als "guerilla interpretation" bezeichnet, im Verlauf der 1980er Jahre aufgegeben wurde.[136] Den grundsätzlichen Verfahren der *living history* wurde dadurch jedoch keine Absage erteilt. Die *historical characters*, die Geschichte fortan in monologisierender Form aus der Perspektive der Vergangenheit vermittelten, blieben *on site* präsent. Die Kombination von herkömmlichen Ausstellungs- und Führungstechniken mit den Elementen des Nachspielens historischer Realität ist bis heute kennzeichnend für die Vermittlung in Colonial Williamsburg.

Vermutlich können nur wenige *historic sites* von sich behaupten, die Präsentation ihres historischen Gegenstandes in inhaltlicher und vermittlungstechnischer Hinsicht über Nacht revolutioniert zu haben. Ein derartiger Richtungswechsel bildet jedoch das Kernstück der institutionseigenen Geschichte der Plimoth Plantation. In den ersten Dekaden seines Bestehens hatte das Museum maßgeblich zur Perpetuierung der populärkulturellen Fehlperzeptionen beigetragen, deren Grundlage "the great Victorian values from piety, patriotism, industry, valor, and propriety to 'cleanliness next to Godliness'" gebildet hatten.[137] Diese Verklärungen waren zur Zeit des Ersten Weltkrieges bereits unter den Beschuß der sogenannten *debunkers* geraten, eine Gruppe von Intellektuellen, zu der etwa William Carlos Williams und Randolph Bourne gehörten. Sie hatten die Puritaner mit schneidender Kritik überzogen und das Vermächtnis der *Pilgrims* für die Schattenseiten und den doppelzüngigen moralischen Fundamentalismus der amerikanischen Gesellschaft verantwortlich gemacht: "The modernist impulse, in its rebellion against repressive Victorian propriety, identified the Puritans as the underlying cause of most American social problems."[138] Der Revisionismus, den Plimoth Plantation anstrebte, wurde zwar auch mit dem Etikett des *myth-debunking* belegt, sollte jedoch nicht in eine grundlegende Demontage der historischen Vorfahren münden. Vielmehr erklärte die Stätte im Jahr 1969, eine wissenschaftlich verbürgte Berichtigung der *Pilgrim myths* leisten zu

---

[135] Zitiert in: Einführungsfilm, *Visitor Center*, Colonial Williamsburg.
[136] Michael Kammen, "'Teach Us Our Recollections:' Re-Siting the Role of Memory in American Culture," *Sites of Memory in American Literatures and Cultures*, International American Studies Conference, Regensburg, 11-14 May 2000.
[137] Baker, "Haunted by the Pilgrims" 348.
[138] Ebd. 352.

wollen. Ziel war es, "to discard the symbolic Pilgrim Story entirely and to replace it with an objective depiction of the real culture of the Plymouth colonists."[139] Dieses Unterfangen, dessen Objektivitätsanspruch aus heutiger Sicht naiv anmutet, wurde mithilfe eines kulturanthropologischen Ansatzes unter Federführung des prominenten Fachwissenschaftlers James Deetz in Angriff genommen: "He set about investigating the Pilgrim Fathers (and the Pilgrim Mothers and Pilgrim Offspring too) in the same way that his academic colleagues studied Australian aborigines [sic!] or groups of gorillas."[140] Die originalgetreue Rekonstruktion des *way of life* der Puritaner, so die Überzeugung, würde die Relikte einer inzwischen als illegitim apostrophierten "inspirational history" aus dem Museumsdorf verbannen und der Erkenntnis zum Durchbruch verhelfen[141], daß "[u]nder the sharp light of modern research, the Pilgrims reduced to a small, if fondly remembered, settlement soon swallowed up my Massachusetts Bay."[142]

In den ersten beiden Dekaden des Bestehens war die Vermittlung auf Plimoth Plantation in traditioneller Form erfolgt. *Guides* und *hostesses* hatten den Besucher durch das nachgebaute *settlement* geführt, Texttafeln das Geschaute erklärt, und einige *tableaux vivants* einzelne Szenarien aus dem angeblichen Alltag der *Pilgrims* illustriert. Jetzt wurden die Betextungen der Exponate über Nacht entfernt, stereotype Kostümierungen der Mitarbeiter durch historisch genauere Anfertigungen ersetzt und statische Ausstellungen aus dem Dorf herausgenommen. Waren vorher "repetitive demonstrations" nur zu Erklärungszwecken vorgeführt worden[143], wurden die entsprechenden Tätigkeiten nun von den *guides* und *hostesses* tatsächlich ausgeübt, denn "early Americans did not demonstrate crafts in their houses."[144] Außerdem bevölkerte man das Museumsdorf mit Tieren. "It was now possible [...] for a visitor to see a village representing 1627 Plymouth where nothing obviously anachronistic met the eye."[145] In den 70er Jahren erhielten die *guides* und *hostesses* eine neue Bezeichnung, die den Fortschritt in der Präsentation von Geschichte signalisieren sollte: Sie wurden zu *interpreters*–"implying that they 'interpreted'–analysed and explained–historical information rather than simply reciting it."[146] Während Colonial Williamsburg die *living history* stets als Instrument zur

---

[139] Ebd. 353f.

[140] Carson, "Living Museums of Everyman's History" 28.

[141] Baker, *Fifty Years of Living History* 19.

[142] Baker, "Haunted by the Pilgrims" 345.

[143] Ebd. 65.

[144] James Deetz, "A Sense of Another World: History Museums and Cultural Change," *A Living History Reader*, Hg. Anderson: 122.

[145] James Baker, "World View At Plimoth Plantation: History and Theory," *ALHFAM Proceedings of the 1990 Annual Meeting* 13 (1993): 65.

[146] Baker, *Fifty Years of Living History* 28.

ansprechenden Darbietung historischer Wirklichkeit begriff, galt das Konzept auf Plimoth Plantation explizit als Befreiung des Besuchers von den Zwängen einer quasi-diktatorischen Geschichtsvermittlung. Die herkömmlichen Verfahren wurden und werden als "reductionist" und "authoritarian"[147] verurteilt und gelten als Inkarnation eines pejorativ gemeinten "didacticism".[148] Die Schaffung einer überzeugenden Vergangenheitsillusion, so die damals erstmals vorgetragene These, sei einer "simple historical analysis" geschichtspädagogisch überlegen.[149]

In der Gegenwart sorgt die alltagsgeschichtlich ausgerichtete Darstellung der Pilgerväter auf Plimoth Plantation kaum noch für Aufregung. Als das Museum im Jahr 1969 den Anschluß an die neuen Erkenntnisse der geschichts- und sozialwissenschaftlichen sowie der kulturanthropologischen Forschung suchte, stieß man jedoch auf erheblichen Widerstand. Dieser wurde insbesondere von Seiten der *Mayflower descendants* geleistet, die die *inspiring history* ihrer Vorfahren nicht gegen eine ihnen fragwürdig erscheinende *scientific history* eintauschen wollten. Sie glaubten, darin eine *revisionist ploy* zu erkennen. Die Stellungnahme eines *Mayflower descendant* aus North Carolina, dessen Organisation ursprünglich die Rekonstruktion des *Miles Standish House* finanziell unterstützt hatte, resümiert die ablehnende Haltung dieser Besuchergruppe:

> It is sad to report that, now, the Standish House looks almost forsaken. There are no mannikins, no table, no chairs or benches, nothing that could suggest that the place was ever liveable. [...] The only touch of color is a bright red cape hanging unromantically from a peg. I had occasion to talk at some length with a man who seemed to be interested in the reactions of the visitors. Let it be said that he made a good case from a purely scientific point of view. [...] After the 'debate' was over, I found out that the man I had been talking to was one of the revisionists. I must add that I came away from the house profoundly depressed, rather than 'lifted up,' as I had been on my previous visit. As I see it, imagination and beauty have been sacrificed to the dull reality of inventories.[150]

Die politisch-kulturelle Sprengkraft des Richtungswechsels auf Plimoth Plantation, deren Ausmaß heute schwer nachvollziehbar erscheinen mag, wird im Kontext dieser gegenläufigen Gedächtnistraditionen verständlich, in dem die Geschichtsvermittlung der Stätte stand.

---

[147] Robert Marten, *Plimoth Plantation Interpretation Defined*, typescript, Plimoth Plantation, 1977, n. pag.

[148] Plimoth Plantation, *Grant Application for the Institute of Museums and Library Services*, typescript, Plimoth Plantation, 1999, n. pag.

[149] <http://www.plimoth.org/liveh1.htm#top> (02/16/98).

[150] *Mayflower News of North Carolina* 12.3, Oct. 1969, n. pag.

Plimoth Plantations "living history metamorphosis" war damit indes noch nicht zum Ende gekommen.[151] Um die Vergangenheitsillusion noch überzeugender zu gestalten, wurde im Jahr 1978 die *first-person interpretation* implementiert. Die *interpreters* schlüpften jeweils in die Rolle eines Pilgers und kommunizierten im historischen Dialekt der englischen Herkunftsregion ausschließlich aus der Perspektive des Jahres 1627 mit dem Besucher. Während dem *interpreter* die Position eines 'cultural informant' zufiel[152], blieb die Deutung des Wahrgenommenen allein dem Besucher überlassen, der somit die Gelegenheit erhielt, "anthropologist-for-a-day" zu spielen.[153] Dieser Ansatz, der eine "internally *consistent* and verisimilitudinous reconstruction of the *total* [...] material and [...] social environment" erbringen soll, charakterisiert die Vermittlung von Geschichte auf Plimoth Plantation bis heute.[154] Im Selbstverständnis der Stätte ist der Ikonoklasmus der späten sechziger Jahre sowie die Propagierung der *living history* als museumsdidaktische Umsetzung einer angeblich wertfreien Geschichte, die allein der Authentizität des Gezeigten verpflichtet sei, fest verankert. *Myth-debunking*, ein Begriff, der in der genannten Umbruchphase an Prominenz gewann, wird bis in die Gegenwart als das eigentliche Kernstück der Museumsarbeit betrachtet.

Während Plimoth Plantation und Colonial Williamsburg das geschichts- und museumswissenschaftliche Paradigma der *social history* explizit adaptiert und sich für revisionistisches Gedankengut zugänglich gezeigt haben, trifft dies für Mount Vernon nur eingeschränkt zu. Als eine "organization which seeks to avoid abrupt change," zögerte die Institution, fachwissenschaftlich begründete Neuerungen in die Präsentation George Washingtons einzuführen.[155] Die Erkenntnis, daß sich Mount Vernon vom Image eines *national shrine* zu lösen und sich stattdessen zum illustrativen Beispiel einer *working plantation* zu wandeln hatte, setzte sich erst im Verlauf der 1990er Jahre durch, als die Museumsleitung die Notwendigkeit erkannte, sich den "changing times and the different demands from the public and professional museum and restoration experts" anzupassen.[156]

Dieser Entscheidung waren Beschwerden der afro-amerikanischen *community* vorausgegangen, deren Vertreter die Aufnahme der Geschichte ihrer versklavten Vorfahren in den Darstellungskanon Mount Vernons reklamierten. Die Stätte hatte zwar den *slave burial ground* im Jahr 1929

---

[151] <http://www.plimoth.org/living.htm> (02/16/98).

[152] Baker, "World View" 65.

[153] Carson, "Living Museums of Everyman's History" 28.

[154] Marten, *Plimoth Plantation Interpretation Defined* n. pag. Hervorhebung im Original.

[155] MVLA, *Minutes of the Council of the Mount Vernon Ladies' Association Held at Mount Vernon, Va., 1985* (Mount Vernon, Va.: MVLA 1985) 51.

[156] MVLA, *Minutes of the Council of the* Mount Vernon *Ladies' Association Held at* Mount Vernon, *Virginia, 1984* (Mount Vernon, Va.: MVLA 1984) 24.

durch einen Gedenkstein markiert und in den fünfziger Jahren einen Teil der *slave quarters* rekonstruiert, sich darüber hinaus jedoch der Aufarbeitung und Darbietung der Sklavenproblematik entzogen. Angesichts der hervorragenden historischen Quellenlage kam dies einem mutmaßlich absichtsvollen Versäumnis gleich.[157] Die Kritik aus den Reihen der afroamerikanischen Öffentlichkeit mündete in ein *community outreach program*: Im Jahr 1983 wurde ein neuer Gedenkstein errichtet, der von Studenten der afro-amerikanischen *Howard University* in Washington, D.C. im Rahmen eines Ausschreibungswettbewerbs entworfen wurde. Seit 1990 findet in Zusammenarbeit mit der Organisation *Black Women United For Action* einmal jährlich eine Gedenkfeier zu Ehren der Sklaven George Washingtons statt.

Besucherumfragen, die in den achtziger und neunziger Jahren auf Mount Vernon durchgeführt wurden, verwiesen zudem darauf, daß das Thema der Sklaverei inzwischen auch einen zentralen Platz im Interessengefüge des breiten Publikums einnahm, denn "the number two thing they [the visitors] inquire about is slavery."[158] Die Verherrlichung des ersten Präsidenten hatte in ihrem interpretatorischen Ausschließlichkeitsanspruch nachweislich an Legitimität eingebüßt. Mit einiger zeitlicher Verzögerung gelangte die MVLA somit zu einer Einsicht, die sich in vielen *historic sites* bereits durchgesetzt hatte: "[…] mainstream museums no longer have the option of whether or not to discuss slavery. Rather, the question is how to best construct such an interpretive program."[159]

Die *Association* intensivierte ihre Forschungsaktivitäten in den Bereichen "agriculture, planation life and industries, horticulture, livestock and river front activities," um neue Informationsangebote zu schaffen "[which] would draw upon the new social history […]."[160] Die revisionistischen Tendenzen einer kritischen Sozialgeschichte–etwa das Bestreben "to elevate the lowborn to equal prominence with presidents"[161]– sollten damit jedoch nicht zum Zuge kommen. So zog der *resident director* der Organisation, Jim Reese, aus den Ergebnissen der kontextuell orientierten Forschungsarbeiten den Schluß "that George Washington is what it's all about. Everything at Mount Vernon can and should revolve around him. And all Americans should stand, as I do today, in absolute awe

---

[157] "Mount Vernon is the most complete surviving example of an 18th-century plantation, and it is the best documented." MVLA, *Story of a Shrine* 78. "We have significant information on slavery, thanks to the good records Washington kept […]." MVLA, *Minutes of the Council of the Mount Vernon Ladies' Association Held at Mount Vernon, Virginia, 1993* (Mount Vernon, Va.: MVLA 1993) 103f.

[158] Ebd.

[159] Dennis Pogue, "Slavery in the Age of Washington," *MVLA Annual Report 1994* (Mount Vernon, Va.: MVLA 1994): 27.

[160] MVLA, *Minutes 1984* 160.

[161] Carson, "Living Museums of Everyman's History" 27.

of this remarkable man."[162] Die *Association* kam außerdem überein, daß "the ideals of patriotism, equality and justice" weiterhin den Grundtenor sämtlicher Führungsangebote zu bilden hätten[163], und die *regent* hob jüngst erneut hervor, daß der interpretatorische Wandel der letzten Jahre von begrenzter revisionistischer Reichweite bleiben wird: "[Y]ou can rest assured that Mount Vernon is tugging at heartstrings and waving the red, white and blue with more enthusiasm than ever."[164]

Im Vergleich zu früheren Dekaden zeichnet sich die Vermittlung auf Mount Vernon inzwischen durch eine erhöhte Medienvielfalt und die Modernisierung der herkömmlichen Kommunikationsträger aus. Bis zum Ersten Weltkrieg hatte die Rückführung von originalen Einrichtungsgegenständen und persönlichen Besitztümern der Washingtons auf das Anwesen im Mittelpunkt der Bestrebungen gestanden. Die Vermittlung bediente sich der klassischen museumsdidaktischen Methoden. Zwar war der MVLA daran gelegen, dem Herrenhaus durch die Plazierung von reproduzierten Alltagsobjekten–etwa künstliche Lebensmittel oder scheinbar zufällig liegengebliebene Kleidungsstücke–einen Anstrich von Lebendigkeit zu verleihen. Der Besucher traf jedoch auf weitgehend statische *period rooms*, die sich immer dann veränderten, wenn ein weiteres Originalstück aus dem ehemaligen Besitz Washingtons erworben werden konnte oder fehlende Objekte durch neu hinzukommende *period pieces* repräsentiert wurden. Die Führungen durch das *Mansion* beschränkten sich weitgehend auf antiquarische Erklärungen der geschauten Gegenstände, den Rest der Museumsanlage erkundete der Besucher eigenständig, wobei ihm nur wenige sporadisch angebrachte Betextungen bei der Interpretation der Exponate Hilfestellung leisteten. Offenbar sollte allein das Bewußtsein, an historischem Ort auf den Spuren Washingtons zu wandeln Bewunderung und geschichtliches Verständnis hervorbringen–eine Annahme, die die fortgesetzte Wirksamkeit des bereits geschilderten *aesthetic moralism* bestätigt.

Bis zum Ende der siebziger Jahre behielt das Anwesen den Charakter eines *national shrine*, eines Ortes der Wallfahrt für den historische Gewissheiten suchenden und auf Mount Vernon findenden Besucher. Durch Kranzniederlegungen am Grabmal ließ man dem Publikum patriotische Inspiration und Erbauung angedeihen. Die Führung im *Mansion* konzentrierte sich ungebrochen auf die auratische Präsenz der authentischen Gegenstände und den heroischen Nimbus Washingtons, während die Herstellung von Bezügen zum weiteren historischen Kontext

---

[162]MVLA, *Minutes of the Council of the Mount Vernon Ladies' Association Held at Mount Vernon, Va., 1995* (Mount Vernon, Va.: MVLA 1995) 56.

[163] MVLA, *Minutes of the Council of the Mount Vernon Ladies' Association Held at Mount Vernon, Virginia, 1987* (Mount Vernon, Va.: MVLA 1987) 41.

[164] MVLA, *Minutes of the Council of the Mount Vernon Ladies' Association Held at Mount Vernon, Va., 1996* (Mount Vernon, Va.: MVLA 1996) 53.

und eine Erklärung der sozio-kulturellen und ökonomischen Dimensionen der Plantage unterblieb.

In den achtziger Jahren wurde das Fehlen eines verbindlichen "overall interpretive plan for Mount Vernon" institutionsintern als zunehmend problematisch empfunden, denn "our visitors seem to be telling us that while they enjoy their experiences here, they would indeed appreciate more interpretive programming."[165] Die Stätte hatte sich nicht nur inhaltlich, sondern auch in museumsdidaktischer Hinsicht ins Abseits manövriert und war folglich mit sinkenden Besucherzahlen konfrontiert: "Visiting Mount Vernon was not what most people wanted to do with their spare time," wurde auf der Jahresversammlung der MVLA konstatiert.[166] Mit der Umkehrung dieses Trends wurde die 1983 gegründete museums-pädagogische Abteilung der Organisation betraut.[167] Die wissenschaftlich qualifizierten Mitarbeiter brachten neben den oben erwähnten thematischen Ergänzungen des Programms eine Reihe von vermittlungstechnischen Veränderungen auf den Weg, die das personale und mediale Führungs-programm der Stätte betrafen. Ersteres war von Beginn an fast ausschließ-lich durch ehrenamtlich tätige Mitarbeiter ohne historische Ausbildung bestritten worden. Die MVLA entwickelte nun ein internes Schulungs-programm, und im Verlauf der 1990er Jahre wurden mehrere *thematic tours* ins Leben gerufen, die über Archäologie, Gartenbau und *slave life* informieren. Das mediale Führungsprogramm wurde modernisiert und durch das Angebot audiovisueller Informationsträger erweitert. Sie unterrichten den Museumsgänger zumeist über geschichtliche Aspekte, die jenseits des porträtierten Stichjahres 1799 liegen und anhand der vorhandenen Sachzeugnisse allein nicht kommuniziert werden können.

Welche physische Gestalt Mount Vernon, Colonial Williamsburg und Plimoth Plantation nach vielen Jahrzehnten konservatorischer Tätigkeit aufweisen, und welche Möglichkeiten des Zugangs zum historischen Gegenstand sie dem Publikum heute anbieten, soll im folgenden dargestellt werden.

---

[165] MVLA, *Minutes of the Council of the Mount Vernon Ladies' Association Held at Mount Vernon, Va., 1986* (Mount Vernon, Va.: MVLA 1986) 79 und MVLA, *Minutes 1987* 187.

[166] MVLA, *Minutes of the Council of the Mount Vernon Ladies' Association Held at Mount Vernon, Virginia, 1994* (Mount Vernon, Va.: MVLA 1994) 58. "Ladies, there is no question that we must be concerned that attendance to Mount Vernon is not what we'd like it to be [and] that history textbooks appear to be reducing their coverage of George Washington with each passing year [...]." MVLA, *Minutes 1996* 52.

[167] "[...] our visitors seem to be telling us that while they enjoy their experiences here, they would indeed appreciate more interpretive programming." MVLA, *Minutes 1987* 187.

3. Gegenwärtige Gestalt der Stätten

Mount Vernon umfaßt gegenwärtig über 500 *acres* und entspricht in seinem Umfang der ehemaligen *Mansion House Farm*, eines der fünf landwirtschaftlichen Güter, die Washington im Umkreis besaß.[168] Auf dem Gelände sind über 60 *interpretive signs* angebracht, die dem Besucher die selbständige Besichtigung ermöglichen. Während der Sommermonate befindet sich im Eingangsbereich der Museumsanlage ein Zelt, in dem der Film *The Life of George Washington* gezeigt wird. Er veranschaulicht die Lebensgeschichte des Protagonisten vorwiegend anhand historischer Drucke und Gemälde.

Das eigentliche Kernstück des Anwesens ist das Herrenhaus. Dieses befindet sich auf einer Anhöhe und überblickt in östlicher Richtung den Potomac River sowie das bewaldete Ufer des gegenüberliegenden Staates Maryland. Das Gebäude gilt als Paradebeispiel kolonialer Architektur, das durch die Kombination individuell konzipierter Bauelemente mit dem Stil klassischer englischer *country seats* hervortritt.[169] Im Inneren des Hauses sind 16 Räume zu besichtigen, die zum Teil mit originalen Einrichtungsgegenständen der Washingtons bestückt, zum Teil mit Reproduktionen und Antiquitäten aus dem 18. Jahrhundert ausgestattet sind. Das Herrenhaus darf ausschließlich im Rahmen einer Führung besucht werden. Die Westseite des Gebäudes bildet zusammen mit der Küche und der *servants' hall* ein Rondell, an das sich der *bowling green* sowie eine Park- und Gartenlandschaft anschließen. Diese können eigenständig oder, von April bis Oktober, im Rahmen einer "Garden & Landscape Walking Tour" erkundet werden.

Etwa zwanzig Nebengebäude säumen die vom *Mansion* ausgehende *north* und *south lane*. In Richtung Norden sind das *gardener's house*, *salt house*, *spinning house*, die *overseer's quarters*, der *shoemaker's shop* sowie die *green house slave quarters* angeordnet. Letztere beherbergen auch den *museum shop* sowie ein *Archaeology and Restoration Museum*. Hier wird über die Rekonstruktionsgeschichte Mount Vernons und über den aktuellen Stand der archäologischen Ausgrabungen auf dem Anwesen informiert. Im Oktober wird zusätzlich eine *Archaeology Tour* angeboten. Auf dem ehemaligen Standort eines weiteren Sklavenquartiers, dem sogennanten *house for families*, wurde zum Jubiläumsjahr 1999 ein neues Museum errichtet, in dem einige Besitztümer der Familie Washington ausgestellt sind. Nach Süden hin erstrecken sich *store house* und *clerk's quarters*, das *smoke house*, *washhouse* und der *stable*. Unterhalb der Stallungen liegt der *fruit garden and nursery*, ein Grundstück, das der Züchtung neuer

---

[168] Siehe Anhang, Abb. 1.

[169] Eine ausführliche Baugeschichte Mount Vernons leisten Robert F. Dalzell, Jr. and Lee Baldwin Dalzell, *George Washington's Mount Vernon: At Home in Revolutionary America* (New York and Oxford: Oxford University Press 1998).

Nutzpflanzen diente. Die *outbuildings* können auch mithilfe einer *Audio Tour* erkundet werden, die im Eingangsbereich gegen Entgelt auszuleihen ist. In den Sommermonaten steht überdies eine *Slave Life at Mount Vernon Walking Tour* auf dem Programm.

Im Anschluß an den *fruit garden and nursery* gelangt der Tourist zum Grabmal der Washingtons, das von zwei Obelisken aus Marmor flankiert wird. Dort besteht einmal täglich die Möglichkeit, an einer Kranzniederlegung zu partizipieren. In der Regel ist dort ein *interpreter* postiert, der bei Bedarf weitere Auskünfte erteilt. Auch die vormalige Grabstätte der Familie ist erhalten geblieben und befindet sich etwas abseits südlich des *Mansion* auf einem zum Fluß hin abfallenden Hügel. In unmittelbarer Nähe des neueren Grabmals liegt auf einer umwaldeten Anhöhe das *slave burial ground and memorial*, das durch zwei Gedenksteine markiert ist.

Am Ufer des Potomac, den man zu Fuß auf mehreren baumgesäumten Gehwegen oder per Pferdekarren erreicht, befindet sich eine Boots-anlegestelle, und von dort aus führt der Weg zur *Pioneer Farmer Site*. Dort gibt es einige bewirtschaftete Felder sowie eine *16-sided treading barn* zu besichtigen, in der Getreide zur Weiterverarbeitung in Washingtons Mühle gedroschen wurde. *Third-person interpreters* und zahlreiche Betextungen informieren hier über die landwirtschaftlichen Aktivitäten, und ein Videofilm dokumentiert den Bau der *treading barn*. In der Scheune wird der Vorgang des Getreidedreschens mittels einer *surround-sound audio presentation* vergegenwärtigt. Über einen Naturlehrpfad kommt man wieder hinauf zu den Parkanlagen des Herrenhauses. Vor den Eingangs-toren des Anwesens liegen Restaurants und weitere *gift shops*. Dort wird vor Betreten der Stätte eine *visitor map* verteilt, die den Besucher über das Informationsangebot unterrichtet und einen Lageplan enthält.

Der musealisierte Stadtkern Williamsburgs ist heute für jedermann frei zugänglich.[170] Die Besichtigung bestimmter Gebäude und die Teilnahme an den Veranstaltungen der Stätte ist kostenpflichtig. Die *historic area* erstreckt sich über eine Fläche von 173 *acres* und setzt sich aus 500 mehrheitlich rekonstruierten Gebäuden zusammen, von denen 88 als Originalgebäude ausgewiesen sind. Die Grünanlagen, zu denen park-ähnliche Areale, landwirtschaftliche Nutzflächen sowie Blumen- und Kräutergärten gehören, nehmen 90 *acres*, also über die Hälfte des Geländes ein.[171] Es können ungefähr zwei Dutzend der Häuser betreten werden, die meisten allerdings nur im Rahmen einer Führung. Die restlichen Gebäude sind für das Publikum unzugänglich und werden teilweise von Mitarbeitern der *Colonial Williamsburg Foundation* bewohnt.

---

[170] Siehe Anhang, Abb. 2.
[171] Angesichts der großen Zahl der baulichen Exponate kann im folgenden nur ein Überblick über die wichtigsten *exhibition sites* gegeben werden.

Die Duke of Gloucester Street, die sich in ostwestlicher Richtung erstreckt, bildet die Hauptachse des schachbrettartigen Stadtgrundrisses. An ihrer Westseite wird sie durch das *Wren Building* des *College of William and Mary* begrenzt, wo in unmittelbarer Nachbarschaft eine Reihe von modernen Geschäften und Restaurants angesiedelt sind. Das *Capitol*, in dem die *General Assembly* der Kolonie tagte, schließt die Duke of Gloucester Street in östlicher Richtung ab. Der Besucher trifft im Umkreis des Parlamentsgebäudes auf die Repräsentation eines revolutionszeitlichen *military encampment*. Außerdem gruppieren sich dort das *Powell House*, dessen Besitzer die öffentlichen Bauvorhaben der Kolonialstadt realisierte, das Gefängnis und die *Raleigh Tavern*, die im 18. Jahrhundert Mittelpunkt des politischen, wirtschaftlichen und gesellschaftlichen Lebens war und von Reisenden sowie den Mitgliedern der städtischen Elite gleichermaßen frequentiert wurde.

Im westlich gelegenen Abschnitt der Hauptstraße fügt sich auf nördlicher Seite der *Palace Green* an, der seinen Namen der Nachbarschaft zum *Governor's Palace* verdankt. In diesem Gebäude residierten die vom englischen König entsandten Gouverneure der Kolonie Virginia. Neben einem separaten Küchengebäude und einer an die Rückseite des imposanten Bauwerks anschließenden Parkanlage kann der Besucher die Stallungen besichtigen und dem *wheelwright* bei der Arbeit zusehen. Im Umkreis des *Governor's Palace* liegen das *George Wythe Property* und *Robert Carter House*, das *Geddy House and Foundry* und die *Bruton Parish Church*. George Wythe erlangte in seiner Funktion als Mentor des jungen Thomas Jefferson sowie als Abgeordneter des *House of Burgesses*, Unterzeichner der Unabhängigkeitserklärung und Mitgestalter der amerikanischen Verfassung Prominenz. Im *Robert Carter House* lebten die politisch einflußreichen Nachfahren eines der reichsten *planters* Virginias, Robert "King" Carter. James Geddy repräsentiert hingegen die prosperierende handwerkliche Mittelklasse der Kolonialstadt. Die episkopalische *Bruton Parish Church* dient seit 1715 durchgängig als religiöses Zentrum Williamsburgs.

Parallel zur Duke of Gloucester Street verläuft im Norden die Nicholson Street, an der das *Randolph Property*, das *Courthouse*, der *Market Square* und ein *Tenant House* liegen. Peyton Randolph ist als *Speaker of the* House of Burgesses und Präsident des ersten *Continental Congress* in die Geschichte eingegangen. Sein Heim diente als Treffpunkt der kolonialen Elite. Im *Courthouse* konstituierte sich in regelmäßigen Abständen das *James City County Court*, das *Williamsburg "Hustings" Court* und der *City Council*, um die rechtlichen Angelegenheiten der Kolonie zu regeln. Unmittelbar daneben erstreckt sich der *Market Square*, auf dem der Besucher heute Reproduktionen kolonialer Gebrauchsgegenstände erwerben kann. Das vor wenigen Jahren ins Stadtbild eingefügte *Tenant House* repräsentiert die Heimstätte einer freien afroamerikanischen

Familie. Im Süden der Duke of Gloucester Street verläuft die Francis Street, deren auffälligstes Gebäude das achteckige *Magazine and Guardhouse* darstellt. Im 18. Jahrhundert wurden dort Waffen und Schießpulver gelagert. Über das gesamte Stadtgebiet sind 17 *trade sites* verteilt, die Mehrzahl zwischen *Market Square* und *Capitol*. Ihre Bandbreite reicht vom *blacksmith* über den *cabinetmaker*, das *printing office* und den *wigmaker* bis hin zum *silversmith* und *apothecary*. In vielen dieser *sites* kann der Besucher reproduzierte Kolonialwaren käuflich erwerben. Außerdem bieten vier Tavernen *colonial meals* zum Verzehr an.

Außerhalb der *historic area* liegen ein rekonstruiertes *Public Hospital* und mehrere Museen. Im *Abby Aldrich Rockefeller Folk Art Center* wird volkstümliche amerikanische Kunst des 18. bis 20. Jahrhunderts dargeboten, die *DeWitt Wallace Gallery* stellt Antiquitäten aus. Im Rahmen einer Führung kann der Besucher *Bassett Hall*, die Residenz der Rockefellers in den 1930er Jahren besichtigen. In zehn Kilometer Entfernung befindet sich *Carter's Grove*, eine Plantage mit rekonstruierten *slave quarters*.

Die Besichtigung Colonial Williamsburgs beginnt in der Regel im etwas abseits gelegenen *Visitor Center*, wo ein Einführungsvideo sowie der 1957 gedrehte Film *Williamsburg–The Story of a Patriot* gezeigt werden. Der Besucher erhält dort den *Visitor's Companion*. Dieser listet sämtliche Exponate und Programme auf und enthält einen Lageplan. Das Veranstaltungsangebot des Freilichtmuseums zeichnet sich durch eine beträchtliche inhaltliche und mediale Vielfalt aus, die im Rahmen eines Aufenthaltes nicht auszuschöpfen ist. *Third-person* und *first-person interpretation* werden vor Ort kombiniert. Für den erstmaligen Besuch der Stätte wird empfohlen, zunächst am *orientation walk* teilzunehmen, um grundsätzliche Informationen über die Rekonstruktionsgeschichte der Kolonialstadt und die präsentierte historische Epoche zu erhalten. Der *Visitor's Companion* riet 1999 beispielsweise zur Teilnahme an der *Enslaving Virginia Walking Tour* und zur Besichtigung des *Capitol*, des *Governor's Palace*, der *Raleigh Tavern* sowie dreier *trade sites*, dem *carpenter*, *gunsmith* und den *rural trades*. Diese *venues* bedienen sich überwiegend der *third-person interpretation*. Besuchern, denen an einer Zeitreise, d.h. der Teilnahme an *first-person interpretation programs* gelegen ist, wird vorgeschlagen, den "Afternoon Courthouse Trials," den "Public Audiences" mit Vertretern der patriotischen Elite sowie dem sogenannten "5 O'Clock Event" beizuwohnen, in dem täglich wichtige politische Ereignisse der Jahre 1769 bis 1781 zur Darstellung kommen. Außerdem wird auf die Möglichkeit hingewiesen "[to] Meet and Speak with Citizens of the Town." Herausragende und historisch weniger bekannte Bewohner der kolonialen Hauptstadt teilen dem Besucher im Gespräch ihre Ansichten zum geschichtlichen Tagesgeschehen mit oder geben Auskunft über ihren Alltag.

Die Bandbreite an Veranstaltungen, Besichtigungsmöglichkeiten und Führungen übersteigt diese Empfehlungen jedoch bei weitem. Im Programm der *third-person walking tours* finden sich darüber hinaus ein "Garden Walk," "The Williamsburg Washington Knew," "Thomas Jefferson in Williamsburg: 1760-1780" und "The Other Half Tour," die über das Thema der Sklaverei informiert. Die Riege der kostümierten Schauspieler, die bestimmte Charaktere aus der Kolonialzeit verkörpern, ist gleichermaßen umfangreich. So trifft der Besucher in verschiedenen Gebäuden etwa auf "James Ireland, Dissenting Baptist Minister, in Prison at the Gaol," "Martha Washington, Woman of Faith at the Mary Stith Shop" oder "John Greenhow, Williamsburg Merchant at the Greenhow Store." Diese *first-person interpreters* bringen Diskussionen und Auswirkungen der (vor-)revolutionären Ereignisse aus der Sicht ihrer historischen Pendants zur Darstellung: "The Governor Asserts His Authority at the Palace," "A Slave Gathering behind the Cabinetmaker: Members of the enslaved community discuss freedom," "The Freeholders of James City County Discuss the Complications of Independence at the Raleigh Tavern" oder "The Virginia Convention Resolves for Independence at the Capitol," um nur einige zu nennen. Die verschiedenen medialen und inhaltlichen Informationsangebote sollen dem Besucher einen möglichst vollständigen Eindruck der Geschehnisse und Lebensbedingungen in der kolonialen Hauptstadt des 18. Jahrhunderts vermitteln.

Plimoth Plantation setzt sich gegenwärtig aus verschiedenen Exponaten zusammen, deren Kernstück das sogenannte *Pilgrim Village* darstellt.[172] Es handelt sich hierbei um die von Grund auf rekonstruierte Siedlung der Pilgerväter zum Stichjahr 1627. Sie besteht aus 14 Holzhütten, die von den bekannten Persönlichkeiten Miles Standish, William Bradford, William Brewster und John Howland, aber auch weniger vertrauten Zeitgenossen wie John Billington, William Palmer und ihren Familien bewohnt wurden. In einigen Hütten begegnet der Besucher *first-person interpreters*, die in der Rolle ihrer historischen Pendants die Fragen des Museumsgängers beantworten und häuslichen Tätigkeiten, vor allem der Essenszubereitung, nachgehen. Die strohbedeckten *cabins* ziehen sich auf beiden Seiten einer 800 Meter langen unbefestigten, leicht abschüssigen Straße entlang, an deren erhöhtem Anfang das *Fort/Meetinghouse* thront, in dem im 17. Jahrhundert die Gottesdienste abgehalten wurden und auf dessen Dach Kanonen zur Verteidigung der Siedlung plaziert waren. Das Innendekor ist der porträtierten historischen Epoche entsprechend spärlich und primitiv. Sämtliche *plots* sind durch unregelmäßig geschnittene Holzzäune begrenzt, innerhalb derer sich jeweils ein *kitchen garden* mit verschiedenen Gemüse- und Kräuterpflanzen befindet. Diese werden von den *Pilgrims* nach Bedarf instand gehalten und gepflegt. Teil des Dorfes sind auch ein

---

[172] Siehe Anhang, Abb. 3.

gemeinschaftlich genutzter Backofen, mehrere Vorratsschuppen, ein Heuschober, eine Schmiede sowie mehrere umzäunte Flächen, auf denen Rinder und Schafe gehalten werden. Eine aus Holzpfählen gebaute rautenförmige Palisade umgibt das gesamte *Pilgrim Village*. Außerhalb dieses Zauns befinden sich Maisfelder, die regelmäßig und der Jahreszeit entsprechend von einigen *Pilgrims* bepflanzt, gejätet und abgeerntet werden. In einer Sägegrube wird das Material für den Bau oder die Ausbesserung der Holzhütten und Zäune zurechtgeschnitten. Im Museumsdorf sind keinerlei Betextungen angebracht, und es werden keine Führungen angeboten.

Im nahegelegenen *Visitor Center* macht eine kurze multimediale Einführungsshow den Besucher mit dem historischen Kontext vertraut und bereitet ihn auf das *Pilgrim Village* vor. Nach der Erkundung des Dorfes wird der Besuch von *Hobbamock's Homesite* empfohlen, einer wieder aufgebauten indianischen Farm, die sich ausschließlich der *third-person interpretation* bedient, sowie einer zum Teil interaktiven Ausstellung, die die historischen Ereignisse jenseits des im Museumsdorf porträtierten Jahres darstellt.[173] Schließlich kann man sogenannte *rare breeds*, also neugezüchtete Tierarten, die ihren historischen Pendants phänotypisch gleichen, und ein *Crafts Center* besichtigen. Dort stellen Handwerker die im *Pilgrim Village* eingesetzten und für den Verkauf in den *gift shops* vorgesehenen Artefakte vor den Augen der Besucher her. Sie verwenden und erläutern dabei Techniken, die im 17. Jahrhundert gebräuchlich waren.[174] Ausgehend von den jeweiligen programmatischen Zielsetzungen soll in der Folge untersucht werden, wie die drei Stätten ihren historischen Gegenstand heute an das breite Publikum vermitteln.

---

[173] Die vorliegende Arbeit will sich vorrangig mit der im *Pilgrim Village* praktizierten *first-person interpretation* auseinandersetzen. Die Geschichtsvermittlung auf *Hobbamock's Homesite* und die Ausstellung *Irreconcilable Differences* muß deshalb ausgeklammert bleiben.

[174] Im Hafen der Stadt Plymouth liegt eine Replika der *Mayflower* vor Anker, die ebenfalls im Besitz von *Plimoth Plantation* ist. Sie soll im Rahmen der vorliegenden Untersuchung jedoch nicht behandelt werden.

III. Die Vermittlung von Geschichte *on site*

1. Mount Vernon

1.1 *Mission statement*: Zwischen Hagiographie und *human interest*

Das aktuelle *mission statement* der MVLA vereint den aus der Gründungszeit der Stätte überkommenen Diskurs der patriotischen Heldenverehrung mit dem jüngsten Vorhaben der Organisation, "not only to educate Americans, but also to demythologize and humanize George Washington [...]."[175] Während der erste Teil der Programmatik seit 1858 unverändert geblieben ist, spiegelt die im Jahr 1983 hinzugefügte Ergänzung die tentative Hinwendung der MVLA zu sozial- und alltagsgeschichtlichen Perspektiven wider:

> The object of the Mount Vernon Ladies' Association shall be: "To perpetuate the sacred memory of 'The Father of His Country' and, with loving hands, to guard and protect the hallowed spot where rest his mortal remains." "To forever hold, manage and preserve the estate, properties and relics at Mount Vernon, belonging to the Association, and under proper regulations, to open the same to the inspection of all who love the cause of liberty and revere the name of Washington."
> A further mission, as approved by the Association in 1983, is: "To research and interpret George Washington's domestic way of life as a landowner, family man and progressive farmer, revealed not only in his diaries, letters and inventories, but also in the setting of Mount Vernon itself. To emphasize the human qualities of George Washington the man, a man who emerged from the time of a nation's infancy to rise to the position of leader and father of a democracy."[176]

Aus dieser Zwecksetzung geht hervor, daß Mount Vernon heute nach eigenem Ermessen eine Doppelfunktion zu erfüllen hat: Einerseits dient die *site* nach wie vor als nationale Kult- und Wallfahrtsstätte, in der Washington, dem *secular saint* gehuldigt wird. Ziel ist die Fortführung einer patriotischen, zivilreligiösen Gedächtnistradition, die die Bemühungen der *Association* seit dem Tag ihrer Gründung bestimmt hat. Andererseits will die MVLA Einblick in die privatmenschliche Dimension des ikonenhaften Präsidenten gewähren und diesen vom unschmeichelhaften und unter dem Aspekt einer ansprechenden Kommunikation ineffektiven Image einer "stiff figure in history" befreien.[177] Dem modernen Besucher, "[who is to]

---

[175] MVLA, *Minutes of the Council of the Mount Vernon Ladies' Association Held at Mount Vernon, Virginia, 1988* (Mount Vernon, Va.: MVLA 1988) 34.

[176] MVLA, *Annual Report 1997* (Mount Vernon, Va.: MVLA 1997) 78.

[177] MVLA, *Minutes of the Council of the Mount Vernon Ladies' Association Held at Mount Vernon, Virginia, 1992* (Mount Vernon, Va.: MVLA 1992) 138.

come away with a sense of a special attachment to George Washington,"
sollen sich Möglichkeiten der emotionalen Identifikation mit dem historischen Vorbild eröffnen.[178] Hinzugekommen ist auch die Verpflichtung zur
wissenschaftlichen Erforschung und Vermittlung geschichtlicher Fakten
auf der Grundlage des vorhandenen Quellenmaterials, was im Rahmen der
vorgängigen Praxis einer *inspirational history* keine explizite Rolle gespielt
hatte. Alle drei zur Untersuchung stehenden Stätten berufen sich heute
verstärkt auf das Attribut der Wissenschaftlichkeit, um Wahrheitsansprüche
zu verbürgen. Diese sind allein mit dem Begriff der Authentizität, der, wie
noch zu sehen sein wird, keinen faktischen und festgeschriebenen Be-
deutungskern mehr aufweist, allem Anschein nach nicht mehr glaubhaft zu
machen. Mount Vernon verleiht mit dem Hinweis auf die wissenschaftliche
Vorgehensweise zudem dem Bestreben Ausdruck, sich als moderne
Bildungs- und Forschungseinrichtung auf dem Markt populärer geschichtspädagogischer Institutionen zu etablieren und auf diesem Wege weitere,
spendenbereite Zielgruppen anzusprechen: "[...] the future of Mount
Vernon," so die Überzeugung, "is dependent on our accepting the challenge
of education."[179]

Darüber hinaus bietet das *mission statement* kaum konkrete
Anhaltspunkte, an die eine Analyse der Vermittlungsintentionen anknüpfen
könnte, mit Ausnahme zweier Aspekte, die bei näherem Hinsehen
hervortreten. Dies ist zum einen der absichtsvolle Euphemismus der
gewählten Formulierungen und zum anderen die Anklänge an die
amerikanischen Ideologien des Individualismus und des selbstverantwort-
lich vorangetriebenen *improvement*. Der jüngste Zusatz zur Programmatik
übernimmt die salbungsvolle Rhetorik des älteren Teils zwar nicht, liefert
jedoch in seiner nur scheinbar neutral gehaltenen Aussage eine
beschönigende Version geschichtlicher Sachverhalte. So wird Washington
als Grundbesitzer, Familienmensch und landwirtschaftlicher Pionier
vorgestellt, und nicht als der privilegierte Exponent des patriarchalischen
Südens, der er historisch gesehen war. Obgleich die MVLA seit geraumer
Zeit die Absicht artikuliert, die Realität einer südstaatlichen Plantage
kommunizieren zu wollen, findet der heute mit negativen Assoziationen
behaftete Begriff der *plantation* in der Zweckbestimmung keinen
Niederschlag. Diese begriffliche Absenz wiederholt sich zudem im
unverfänglichen Titel der Stätte: *Mount Vernon–George Washington's
Estate and Gardens.* Der staatsmännische Aufstieg Washingtons, den das
mission statement abschließend beschwört, weckt durch die dekontextuali-
sierte Art seiner Darstellung Assoziationen an den amerikanischen Mythos
des *personal achievement* und läßt vermuten, daß sich dahinter ein
fraglicher Glaube an die Geschichtsmächtigkeit des Individuums verbergen

---

[178] MVLA, *Minutes 1994* 149.
[179] MVLA, *Minutes 1995* 98.

könnte. Die Untersuchung der Vermittlung vor Ort wird erweisen müssen, inwiefern die jüngsten Ergänzungen des institutionellen Auftrags eine Neuauflage der tradierten personengeschichtlichen Heroisierung Washingtons sowie eine Fortführung der nationalcharakterlichen Selbstvergewisserung mithilfe überkommener Mythen darstellen. Zunächst sollen jedoch die programmatischen Diskurse der MVLA jenseits des *mission statement* ins Blickfeld genommen werden. Sie eröffnen einen vielversprechenderen Zugang zu den Intentionen und Motiven, von denen die Präsentationsabsichten der Organisation derzeit getragen sind. Zugleich erlauben sie eine Perspektivierung der Aussagen, die in der offiziellen Zweckbestimmung zu finden sind.

1.2 Wertekonservatismus und *usable past*

Zieht man etwa Broschüren, Museumsführer, *annual reports* und die Protokolle der Jahresversammlungen zu Rate, so kristallisiert sich als Hauptmovens der aktuellen Vermittlungsintentionen der MVLA das Bemühen heraus, durch eine zweckgerichtete Präsentation George Washingtons einen Beitrag zur moralischen Erneuerung der Vereinigten Staaten zu leisten. Die *Association* tritt somit als Teilnehmer einer öffentlichen Diskussion über den Charakter und die Werteorientierung der amerikanischen Nation in Erscheinung, die bereits seit den Anfängen der Republik mit unterschiedlicher Intensität geführt wird und während der letzten zwei Jahrzehnte eine merkliche Revitalisierung erfahren hat. Eindringliche Appelle "to 'renew America'"[180] werden von Gruppierungen unterschiedlicher politischer Couleur vorgetragen, deren Bandbreite von den Vertretern konservativer Strömungen, darunter auch die MVLA, bis zu liberalen Wortführern reicht, zu deren bekanntesten Repräsentanten etwa die Kommunitarier um Amitai Etzioni und Robert Bellah gehören.[181] Im Mittelpunkt der Debatte steht die Frage, wie ein Ausgleich bewerkstelligt werden kann zwischen der zeitgenössischen Kultur des "radical individualism"[182] und des aus den achtziger Jahren überkommenen "consumerism and careerism"[183] einerseits sowie dem gesellschaftlichen Erfordernis eines breit verankerten bürgerlichen Gemeinschaftssinns und moralischen Verantwortungsbewußtseins andererseits. Es werden gemein-

---

[180] Robert N. Bellah, Richard Madsen, William M. Sullivan, Ann Swidler and Steven M. Tipton, *Habits of the Heart: Individualism and Commitment in American Life* (Berkeley, Los Angeles and London: University of California Press, 2. Aufl. 1996) vii.

[181] Vgl. Amitai Etzioni, *The Spirit of Community: The Reinvention of American Society* (New York et al.: Simon and Schuster 1993) sowie Bellah, *Habits of the Heart*.

[182] Bellah, *Habits of the Heart* xi.

[183] Etzioni, *Spirit of Community* 67.

hin eine Reihe von Faktoren angeführt, die nach weitgehend einhelliger
Meinung zu der perzipierten Kluft zwischen dem sozialethisch Gebotenen
und dem in der gesellschaftlichen Realität Gegebenen beigetragen haben.
So habe der prononcierte Werterelativismus heutiger Generationen dazu
geführt, daß das Handeln des Einzelnen nicht länger an einem gemein-
wohlorientierten Moralhorizont ausgerichtet sei, sondern allein dem Diktat
eines übersteigerten Subjektivismus folge, der sich mit der Aura
universeller Toleranz umgäbe, um seine Moral- und Wertevergessenheit zu
kaschieren. Damit korreliere der Siegeszug eines exzessiven individualisti-
schen Egoismus, der die Tugend der "self-discipline" verdrängt habe und
die unmittelbare Bedürfnisbefriedigung des Einzelnen vor jegliche Ver-
pflichtungen kollektiver Art stelle.[184] Etwas konkreter nehmen sich die
anklagenden Hinweise auf die defizitären Erziehungsleistungen der
Familien[185] und des Schulsystems aus, dessen eigentliche Pflicht es sei, in
den Klassenzimmern der Republik für "character formation and moral
education" zu sorgen.[186]

Die Frage, ob es um die moralische Integrität der amerikanischen Nation
in der Tat so schlecht bestellt ist, wie diese Diagnosen glauben machen,
soll an dieser Stelle nicht beantwortet werden. Im vorliegenden Zusammenhang interessiert vielmehr, daß die Ansicht, Amerika befände sich in einer
Phase der "deterioration of private and public morality" von der MVLA
geteilt wird.[187] Sämtliche Kritikpunkte, die in der oben skizzierten Diskussion vorgebracht werden, finden im Diskurs Mount Vernons ihren
Niederschlag. Die *Association* beanstandet mit Blick auf ihren eigenen
historischen Gegenstand die ihrer Meinung nach verfehlte Bildungspolitik:
"[S]chools are not teaching history as they used to and, thus, we are seeing
generations of people who do not know much about George Washington
and do not think he is relevant."[188] Mit dem historischen Vermächtnis des
ersten Präsidenten, so die Überzeugung, seien auch dessen "values, his
sense of duty, the heroism of his leadership, and the sacrifices he made to
ensure our liberty and freedom" in Vergessenheit geraten. Die heute auf-
wachsenden Generationen seien mit "history, respect, and pride" nicht
mehr vertraut.[189] Die Museumsleitung kündigt an, auf Mount Vernon
"strength of family and the importance of home" vermitteln zu wollen und
impliziert damit, daß diese Kerninstitutionen konservativen Gesellschafts-

---

[184] Vgl. Etzioni, *Spirit of Community* 91-95.

[185] Vgl. ebd. 54-88.

[186] Ebd. 89. Vgl. auch 89-115.

[187] Ebd. 2.

[188] MVLA, *Minutes 1993* 95. Um diesem Trend entgegen zu wirken, stellt die MVLA
seit einigen Jahren eine von ihren Mitarbeitern konzipierte *George Washington
Biography Lesson* für Fünftklässler zur Verfügung, die im Jahr 1996 an 900.000
Schüler in 12 Bundesstaaten verschickt wurde. MVLA, *Minutes 1996* 92.

[189] MVLA, *Minutes 1992* 45.

verständnisses in Gefahr stünden.[190] Hier spiegelt sich zugleich die
Kontinuität des "faith" der MVLA "in the moral power of the home
environment" wider, das unter dem Stichwort des *cult of domesticity* bereits
im historischen Überblick thematisiert wurde.[191] Ein weiteres Element der
oben resümierten Gesellschaftsdiagnose findet in der Feststellung Ausdruck, das von Washington verkörperte Ideal der integeren Persönlichkeit
mit tadellosem "character" sei dem egoistischen Streben nach Geld und
Karriere zum Opfer gefallen: "To tell a kid: 'You should have great
character for the sake of great character'–that doesn't work in our world
today, you know. [Kids will tell you instead:] 'I want to be successful, I
want to make money,'" resümiert der *resident director* Reese die Problem-
lage.[192] Mount Vernon stimmt heute mithin vorbehaltlos in die Jeremiade
der desillusionierten Mitstreiter der *value debate* ein.

Die pessimistische Einschätzung der Lage der Nation durch die MVLA
ist indes nicht neu. Sie gehört vielmehr zum überkommenen Diskurs-
repertoire der Organisation. Seit der Gründung der Stätte hat die
Association immer wieder die "corrupted politics of the country"[193] beklagt,
sich als traditionell patriotische Institution von der "polluted contemporary
world"[194] abgegrenzt und die jeweilige Gegenwart despektierlich als
"day[s] of dishonesty and turmoil"[195] oder "troubled times" bezeichnet.[196]
Doch sind es gerade diese negativen Deutungen, die die eigentliche
Grundlage des Auftrags bilden, den die MVLA für sich reklamiert, und der
in dieser Klarheit aus der offiziellen Zwecksetzung nicht hervorgeht. Der
Gesamtargumentation der *Association* nach zu urteilen, besteht ihre
Mission darin, sich im polymorphen Gefüge gesellschaftlicher Gruppen als
patriotisch-konservative *countervailing force* zu positionieren: "If we can
stimulate pride in America's past and inspire hope for America's future,
indeed, the Mount Vernon Ladies' Association of the Union will continue
to serve a vital function and purpose in our society."[197] Der Bewahrung von
Werten und Traditionen widmet die Organisation höchste Aufmerksamkeit:
"We [...] strive to uphold the same values and traditions in the rapidly
changing world of today," wie es die *regent* der MVLA formuliert.[198]
George Washington wird in diesem Kontext zum Vehikel für die ideologi-
sierte Botschaft der Institution, die keine Bedenken hat "to use historic

---

[190] MVLA, *Annual Report 1985* (Mount Vernon, Va.: MVLA 1985) 13.

[191] West, *Domesticating History* 2.

[192] Interview mit Jim Reese, *Resident director*, Mount Vernon, 10.05.1999.

[193] Zitiert in: West, *Domesticating History* 3.

[194] MVLA, *Minutes of the Council of the Mount Vernon Ladies' Association of the
Union Held at Mount Vernon, Virginia, 1977* (Mount Vernon, Va.: MVLA 1977) 7.

[195] MVLA, *Minutes 1984* 24 f.

[196] MVLA, *Annual Report 1992* (Mount Vernon, Va.: MVLA 1992) 4.

[197] MVLA, *Annual Report 1993* (Mount Vernon, Va.: MVLA 1993) 10.

[198] MVLA, *Minutes of the Council of the Mount Vernon Ladies' Association of the
Union Held at Mount Vernon, Virginia, 1983* (Mount Vernon, Va.: MVLA 1983) 19.

figures such as George Washington to teach sound values [...] as well as history."[199] Washington wird als Korrektiv zur vermeintlichen moralischen Misere der Gesellschaft ins Feld geführt, die vor allem eine Krise der jüngeren Generationen zu sein scheint: "We just cannot allow the American people to lose touch with George Washington... his life teaches too many important lessons that children simply cannot learn from basketball players and rock stars."[200]

Wenn der erste Präsident der Vereinigten Staaten mithin als vorbild- hafter Gegenentwurf zu den mutmaßlichen Defiziten der zeitgenössischen Gesellschaft hervortreten soll, so ist anzunehmen, daß er gerade jene Werte zu verkörpern hat, die sich die Gegenwart erneut zu eigen machen soll und deren Mangel beklagt wird. Die Charaktereigenschaften, die Washington im aktuellen Museumsführer zugeschrieben werden, bestätigen diese Vermutung insofern, als sie zahlreiche Desiderate der *value debate* in personifizierter Form beinhalten: "He was honest, courageous, and deeply patriotic," wird dort bekundet und der Blick auf persönliche Vorzüge gelenkt[201], die bisher in der allgemeinen Wahrnehmung George Washing- tons zu Unrecht vernachlässigt worden seien: "But Washington was also creative, entrepreneurial, and generous with his heart, his mind, and his money."[202] "He consistently established the highest standards for his own actions, and he seldom disappointed his peers," so wird die Eloge weiter- geführt, um in folgender Feststellung zu enden: "In short, Washington demonstrated that armies can best be led, and governments can best be managed, by individuals with character."[203]

Während der Hinweis auf Washingtons Integrität, seinen Mut und Patriotismus ein gängiger ist, besitzt die als Faktum vorgetragene These vom Unternehmergeist und der Kreativität des Präsidenten durchaus Neuigkeitswert. Wie im Falle der traditionsreicheren Charakterisierungen wird hier einerseits eine Direktive für gegenwärtig erwünschtes Handeln reklamiert: "[...] George Washington's entrepreneurial spirit must be given its fair share of attention [since] this same characteristic is needed in today's world."[204] Andererseits verbirgt sich dahinter ein weiteres Motiv, dem ein zweifelhafter Präsentismus zugrundeliegt. Wenn Washington heute als ökonomischer Hasardeur und tatkräftiger Erfinder gezeichnet wird, so geschieht dies zum einen in der fragwürdigen Absicht, dem ehemaligen Besitzer Mount Vernons nicht nur das Image eines "real life

---

[199] MVLA, *Minutes of the Council of the Mount Vernon Ladies' Association Held at Mount Vernon, Virginia, 1989* (Mount Vernon, Va.: MVLA 1989) 36.

[200] MVLA, *Minutes 1995* 57.

[201] MVLA, *Mount Vernon Commemorative Guidebook: George Washington Bicentennial Edition* (Mount Vernon, Va.: MVLA 1999) ii.

[202] Ebd.

[203] Ebd.

[204] MVLA, *Minutes 1996* 98.

hero" zu verleihen, sondern ihn mit Starqualitäten auszustatten, die den Erwartungen und der Gefühlsstruktur des modernen Publikums gerecht werden.[205] Um dieses Ziel zu erreichen, so Reese, müsse man auch in Betracht ziehen, die Kommunikationstechniken populärkultureller *theme parks* zu kopieren. "[W]e are not going to try to compete with Disney," führt er aus, "but we hope to use some of their techniques. [...] We are going to try new things to make Washington exciting [...]."[206] Die MVLA ist überzeugt, "[that] for Mount Vernon to truly teach people about Washington's character and accomplishments, before it's too late, [...] we have no choice but to use every resource available to bring this great man to life."[207] Zum anderen, und dies ist ein gleichermaßen dubioser Beweggrund, soll Washington nach dem Ermessen der *Association* aus dem Schatten der schillernden Persönlichkeit Thomas Jeffersons heraustreten. "[T]he character of [Washington] is no longer understood and appreciated by the American people,"[208] konstatiert die Organisation und beklagt zugleich, daß Jefferson bis heute ein ungerechtfertigtes Monopol auf die Reputation eines facettenreichen Helden besitze:

> [...] Jefferson has traveled into the 20th century with an aura of creativity and inventiveness, while George Washington has not. Too many people talk about Thomas Jefferson in technicolor terms, while George Washington is still described in black and white. And we know he deserves better. Washington's life story is far more exciting and thrilling and diverse than Jefferson's, and in terms of his legacy to his nation, all others pale by comparison. And best of all, he was a good man; a man who bled character from every vein. [...][209]

Nach eigenem Ermessen hat die *Association* heute also nicht nur dafür zu sorgen, daß Washington wieder verstärkt Einzug in das historische Gedächtnis und die Herzen der Amerikaner hält, sondern hat auch darauf zu achten, daß er sich dabei über die Konkurrenz erhebt, die ihm in Gestalt von "lesser-known heroes," so ein Beiratsmitglied der Organisation, aus der Geschichte Amerikas erwächst.[210]

Die gerade aufgezeigten Intentionen der MVLA wollen freilich nicht recht zu dem Diskursstrang passen, der ein Bekenntnis zu wissenschaftlich erforschter Faktentreue in Aussicht stellt und 1983 in der jüngsten Ergänzung des *mission statement* kodifiziert wurde. Im Rahmen der Vorhaben, die die *Association* jenseits der offiziellen Zweckbestimmung artikuliert, wird die neue Wissenschaftlichkeit durch das zweifelhafte

---

[205] MVLA, *Minutes 1992* 138.
[206] MVLA, *Minutes 1995* 96.
[207] Ebd. 57.
[208] MVLA, *Commemorative Guidebook* ii.
[209] MVLA, *Minutes 1996* 54.
[210] MVLA, *Minutes 1992* 85.

Konzept einer *usable past* überlagert. Den unterschiedlichen Äußerungen der Museumsleitung liegt bei genauer Betrachtung der gleiche Subtext zugrunde: So scheint es weniger um die Rekonstruktion geschichtlicher Realitäten zu gehen, sondern darum, Washington auch um den Preis historischer Genauigkeit für die Gegenwart attraktiv zu machen und ihn als Vehikel für eine Weltanschauung zu funktionalisieren, die gleichermaßen traditionalistisch wie patriotisch anmutet. Die sozialethisch verantwortete Praxis, die in der oben skizzierten *civil society*-Diskussion eingefordert wird und idealerweise aus der Internalisierung der auf Mount Vernon gebotenen Geschichte hervorgehen soll, ist als Ziel *per se* zwar legitim. Sie rechtfertigt jedoch nicht die Verzerrung und Instrumentalisierung der Vergangenheit, die sich in der Programmatik der MVLA abzeichnet. Diese läßt zudem die Annahme plausibel erscheinen, daß die alltagsgeschichtlich orientierte Präsentation der "human qualities of George Washington the man" ein weiteres Feld für patriotische Heroenverehrung und die einseitig selektive, auf Mythen rekurrierende Affirmation nationaler Identitäts-bestände eröffnet. Wie sich das projektierte Konglomerat aus "research and interpret[ation]," "values," "history, patriotism, strength of family" sowie die Imagemodernisierung eines antiquiert erscheinenden Nationalhelden *on site* auswirkt, soll in den nächsten Kapiteln überprüft werden.

1.3 *The Life of George Washington*

Der zeitgenössische Besucher betritt Mount Vernon durch das sogenannte *Texas Gate*. Während der Sommermonate ist im Eingangsbereich des Anwesens ein großes Zelt errichtet, das stereotypisierend an ein militäri-sches Feldlager aus dem 18. Jahrhundert erinnert. Die Mehrheit der Besucher nimmt sogleich die Möglichkeit wahr, auf den darin aufgestellten Holzbänken Platz zu nehmen und den etwa halbstündigen Einführungsfilm *The Life of George Washington* anzusehen.[211]

Erklärtes Ziel dieser Biographie ist es, einen Blick hinter den verzerrenden Schleier der populärhistorischen Legenden zu werfen, die den Gründungsvater der Republik umranken: "[...] we will tell the story of George Washington's life and along the way we will shed some light on how this great country of ours was born and how it thrived under Washington's leadership," wird der Inhalt des Films in einem einleitenden Kommentar umrissen, der von dem demokratischen Senator Bill Bradley gesprochen wird. "But I should warn you, that if you expect wooden teeth or to hear about the silver dollar that Washington tossed across the

---

[211] Sofern nicht anders angegeben, sind die nachfolgenden Zitate dem Einführungsfilm entnommen: *The Life of George Washington: A Video Biography of America's Greatest Hero*, Prod. by the Mount Vernon Ladies' Association, Our National Heritage Series, 1989.

Potomac, you might be surprised," fährt er fort. "Myths about Washington
are everywhere, and we will try to uncover the man behind these legends. I
think you'll find him quite fascinating," verspricht der Moderator.

Die Lebensgeschichte Washingtons wird in der Folge anhand von
historischen Gemälden und Drucken veranschaulicht. Diese suggerieren
zwar vordergründig ein hohes Maß an Authentizität und scheinen eine
unmittelbare historische Zeugenschaft zu verbürgen, bilden jedoch konträr
zu den Ankündigungen Bradleys vielmehr den Prozeß der rezeptions-
geschichtlichen Mythologisierung des Nationalhelden ab–ein Umstand, der
nur dem aufmerksamen oder vorgebildeten Besucher bewußt werden
dürfte. Der Einführungsfilm konstruiert aus diversen historischen Ereignissen eine eindimensionale Geschichte des *individual achievement*. In dem
offenkundigen Bemühen, den Präsidenten vom Image einer "stiff figure in
history" zu befreien[212], wird der jugendliche Washington eingangs zum
Inbegriff des unabhängigen *frontiersman* und zum durchsetzungsfähigen
Abenteurer stilisiert.[213] Als Mann von tadellosem Charakter und mit unver-
gleichlichen militärischen und politischen Fähigkeiten ausgestattet, erwirbt
er sich die Hochachtung seiner Landsleute: "[...] fortunately, the American
people recognized that this man was truly special," kommentiert der
Moderator. "He possessed superb judgement, he was fair and honest almost
to a fault, and he excelled in the fine art of compromise. His leadership
qualities were unmistakeable, and all the eyes looked up to him, whether on
the battlefield, at the Constitutional Convention or here at his home in
Mount Vernon."

Die Schlachten des Revolutionskrieges werden ausführlich geschildert.
George Washington erscheint als energischer Oberbefehlshaber, der die
schlecht ausgestatteten und militärisch unerfahrenen Truppen "into a
powerful and resolute fighting force" verwandelt, vorangetrieben "[by] his
abiding faith that divine providence would protect his men and his
country." In den Verlauf der militärischen Auseinandersetzungen werden
immer wieder Legenden patriotischer Selbstaufgabe eingeflochten, so etwa
diejenige des Nathan Hale, der als amerikanischer Spion in den Reihen der
Briten mutmaßlich enttarnt und exekutiert wurde: "As he bravely faced the
hangman's rope he is reported to have spoken the inspiring words: 'I only
regret that I have but one life to give for my country.'" Allen Widerständen
zum Trotz führt Washington die Amerikaner souverän in die Unab-

---

[212] MVLA, *Minutes 1992* 138.

[213] "Washington eventually chose surveying as his profession. [...] As his experience
grew, he found he thrived in this rigorous outdoor life. His companions were often
frontiersmen and Indians, and from them he learned the ways of the wilderness. [...]
Washington travelled on horseback in the worst of winters for more than a thousand
miles through virtually unexplored wilderness [...]. While crossing the Allegheny
River Washington's raft capsized and he was thrown into the icy current. This was
the first of many brushes with disaster that he would face in his lifetime."

hängigkeit: "From this time until his death he was without question America's one indispensable leader," wird er verbal aufs Podest gehoben. Dem römischen Vorbild des Cincinnatus nacheifernd, "who [...] left his plow to fight for freedom and then returned to a peaceful life on the farm he loved" zieht sich der General nach dem Sieg gegen die Briten aus dem öffentlichen Leben zurück, "happily reunited with Martha and their beloved home overlooking the Potomac." Widerstrebend, aber im vollen Bewußtsein seiner patriotischen Pflicht, folgt Washington schließlich erneut "the call of his country" und tritt das Präsidentenamt an, "a challenge that just a few men in human history have had to meet, yet he would prove to be more than equal to it." Die eigentliche Amtszeit Washingtons findet jedoch keine Beachtung. Es wird lediglich betont, daß er als Staatsoberhaupt die Einheit der jungen Nation gestiftet habe, in der seither Freiheit und Gleichheit für alle herrschen. Der Moderator des Films appelliert an die Zuschauer, das historische Vermächtnis George Washingtons am Leben zu erhalten. "[...] it's not just future Presidents who can learn from George Washington's example," gibt er zu bedenken. "We can all try to follow in his footsteps, as great as they might be, always remembering that our nation was founded by individuals who risked everything - their homes, their families, their lives - for the freedom and liberty we sometimes take for granted today." In pathetischer Verbundenheit erklärt er: "Thank you, George Washington, for being there when we needed you."

Die zivilreligiöse Verherrlichung des Protagonisten wird durch verschiedene Einblicke in dessen private Lebenswelt flankiert, deren materielle Repräsentationen der Besucher auf Mount Vernon besichtigen und unter dem Eindruck der im Film nahegelegten Deutungen interpretieren wird. Das historische Anwesen erscheint ausschließlich als Hort der Familie und der generösen Gastfreundschaft sowie als Ort, an dem sich Washington, der Farmer, selbstverwirklichen konnte: "General Washington seemed happiest when he was here, on his plantation, riding from farm to farm, testing out new fertilizers, experimenting with different crops, expanding the Mount Vernon Mansion to take care of his growing family, and opening his doors to welcome a remarkable number of uninvited guests," resümiert Bradley das Privatleben des Helden. Dieses steht der Rühmlichkeit seines öffentlichen Wirkens freilich in nichts nach. Anhand der architektonischen und landwirtschaftlichen Unternehmungen des Präsidenten wird einmal mehr eine Geschichte von *improvement* und *progress* geboten, die der angestrebten Entmythisierung und Vermenschlichung des Protagonisten allerdings im Wege stehen dürfte.[214] Der Vor-

---

[214] "George and Martha combined their assets and began to develop and improve Mount Vernon. Washington designed one of the finest pleasure gardens in the entire colony and made experimental planting with dozens of useful crops. He tested various fertilizers and undertook methodical crop rotation. [...] Over a period of five years

eindruck, den der Film von Mount Vernon, dem eigentlichen historischen Gegenstand des Museums, vermittelt, ist der einer pastoralen Lebenswelt, deren anmutige Idylle auch durch den Hinweis auf Washingtons Rolle als Sklavenhalter kaum beeinträchtigt wird. Ein Gemälde zeigt ihn zu Pferd bei der Inspektion seiner Felder, wo einige Sklaven frohgemut ihrer Arbeit nachgehen. "In 18th century tidewater Virginia, slavery was considered an essential and entirely natural institution," wird die historische Problematik einer kritischen Rezeption durch den Zuschauer im voraus entzogen und die Haltung George Washingtons philanthropisch verklärt: "By the end of the revolution, however, Washington had come to believe that slavery should be abolished. In his will he provided that his slaves were to be freed after Martha's death and arrangements were made for their care," lautet die beschwichtigende Botschaft. Durch das gleichermaßen euphemisierende und reduktionistische Zusammenspiel von Gemälde und verbaler Deutung wird Washington als wohlmeinender Patriarch gekennzeichnet, dessen Humanität sich in den zufriedenen Gesichtern der Sklaven widerzuspiegeln scheint.

Die durchgängig glorifizierende Biographie stilisiert den Präsidenten zu einem Denkmal mit menschlichem Anlitz, mit dem sich der zeitgenössische Besucher vorbehaltlos identifizieren soll. Der abschließende Appell des Moderators verdeutlicht zudem, daß sich der Tourist auf Mount Vernon nicht nur geschichtliches Faktenmaterial aneignen, sondern den Besuch vielmehr als Ritual verstehen soll, das dem feierlichen Gedenken an den Gründungsvater der Republik und der Würdigung patriotischer Ideale gewidmet ist. Vor Verlassen des Zeltes wird das Publikum aufgefordert "to pay tribute to George Washington, to see the house he lived in and to spend a few silent moments here at his final resting place." Mount Vernon transzendiert dadurch gleichsam seinen Status als private Wirkungsstätte eines historischen Individuums und nimmt den Charakter eines nationalen Andachtsortes an, ungeachtet der Ankündigung der MVLA, die überkommene Aura des Anwesens als *national shrine* relativieren zu wollen.

Geradlinig bringt *The Life of George Washington* dem Zuschauer jene Intentionen nahe, die die Zweckbestimmung des Museums prägen: Die Inhalte des Films zielen darauf ab, "to perpetuate the sacred memory of 'The Father of His Country,' der nicht nur als zivilreligiöse Integrationsfigur und Personifizierung von "character" und "leadership" gezeichnet, sondern auch in seiner quasi-menschlichen Rolle als "landowner, family man and progressive farmer" vergegenwärtigt wird.[215] Die Eindeutigkeit und Deutlichkeit der Darstellung, die ohne widerstreitende Interpretationen auskommt, räumt dem Adressaten keine Deutungsspielräume ein, sondern

---

the Dismal Swamp Company, which Washington formed, conversed over 2000 square miles of watery wilderness into productive farmlands."
[215] MVLA, *Annual Report 1997* (Mount Vernon, Va.: MVLA 1997) 78.

etabliert ein für die weitere Wahrnehmung George Washingtons verbind-
liches Bild des Vorbildhaften und Heroischen. Die nachfolgende Untersuchung des Rundgangs über das Anwesen wird zeigen müssen, inwieweit
dieser eindimensionale Voreindruck *on site* bestätigt oder differenziert
wird.

1.4 Die Plantage: Pastoralismus und präsentistische Wertaskriptionen

Nach dem Einführungsprogramm hat der Besucher wie in Colonial
Williamsburg und Plimoth Plantation die Möglichkeit, die Museumsanlage
in Eigenregie zu besichtigen. Im Gegensatz zu den beiden *living history
sites* ist der visuelle Eindruck der Exponate mit der Deutung des
Erscheinungsbildes durch die medialen und personalen Informationsträger
jedoch eng verknüpft. Während der Tourist in Colonial Williamsburg und
Plimoth Plantation bei der Erkundung und dem Nachvollzug der
reproduzierten historischen Realität streckenweise oder ganz auf sich
alleine gestellt ist, wird der überwiegende Teil des Geschauten auf Mount
Vernon durch zahlreiche Betextungen unmittelbar erläutert oder im
Rahmen einer *outdoor walking tour* kommentiert. Die nachfolgende
Analyse wird diesem Umstand insofern Rechnung tragen, als die Merkmale
der visuellen und verbalen Rhetorik weitgehend gemeinsam berücksichtigt
werden.

Im Anschluß an *The Life of George Washington* begibt sich der
Besucher auf einen Schotterweg, der zu den eigentlichen historischen
Exponaten führt. Er passiert zunächst eine beschauliche Wiesenlandschaft
mit friedlich grasenden Rindern und Schafen, rezipiert jetzt also *in realiter*
die pastorale Konnotation, mit der der Einführungsfilm das historische
Anwesen George Washingtons belegt hatte, und die den Besucher von nun
an als visuelles Leitmotiv auf seinem Rundgang begleiten wird. So setzt
sich die bukolische Semantisierung des Anwesens auf der *Pioneer Farmer
Site* fort und fällt dort besonders durch ihre prinzipielle Unvereinbarkeit
mit der eigentlichen Intention der rekonstruierten Szenerie auf. Diese soll
dem Besucher Aufschluß über den agrarhistorischen Alltag auf
Washingtons Plantage geben. Das im Jahr 1996 fertiggestellte Ensemble
besteht aus einigen kleinen Feldern und der von Washington entworfenen
16-sided treading barn, die von zwei Speichern flankiert ist, in denen
verschiedene Gerätschaften untergestellt sind. Der Originalstandort der
Scheune befand sich im 18. Jahrhundert landeinwärts auf einer großflächig
abgeholzten und landwirtschaftlich genutzten Ebene. Heute liegt die
rekonstruierte *site* in nächster Nähe zum Fluß, eingebettet in ein von Wald
umgebenes kleines Tal, ein zu Washingtons Zeiten unzugängliches Sumpf-

gebiet, das unter dem Namen *Hell Hole* bekannt war.[216] Der zeitgenössische Besucher erreicht die *Pioneer Farmer Site* indes nach einem
idyllischen Spaziergang auf gepflegten, schattigen Wegen oder als
Passagier auf einem Pferdekarren. Dort angekommen, nimmt er sogleich
die jungfräulich wirkende Scheune wahr, die fast kathedralenartig über den
sorgsam gepflegten Feldern thront.[217] Er erblickt einige Schafe, die im
Schatten ruhen, sowie einen Museumsmitarbeiter, der, einem arkadischen
sheperd gleich, mit einem naturweißen Baumwollgewand bekleidet ist und
über offenem Feuer Pfannkuchen aus Mais zubereitet.[218] Eine agrarhistorische Repräsentation gerät so zum visuellen Urbild des Pastoralen.

Jene Besucher, die sich nicht den zahlreichen Betextungen zuwenden,
sondern sich mit einer Beschau des Geländes begnügen, können dem
falschen Eindruck erliegen, daß die landwirtschaftlichen Methoden der
Vergangenheit nicht einen manipulativen Eingriff in die Natur darstellten,
sondern vielmehr als Inbegriff einer naturverbundenen Lebensweise zu
verstehen seien, die aus heutiger Perspektive den Anstrich des Alternativen
trägt. Doch auch derjenige Tourist, der die Beschilderungen zu Rate zieht,
wird mit einer Betrachtungsweise konfrontiert, die in hohem Maße
ahistorisch ist. Er wird ermutigt, in George Washington einen Pionier des
Umweltschutzes zu sehen und die repräsentierten Anbaumethoden, denen
Naturverträglichkeit und Nachhaltigkeit bescheinigt wird, als wegweisen-
den Gegenentwurf zur zeitgenössischen Agrarindustrie wahrzunehmen.
Mount Vernon spielt bewußt mit diesen präsentistischen Konnotationen. So
wird die *Pioneer Farmer Site* in einer Broschüre mit folgenden Worten
beworben: "Sustainable agriculture, composting, value-added product–all
recognizable terms today, all ideas recommended by Washington two
hundred years ago."[219] Im nahegelegenen *Forest Trail*, der die Tier- und
Pflanzenwelt auf dem Anwesen beschreibt, wird der Eigentümer Mount
Vernons explizit als "Washington–The Conservationist" bezeichnet. Auch
die Betextung und Anordnung der 'Schaubeete' erteilen eine Lehrstunde in
biologisch-ökologischer Felderwirtschaft.[220] In einer Reihe von Holzkästen
kann man etwa Bodenproben in Augenschein nehmen und an ihrem
Beispiel nachvollziehen, wie die anhaltende Nährstoffqualität der Felder

---

[216] MVLA, *Story of a Shrine* 131.

[217] Siehe Anhang, Abb. 4.

[218] Siehe Anhang, Abb. 5.

[219] MVLA, *George Washington: Pioneer Farmer. The Dedication Ceremonies for
George Washington's Barn and The Luncheon Honoring Donors to George
Washington: Pioneer Farmer, Friday, September 27*, brochure, Mount Vernon, 1996,
2.

[220] Michael Faber, "Freilichtmuseen als Freizeitorte. Möglichkeiten und Grenzen der
Geschichtserfahrung am Beispiel des Rheinischen Freilichtmuseums Kommern,"
*Geschichte in der Freizeit. Formen historischer Vermittlung außerhalb von Schule
und Universität*, Bensberger Protokolle 53, Hg. Thomas-Morus-Akademie Bensberg
(Bensberg: Thomas-Morus-Akademie 1988): 63f.

durch eine periodische Brachlegung der Äcker und die Beimengung von Dünger gewährleistet wurde. Mount Vernon erscheint paradoxerweise als Naturreservat, das durch sanften Landbau intakt gehalten wird.

Die *Pioneer Farmer Site* stellt Washington desweiteren in seiner vermeintlichen Eigenschaft als kreativer Erfinder dar. Im Rahmen einer *Audio presentation*, die der Besucher per Knopfdruck aktivieren kann, wird die von Washington entworfene *treading barn* als "an ingenious solution to the age-old problem of how to cleanly and efficiently thresh wheat" gefeiert und der Vorgang des Getreidedreschens mithilfe auditiver Mittel vergegenwärtigt. Die Weizenernte wurde auf dem durchlässigen Holzboden im oberen Stockwerk der Scheune ausgebreitet, erfährt der Tourist bei der Besichtigung des Schobers. Anschließend ließ man Pferde darüber hinwegtraben. Die Weizenkörner lösten sich und rieselten in den Keller der Scheune, wo sie in Holzfässer verpackt und dann zum Verkauf oder zur Weiterverarbeitung in Washingtons Mühle gebracht wurden. Obgleich die aufwändige Konstruktion bereits zum Zeitpunkt der Fertigstellung durch das Aufkommen der "portable threshing machine" obsolet geworden war[221], wird am Ende der *Audio presentation* betont: "It stands as a symbol of the creativity of America's first farmer, who wanted to make our new nation a granary to the world." Die permanenten Hinweise auf den Innovationsgeist des Präsidenten haben ihren Ursprung zweifellos in dem Bestreben, Washington mit allen Mitteln aus dem Schatten Thomas Jeffersons heraustreten zu lassen "[who] has traveled into the 20th century with an aura of creativity and inventiveness, while George Washington has not."[222] Einen Einblick in die soziokulturelle Komplexität der vergangenen Lebenswelt gewähren sie nicht.

Eine weitere Intention der *Pioneer Farmer Site*, die ebenso wenig mit einer fundierten Präsentation agrarhistorischer Verhältnisse gemein hat, 'is to explore Washington's personality and character, to put some flesh on the marble image of Washington that most people have.'[223] Die MVLA beabsichtigt 'to have people pause and visualize George Washington out there in his boots in the manure designing crop rotation. He's out there in the farm sweating.'[224] Dementsprechend machen die Formulierungen der erklärenden Texte glauben, daß Washington nicht nur sämtliche Tätigkeiten angeordnet und kontrolliert, sondern persönlich ausgeführt habe: "Corn and potatoes were planted in the early spring. *Washington* planted these crops in straight rows rather than in dirt mounds, which allowed animal pulled equipment to be used in place of hand hoes," heißt es da, um

---

[221] Vgl. Hollis L. Engley, "George Washington's farm still operating: W. K. Kellogg Foundation grant pays for barn project," *Battle Creek Enquirer* 16 July 1995: n. pag.

[222] MVLA, *Minutes 1996* 54.

[223] Zitiert in: Cynthia F. Young, "What's Old Is New: Exhibit showcases 'the First Farmer,'" *Fairfax Journal* 25 Sept. 1996: A1.

[224] Ebd.

nur eines der zahlreichen Beispiele zu nennen.[225] Die Sklaven, als
eigentliche landwirtschaftliche Protagonisten, geraten hingegen selten ins
Blickfeld der musealen Dokumentation.[226] Auf lediglich vier von dreizehn
Betextungen findet sich überhaupt ein Hinweis darauf, daß sämtliche
Arbeiten auf der Plantage von einer *slave work force* bestellt wurden. Der
Besucher wird nur knapp über deren Tätigkeiten und zahlenmäßige Größe
informiert. Der Beitrag, den die Sklaven etwa beim Bau der *treading barn*
zu leisten hatten, wird in Gestalt eines kniffligen Ratespiels vorgetragen:
"When Washington's slave carpenters built the treading barn, he instructed
them to try gaps of different sizes between the floorboards. This segment of
threading floor has been built with the three gaps tested by Washington's
slaves. Which gap do you think worked best at holding back the straw
while letting the grain drop through?" Eines der Schilder fordert den
Besucher auf, vorübergehend in die Rolle der Sklaven zu schlüpfen, eine
Harke zu ergreifen und den Boden einer Parzelle von Steinen und
Erdklumpen zu befreien: "Slaves [...] hand-hoed land that was too rocky or
wet for plows. Help us prepare the field by hoeing out rocks and breaking
up clumps." Den Besuchern ist diese Abwechslung von der herkömmlichen
Besichtigungsroutine willkommen. Ein vertieftes Verständnis des Land-
baus unter den Bedingungen der Sklaverei erhalten sie dadurch nicht. Die
verharmlosenden und wenig aufschlußreichen Informationen genügen
offenbar, um die Minimalanforderungen der *Kellogg Foundation* zu erfüllen, die die Rekonstruktion der *Pioneer Farmer Site* finanziell unter der
Bedingung unterstützt hatte, daß dort auch der Alltag der Sklaven
vergegenwärtigt werde.[227] "Let's face it, we're not exactly 'politically
correct' [...]. Yet in the eyes of the Kellogg board, Mount Vernon had risen
to the occasion–we had met the challenge," lobt die *regent* der MVLA die
erfolgreiche Realisierung des Projekts, ohne jegliches historisches
Problembewußtsein erkennen zu lassen.[228]

Die *Pioneer Farmer Site* ist ein Schauplatz für die *narrative of
improvement*, die bereits der Einführungsfilm angestimmt hatte. Sie
illustriert Washingtons vermeintliches Bemühen, sich auch in seiner
Funktion als fortschrittlicher, patriotischer Farmer in den Dienst der
Gemeinschaft zu stellen: "He understood he was in a position to afford to
experiment and fail. The typical farmer in Virginia probably had 100 acres.
Washington had 8,000. He had 300 slaves. He was very much aware he
was not going to drag American farmers into the next century without
showing that these things worked,' erläutert der museumseigene Historiker,

---

[225] *Interpretive sign* auf der *Pioneer Farmer Site*, Mount Vernon. Eigene Hervorhebung.
[226] T.H. Breen, *Tobacco Culture: The Mentality of the Great Tidewater Planters on the
Eve of the Revolution* (Princeton, N.J.: Princeton University Press 1985) 20f.
[227] "The Kellogg Foundation encouraged Mount Vernon to include the subject of
slavery." MVLA, *Minutes 1993* 103.
[228] MVLA, *Minutes 1996* 53.

John Riley, die agrarhistorische Interpretation der MVLA[229], die ein
modernisierungstheoretisch verzerrtes Bild zeichnet. In ahistorischer
Manier wird Washington die Rolle eines "agricultural innovator"
zugeschrieben, "[...] busily hustling [his] neighbors and [him]self down the
road toward modernity."[230] Die detailreichen Informationen über Anbaumethoden, historische Nutz- und Wildpflanzen sowie über den Gebrauch
der landwirtschaftlichen Gerätschaften münden nicht in eine Rekonstruktion des gesamthistorischen Kontextes. Der Besucher wird im Unklaren
darüber gelassen, daß sich Washington im Einklang mit den gesellschaftlichen Normen seiner Epoche als *gentleman farmer* inszenierte. Im
kulturellen Wissen der Zeit, das auf das Vorbild der römischen Republik
und die englische *court versus country*–Ideologie des 18. Jahrhunderts
rekurrierte, gingen Landbesitz und Moral eine enge Symbiose ein. Das
Eigentum an Grund und Boden, so die Annahmen des *agrarianism*,
gewährleiste die Unabhängigkeit des Landedelmannes. Dieser sei dem
korrumpierenden Einfluß marktgesteuerter Gewinnambitionen entzogen
und mit jenen Tugenden ausgestattet, die für das Ideal einer *disinterested
leadership* unverzichtbar seien. Die Entscheidung Washingtons, den zunehmend unprofitablen Tabakanbau einzustellen und sich in den 1770er
Jahren der Kultivierung von Getreide zuzuwenden, wird von der MVLA
allein in wirtschaftlichen Begrifflichkeiten erfaßt und als Zeichen von
Progressivität deklamiert: "When one-crop cultivation [tobacco] threatened
to lay waste to his lands and left him vulnerable to the whims of the trans-
Atlantic trade, Washington discovered creative solutions. He ultimately
transformed Mount Vernon into a diversified farm. [...] Mount Vernon
became an entrepreneurial showcase," wird in einer Broschüre erläutert.[231]
Gerade am Beispiel dieser Entwicklung könnte jedoch der Wandel einer
historischen Mentalität veranschaulicht werden, für die T. H. Breen den
Begriff der "tobacco mentality" geprägt hat, "a distinct culture that leaders
of eighteenth-century Virginia like Carter, Lee, and Washington took for
granted."[232] Die Qualität des landwirtschaftlichen Produkts, so Breen,
"served as an index of worth and standing in a community of competitive,
highly independent growers; quite literally, the quality of a man's tobacco
often served as the measure of the man."[233] Im Gegensatz zur Darstellung
Mount Vernons kommt der Historiker zu folgendem Schluß: "Washington
was not drawn into the wheat market simply because he was looking for a
way to maximize returns on his investment in land and slaves. Rather, he
was forced out of the tobacco market," denn "no matter how diligently he
worked the stubborn soils of Mount Vernon, he could not produce the kind

---

[229] Zitiert in: Engley, "George Washington's farm still operating" n. pag.
[230] Breen, *Tobacco Mentality* 21.
[231] MVLA, *George Washington: Pioneer Farmer. Dedication Ceremonies* 2.
[232] Breen, *Tobacco Culture* 22f.
[233] Ebd.

of quality leaves that one saw on the plantations of the James, Rappahannock, and York rivers."[234] Unter Mißachtung des historischen Hintergrundes ist die MVLA bestrebt, "George Washington's entrepreneurial spirit" in den Mittelpunkt der Aufmerksamkeit zu rücken, "[since] this same characteristic is needed in today's world."[235] Hätte Washington rational und allein aus ökonomischen Motiven gehandelt, so hätte die Umstellung der Tabakplantage auf Getreideanbau jedoch bereits in den 1760er Jahren erfolgen müssen, "but to have done so would have made him less a Virginian, less a gentleman," gibt Breen zu bedenken. "It would have cut him off from the only source of public esteem other than soldiering that he had ever known," wird die Verwurzelung George Washingtons in der Kultur des 18. Jahrhunderts offengelegt, die in den reduktionistischen Interpretationen der MVLA nicht zum Zuge kommt.[236]

Wie der Einführungsfilm, so zeigt auch die *Pioneer Farmer Site* den Protagonisten nicht als Produkt seiner Zeit. Beide Darbietungen überhöhen ihn zu einem in jeder Hinsicht herausragenden Individuum, das das Rad der Geschichte eigenhändig weiterdreht, sei es auf dem Schlachtfeld, in der Politik oder auf dem heimischen Getreideacker. Die Synthese aus visuellem Pastoralismus und der textuellen Vermittlung von Umweltbewußtsein, Erfindungsreichtum und Geschäftstüchtigkeit verfälscht die historischen Wirklichkeitszusammenhänge. Sie unterzieht diese zum einen einer präsentistischen Deutung, also einer Auslegung von Geschichte, die gegenwartsverhaftet ist und vornehmlich im Dienste der Befriedigung von zeitgenössischen Bedürfnissen steht. Zum anderen unterstützt sie einseitig die Umsetzung der patriotisch inspirierten, heroisierenden Vermittlungsintentionen der MVLA, die der *resident director*, Jim Reese, folgendermaßen resümiert:

> By showing what a great farmer he was, and how hard he worked to point out to all American farmers the road to success, we are providing one more piece to the Washington puzzle. If we can just show visitors enough of these pieces, they'll leave Mount Vernon's gates knowing what you and I already know, that there is no one that young people should emulate more than George Washington, and that those who want to lead our country today must still be compared to his standards.[237]

Der restliche Plantagenbetrieb, den sich der Besucher textuell anhand von über 60 auf dem gesamten Gelände angebrachten *interpretive signs* aneignet, erscheint aufgrund der Fülle des kommunizierten historischen Faktenmaterials detailgenau rekonstruiert. Der Museumsgänger kann kaum einen Baum, ein Stück Grünfläche oder ein Nebengebäude passieren, ohne

---

[234] Ebd. 81.
[235] MVLA, *Minutes 1996* 98.
[236] Breen, *Tobacco Culture* 82.
[237] MVLA, *Minutes 1996* 54.

eine Beschreibung des geschauten Objekts, in vielen Fällen aber auch nicht
mehr, zu erhalten. So wird etwa im *paint cellar* neben wenigen Zusatzinformationen auf die ohne Schwierigkeiten ersichtliche Tatsache
aufmerksam gemacht, daß dort Farbreste lagern: "Paint was an expensive
commodity in 18th-century America and was imported in powder form
which was hand-mixed with linseed oil just before use. Oils and leftover
mixed paints were stored here for safekeeping," um nur dieses Beispiel zu
nennen. Zahlreiche andere Beschilderungen sind indes von höherem
Erkenntniswert, da sie die Exponate ansatzweise in ihren funktionalen
Kontext einordnen. So wird das *storehouse* als logistische Drehscheibe der
Plantage charakterisiert:

> Within sight of the Mansion, the storehouse was under the watchful eye of
> George Washington and his manager. From here, valuable supplies were
> dispersed: blankets, clothes and tools to the slaves; nails and copper to the
> carpenters; leather and thread to the shoemaker; powder and shot to the
> huntsmen. The items stored here–over 500 were listed in the inventory taken
> at Washington's death–were kept under lock and key. They were registered
> in a storebook, as was each distribution, so Washington could track the use
> of his goods.

Die Beschreibung des *shoemaker's shop* erteilt Auskunft über einen
Teilbereich der materiellen Ausstattung der *plantation work force* und
charakterisiert zugleich den sozioökonomischen Status, den der *shoemaker*
inne hatte:

> The shoemaker played a critical role on the plantation by maintaining the
> workers' shoes. If sound shoes were not available in cold months, labor
> would be lost. Footwear was often purchased from outside manufacturers.
> However, only one pair of shoes was issued annually to each slave, so the
> shoemaker kept busy throughout the year performing repairs. The shoe-
> maker, who might have been a hired white artisan or a slave trained on the
> plantation, also worked on saddles and other leather goods.

Die Beschilderung der Küche gibt Auskunft darüber, wer die ausgestellten
Gegenstände benutzte und das Gebäude bewohnte. Freilich wird die
Gelegenheit genutzt, um anhand eines Zitats aus der Korrespondenz
George Washingtons einmal mehr auf dessen Gastfreundlichkeit zu ver-
weisen:

> "A glass of wine and a bit of mutton are always ready, and such as will be
> content to partake of them are always welcome." [...] The original kitchen
> was built in 1775 as a separate outbuilding. This reduced the danger of fire
> to the Mansion and distanced the Washington family and their many guests
> from the kitchen's smoke, heat, and noise. Martha Washington is said to
> have supervised the bread-making and ordered a ham boiled daily. House
> slaves who worked in the kitchen included three cooks–Hercules, Nathan,

and Lucy. Lucy's husband Frank served as a butler and, at various times, the couple resided in a room above the kitchen.

Am Beispiel des *salthouse* wird deutlich, daß das in vielen Bereichen autark operierende Gut Washingtons ökonomisch in ein Netzwerk von Handelsbeziehungen eingebunden war:

> A Mount Vernon inventory noted that fishing nets and blacksmithing equipment were stored in this building. The Mount Vernon fisheries contributed a reliable income to the plantation. In the spring, over a million herring and thousands of shad were caught in nets, then salted and packed in barrels for sale in America and abroad. The Mount Vernon slaves' diet included herring, as well. Salt was usually purchased from foreign markets including Lisbon, Portugal and Liverpool, England.

Diese Beispiele mögen genügen, um zu zeigen, daß sich der lesefreudige Besucher einen grundsätzlichen Eindruck von den Abläufen auf der sogenannten *Mansion House Farm* verschaffen kann. Dennoch weist die Rundgangsbeschreibung Defizite auf, die ein Verständnis des Geschauten erschweren oder zu einer Verfälschung geschichtlicher Realitäten beitragen. Sie liegen zum einen in dem Umstand begründet, daß lediglich die funktionalen Aspekte des Betriebs erklärt werden, wie selbst anhand der zitierten Positivbeispiele deutlich geworden sein mag. Im Hinblick auf die kommunizierte Botschaft bedeutet dies, daß eine Südstaatenplantage des 18. Jahrhunderts zu einer beliebigen ökonomischen Einheit wird, die dem ursprünglichen Kontext weitgehend enthoben ist, und in der es wie in einem Unternehmen der Gegenwart auf effiziente Organisation, Zeit- und Ressourcenmanagement sowie erfolgreiche Prozeßoptimierungen ankam. Das Gut wird mithin nicht in seiner Dimension als historisch spezifischer, soziokultureller Raum erfaßt. Zum anderen steht einmal mehr die führende Hand Washingtons im Mittelpunkt der Rundgangsbeschreibung, während alle anderen Bewohner Mount Vernons lediglich *supporting roles* in der dem Eigentümer gewidmeten Heldenepik inne haben. Die Tatsache, daß auch die Vermittlung auf der *Pioneer Farmer Site* ähnliche Defizite aufweist–von der eindimensionalen Idealisierung Washingtons bis zur Ausblendung wichtiger Elemente der historischen Realität–verstärkt insgesamt den Effekt der Verzerrung geschichtlicher Wirklichkeit.

Es kommt jedoch in Gestalt der musealen Inszenierung der Objekte noch ein weiteres hinzu: Weder die agrarhistorische Dokumentation auf der *Pioneer Farmer Site*, noch die dem Herrenhaus nahegelegenen *outbuildings* erwecken den Eindruck, alltagsgeschichtliche Arbeits-, Lager- oder Wohnstätten zu sein. Die repräsentierten Ackerpflanzen, das landwirtschaftliche Gerät und selbst die Schafe und Rinder treten stets nur in weihevoller Vereinzelung auf, eingebettet in ein überaus gepflegtes und ordentliches *environment*, das in der Tat geeignet ist, den Touristen wie eh und je "the living beauty, the order, and the dignity that George Washington built into the structure of our free Republic' vor Augen zu führen.[238] Die Nebengebäude wirken so, als seien sie am Vortag frisch renoviert und bislang von niemandem betreten, geschweige denn als Arbeits- oder Wohnplatz benutzt worden.[239] Der Besucher darf sich den Häusern nur auf den vorgegebenen Wegen nähern und diese nur zum Teil betreten. Absperrungen halten den Museumsgänger in Distanz zu den darin ausgestellten Objekten. Dieses Arrangement, das freilich auch aus Gründen des Denkmalschutzes gewählt wurde, hat einen *gallery-effect* zur Folge, der selbst alltagsgeschichtlichen Exponaten die Aura des besonders Wertvollen und Verehrungswürdigen verleiht. Die Gegenstände sind ihrem historisch-funktionalen Kontext entrissen und werden daher eher als Kunstobjekte wahrgenommen. Diese vermittlungsformale Semantisierung trifft auch auf die eigentliche Attraktion der Museumsanlage, das Herrenhaus, zu.

1.5 Die *Mansion House Tour*: Antiquarismus und Authentizität

Das *Mansion* bildet heute den Zustand des Jahres 1799 ab, in dem anläßlich des Todes George Washingtons eine ausführliche Inventarisierung des Anwesens durchgeführt wurde.[240] Sein äußeres Erscheinungsbild verbindet auf epochentypische Weise georgianische und neoklassizistische Stilvarianten mit den Elementen einer lokal und individuell geprägten Architektur.[241] So entspricht die symmetrische Frontansicht den Regeln der zeitgenössischen englischen Baukunst und verweist zugleich auf "the desire for order of the people who dwelt within."[242] An der rückwärtigen Seite des *Mansion* wird das Bild indes durch eine weitläufige und von ionischen Säulen getragene *Piazza* akzentuiert, die sich nicht den Vorgaben der akademischen *pattern books* verdankt. Sie ist der *vernacular tradition* der Region um den Chesapeake entliehen, die Washington, seiner persönlichen Präferenz folgend, umsetzte. Um sich von den "unpainted dwellings in which most colonial Americans lived" abzuheben[243] und dem damaligen Betrachter "material permanence and family stability" zu suggerieren[244], ist

---

[238] MVLA, *Annual Report 1950* 13.

[239] Siehe Anhang, Abb. 6.

[240] Siehe Anhang, Abb. 7.

[241] "[…] upper-class colonists responded to English architecture by acting as filters, not sponges, and by making selective appropriations of imported goods and ideas. The houses were hybrids in their design, layout, furnishing, and use." Kevin M. Sweeney, "High-Style Vernacular: Lifestyles of the Colonial Elite," *Of Consuming Interests: The Style of Life in the Eighteenth Century*, Hg. Cary Carson, Ronald Hoffman and Peter J. Albert (Charlottesville and London: University Press of Virginia 1994): 12.

[242] Ebd. 18f.

[243] Sweeney, "High-Style Vernacular" 16.

[244] Ebd. 15.

die hölzerne Fassade des Hauses weiß gestrichen und imitiert eine steinerne Oberfläche. Das *Mansion* strahlt insgesamt eine neoklassizistische Schlichtheit aus. Gerade diese vermittelte im Kontext der *consumer revolution* des 18. Jahrhunderts, in der vormalige Luxusgüter auch breiteren Schichten der Bevölkerung zugänglich wurden, den Reichtum, aristokratischen Anspruch und "cosmopolitan taste" des Eigentümers.[245] Das Innere des Gebäudes ist durch eine funktionale Differenzierung der Räumlichkeiten in private und in repräsentative öffentliche Bereiche gekennzeichnet, "a theatrical stage setting with front and back regions."[246] Über die mit hochwertigem Holz verkleidete Eingangshalle des *Mansion* erhielt der Besucher Zutritt zu den angrenzenden *parlors* und *dining rooms*. Diese dienten nicht zuletzt als Schauplatz eines "most vital social ritual: the serving and drinking of tea in the late afternoon."[247] Während sich der informelle *little parlor* und die im Obergeschoß untergebrachten Schlaf-gemächer der Washingtons durch eine unprätentiöse Dekoration und ein vergleichsweise einfaches Mobiliar auszeichnen, kommunizieren jene Räume, die für gesellschaftliche Anlässe genutzt wurden, effektvoll den Status und Reichtum der Familie. Sie stellen Luxusgüter zur Schau, zu denen "walnut or mahogany tea tables and other specialized tables, sets of chairs, oriental and English ceramics, imported wineglasses, and dozens of other new furnishings" gehören. Die Farbgebung der Räumlichkeiten, die auf den modernen Touristen außergewöhnlich intensiv wirkt, wurde von den historischen Zeitgenossen als materieller Ausdruck "of character and gentility" gelesen.[248] In seiner Funktion als Bühne der gesellschaftlichen Interaktionen vermittelte das Herrenhaus dem damaligen Gast mithin eine Fülle von Botschaften, die hier nur exemplarisch und ohne Anspruch auf Vollständigkeit skizziert sind.

Dem heutigen Besucher, der das Gebäude ausschließlich im Rahmen einer Führung betreten und dort sechzehn Räume besichtigen kann, bleibt der historische Zeichencharakter des *Mansion* indes weitgehend verborgen. Sowohl der formale Ablauf der *Mansion House Tour* als auch die kommunizierten Inhalte sind verantwortlich dafür, daß der Tourist das Gebäude ohne ein vertieftes Verständnis des Geschauten wieder verläßt. Mount Vernon bedient sich im Herrenhaus einer Vermittlungstechnik, die im Fachjargon als *stationing* bekannt ist: In verschiedenen Räumen des Hauses sind Museumsmitarbeiter postiert, die immer wieder denselben

---

[245] Ebd. 51. "As informed consumers of furnishings and architectural embellishments in the 'neat and plain' neo-classical style undoubtedly knew, the style was aristocratic in its origins [...]." Ebd. "The neoclassical austerity and restrained decoration can be seen as privatized statements of classical civic virtue that belied the personal ambition and devotion to wealth that the houses embodied." Ebd. 57.

[246] Ebd. 20.

[247] Dalzell, *George Washington's Mount Vernon* 193f.

[248] Sweeney, "High-Style Vernacular" 6.

Text rezitieren und die kontinuierlich vorüberschreitenden Touristen auf
einige Aspekte des Interieurs aufmerksam machen.[249] Die Besuchermengen
werden auf einem schmalen Teppichstreifen durch das Haus geschleust,
wobei die Räumlichkeiten zumeist nicht betreten werden können und nur
im Vorübergehen von den Absperrungen der jeweiligen Tür aus einzusehen
sind. Die Erläuterungen der Museumsmitarbeiter beschränken sich darauf,
auf die vorhandenen Originalgegenstände hinzuweisen, historische Ereignisse zu erwähnen, die in den Räumen stattgefunden haben, illustre Gäste
zu benennen, die im Herrenhaus einst zugegen waren oder anhand der
ausgestellten Gegenstände einen ausschnitthaften Einblick in die Tages-
routine George Washingtons zu gewähren. So erfährt der Tourist über den
an Statussymbolen reichen *large dining room* lediglich, daß der Eigentümer Mount Vernons die intensive Farbe der Tapeten, "vertigris green,"
höchstpersönlich ausgesucht habe. Das auf dem Tisch arrangierte Porzellan
zähle zu den Originalobjekten des Hauses, und Washington habe hier
Nachricht von seiner Wahl zum ersten Präsidenten der Vereinigten Staaten
erhalten, wird erklärt. Außerdem sei der Leichnam des Nationalhelden bis
zum feierlichen Begräbnis im *large dining room* aufgebahrt gewesen. Die
Besichtigung der nächsten Station des Rundgangs, der *central hall*,
gestaltet sich ähnlich lückenhaft. Die Besucher werden in aller Kürze auf
wenige ausgewählte Gegenstände hingewiesen. Sie haben dabei kaum
Gelegenheit, im *little parlor* einen Blick auf das originalgetreu erhaltene
Spinnett von Nelly Custis Parker, der Stieftochter Washingtons, zu
erhaschen, Martha Washingtons *original tea set* im *west parlor* in
Augenschein zu nehmen oder den Originalschlüssel der Bastille zu
betrachten, ein Geschenk des Marquis de Lafayette, das Washington
angeblich persönlich an der Wand befestigt haben soll. Sogleich werden sie
in das obere Stockwerk verwiesen, wo die sechs *upper chambers*
untergebracht sind, darunter der *Lafayette bedroom* und der *Nelly Custis
bedroom*, wie der auf dem Absatz der Treppe postierte Führer erklärt. In
einer dichtgedrängten Schlange passieren die Touristen das Schlafgemach
der Washingtons, vor dem ein *interpreter* das Ableben des Präsidenten
beschreibt: "This is the bed on which General Washington died in
December 1799. He died at the age of 67 [...] after only a day, due to a
condition known as 'quinsy' that spread out in the throat and cut off the air
supply. He suffocated to death." Eine Treppe führt hinunter zu
Washingtons "private domain," dem *study*. "He would rise every morning
between four and five o'clock and actually come down here and get dressed
at the bureau and the mirror, and shave. He did this, so he wouldn't disturb
Martha early in the morning," erläutert die Museumsmitarbeiterin, um dann
wiederum auf einige der Originalobjekte aufmerksam zu machen: "Look at

---

[249] Sofern nicht anders angegeben sind die nachfolgenden Zitate der *Mansion House
Tour*, Mount Vernon, 30.04.1999 entnommen.

the chair and the globe. Those are the original pieces [...]. The chair over there near the window is what they called a 'fan chair.' He would sit in the chair, peddle with his feet and the wood piece would go back and forth and that's how he would fan himself in the hot summer times. Probably kept the bugs away, too." Mit diesen Worten werden die Besucher aus dem Kontor verabschiedet und gelangen in das separat stehende Küchengebäude, das ohne Hilfestellung durchlaufen wird, und in dem eine große Feuerstelle, verschiedene Kochgerätschaften, Tische mit reproduzierten Lebensmitteln sowie zwei kleine Nebenräume zu besichtigen sind. Der Rundgang durch das *Mansion* ist damit beendet.

Die Ausführungen der im Haus stationierten Mitarbeiter zeigen, wie gering der Erkenntniswert der Führung ist. Die konventionalisierte Symbolik der Räumlichkeiten, die Washington gezielt einzusetzen wußte, um seiner gehobenen Stellung im gesellschaftlichen Hierarchiegeflecht Ausdruck zu verleihen, bleibt für den nicht vorgebildeten Museumsgänger im Dunkeln. Der Besucher kann aus der Gestaltung und mobiliaren Ausstattung des Interieurs zwar den Wohlstand der Washingtons ableiten. Die intensiven Farben, in denen die Gesellschaftsräume des *Mansion* erstrahlen, können den Touristen Unterschiede in den epochenabhängigen Vorstellungen von repräsentativer Ästhetik vor Augen führen. Die *interpreters* rücken jedoch bloß die Echtheit der Gegenstände, nicht aber die Bedeutung des Geschauten in den Mittelpunkt. Diese wäre nicht nur durch eine explizite Erklärung der praktischen und soziokulturellen Funktionen der jeweiligen Objekte herauszustellen, sondern müßte auch durch eine komparative Einordnung in den gesellschaftshistorischen Kontext erfolgen. Der Authentizitätsdiskurs, den die *interpreters* zum Selbstzweck führen, verleiht dem gesamten Herrenhaus eine mystische Ausstrahlung. Diese dürfte den Eindruck der Besucher am nachhaltigsten prägen. Sie verlassen das Gebäude in dem Bewußtsein, auf den Spuren George Washingtons gewandelt zu sein. Sie haben gegebenenfalls das Gefühl, dem Nationalhelden auf dem Wege der bloßen Betrachtung seines materiellen Umfeldes auch als Mensch näher gekommen zu sein. Damit wäre eines der zentralen Vermittlungsziele Mount Vernons erreicht, das in einer identifikationsfördernden Humanisierung der Ikone Washington besteht. Als ein gelungenes Beispiel historischer Bildung kann die Führung aufgrund ihres antiquarischen Charakters und ihrer höchst selektiven Informationsvergabe allerdings nicht bezeichnet werden. Die Tatsache, daß der Tourist zudem mit keinem Wort auf die Existenz des versklavten Hauspersonals hingewiesen wird, scheint in Anbetracht der zahlreichen Tilgungen von historisch relevantem Faktenmaterial nurmehr ein Lapsus unter vielen zu sein. Angesichts der Begründung, die der *resident director* Mount Vernons in dem Zusammenhang vorbringt, verdient dieses Defizit jedoch eigens berücksichtigt zu werden. Die Aussagen von Jim Reese beleuchten

zugleich die Prämissen, die den Hintergrund für die Darstellung der
Sklaverei auf dem Anwesen insgesamt bilden.

1.6 Die Präsentation der Sklaverei

1.6.1 Entpolitisierende Vermittlungabsicht[250]

Wie bereits im historischen Überblick behandelt, hat sich die Stätte dem
Thema der Sklaverei nur widerstrebend zugewandt. In den achtziger Jahren
hatte die MVLA zunächst mit der Installierung eines Gedenksteines für die
Sklaven Mount Vernons auf die Anregungen der afro-amerikanischen
Organisation *Black Women United for Action* reagiert, was weitgehend
unfreiwillig geschah: "We were pressured [...], and so I think we did it
somewhat begrudgingly, quite honestly," rekapituliert der *resident director*
im Interview die damalige Situation, auf die sich die Stätte auch in der
Hoffnung einließ, einen "domino effect" in Gang zu setzen: "We hoped it
would really increase our African-American visitation, and it has. I
guarantee you that we have twice as many African-Americans than we did
ten, twelve years ago." Inzwischen bildet die Sklaverei den Gegenstand von
eigens konzipierten Führungen, ein Versuch der MVLA, die Ansätze der
new social history in die Vermittlung des Anwesens zu integrieren. Auf die
Frage, weshalb das Thema im *Mansion* dennoch keinerlei Erwähnung
finde, räumt Reese ein: "[...] we get complaints, occasionally, that in the
Mansion Tour we don't talk about slavery." Er wartet jedoch sogleich mit
einer Rechtfertigungsstrategie auf, die bei näherem Hinsehen fragwürdig
erscheint:

> Well, the stuff you see in the Mansion doesn't really relate to slavery. And
> one of the principles, I think, when going through a historic house is talking
> about what people see. [...] It's based on human nature, that if you're my
> guide in the Mansion and I get to the living room, I don't want to hear a
> lecture about slavery. I want to know - what is this room, what was it used
> for, who came here? That's not based on an opinion about any kind of
> history or social history. It's based on how you should do something, as far
> as I am concerned.

Am Beispiel der *audio tour*, die den Besucher über die Funktion und
Bewohner der Nebengebäude Mount Vernons unterrichtet, verdeutlicht
Reese, wodurch die Vermittlungsinhalte in den verschiedenen Bereichen
der Museumsanlage bestimmt werden:

---

[250] Sofern nicht anders angegeben, sind die nachfolgenden Zitate entnommen aus einem
Interview mit Jim Reese, *resident director*, Mount Vernon, 10.05.1999.

[The audio tour is] very slavery-based. And we didn't start it saying 'We want this to be slavery-based.' We started it saying: 'We're going to take people to these outbuildings and what they see in these outbuildings is going to dictate, kind of, this experience.' And because the facts of what you see are that the slaves worked here, and sometimes the slaves lived here, that's why the focus is on slavery. [...] I'd like to say, it's kind of objective, if you know what I mean.

Die vollständige Ausblendung der Sklaverei im *Mansion* sowie ihre ausschließliche Lokalisierung in einigen wenigen Nebengebäuden des Anwesens wird also mit dem Prozeß einer vermeintlich objektiven Darstellung vergangener Wirklichkeit legitimiert. Im Kontext einer Vermittlungsphilosophie, deren Inhalte ausschließlich durch die Präsenz authentischer Exponate determiniert sind, mag diese Argumentation einen gewissen Anspruch auf Schlüssigkeit erheben können. Sie rechtfertigt jedoch nicht die Exklusion jener Aspekte der historischen Kultur, die aus heutiger Sicht potentiell geeignet sind, das unbefleckte Image George Washingtons zu relativieren, zu dessen Ehrenrettung Mount Vernon mit aller Konsequenz antritt. Diese streitbare Intention verlangt, daß die Sklaverei weiterhin an der Peripherie des Vermittlungskanons angesiedelt bleibt: "[The visitors] look at everything, and [they] got two hours to do it. So, if we do an hour on slavery, then what happens to everything else? [...] We have so many great things to talk about," liefert Reese zunächst eine logistisch begründete Erklärung für das Defizit. Anschließend kommt er jedoch auf den eigentlichen Beweggrund für die restriktive Thematisierung der Sklaverei zu sprechen., der in einer planvollen Entpolitisierung von Geschichte besteht: "Some of this stuff is [about] political correctness. And I don't go there. [...] All this baggage when it comes to relations between blacks and whites." In der *grand narrative* Mount Vernons haben historische Konflikte, die bis in die Gegenwart ausstrahlen, folglich keinen Platz. "[...] if we can make [...] Americans gather together to remember what's good and special and lasting about our nation, we will be protecting the past and securing the future," resümiert die *regent* den erinnerungspolitischen Auftrag der MVLA und führt damit einen Diskurs fort, der die Bestrebungen der Institution seit ihrer Gründung im 19. Jahrhundert geprägt hat. Im Lichte dieser Bestrebungen ist es unausweichlich, daß sich Mount Vernon verpflichtet sieht, ein von Konfliktpotential bereinigtes Bild George Washingtons zu kommunizieren, ein Bild, das Reese zufolge ohnehin der Wahrheit entspräche und nicht erst durch manipulative Eingriffe der MVLA konstruiert werden müsse: "[George Washington] is pretty swanky clean. He doesn't excite much controversy, even in terms of slavery, you know. He treated his slaves well, he didn't beat his slaves," erklärt Reese. Die angeblich unbefleckte Aura des Präsidenten mache Mount Vernon sogar zum idealen Ort, um den zeitgenössischen Amerikaner mit einem dunklen Kapitel der nationalen Vergangenheit zu konfrontieren und zu versöhnen: "[...] And, you know, that's one reason why I like to tell people: 'If any place should be talking about slavery it's us.' Because if America is going to talk about these issues, it's better to talk about it in a place where you don't have Jefferson intermixing with Sally Hemmings and all this." Reese macht desweiteren deutlich, daß das Thema der Sklaverei auf Mount Vernon nicht um seiner selbst willen zur Sprache gebracht werde. Es hat vielmehr als Projektionsfläche für die tadellosen Charaktereigenschaften George Washingtons zu dienen: "I love slavery, because I think it gets the critical questions about Washington's character, how he treats people, interacts with people." Im folgenden interessiert, inwieweit dieses Interpretationsmuster in den sklavereispezifischen Veranstaltungen und Exponaten auf dem Anwesen eine Fortsetzung findet.

1.6.2 *Slave quarters*, *Slave Life Walking Tour* und *Audio tour*

Der Besucher, der sich einen Eindruck von der Lebenswelt der Sklaven George Washingtons verschaffen will, wird zunächst die rekonstruierten *slave quarters* besichtigen. Diese befinden sich in den Seitenflügeln des *Green House*, einem freistehenden Gebäudekomplex, der nordwestlich des Herrenhauses liegt. Heute nehmen die *slave quarters* nur noch ein Viertel ihrer ursprünglichen Fläche ein, die sie mit einem *gift shop* und dem *museum annex* teilen müssen. Von einer Absperrung aus, bis zu der die Besucher in den Eingangsbereich des Raumes eintreten können, kann das Interieur der *slave quarters* in Augenschein genommen werden. Der Boden ist gepflastert und wirkt, als habe man ihn soeben gründlich gescheuert und gefegt. Das Mauerwerk ist weiß gestrichen und an einigen Stellen künstlich mit Ruß geschwärzt. An der Wand zur linken Hand sind Stockbetten angebracht, die auf steinernen Sockeln ruhen und mit weißen Baumwolldecken bezogen sind. Davor stehen einige Holzschemel, die kreisförmig um eine in der Mitte plazierte Trommel angeordnet sind.[251] In der rechten Hälfte des Raumes befindet sich der Kamin, an dessen Sims verschiedene Kochwerkzeuge hängen, sowie zwei Holzbänke und ein Tisch. Auf diesem sind Tongefäße und Porzellanteller verteilt, die mit reproduzierten Lebensmitteln wie Eiern, gepökeltem Fisch und Gemüse dekoriert sind. Unter einem kleinen Fenster an der Rückwand stapeln sich ein paar Holzfässer und Körbe.[252] Die Behausung, in der einst über zwanzig Personen auf engstem Raum zusammenlebten, läßt nichts von einem gedrängten Durcheinander erahnen, sondern wirkt ausgesprochen großzügig geschnitten, sauber und in ihrer rustikalen Aufmachung geradezu heimelig. Die visuellen Zeichen führen den Betrachter fast zwangsläufig zu

---

[251] Siehe Anhang, Abb. 8.
[252] Siehe Anhang, Abb. 9.

dem Schluß, daß die materiellen Lebensbedingungen der Sklaven zwar einfach waren, aber nichts Wesentliches vermissen ließen, hatten die Bewohner doch offenkundig ein ordentliches Nachtlager, Speis und Trank sowie die Gelegenheit, im Kreise der Gemeinschaft und zu den Klängen der Trommel Zerstreuung und Unterhaltung zu finden. Das erklärende Schild, das im Eingangsbereich angebracht ist, versorgt den Besucher mit einigen Zusatzinformationen, die jedoch nicht zu einer Korrektur der idealisierten visuellen Rhetorik beitragen: 'The sun never caught (George Washington) in bed, and he was unwilling it should find any of his people sleeping...', wird zunächst die Aussage eines ehemaligen Sklaven aus dem Jahr 1838 zitiert, und damit immerhin die Verfügungsgewalt des Eigentümers über die Insassen der *slave quarters* angedeutet. "About one-third of the slave population worked at the Mansion House Farm and lived in the wings of the greenhouse, in cabins across the lane, and in nearby outbuildings. They included mostly families, some single and widowed adults, and skilled workers whose families lived on outlying farms," wird die ausschnitthafte Repräsentation kontextualisiert. "One family at Mansion House Farm was made up of Isaac, a carpenter; his wife Kitty, a dairy maid; and their nine daughters. Four spaces of similar size in the greenhouse quarters housed such families," erfährt der Besucher. Der Authentizitätsstatus der *slave quarters* wird allerdings nicht beleuchtet, und so bleiben die Museumsgänger auf die Auskunftsbereitschaft derjenigen Führer angewiesen, die die *Slave Life Walking Tour* leiten und dabei auch vor dem *Green House* Halt machen. Gelegentlich kommt es vor, daß sich die Teilnehmer explizit nach dem Wahrheitsgehalt des optischen Erscheinungsbildes der Behausung erkundigen. Nur in diesem Fall erfahren sie, daß das Arrangement der *slave quarters* nicht auf der faktischen Objektivität historischen Quellenmaterials beruht, das Reese als Grundlage sämtlicher Darstellungen benannt hatte, sondern das Ergebnis von Mutmaßungen ist. Der *interpreter* bestätigt dies auf entsprechende Nachfrage: "We just don't know. So, how we constructed this may be a best guess or not. We don't know the answers to that."[253] Der Führer bringt damit einen Umstand zur Kenntnis, der eine vorbehaltlose und unkritische Wahrnehmung des Gezeigten durch die Besucher potentiell zu verhindern vermag. Den meisten Touristen wird diese Information jedoch vorenthalten. Die euphemistische Präsentationssprache der *slave quarters* nimmt der Sklaverei ihren Schrecken und charakterisiert George Washington im Einklang mit den Konnotationen des Einführungsfilms und den programmatischen Vorgaben des *resident director* ausschließlich als menschlichen und wohlmeinenden Sklavenhalter.

Auch die *Slave Life Walking Tour* und die *Audio tour*, zwei Vermittlungsangebote, die ebenfalls der Sklaverei gewidmet sind, tragen

---

[253] *Slave Life Walking Tour*, Mount Vernon, 20.04.1999.

nur bedingt dazu bei, die Sklaverei zum einen als System ökonomischer
Ausbeutung und menschlicher Entrechtung und zum anderen als prägende
Institution der historischen Epoche ins Blickfeld der Besucher zu rücken.[254]
So stimmt der afro-amerikanische Führer bereits am Beginn der *Slave Life
Walking Tour* in den Diskurs der Entpolitisierung geschichtlicher Realität
ein und läßt die Teilnehmer wissen: "I'll be talking to you about the slave
community at Mount Vernon–not slavery, not the moral issues related to
it–but of how the individuals who were enslaved here interfaced with
George Washington, the overseers and the farm managers." Damit ist dem
Thema ein großer Teil seiner Brisanz genommen. Im Verlauf der Führung
wird eine Fülle an Zahlenmaterial präsentiert, anhand dessen sich der
Besucher die Lebenswirklichkeit der Afro-Amerikaner erschließen soll. Er
erfährt, wie viele Sklaven George Washington besaß, welche Altersstruktur
die *community* aufwies, welche Arbeiten die *skilled* und *unskilled laborers*
auf der Plantage zu erledigen hatten und wieviel Fisch, Mais und Fleisch
ihnen pro Tag zugeteilt wurde. Der Führer ist bemüht, ein differenziertes
Bild der Interaktionen zwischen den Sklaven und George Washington zu
zeichnen. Den Touristen werden individuelle Personen vorgestellt, die ein
enges und fast freundschaftliches Verhältnis zu ihrem Eigentümer pflegten,
so zum Beispiel "Billie Lee, who was George Washington's valet [and]
probably George Washington's best friend after Martha Washington and
Dr. Craik" oder "Christopher Sheels, [who] was the slave at the bedside of
George Washington from 8 o'clock in the morning to about 10:30 at night
the day George Washington passed away." Es werden aber auch Situationen geschildert, in denen einzelne Sklaven für vorausgegangenes Fehl-
verhalten bestraft wurden, wobei die eigentliche Intention der Fallbeispiele
darin liegt, George Washington als einen Mann der Gerechtigkeit zu
charakterisieren:

> Now, whipping is something we always have a vision of overseers doing,
> but prior to a slave being physically beaten, George Washington had a
> policy that he himself was to see what the charge was of the overseer
> against the slave. Now, if there was enough evidence, an overseer was given
> the permission to beat the slave. If there was not, George Washington would
> say: "No," as in the case of Jenny in 1790. The flax field burned that year,
> and Jenny supposedly was accused of burning the flax field, but George
> Washington said: "Not enough evidence." However, in 1795, a slave named
> Abraham was accused of running away. He was caught. George Washington
> reviewed the case and he said to Mr. Pearce: "Give Abraham his just
> deserts, as an example to the other slaves." But he also added: "Do not let
> Mr. Crow do the whipping. He gets more pleasure in applying strikes as
> opposed to applying correction." So, even George Washington knew the

---

[254] Sofern nicht anders angegeben, sind die nachfolgenden Zitate entnommen aus: *Slave
Life Walking Tour*, Mount Vernon, 26.10.1998.

difference between whipping for correction or whipping as cruelty in that 18th century world.

Während sämtliche Informationsangebote auf Mount Vernon darauf abzielen, George Washington als Nationalhelden zu kennzeichnen, der den Kontext seiner Zeit transzendiert, wird seine Rolle als Sklavenhalter gerade auf den prägenden Einfluß der historischen Kultur zurückgeführt: "As far as what kind of a slave owner he was, George Washington was a product of his time." In den ersten Dekaden seines Lebens habe sich George Washington bedenkenlos am Menschenhandel beteiligt, um den Profit seiner Plantage zu maximieren: "Had you visited Mount Vernon in 1766 you would have seen George Washington a typical slave owner, buying slaves, selling slaves. Between 1754 and 1775 he purchased about 75 human beings. [...] In 1772 George Washington sells his wheat to the West Indies. In exchange for the wheat he requests that he be given negroes [...] that could be had for under 40 pound sterling," erläutert der Führer. Unter dem Eindruck des Revolutionskrieges, in dem Afro-Amerikaner die Reihen seiner militärischen Truppen verstärkten, habe Washington seine Überzeugung jedoch revidiert und fortan die Hoffnung gehegt, daß das System der Sklaverei auf dem Gesetzesweg abgeschafft werden könne. "I wish from my soul that the legislature of this state could see the policy of gradual abolition of slavery," wird er zitiert. Eingebunden in die soziokulturellen und ökonomischen Zwänge der Zeit, so lassen sich die Ausführungen des *interpreter* resümieren, konnte die persönliche Integrität und menschliche Größe George Washingtons in der Sklavenfrage zu Lebzeiten nicht zum Durchbruch gelangen. In seinem Testament habe der Präsident allerdings verfügt, daß seine Sklaven nach dem Tode Martha Washingtons in die Freiheit zu entlassen seien. Am Ende der Führung wird die Hauptbotschaft der *Slave Life Walking Tour* erneut zusammengefaßt: "As far as George Washington's feelings about slavery, [...] he regretted actually having them as indicated by one of his last writings that says that 'the best I can hope for is that my well-intentioned motives and positive actions will not in the end be displeasing to the justice of the Creator.'" Im Lichte der Tatsache, daß sich die MVLA bis in die neunziger Jahre einer angemessenen Repräsentation der Sklaverei auf dem Anwesen verweigert hat, ist die Einführung der *Slave Life Walking Tour* fraglos positiv zu bewerten. Es wurde offenkundig mit Erfolg ein beträchtlicher Forschungsaufwand betrieben, um die Alltagswelt der *slave work force* zu rekonstruieren und sowohl gegenständlich als auch verbal darzustellen. Der *interpreter* ist bemüht, ein ausgewogenes Bild der Sklaverei auf Mount Vernon zu zeichnen, und dennoch wird erkennbar, daß seine Ausführungen einer alles dominierenden Zweckbestimmung untergeordnet sind. Diese besteht einmal mehr darin, die tadellosen Charaktereigenschaften George Washingtons in den Vordergrund zu rücken, der sich in seiner Aus-

einandersetzung mit dem System der Sklaverei als hehrer Philanthrop zu
erweisen scheint. Das Image des *secular saint*, "who risked everything [...]
for the freedom and liberty we sometimes take for granted today," bleibt
weitgehend unbefleckt, und der Besucher kann die Führung in der
beruhigenden Überzeugung verlassen, daß es den Sklaven George
Washingtons wohl erging.

Auch in der *Audio tour*, mit deren Hilfe der Besucher die *outbuildings*
der Plantage erkunden kann, erscheint die Sklaverei auf Mount Vernon
weitgehend als *benign institution.*[255] Anhand von simulierten Gesprächs-
situationen mit Personen, die auf Mount Vernon gelebt und gearbeitet
haben, werden Informationen vermittelt, die sich der lesefreudige Besucher
auch durch die zahlreichen Beschilderungen erschließen kann. Protagonist
des Hörspiels ist der Sklave Tom Davis, der den Zuhörer von Gebäude zu
Gebäude begleitet, unterstützt durch die ergänzenden Ausführungen eines
weiblichen *guide*. Anekdotenreich und mit sattem Südstaatenakzent schildert Tom Davis den Tagesablauf von verschiedenen Mitgliedern der
plantation work force, die auf dem Rundgang vorgestellt werden. An den
jeweiligen Gebäuden angekommen, lernt man etwa den Schuster William
Lee, den *overseer* James Anderson, die Wäscherin Darcy und den *clerk*
Albin Rawlins kennen. Sie heißen den Besucher willkommen, halten in
familiärer Atmosphäre Konversation mit Tom Davis und erteilen dabei
Auskunft über ihre Tätigkeiten, die auch akustisch nachgebildet werden.
Dem Zuhörer wird eine Fülle von Informationen geboten, die von den
jeweiligen Gesprächspartnern leicht verständlich und oftmals auf unterhaltsame Art und Weise kommuniziert werden. Viele der auditiv rekreierten
Szenen sind geeignet, dem Besucher in Ansätzen den beschwerlichen
Arbeitsalltag der Sklaven vor Augen zu führen. Vor der Wäscherei nimmt
der Zuhörer etwa eine singende Frauenstimme und das Plätschern von
Wasser wahr. "Doing the laundry at Mount Vernon was a back-breaking
process. [...] Two slave women were kept busy six days a week cleaning
the laundry of the Washingtons and many of their guests," kontrastiert der
weibliche *guide* die romantische Geräuschatmosphäre. "Busy! I'll say
that's true! [...] one year we had four hundred guests! *Four hundred*!"
nimmt die Wäscherin Darcy den Faden auf und Tom Davis stimmt ein:
"And you should see Darcy's hands! Rougher than mine with all that lye
and hot water and hand scrubbin'!" Im weiteren Verlauf des Hörspiels
erfährt man etwa, daß die Lebensmittelrationen der Sklaven unzureichend
waren und durch den Eigenanbau von Gemüse und das Halten von
Kleinvieh ergänzt werden mußten: "Each grown man and woman gets
about half a pound of salt fish and a quart of corn meal a day to eat. Now,
look at those little fish there. You can't work from sun to sun on that! So,

---

[255] Sofern nicht anders angegeben, sind die nachfolgenden Zitate entnommen aus:
Mount Vernon: A Rural Village, An Audio tour of the Mount Vernon Outbuildings
(Antenna and The Mount Vernon Ladies' Association 1995).

we got to get our own to make up for it." Es wird klargestellt, daß auch die nächtlichen und sonntäglichen Erholungsphasen, die den Arbeitern zugestanden wurden, der Kontrolle des Eigentümers unterlagen, dessen Hauptinteresse dem ökonomischen Profit seiner Plantage galt: "We do get out on our own time, too. We've even been to the horse races in town! General Washington doesn't like us out late at night, though. He calls it nightwalkin' and thinks we'll be too tired to work the next day." Diese partiellen Zugeständnisse an eine redliche Darstellung der Sklaverei sind vor dem Hintergrund des gespaltenen Verhältnisses, das die MVLA zu diesem Kapitel der Geschichte unterhält, anerkennenswert. Dennoch werden dem Touristen immer wieder Möglichkeiten geboten, sich ohne kritische Reflektion mit diesem unerbaulichen Abschnitt der Vergangenheit zu versöhnen. Den Fokus dieses Diskurses bilden einmal mehr die *slave quarters*, die durch Tom Davis romantisch verklärt werden. Sobald der Zuhörer den Eingangsbereich der Behausung erreicht hat, gibt der Protagonist eine unterhaltsame Anekdote über die stachelnden Strohbetten zum Besten: "There together a wool blanket and a bit of straw - and you get one scratch a night o' sleep. I know *that* first-hand!" erzählt er lachend. Es wurde bereits darauf hingewiesen, daß das visuelle Arrangement der *slave quarters* unter anderem eine einfache, aber gesellige Gemütlichkeit konnotiert. Dieses zweifellos beschönigte Bild wird durch die Ausführungen Tom Davis' zusätzlich bestätigt: "Now, in the evenings and Sundays we get together on our own. In the evening, I been known to sit on one of those stools over there, on your left, have some time to talk [...], smoke a pipe full and relax. My friend Nathan, he plays the drum there," authentifiziert er das weitgehend hypothetische Erscheinungsbild der *slave quarters*, das einen Teilbereich der historischen Wirklichkeit verabsolutierend in den Mittelpunkt stellt. Insgesamt wird den Touristen suggeriert, der Tagesablauf der Sklaven sei zwar durch harte Arbeit, ansonsten aber durch viel Lebensfreude und zudem durch eine besonders harmonische Beziehung zu Washington geprägt gewesen, den Tom Davis respekt- und fast liebevoll den "General" zu nennen pflegt. Obgleich der Zuhörer einen Einblick in die Vorgänge auf der Plantage erhält und der Führer der *Tour* immerhin ein Sklave ist, gelangt die historische Institution zu keinem Zeitpunkt als ein rassistisch motiviertes System der ökonomischen Ausbeutung ins Bewußtsein der Besucher. Insofern schließt sich die *Audio tour* dem reduktionistischen Muster des Einführungsfilms, der *Pioneer Farmer Site* und der Beschilderungen auf Mount Vernon an. Das Hörspiel, so scheint es, läßt die Vertreter der versklavten Minorität mit unverfälschter Stimme zu Wort kommen. Die Botschaft, die dabei kommuniziert wird, fügt sich indes allzu nahtlos in den verherrlichenden Diskurs der restlichen Vermittlungsangebote ein. Die Führung bietet eine ergänzende, aber keine konkurrierende Perspektive auf die präsentierte historische Wirklichkeit. Das kritische Potential des Themas geht in der *master narrative* auf, ohne den Eindruck geschichtlicher Größe zu trüben. Die Tatsache, daß Mount Vernon nicht nur ein Ort der Vermittlung geschichtlicher Fakten ist, sondern außerdem ein Schauplatz, an dem unter Beteiligung des Publikums patriotische Rituale zelebriert werden, trägt hierzu ganz wesentlich bei.

1.7 Mount Vernon als zivilreligiöser *theme park*

Parallel zur Erweiterung des Vermittlungsspektrums um das Thema der Sklaverei und die landwirtschaftlichen Unternehmungen George Washingtons, veranstaltet Mount Vernon seit den neunziger Jahren verstärkt "events where the flag can fly high, where a spirit of patriotism is around every corner."[256] Die MVLA hat in der regelmäßigen Durchführung patriotischer Rituale eine Marktlücke erkannt, die es dem Museum erlauben soll, sich von jenen Stätten abzugrenzen, die sich den revisionistischen Ansätzen der *new social history* angeschlossen haben: "[...] other people, other places have gone much stronger toward political correctness issues and social history. I think we see that people are hungry for a little old-fashioned patriotism. You don't get it very often. [...] You know, they don't do the pledge of allegiance in school anymore!" schildert Jim Reese die Situation[257], in der Mount Vernon mit einer ganzen Reihe von Zeremonien in die Bresche springt.

Am Grabmal des Präsidenten findet allmorgendlich eine feierliche Kranzniederlegung statt, wobei einer der Teilnehmer auserkoren wird, den Anwesenden *George Washington's Prayer for his Country* vorzutragen.[258] Vormals nur aus besonderem Anlaß durchgeführt, trafen die Kranzniederlegungen beim Publikum auf große Resonanz und wurden deshalb fest institutionalisiert: "[We conducted] wreath-laying ceremonies on a special basis, and then we started noticing how much the public that happened to be down there at the time loved wreath-layings. So, we said:

---

[256] MVLA, *Minutes 1996* 52.

[257] Interview mit Jim Reese, *resident director*, Mount Vernon, 10.05.1999.

[258] "Almighty God, we make our earnest prayer that Thou wilt keep the United States in Thy holy protection, that Thou wilt incline the hearts of the citizens to cultivate a spirit of subordination and obedience to government; to entertain a brotherly affection and love for one another and for their fellow citizens of the United States at large. And finally that Thou wilt most graciously be pleased to dispose us all to do justice, to love mercy and to demean ourselves with that charity, humility and pacific temper of mind which were the characteristics of the divine author of our blessed religion, and without an humble imitation of whose example in these things we can never hope to be a happy nation. Grant our supplication, we beseech Thee, through Jesus Christ, our Lord. Amen." *George Washington's Prayer For His Country*, typescript, Mount Vernon, n. d.

'People love it so much, why don't we do it every morning, so that anybody who wants to can be a part of this.' And they got very, very successful."[259]

Der Erfolg dieser feierlichen Handlung zog weitere Veranstaltungen gleicher Couleur nach sich. So wird der erste Besucher des Tages gebeten, die amerikanische Flagge über dem Eingangstor zur Museumsanlage zu hissen, der letzte Gast holt diese am Abend ein, und beiden wird ein Zertifikat überreicht. An Nationalfeiertagen, wie etwa dem Unabhängigkeitstag, dem Geburtstag Washingtons oder am *Veterans' Day*, marschieren *fife and drum corps* über das Anwesen, begleitet von historisch uniformierten *reenactors*.[260] Angehörige des amerikanischen Militärs und Pfadfindergruppen erhalten freien Eintritt. Es wird vaterländisches Liedgut dargeboten, der Fahneneid geschworen und Ansprachen gehalten, die die ohnehin eindeutige Botschaft Mount Vernons pointiert zum Ausdruck bringen: "Above all else George Washington believed in duty to his country. He demonstrated commitment and courage throughout his life. Under his leadership the Continental Army defeated the larger and better equipped British Army to win this nation's independence in the Revolutionary War," resümiert der Sprecher die militärische Karriere des Protagonisten.[261] "Then, because many of his countrymen believed he was the only man for the job, he served as this country's first President. Many historians believe that he would rather have been here at Mount Vernon, the place he loved most in the world, but George Washington believed it was his duty to serve where needed."[262] Abschließend wird ein impliziter Appell an die Zuhörer gerichtet, der schon aus dem Einführungsfilm bekannt ist: "George Washington's dedication to duty, liberty and freedom was an example not only for later Presidents, but for all Americans."[263]

Für die Zielgruppe der Schüler, "who do not know much about George Washington and do not think he is relevant," wurde ein eigenes Programm, die sogenannten *Colonial Days*, eingerichtet.[264] Im Oktober, November, Februar und März haben rund 25.000 Kinder die Gelegenheit, dem Präsidenten ihre Reverenz zu erweisen. Das Tor zur Familiengruft der Washingtons wird geöffnet und jeder Schüler legt eine rote Nelke vor dessen Sargophag nieder.[265] "We think that being that close to his actual body will be a memory. It will be a special kind of memory, in a very old-fashioned way, I guess. And that's why we do it," begründet Reese den feierlich praktizierten Totenkult. Den jungen Teilnehmern wird die Besonderheit des Augenblicks explizit dargelegt: "When Washington died

---

[259] Interview mit Jim Reese, *esident director*, Mount Vernon, 10.05.1999.
[260] Siehe Anhang, Abb. 10.
[261] Reenactments of the Virginia and Maryland Regiments, Mount Vernon, 07.11.1999.
[262] Ebd.
[263] Ebd.
[264] MVLA, *Minutes 1993* 95.
[265] Siehe Anhang, Abb. 11 und 12.

on December 14th 1799, many people wanted to build a special memorial
and tomb for him at the Capitol, but General Washington wanted to be
buried here at Mount Vernon with his wife Martha. Today, you have the
special opportunity to lay a flower behind the gates in Washington's tomb.
This *is* a very special opportunity, because rarely are those gates open."[266]
Bevor der Fahneneid geschworen wird und die Prozession zum Grabmal
beginnt, weist der Sprecher die Anwesenden auch auf die Sklaven Mount
Vernons hin, "[who] were the workers and skilled craftsmen who built all
you see here." Das Publikum wird aufgefordert "to walk [...] to the Slave
Memorial and pay respects to the African-Americans who lived and
worked at Mount Vernon."[267] Obwohl die MVLA jeglichen Gesten der
politischen Korrektheit erklärtermaßen abgeneigt ist, scheint den
Museumsverantwortlichen dennoch bewußt zu sein, daß Mount Vernon
dem Bestreben, "a special place for *all* Americans" zu sein, nur dann
gerecht werden kann, wenn das Gedächtnis an die Geschichte der Afro-
Amerikaner in die nationalhistorischen Gedenkstunden integriert wird.[268]
Der geringe Anteil der Afro-Amerikaner am Besucheraufkommen Mount
Vernons deutet freilich darauf hin, daß die einseitig verzerrte Botschaft der
Stätte mit dem Anpruch, die gesamte Nation zu repräsentieren nur partiell
zu vereinbaren ist.[269] Die patriotischen Festlichkeiten, die zugleich
Einübung und Ausdruck der emotionalen Verbundenheit mit der Nation
sind, verfehlen ihre Wirkung auf die Anwesenden indes nicht: "On
Veteran's Day [...] I was touched by the dedication of our oldest citizens.
The National Concert Band of America, made up entirely of retired
members of the official orchestras for the Army, Navy, Air Force and
Marines, delivered a rousing concert. [...] When they finished with 'God
Bless America,' most of us truly had tears in our eyes,"[270] rekapituliert die
regent der MVLA mit Pathos den einheitsstiftenden und Nationalstolz
fördernden Effekt der Veranstaltungen.

Betrachtet man die museologisch aufbereitete Geschichtsvermittlung der
Stätte gemeinsam mit den zivilreligiösen Zeremonien, so wird klar, daß
beide Programmkonstituenten aus einem Guß sind, was sich in der
Zweckbestimmung der MVLA bereits angekündigt hatte. Sie bedienen sich
zwar unterschiedlicher Exponate–dort die Plantage und das Herrenhaus,
hier das Grabmal –, haben jedoch die gleiche Wirkungsintention und
kommunizieren ein- und dieselbe Botschaft: die nationale Größe der

---

[266] *Reenactments of the Virginia and Maryland Regiments*, Mount Vernon, 07.11.1999.
[267] Ebd.
[268] MVLA, *Minutes 1996* 52. Eigene Hervorhebung.
[269] Nach Auskunft von Jim Reese verfügt die MVLA nicht über zahlenmäßige Erhebun-
gen des afro-amerikanischen Besucheraufkommens. Er betont jedoch "[that] African-
American families are just a very hard sell." Interview mit Jim Reese, *resident
director*, Mount Vernon, 10.05.1999.
[270] MVLA, *Minutes 1996* 52.

Vereinigten Staaten, die in der gründungsmythologisch überhöhten Person George Washingtons ihre Verkörperung findet. In Gestalt der patriotischen Gedenkstunden erhalten die Besucher Gelegenheit, den Heroismus vergangener Zeiten zu würdigen und gleichsam an ihm teilzuhaben. Die kultisch anmutenden Rituale sind geeignet, einen emotionalen Zugang zur Geschichte zu eröffnen, der allein durch die Betrachtung der ausgestellten Objektensembles nicht in gleichem Maße zu erreichen sein mag. Es scheint plausibel anzunehmen, daß mit der Ehrerbietung, die das Publikum dem Nationalhelden am Grabmal entgegenbringt, zugleich die Akzeptanz der Geschichtsdeutungen einhergeht, die Mount Vernon an den Besucher heranträgt. Diese Deutungen, so ist klargeworden, schließen lediglich das patriotisch instrumentalisierbare Substrat der historischen Realität ein. Sie verleihen Mount Vernon nur bedingt den Rang einer Institution, die historische Bildung auf dem Wege der musealen Darstellung vermittelt, sondern geben der Stätte vielmehr den Anstrich eines zivilreligiösen *theme park*.

2. Colonial Williamsburg

2.1 Kontinuität zivilreligiöser Stereotypisierungen

Während sich die offizielle Zweckbestimmung Mount Vernons vor allem durch die weitgehende Kontinuität ihrer Botschaft auszeichnet, haben sich die Vermittlungsintentionen Colonial Williamsburgs, dies hat der historische Überblick gezeigt, im Verlauf der letzten Jahrzehnte merklich gewandelt. Die vollmundige patriotische Rhetorik eines John D. Rockefeller, Jr. und vieler seiner Nachfolger hat gegenwärtig einem moderaten Diskurs Platz gemacht, in dem das Museum nicht länger als Stätte nationalistischer Indoktrination erscheint, sondern eine geschichtswissenschaftlich fundierte Bildungsabsicht in den Vordergrund rückt.[271] "The

---

[271] Im Vergleich zu Mount Vernon, das erst seit kurzem bestrebt ist, als moderne Bildungsstätte wahrgenommen zu werden, kultiviert Colonial Williamsburg seit geraumer Zeit das Bild einer *non-profit educational foundation* mit professionellem Anspruch. Die Formen, die man bemüht, um dieser Aufgabe gerecht zu werden, reichen weit über die Vermittlung von Geschichte in der *historic area* selbst hinaus. So gehören etwa *electronic fieldtrips* und Satellitenkonferenzen mit Schulen aus dem gesamten Gebiet der Vereinigten Staaten seit 1995 zum Programm. Die *historic site* sieht sich an der vordersten Front der seit Jahren virulenten *curriculum debate* und plädiert mit dem impliziten Verweis auf die eigenen massenwirksamen Vermittlungsmethoden für einen integrativen, pluralistischen und motivierenden Geschichtsunterricht. Vgl. Robert C. Wilburn, "Report from the President: Furthering the Business of History Education," *Colonial Williamsburg Foundation: 1995 Annual Report*, spec. section in *Colonial Williamsburg. The Journal of the Colonial Williamsburg Foundation* (Summer 1996): 9. Im Frühjahr 1997 wurde unter

most important word [...] is 'education,'" bringt der Präsident Robert Wilburn den Auftrag des Museums auf den Punkt: "It captures the essence of Colonial Williamsburg today."[272] Ein Aufenthalt in Colonial Williamsburg, lautet das übergeordnete Lernziel, soll den Besuchern ermöglichen "to [...] think for themselves about meanings, ideas, and relationships, past and present."[273]

Nichtsdestoweniger verdeutlichen die Inhalte der Jahresberichte und weiterer Publikationen der Institution, daß Colonial Williamsburg "the business of history education" bis heute an patriotisch gefärbte Botschaften koppelt.[274] Allen Bekenntnissen zum geschichtsrevisionistischen Impetus der *new social history* zum Trotz bringen die führenden Amtsträger der Einrichtung stets auch ideologische Versatzstücke eines traditionellen amerikanischen Selbstverständnisses ins Spiel. Sie lobpreisen beispielsweise den selbstverantwortlichen Individualismus und die tief verankerte Freiheitsliebe, die den Amerikanern seit jeher zu eigen gewesen sei und im Museum kommuniziert werden soll: "The task in Williamsburg is [...] to express to the modern world the value of lessons of individual responsibility, devotion, and love of freedom [...]."[275] Diese Ideale sollen anhand der heldenhaften historischen Vorbilder vergegenwärtigt und perpetuiert werden: "For the ordinary and the powerful, for young and old," erklärt der *chairman* der *Foundation*, George Beitzel, "Colonial Williamsburg summons the heroes every day and inspires us to build on their example."[276] Wie auf Mount Vernon, so bildet die Vermittlung staatsbürgerlichen Bewußtseins ein zentrales Ansinnen: "The Historic Area and its programming," führt Beitzel aus, "our museum galleries and seminars, our forums and publications–all serve to educate about

---

erheblichem finanziellen Aufwand das *Bruton Heights School Education Center*, ein Forschungs- und Bildungszentrum mit internationaler Ausrichtung eröffnet. Vgl. Beatrix T. Rumford, "Bruton Heights: 'A Great Center for Historical Study'. Buildings for the future give new meaning to John D. Rockefeller's words,'" *Colonial Williamsburg. The Journal of the Colonial Williamsburg Foundation* (Spring 1997): 16-23.

[272] Robert C. Wilburn, "Report From The President: Learning From The Past Defines Our Mission," *Colonial Williamsburg Foundation: 1994 Annual Report*, spec. section in *Colonial Williamsburg. The Journal of the Colonial Williamsburg Foundation* (Summer 1995): 9.

[273] *Becoming Americans: Our Struggle To Be Both Free And Equal. A Plan Of Thematic Interpretation*, Hg. Cary Carson (Williamsburg, Va.: The Colonial Williamsburg Foundation, 2. Aufl. 1999) 3.

[274] Wilburn, "Furthering the Business of History Education" 9.

[275] George B. Beitzel, "Summoning the Heroes. Message from the Chairman," *Colonial Williamsburg Foundation: 1995 Annual Report*, spec. section in *Colonial Williamsburg. The Journal of the Colonial Williamsburg Foundation* (Summer 1996): 10.

[276] Ebd.

citizenship."[277] Geschichte wird, was mit althergebrachten Deutungen der amerikanischen Entwicklung konform geht, als beständiger Fortschritt gedacht und das einzelne Individuum zum geschichtsmächtigen Agens erhoben. "[...] Colonial Williamsburg not only helps our citizens understand what happened here more than 200 years ago," so Wilburn, "but encourages them to appreciate how far we have come since then, to recognize how far we have to go, and to accept the challenge to become an active participant in that process."[278] Die Kommunikation historischen Faktenwissens scheint in diesem Planquadrat eine nebengeordnete Rolle zu spielen.

In der *historic area*, wird versprochen, würde die gesamte "history of early America" demonstriert, "before it was America, through the transition, and as a new nation."[279] Mit der Absicht, die nachrevolutionäre Nation vergegenwärtigen zu wollen, überschreitet "Colonial" Williamsburg allerdings die Grenzen seines Vermittlungsgegenstandes, beendete die Entstehung der "new nation" doch gerade jene Epoche, die der Stätte heute ihren nostalgischen Beinamen gibt. Der Anspruch des Museums, nicht nur eine Reinkarnation des früheren Williamsburg, sondern zugleich ein Symbol für die amerikanische Nation schlechthin zu sein, sieht zudem allzu großzügig über eine wichtige Tatsache hinweg: Historisch gesehen war die koloniale Hauptstadt Virginias nicht das Emblem für die Einheit der Staaten, sondern eine Stätte des patriarchalischen Südens–eine Auslassung, die als Indiz für die Dominanz der nordstaatlichen Perspektive bei der Konstitution von Geschichte in den Vereinigten Staaten gewertet werden kann.

Die soeben vorgestellten Diskurselemente, die lediglich eine allgemeine Skizzierung der Vermittlungsintentionen leisten und den Rang des Museums als Nationalsymbol untermauern sollen, lassen sich in ähnlicher Form in sämtlichen jährlich publizierten *messages* des Präsidenten und des *chairman* Colonial Williamsburgs finden. Die hier ausgewählten Beispiele sollen genügen, um die Kontinuität der patriotisch-zivilreligiösen Tradition zu belegen und auf zahlreiche Stereotypisierungen und Unstimmigkeiten hinzuweisen, die denen Mount Vernons im übrigen nicht unähnlich sind. Im folgenden interessiert, wie die Präsentationsabsichten der Institution im aktuellen *educational masterplan Becoming Americans* konkretisiert werden.

---

[277] Ebd.

[278] Wilburn, "Furthering the Business of History Education" 9.

[279] Colonial Williamsburg Foundation, *One Mission–Many People–Shared Values*, typescript, Colonial Williamsburg, June 1992.

2.2 *Becoming Americans–Our Struggle To Be Both Free And Equal*

Wie das Beispiel Mount Vernon veranschaulichte, machen *historic sites* oftmals die institutionseigene Einschätzung des gegenwärtigen Zustandes der amerikanischen Gesellschaft zur Grundlage für Revisionen oder Neuakzentuierungen der Botschaften, die sie anhand ihres geschichtlichen Gegenstandes an den Besucher weitergeben wollen. Mount Vernon, so könnte man zugespitzt resümieren, übt sich in konservativem Pessimismus, begreift den raschen sozialen Wandel als eines der Hauptübel der Zeit und beklagt den Werteverfall der amerikanischen Gesellschaft. Dieser korreliert zumindest im Verständnis der MVLA unmittelbar mit dem Relevanzverlust der historischen Figur Washington im Gedächtnis der Nation. Die Lösung der angenommenen zeitgenössischen Misere wird in einer Rückbesinnung auf die Ideale der Gründungszeit erblickt, wie sie die Organisation in George Washington personifiziert sieht und auf Mount Vernon zur Anschauung bringt.

Colonial Williamsburg folgt im Rahmen seines Auftrags diesem Muster, fehlt der rhetorischen Ausführung auch das stilistische Pathos der MVLA: "More than ever before, America *needs* history," formuliert Wilburn vergleichsweise nüchtern. "At a time of doubt and uncertainty, we must reawaken ourselves to the principles that launched our country."[280] Die Stätte nimmt die Perzeption eines "rapid and widespread change" der nationalen und globalen Gegebenheiten zum Anlaß, die Frage nach dem Wesen der amerikanischen Nation neu zu stellen.[281] Diese sei durch zunehmende ethnisch-kulturelle Heterogenität gekennzeichnet:

> Questions about who we are as Americans have always been raised, but they may be more compelling today, now that we lack that unifying threat, a condition that has characterized most of 20th century America. There is no Great Depression. No World War. No Cold War. What we do have is a growing nation of 260 million people, becoming more ethnically and culturally diverse by the moment.[282]

Auf diese Situation hat die *historic site* mit der Umsetzung der überarbeiteten Neuauflage des programmatischen Leitfadens *Becoming Americans: Our Struggle To Be Both Free And Equal* reagiert, in dem die amerikanische Geschichte als "nation-making process" gedeutet und der aktuelle Auftrag des Museums wie folgt definiert wird[283]:

---

[280] Ebd. 9.

[281] George B. Beitzel, "Message from the Chairman," *Colonial Williamsburg Foundation: 1994 Annual Report*, spec. section in *Colonial Williamsburg. The Journal of the Colonial Williamsburg Foundation* (Summer 1995): 11.

[282] Wilburn, "Learning From The Past Defines Our Mission" 9.

[283] Carson, *Becoming Americans* 17.

> The Williamsburg story–which we call 'Becoming Americans'–tells how
> diverse peoples, holding different and sometimes conflicting personal
> ambitions, evolved into a society that valued both liberty and equality.
> Americans cherish these values as their birthright, even when their promise
> remains unfulfilled. Interpretation at Colonial Williamsburg explores the
> history behind critical challenges that currently divide American society and
> the historic forces that simultaneously unite it.[284]

Die Zweckbestimmung deutet im Gegensatz zu den Äußerungen der
ranghohen Repräsentanten der Einrichtung an, daß Colonial Williamsburg
bestrebt ist, sich von einer Reihe überkommener Stereotype zu verab-
schieden. So wird die amerikanische Geschichte als eine Mission zur
Durchsetzung von Freiheit und Gleichheit auf breiter, gesamtgesellschaft-
licher Basis gedeutet. Dies ist eine altbekannte Perspektive, die auch im
oben vorgetragenen Diskurs thematisiert wird und von Anfang an mit-
bestimmend für die Botschaft der Institution war. Neu ist allerdings das
Eingeständnis, daß diese Ideale nicht mit Gründung der Vereinigten
Staaten umfänglich und fest etabliert wurden, sondern die faktische
Umsetzung von "liberty" und "equality" für alle Amerikaner noch zu
leisten sei. Diese Erkenntnis bringt einen weiteren Aspekt ins Spiel, der
bereits mit dem Einzug des sozialgeschichtlichen Ansatzes in die
Museumsarbeit zum zentralen Vermittlungsziel erhoben worden war.
Gemeint ist die Erklärung gesellschaftlichen Wandels und die Darlegung
des evolutionären Charakters der amerikanischen nationalen Identität. Die
früheren musealen Interpretationen der (vor-)revolutionären Epoche hatten
ein schon zu Kolonialzeiten manifestes amerikanisches Nationalbewußtsein
präsümiert. Heute besteht die Absicht hingegen darin, "to have people
understand that the word we use when we talk about Americans is
'becoming.' We aren't Americans, yet. It's a process. We're *still* in
process."[285] Vor dem Hintergrund dieser inhaltlichen Neubestimmung hat
sich die offizielle Programmatik der Stätte von einem weiteren lang
gehegten Mythos getrennt, der Vorstellung von einer vorprogrammierten,
geradlinigen Entwicklung kolonialer Gegebenheiten hin zur amerikanischen Revolution. "We try to let people know that revolution was not a
foregone conclusion when people left home in England," illustriert Howells
die Intention, den prozessualen und nicht prädeterminierten Charakter der
Entstehung der Vereinigten Staaten von Amerika im 18. Jahrhundert
begreiflich zu machen.[286]
   Die eigentliche interpretatorische Neuerung verbirgt sich allerdings im
expliziten Hinweis auf die dysfunktionalen Elemente der historischen
Wirklichkeit, auf die "diverse peoples, holding different and sometimes

---

[284] Ebd. vi.
[285] Interview mit Peggy MacDonald Howells, *Manager Professional Services*, Colonial
    Williamsburg, 09.05.1997.
[286] Ebd.

conflicting personal ambitions" wie es das Programm formuliert. "In search for a more coherent national narrative," stellt der Chefhistoriker Cary Carson klar, "[…] we cannot minimize minority rights, smooth over the reality of social conflict in American history, or de-emphazise the country's extraordinary patchwork of unassimilated ethnic cultures and customs."[287]

Zweierlei Umstände haben Colonial Williamsburg dem Vernehmen nach zur Aufnahme dieser Thematik in den Darstellungskanon der *site* bewogen. Der erste ist im geschichtswissenschaftlichen Erkenntnisfortschritt zu suchen, dem sich die Stätte nicht zu entziehen gedenkt. Die Fragestellungen der *new social history*, wird erläutert, sind als Instrument einer kritischen Geschichtsdarstellung beizubehalten: "Thanks to social historians we have learned too much about ourselves to accept the oversimplified fiction implied by the motto *E pluribus unum*."[288] Die Vermittlungsziele, die Colonial Williamsburg mit Blick auf die Sozialgeschichte artikuliert, wurden bereits in der historischen Übersicht vorgetragen. An dieser Stelle sei in Erinnerung gerufen, daß die Präsentation einer *histoire totale* angestrebt wird, die die alltagsgeschichtliche Dimension vergangener Lebenswelten in den Mittelpunkt rückt. "By reconstructing the dwellings and workplaces of Williamsburg's ordinary inhabitants, by furnishing them with utilitarian, everyday artifacts, and by employing interpreters well versed in social history and material culture, Colonial Williamsburg has made an investment in 'total history'," versichert Carson.[289] Es soll das gesamte Spektrum an sozialen, kulturellen und ethnischen Kollektiven der porträtierten Epoche sowie deren Interaktionen erfaßt und zur Anschauung gebracht werden. Damit geht die Selbstverpflichtung des Museums einher, von einer einseitigen Glorifizierung der patriotischen Elite Abstand zu nehmen, um eine inklusive, demokratisch gesinnte Geschichtsvermittlung zu praktizieren, deren Zweck darin besteht "to represent the eighteenth-century Williamsburg community from top to bottom."[290] Um den jüngsten Forschungsstand in die Geschichtspräsentation einfließen zu lassen, müsse allerdings auch eine neue, differenzierte Darstellung der "political story" geleistet werden[291], die ein Vermächtnis tiefgreifender Widersprüche hinterlassen habe: "Thanks, too, to recent work by political historians," wird erklärt, "we know that the principles of democratic republicanism […] embody unreconciled and unreconcilable contradictions and tensions between the rights guaranteed to self-interested individuals and the common good […]."[292] "Interpretation at Colonial

---

[287] Carson, *Becoming Americans* 4.
[288] Ebd. 4f.
[289] Cary Carson, "Lost in the Fun House: A Commentary on Anthropologists' First Contact with History Museums," *Journal of American History* 81.1 (1994): 147.
[290] Ebd. 146.
[291] Carson, *Becoming Americans* 4.
[292] Ebd. 4f.

Williamsburg," wird der ambitionierte Gesamtauftrag zusammengefaßt,
"thus joins the separate strands of [politicial], social, intellectual, and
institutional history into a unified narrative."[293]
Der zweite Anlaß, der die explizite Konfliktbetonung im Programm
beförderte, liegt im veränderten Geschichtsbewußtsein der Museumsgänger
begründet: "Informed citizens openly acknowledge the differences that
divide us and the inconsistencies in our governing philosophy," so
Carson.[294] Den folglich gewandelten Interessen und Erwartungen der
Besucher an die präsentierte Geschichte müsse Rechnung getragen werden:
"Now more than ever, history learners anxiously seek historical precedents
to bolster their hope that greater social diversity need not end in the
disintegration of American institutions. [...] Their anxiety is a state of mind
to which museum historians and interpreters should respond."[295] Hatte
Colonial Williamsburg noch bis vor kurzem eine einseitig konsensorientierte Interpretation der amerikanischen Vergangenheit geleistet, um
die Fragen der zeitgenössischen Besucher an Geschichte und Gegenwart zu
beantworten, wird das Rezept zur Heilung der gegenwärtig konstatierten
nationalen "anxiety" jetzt also bewußt um die Zutat binnengesellschaft-
licher Friktionen bereichert.[296] Nicht der apriorische und von den
Gründungsvätern für alle Zeiten etablierte Konsens sei die treibende Kraft
geschichtlichen Wandels in den Vereinigten Staaten. "[T]he central
dynamic in our democracy," so Carson, sei vielmehr "[t]his ceaseless tug-
of-war among self-interested parties," der nun in Colonial Williamsburg am
Beispiel der Vergangenheit expliziert werden soll.[297] "By exploring [...]
conflicts and their resolutions," hofft die Institution, "we can show visitors
the generating force in the nation-making process."[298] In dieses Vorhaben
mischen sich ungewöhnlich kritische Töne: "Not all differences erupted
into open conflict," heißt es. Und weiter: "Many were patiently and silently
suffered by women, children, slaves, non-Christians, and men without
property, all of whom found themselves permanently disadvantaged in a
society that was ruled by a class of wealthy, powerful, and privileged
men."[299] Die Botschaft der "fundamental inequality that underlay the
eighteenth-century social order" müsse jedem Besucher von Beginn an
klargemacht werden, denn sie sei die Grundlage für den weiteren
Erkenntnisprozeß: "[It] becomes the visitor's starting point in understanding
the inherent imbalance of power between the haves and have-nots which

---

[293] Ebd. 10.
[294] Ebd. 5.
[295] Ebd.
[296] Ebd.
[297] Ebd. 9f.
[298] Ebd. 17.
[299] Ebd.

drove the events that give the 'Becoming Americans' story its dramatic energy."[300]

Das Bestreben der Stätte, die vereinfachenden Geschichtsdeutungen früherer Dekaden durch eine komplexere Betrachtungsweise zu ersetzen, ist vor dem Hintergrund der institutionseigenen Historizität beachtenswert und zweifelsohne geeignet, dem Gegenstand besser gerecht zu werden. Die Bemühungen haben entsprechende Anerkennung durch das Fachpublikum gefunden. "The new thematic interpretation at Colonial Williamsburg," lobt eine Rezensentin das Programm, "[...] offers perhaps the best American example of excellent and ground-breaking scholarship applied to an intensely competitive mass market for public attention."[301] Dennoch geben auch die neuen Ansätze des Freilichtmuseums zu Hinterfragungen Anlaß, da sich in ihnen präsentistische Tendenzen und die Funktionalisierung historischer Konflikte im Interesse einer überhöhten und einseitig affirmativen Auslegung von Geschichte abzeichnen.

Becoming Americans macht keinen Hehl aus der Absicht, vergangene Gegebenheiten zur Veranschaulichung aktueller Probleme heranzuziehen: "Interpretation at Colonial Williamsburg," wird postuliert, "explores the history behind critical challenges that *currently* divide American society [...]."[302] Die Notwendigkeit, Kriterien zur Eingrenzung und idealtypischen Selektion der zu vermittelnden Gegenstände festzulegen, liegt in der Natur der musealen Präsentation vergangener Wirklichkeit. Bei der Auswahl der Themen läßt sich Colonial Williamsburg allerdings vorrangig von den "personal interests of visitors and their concerns about contemporary life" leiten.[303] Dies impliziert, daß die Vergangenheit weniger aus ihren eigenen Bedingungen heraus rekonstruiert wird, obgleich dies gerade einer der zentralen Ansprüche von *living history*-Museen ist. In Colonial Williamsburg, so lassen die Äußerungen vermuten, wird die Vergangenheit hingegen einer präsentistischen Instrumentalisierung unterworfen, die Geschichte "unmittelbar von den [...] lebenspraktischen Bedürfnissen gegenwärtiger Gesellschaft her definiert".[304] Wie Mount Vernon, so

---

[300] Ebd.

[301] Tyler-McGraw: "Becoming Americans Again" 57.

[302] Carson, *Becoming Americans* vi. Eigene Hervorhebung.

[303] Ebd. 4. Die Interessenlage der Besucher wird durch regelmäßige Befragungen im Museum ermittelt. Carson beschreibt den Prozeß der kontinuierlichen Revisionen des Vermittlungsprogramms: "Periodically we have to take stock of where the practice of American history is going and, equally important, where our visitors are coming from—what questions they are asking about the past in relation to things they consider important in their own lives. When there is a serious disjuncture between what we're teaching [...] and what visitors are asking [...], then I say to myself, 'It's time to rewrite the curriculum.'" Zitiert in: Tyler-McGraw, "Becoming Americans Again" 57.

[304] Bernward Deneke, "Realität und Konstruktion des Geschichtlichen," *Das historische Museum*, Hg. Korff und Roth: 65.

rekurriert die Stätte gleichermaßen unbefangen auf die streitbare Vorstellung einer *usable past*: "The past becomes intelligible, and thereby it becomes usable in the one world that visitors know best–their own," erläutert der neue interpretatorische Leitfaden.[305] Es ist denkbar, daß sich der hier angekündigte leichte Zugang zur Vergangenheit und die versprochene Verwertbarkeit der vermittelten Geschichte vor allem dem präsentistischen Abbildcharakter der musealen Darbietungen verdanken könnte. Carson untermauert diese Vermutung, wenn er erklärt, die *historic site* präsentiere "a state of affairs that sounds astonishingly current to today's museum visitors."[306] Bei der Darstellung gesellschaftlicher Friktionen, läßt sich daraus schließen, geht es nicht nur um die Veranschaulichung, sondern um die Familiarisierung und folglich die Entschärfung und Domestizierung des Konflikts schlechthin. Bei näherem Hinsehen wird erkennbar, daß historische Divergenzen im Programm einer Auslegung zugeführt werden, die teleologischer Natur ist und im Lichte traditioneller amerikanischer Autostereotype steht. So dienen geschichtliche Kontroversen als Kontrastfolie, vor deren Hintergrund die historischen Errungenschaften umso mehr in feierlichem Glanz hervortreten können: "Sure, museum-goers want to celebrate their countrymen's accomplishments. But those achievements are diminished if the struggle, the messiness, the setbacks, and the heartbreaks are left out."[307] Vergangene Interessenkollisionen, behauptet Carson, "are the challenges that Americans have overcome, or endured, to get where we are today."[308] Der Lauf der Geschichte wird so zur amerikanischen Erfolgsstory erhoben.

Die neue Offenheit im Umgang mit den konfliktbehafteten Aspekten der (vor-)revolutionären Epoche ist für Colonial Williamsburg mithin nicht nur eine Frage des redlichen Umgangs mit dem Faktenmaterial. Historische Auseinandersetzungen und unvollendete oder widersprüchliche Entwicklungen werden darüber hinaus als geeignete und innovative Methode begriffen, um die Museumsgänger wie eh und je zu patriotischem Engagement zu animieren. Den Besuchern die überkommene Vorstellung zu vermitteln, "that our revolutionary forefathers achieved perfection at the instant the nation was born and that everything since has been a fall from grace," hat Carson zufolge keine Erfolgsaussichten, denn dadurch verwehre man ihnen "the inspiration they get from connecting themselves to the unfinished business of American history."[309]

Die aktuellen Richtlinien der Geschichtdeutung in Colonial Williamsburg appellieren demnach fortwährend an das patriotische Ethos der Amerikaner. Die Stätte, so kann gemutmaßt werden, hat sich von ihren

---

[305] Carson, *Becoming Americans* 15.
[306] Ebd. 6.
[307] Carson: "Interpretive Planning" 50.
[308] Ebd. 45f.
[309] Ebd.

traditionellen Deutungsansätzen nur bedingt gelöst. Der ubiquitäre Einsatz
neuer Vokabeln wie "conflict and controversy" vermag nur vordergründig
zu überdecken, daß der oben dargestellte, wenig differenzierte patriotisch-
zivilreligiöse Diskurs in den inhaltlichen Spezifikationen des Vermittlungsprogramms eine Fortsetzung findet.

2.3 *Living history, theatrical interpretation* und Authentizität

Neben den inhaltlichen Bestimmungen trägt Colonial Williamsburg zudem
eine Reihe von Ansprüchen nach außen, die im wesentlichen das Präsenta-
tionskonzept der *living history* betreffen. Diesem wird, was bei aller
Unterschiedlichkeit im Detail auch auf Plimoth Plantation zutrifft, ein
besonders hohes Maß an Lebendigkeit, didaktischer Wirksamkeit und
Authentizität zugeschrieben. Die ersten beiden Attribute resultieren dem
Vernehmen nach aus der lebensechten Unmittelbarkeit der Darstellungen:
"[...] direct, personal experience is the best teacher," begründet Colonial
Williamsburg die Anwendung der Methode und unterstellt damit zugleich,
daß Geschichte für den Besucher *on site* erfahrbar würde.[310] Der Adressat
der Vermittlung soll eine Art Zeitreise absolvieren: "We are, in a real
sense, trying to provide the visitor with the opportunity to be a time-
traveler," wird erklärt.[311] In der Vergangenheit angekommen, sei der
Tourist nicht nur passiver Rezipient, sondern aktiver Teilnehmer an den
historischen Ereignissen: "Step into the 18th century and join in the making
of America," lautet die Aufforderung.[312] Gerade die inszenierte Simulation
geschichtlicher Lebenswirklichkeit verhelfe den Museumsgängern zu
einem kohärenten Verständnis der Vergangenheit, denn sie verwandele
Colonial Williamsburg von einer bloßen Ansammlung historischer Gebäude in eine "working community."[313] Obgleich Geschichte in Gestalt der
kostümierten Schauspieler vorrangig personalisiert dargestellt wird, sei
man in der Lage "underlying historical forces, long-term trends, abstract
ideas, developing technologies, changing fashions and styles, and other
historical abstractions [...]" zu kommunizieren. Diese würden "into the
real-life hopes and fears of the men, women, and children who populate our
portrayal of the eighteenth-century town [...]" übersetzt und unterstützten
somit zugleich das Ziel der Institution, eine "story about human agency" zu

---

[310] Arthur Barnes, "Living History: Its Many Forms," *The Colonial Williamsburg
Interpreter* 6.3 (May 1985): 1.

[311] Ebd. 2.

[312] Colonial Williamsburg Foundation, *This Vacation, Discover Your Revolutionary
Spirit: Colonial Williamsburg 1997 Vacation Planner*, brochure, Colonial
Williamsburg, 1997, 2.

[313] Carson, *Becoming Americans* 17.

erzählen.[314] Dem Besucher wird versichert, durch die sogenannten *character interpreters* individuelle, komplexe Persönlichkeiten kennenzulernen, deren Seelenleben sich im Gespräch offenbare: "It'll give you a really good feel for what people were thinking back then or what they were talking about, what their concerns were."[315] Die *living history* gestatte dem Museumsgänger "to enter into the day-to-day circumstances of real people from the past."[316] Die Vorstellung, daß die *interpreters* die Identität ihrer historischen Pendants annehmen und somit Geschichte selbst erfahren und für den Besucher erfahrbar machen könnten, ist in hohem Maße fragwürdig. Während Colonial Williamsburg allerdings nur einen Teil des Programms ausschließlich mit *character interpreters* bestreitet, bildet das Postulat der persönlichen Erlebbarkeit vergangener Individualität und Wirklichkeit im Falle Plimoth Plantations die alleinige Grundlage des Vermittlungsprogramms. Die Probleme, die sich daraus ergeben, sollen deshalb am Beispiel des *Pilgrim Village* besprochen werden.

In Colonial Williamsburg stehen sämtliche Vermittlungsintentionen und -aktivitäten unter der Prämisse uneingeschränkter Authentizität. Der dazugehörige Rechtfertigungsdiskurs ist jedoch gespalten. Er mischt Konzepte, die bei genauer Betrachtung unvereinbar sind. Wie auf Mount Vernon, so bezieht sich die These der Echtheit des Gezeigten auf die baulichen Strukturen der *historic area*–"the restored and refurnished eighteenth-century town that makes the history lessons seem real to history learners."[317] Die stiftungseigenen Publikationen versäumen keine Gelegenheit, der Öffentlichkeit die beständige "search for authenticity" minutiös zu unterbreiten.[318] Das gesamte materielle Umfeld, wird versichert, sei originalgetreu und lückenlos rekonstruiert, und zwar "down to the last footscraper."[319] In der Tat können Originalobjekte durch ihre geschichtliche Zeugenschaft Authentizität geltend machen, auch wenn die hier vorgebrachte Behauptung einer vollständigen Nachbildung der Kolonialstadt

---

[314] Ebd. 16.

[315] *Orientation walk*, Colonial Williamsburg, 06.05.1997.

[316] Carson, *Becoming Americans* 16.

[317] Ebd. 4.

[318] Artikel über die originalgetreue Herstellung historischer Kostüme oder die detailgetreue Restaurierung und Rekonstruktion der Gebäude lassen sich in jeder Ausgabe von *Colonial Williamsburg Today* finden. Als Paradebeispiel für die kompromißlose Wiederherstellung historischer Authentizität wurde etwa die Fertigstellung des *Governor's Palace* im Jahr 1981 an die Öffentlichkeit getragen. Vgl. Graham Hood, "Williamsburg's Most Elegant and Imposing Building Mirrors the Last Days of British Pomp and Prestige in the Virginia Colony: The Royal Governor's Palace Reopens As One of the Most Authentically Furnished and Most Carefully Researched Historical Structures of the Original Colonies," spec. issue of *Colonial Williamsburg Today. News and Features from the Colonial Williamsburg Foundation* 3.3 (Spring 1981): 3-6.

[319] Carson, "Living Museums" 27.

unhaltbar sein dürfte. Jegliche Art der musealen Geschichtspräsentation ist aufgrund des fragmentarischen Charakters des Überlieferten und der erkenntnisleitenden thematischen Vorgaben der Vermittlungsabsicht darauf angewiesen, eine Auswahl dessen zu treffen, was dem Rezipienten mitgeteilt werden soll. Wird diese Selektion in idealtypischer Form geleistet, so könnte man unter Beachtung der Grenzen des Begriffs von einer authentischen Darstellung in dem Sinne sprechen, daß das synekdochische Prinzip ohne einseitig verzerrende Effekte umgesetzt wird. *Living history*-Museen bilden hierbei trotz ihrer verabsolutierenden und gleichzeitig unhinterfragten Prämissen keine Ausnahme. Der Anspruch Colonial Williamsburgs, dem Publikum "eighteenth-century authenticity" zu bieten, macht bei den materiellen Exponaten allerdings nicht Halt.[320] Er wird vielmehr in Form eines zweifelhaften Analogieschlusses von den Gebäuden auf die Geschichte übertragen, die inmitten der historischen Kulisse inszeniert wird. "[...] objects that visitors [...] perceive to be *authentic* do double duty by also vouching for the truth of the story being told," erläutert Carson.[321] Die baulichen Strukturen, denen in vielen Fällen ein Authentizitätsstatus zugesprochen werden kann, sollen also den vermeintlichen Wahrheitscharakter sämtlicher Aktivitäten der sogenannten *character interpreters* verbürgen, die aus historischer Perspektive mit dem Besucher Konversation halten und die Vergangenheit angeblich realitätsgenau nachspielen.

Dieser gleichermaßen als naiv und unredlich zu bewertende Authentizitätsdiskurs hat mit Einführung der *theatrical interpretation* in den programmatischen Ausführungen Colonial Williamsburgs eine widersprüchliche Relativierung erfahren, insbesondere in Bezug auf die angeblich vollständige und originalgetreue Replikation der Vergangenheit. Ausgehend von der Überzeugung "that history museum interpretation is ultimately theater,"[322] zeigt das Museum seit 1998 zusätzlich zu den bisherigen Vermittlungsformen choreographierte Szenarien, die vermeintlich "real episodes drawn from the annals of Williamsburg's early history" in dramatisierter Form darbieten.[323] Ziel dieses Präsentationsformats ist es zum einen, den Erwartungen und Rezeptionsgewohnheiten der Besucher entgegenzukommen: "They come to Williamsburg [...] looking for realism, color, action, and excitement, in short, a good story well told," fand die Marketingabteilung des Museums in einer 1997 durchgeführten Befragung heraus und setzt Maßstäbe der Geschichtsvermittlung auf die Tagesordnung, die gemeinhin über die Rangliste von Kassenschlagern im Kino

---

[320] Colonial Williamsburg Foundation, "Colonial Williamsburg: Virginia's Colonial Capital Comes Alive," *Williamsburg Great Entertainer Magazine: Official Visitors Guide* (Williamsburg, Va.: Williamsburg Hotel/Motes Association, Spring 1997): 16.
[321] Carson, "Interpretive Planning" 47.
[322] Ebd. 45.
[323] Ebd. 51.

entscheiden oder die Werbebroschüren von *theme parks* füllen.[324] Zum anderen, so wird erläutert, ergänzen sich die dramatisierten *skits* in hervorragender Weise mit dem neuentdeckten zentralen Vorhaben, historische Konflikte und Kontroversen zur Anschauung zu bringen, denn es seien gerade "[p]eople's differences [which] give dramatic tension to all good soap operas, all good novels, and all good history."[325] Die Gleichsetzung von Seifenoper, Roman und Geschichte durch eine Institution, die vorgibt, einen ambitionierten Bildungsauftrag zu erfüllen, ist fragwürdig. Sie verrät jedoch zugleich, daß Geschichte hier im Gegensatz zum oben vorgetragenen Authentizitätsverständnis nicht als objektive Widerspiegelung historischer Tatsachen verstanden wird, sondern Elemente des Fiktiven ins Spiel kommen. Die Umsetzung des historischen Faktenmaterials in gegenständliche Darstellungen *on site*, so läßt sich aus den Anmerkungen zu *Becoming Americans* schließen, bedient sich verschiedener Erzählstrategien und nutzt Techniken der Fiktionalisierung und Inszenierung, die dem Bereich der Literatur und des Theaters entnommen sind, um bestimmte Botschaften zu transportieren. Carson verwendet einschlägiges Vokabular, wenn er die Vergegenwärtigung vergangener Realität im Museum als "narrative storytelling"[326] und die verschiedenen Gruppen kostümierter Schauspieler als "repertory companies" bezeichnet.[327] *Becoming Americans* sei "the first Williamsburg plan to come complete with a plot line," wird erklärt.[328] Die einem vorgefertigten Skript folgende und zu publikumstauglichen *skits* verdichtete Inszenierung historischer Ereignisse widerspricht dem oben geschilderten Authentizitätsprinzip, das verabsolutierend auf Originalität und Vollständigkeit pocht. Wie bereits angemerkt, wäre dieser Dualismus gegebenenfalls durch ein Verständnis von Authentizität als eine idealtypisch selektive Darstellung von Geschichte aufzuheben. Diese wird jedoch den programmatischen Ausführungen zufolge in Colonial Williamsburg weder geleistet noch angestrebt, denn die Stätte betont, nur jene Aspekte der Vergangenheit zu veranschaulichen "that its [Colonial Williamsburg's] educators deem most worth learning."[329] Der inhaltliche Diskurs hat gezeigt, wie restriktiv die Kriterien für diese Themenauswahl ausfallen: Das historische Material muß grundsätzlich den Rezeptionsgewohnheiten, den Interessen und der vermeintlichen Befindlichkeit des Publikums gerecht werden, "values and attitudes that still provoke controversy in American society" explizieren und geeignet sein, einen affirmativen Beitrag zur nationalen Sinnstiftung zu leisten. Die hier geäußerten Vorbehalte gegenüber der *theatrical*

---

[324] Ebd. 48.
[325] Ebd. 45f.
[326] Ebd. 45.
[327] Ebd. 50.
[328] Ebd.
[329] Carson, *Becoming Americans* 19.

interpretation und dem damit verbundenen Authentizitätsdiskurs sollen nicht implizieren, daß die dramatisierte Darstellung von Geschichte *per se* abzulehnen oder didaktisch unwirksam sei. Die Untersuchung der entsprechenden Veranstaltungen *on site* wird erweisen müssen, inwiefern die gespielten Szenarien den Erkenntnisprozeß des Besuchers unterstützen können. Authentisch im Sinne des oben geschilderten Verständnisses, so viel steht fest, sind sie nicht.

Colonial Williamsburg, könnte man resümieren, räumt im Rahmen der Programmatik einerseits ein, daß es sich bei der im Museumsdorf repräsentierten Vergangenheit um ein selektives Konstrukt handelt, das unter einem bestimmten Motto steht und durch bewußt gewählte Ausdrucksformen kommuniziert wird. Andererseits wird die dargestellte Geschichte wie eh und je–und wahrscheinlich wider besseres Wissen–mit einem universellen Wahrheits- und Vollständigkeitsanspruch versehen, der nicht einzulösen ist. Für diese selbsterzeugte Inkohärenz könnte folgender Umstand verantwortlich sein: Viele *living history sites* haben Authentizität im Sinne von Echtheit deshalb zu ihrem Markenzeichen erhoben, um sich von populärkulturellen Freizeitparks abzugrenzen und sich einen Wettbewerbsvorteil auf dem Markt des *cultural tourism* zu verschaffen. Historische Stätten, so lautet das Argument, seien ernstzunehmende Bildungseinrichtungen, denen eine bruchlose und erkenntnisbringende Zusammenführung von *education* und *entertainment* auf der Grundlage von gesichertem Faktenmaterial und originalen Sachzeugnissen gelingt. Kommerzielle, künstlich erschaffene *theme parks* seien zwar Meister des kurzweiligen Amüsements, könnten jedoch nicht mit authentischer Geschichte aufwarten. Im Gegensatz zu Colonial Williamsburg, das sich gleichwohl eines ähnlich reißerischen Vokabulars bedient, um die *theatrical interpretation* anzupreisen, seien den *theme parks* redliche Bildungsambitionen abzusprechen. "Do you know who our biggest competitor is? Disneyworld!" konstatiert eine Mitarbeiterin der Stätte im Interview. Um ihre Institution sogleich vom Verdacht einer allzu großen Ähnlichkeit mit dem Konkurrenten freizusprechen, ergänzt sie: "And some think we have become 'Colonial Disneyworld,' but we strongly believe that you can educate people, and still, they can have a good time."[330] Die Untersuchung *on site* wird zeigen müssen, wie das Verhältnis von Geschichte und Kommerz, Spektakel und erkenntnisbringender Darbietung, Authentizität und verzerrender Inszenierung gestaltet ist.

Der Präsident der *Colonial Williamsburg Foundation*, Robert Wilburn, fragte in einem der letzten Jahresberichte der Organisation: "[…] what does it mean to be an American?" und versprach: "The answers […] can be found here at Colonial Williamsburg."[331] In der Programmatik sind die

---

[330] Interview mit Peggy MacDonald Howells, *Manager Professional Services*, Colonial Williamsburg, 09.05.1997.
[331] Wilburn, "Learning From The Past Defines Our Mission" 6.

Grundstrukturen der Antworten, die die Stätte zu geben gedenkt, nach Form und Inhalt niedergelegt. Nun interessiert, welche Botschaften dem Besucher im Museumsdorf tatsächlich vermittelt werden und auf welchem Wege sie ihn erreichen.

2.4 *Orientation film* und *The Story of a Patriot*

Im *Visitor Center* angekommen, hat der Besucher die Gelegenheit, am medialen Einführungsprogramm der Stätte teilzunehmen. Dieses besteht zunächst aus einem rund zehnminütigen *orientation film*, der grundsätzliche Informationen über den Aufenthalt im Museumsdorf bereitstellt, die historische Situation Williamsburgs in den 1770er Jahren skizziert und kurz auf die Gründung der Stätte durch John D. Rockefeller, Jr. eingeht. Die ästhetisch arrangierten Bilder und Filmsequenzen, die von feierlichen Klängen untermalt sind, stellen die historische Bedeutung des Ortes heraus, an dem "[f]amous men like Thomas Jefferson, Patrick Henry and George Washington launched America on the way to democracy."[332] In der wiedererrichteten Kolonialstadt, die als "a vibrant restored community, complete with authentically furnished colonial homes and stores, trade shops, taverns, and public buildings" bezeichnet wird, könne der Zuschauer aktiv an einem konstitutiven Kapitel amerikanischer Geschichte teilnehmen: "You are about to become a part of history. A part of history when revolutionary ideas became choices. When the deeds of ordinary men and women became extraordinary deeds. When the colony of Virginia became American." Der Besucher wird dazu aufgefordert, "to join in the struggle for freedom and equality." Er wird außerdem eingeladen, die Vielzahl der "stately homes" und die Waren der Handwerker zu besichtigen, "the sophistication of 18th-century social life" auf sich wirken zu lassen und sich die historische Epoche auch durch den käuflichen Erwerb kommodifizierter Produkte zu eigen zu machen: "The genteel pleasantries of the 18th century extend to you, our guests. Restore energy! Dine in one of our restaurants! Choose from among 18th century taverns or elegant world class hotels! Shop our merchants for exclusive gifts and keepsakes of the colonial centuries!" Der historische Gegenstand wird in aller Kürze umrissen: Das Publikum erfährt, daß die Bevölkerung Williamsburgs am Vorabend der Revolution rund 2000 Menschen unterschiedlicher ethnisch-kultureller Herkunft umfaßte. "Many of them came from England, an equal number arrived as slaves from Africa," wird der Tatbestand der Sklaverei dabei euphemistisch umschrieben und darauf aufmerksam gemacht, daß sich nicht alle Kolonisten dem patriotischen Lager anschlossen: "Many of

---

[332] Sofern nicht anders angegeben sind die nachfolgenden Zitate entnommen aus: *Orientation film, Visitor Center*, Colonial Williamsburg, Tonbandaufnahme vom 06.05.1997.

Virginia's residents began to think of themselves as Americans rather than British subjects. Some chose the path towards revolution, while others remained loyal to the crown." Bevor man den Besucher in die *historic area* beziehungsweise in den benachbarten Vorführungssaal entläßt, wird anhand der Entstehungsgeschichte der Stätte erneut die Authentizität des Gezeigten unterstrichen: "Williamsburg was the last colonial city. Other places had *pieces* of 18th-century America, but Williamsburg was the only surviving town, a lasting and tangible connection to our remarkable history," wird erklärt. "By the time the restoration was complete, 88 original buildings had been saved and hundreds of others had been reconstructed on the original sites." Die tiefgreifenden baulichen Veränderungen sowie die Rekonfigurationen der kulturellen und geschichtlichen Identität des Ortes, die Rockefeller im Interesse der Wiederherstellung vergangener Wirklichkeit vornahm, bleiben unerwähnt. Insgesamt gesehen leistet der *orientation film* keine differenzierte Exposition des geschichtlichen Gegenstandes. Er vermischt historische Informationen mit kommerzialisierten Kaufbotschaften und hebt einseitig Teilsegmente der historischen Wirklichkeit heraus, indem er das Interesse der Besucher fast ausschließlich auf die Lebenswelt und die revolutionären Leistungen der Elite lenkt.

Die Tendenz zur verzerrenden Selektivität und simplifizierten Darstellung historischer Ereignisse setzt sich im zweiten Film des Einführungsprogramms fort. *Williamsburg–The Story of a Patriot*, ein im Jahr 1957 vor der Kulisse der wiedererrichteten Kolonialstadt gedrehter Spielfilm, rekapituliert die unmittelbare Vorgeschichte des Revolutionsgeschehens und setzt die politischen Aktivitäten der *patriot leaders* effektvoll in Szene.[333] Dem Zuschauer werden die Geschehnisse aus der Perspektive des fiktiven Protagonisten John Frye nahegebracht, der die Nachfolge seines Vaters im *House of Burgesses* angetreten hat und nun mit dem eskalierenden Konflikt zwischen dem englischen Mutterland und den nordamerikanischen Kolonien konfrontiert ist. Er beobachtet die Persönlichkeiten und Vorgänge um ihn herum beeindruckt und mit fast kindlicher Unschuld. Im Verlauf des Films werden die pro-revolutionären Ansichten durch charismatisch gezeichnete Figuren vorgetragen, die dem Besucher heute unter anderem als *founding fathers* bekannt sind: Patrick Henry, George Washington und Thomas Jefferson. Diese werden als kultiviert,

---

[333] *Williamsburg–The Story of a Patriot: A New Democracy Is Born*, Colonial Williamsburg Foundation, 1957. Der Film ist seit mehreren Jahrzehnten fester Bestandteil der einführenden Veranstaltungen im *Visitor Center*. Die nachfolgenden Ausführungen stellen eine leicht veränderte Fassung des entsprechenden Kapitels aus meiner Diplomarbeit dar. Vgl. Sabine Schindler, *Die Vermittlung von Geschichte in Colonial Williamsburg*, Diplomarbeit, Universität Passau, 1997, 28-29. Sofern nicht anders angegeben, sind die nachfolgenden Zitate aus *Williamsburg–The Story of a Patriot* entnommen.

rechtschaffen und entschlossen gezeichnet. Zwar darf der *loyalist* John Randolph seine Vorbehalte gegenüber dem Streit mit England kundtun, doch seine Rhetorik wirkt im Vergleich zu den kraftvollen Reden eines Patrick Henry denkbar blaß.[334] Die Entscheidungsfindung und persönliche Entwicklung John Fryes verstärkt die Deutung der nachgespielten Geschichte als eine Kette von Ereignissen, die durch die weise Voraussicht und den Mut der Patrioten unaufhaltsam auf die Revolution und den Zusammenschluß der Kolonien zutreibt. Zunächst ist Frye unentschlossen, zu welchem Lager er sich bekennen soll, doch der Lauf der Dinge und die Argumente der patriotischen Führungsriege räumen seine Zweifel aus. Er beginnt, sich seiner Identität als Amerikaner bewußt zu werden–ein Prozeß, den sein eigener Sohn längst vollzogen hat. Um die Freiheit und Unabhängigkeit der nachfolgenden Generationen zu sichern, stimmt Frye am Ende für die Trennung vom Mutterland, während sich sein Sohn enthusiastisch den Reihen der Miliz anschließt.

Im Interesse der Kompatibilität von Einführungsprogramm und programmatischer Vermittlungsintention hat Colonial Williamsburg den in die Jahre gekommenen Film nachträglich mit einem Prolog versehen, der die schablonenhafte Darstellung relativieren soll. In ihm wird betont "[that] there is much more to the story." In der *historic area* würden auch jene Aspekte der historischen Wirklichkeit zur Darbietung gelangen, die in *The Story of a Patriot* keine Berücksichtigung finden. Genannt werden etwa "a perception of [...] the role of the common man, the black slaves, the women and children, as well as the leaders and patriots," "the full significance of the commerce and energy of the town as it existed more than two hundred years ago" sowie die Präsentation "of daily life." Trotz dieser Korrekturen wird der Besucher die *historic area* in Ermangelung differenzierterer Informationen vorerst im Lichte der inhaltlichen Limitationen und der patriotisch imprägnierten Konnotationen von *The Story of a Patriot* wahrnehmen. Mit dem *Visitor's Companion* in der Hand, der einen Lageplan und das Programmangebot enthält, begibt sich der Tourist anschließend in die wiedererrichtete Kolonialstadt.

---

[334]Nachgestellt wird etwa ein Ausschnitt einer der bekanntesten Reden Patrick Henrys: "By [the Townshend Duties], Parliament has degraded and enslaved us! [...] Is it disloyalty, is it sedition, is it treason to oppose the hand of tyranny? Never! We are free Englishmen with the god-given right to tax ourselves! And we shall not yield that right to any power on earth! Not to Townshend, not to Parliament, not to the King himself!"

2.5 Visuelle Rhetorik: Colonial Williamsburg als kleinstädtisches Arkadien[335]

Dem Museumsgänger bietet sich beim Betreten der *historic area* ein äußerst erbaulicher Anblick, der die Erwartungshaltungen, die das Einführungsprogramm des *Visitor Center* weckte, vollauf erfüllt. Wie bereits erläutert, richten die dort gebotenen Filme die Wahrnehmung des Publikums von vornherein auf die Leistungen und den Lebensstil der Elite sowie auf das handwerkliche Können der *artisans*. Das Stadtbild Colonial Williamsburgs, dessen Gebäude nicht mit erklärenden Beschilderungen versehen sind, greift dieses Selektionsmuster auf: Es ist vor allem durch Sauberkeit, Harmonie und Idylle geprägt.[336]

Colonial Williamsburg gibt an, die historischen Gegebenheiten des 18. Jahrhunderts originalgetreu porträtieren zu wollen. Nichtsdestoweniger ist die Hauptpromenade, Duke of Gloucester Street, asphaltiert und von gepflasterten Gehwegen gesäumt, die zum Flanieren unter schattigen Bäumen einladen. Unzählige Sitzbänke reihen sich aneinander. Vom Lärm, Schmutz und von den Gerüchen einer kolonialen Gemeinde ist nichts wahrzunehmen. Das Museumsdorf erinnert an eine moderne Vorstadtsiedlung im Kolonialstil. Sein Liebreiz vermag das zeitgenössische Idealbild eines gepflegten *residential district* noch zu übertreffen, ist das Erscheinungsbild doch weder durch eine entstellende Ansammlung von Satellitenantennen, durch überdimensionierte Garagenbauten oder störenden Autoverkehr beeinträchtigt. Versteckt hinter historisierenden Holzverkleidungen findet der Besucher sämtliche touristische Annehmlichkeiten wie sanitäre Einrichtungen, öffentliche Telefonzellen und Erfrischungsmöglichkeiten vor. Diese sind mit der obersten Maxime der Stätte, der Authentizität des Gezeigten, nicht zu vereinbaren und täuschen über die tatsächlichen materiellen Gegebenheiten der ursprünglichen Siedlung hinweg. Sie wurden jedoch aus Gründen des "visitor comfort" in der *historic area* plaziert–ein von den Museumsverantwortlichen gerne und häufig zitiertes Argument, um Authentizitätsmängel zu rechtfertigen.[337]

---

[335] Die nachfolgenden Ausführungen stellen eine leicht überarbeitete Version des entsprechenden Kapitels aus meiner Diplomarbeit dar. Während das Führungs- und Veranstaltungsprogramm Colonial Williamsburgs im Verlauf der letzten Jahre modifiziert wurde, ist das optische Erscheinungsbild der Stätte weitgehend unverändert geblieben, so daß die im Jahr 1997 vorgenommene Deskription und Analyse der visuellen Rhetorik nach wie vor Gültigkeit besitzt. Vgl. Schindler, *Die Vermittlung von Geschichte in Colonial Williamsburg* 21-26.

[336] Siehe Anhang, Abb. 13 und 14.

[337] "And then there's this whole tension between what is authentic and what is convenient to the visitor […]. These many benches, the shade trees, none of that's authentic, but it's for visitor comfort." Interview mit Peggy MacDonald-Howells, *Manager Professional Services*, Colonial Williamsburg, 09.05.1997.

Sämtliche Gebäude befinden sich in tadellosem Zustand und weisen kaum Gebrauchsspuren auf. Obwohl Colonial Williamsburg vorgibt, auch die Entwicklung der Hauptstadt Virginias im 18. Jahrhundert zu zeigen, trifft man weder auf Überreste der denkbar bescheidenen Anfänge noch auf Anzeichen des Niedergangs der Stadt. Die versprochene Darstellung historischen Wandels kann aufgrund der Statik der baulichen Ensembles visuell nicht verwirklicht werden. Die Gebäude, zu musealen Objekten erklärt und verklärt, entsprechen weder dem Aussehen, noch der Funktion nach jenen einer Kolonialstadt aus dem 18. Jahrhundert. Es scheint zudem, als hätten alle Häuser, ob öffentlich oder privat, exakt zur selben Zeit ihren baulich-ästhetischen Höhepunkt erreicht. Nach provisorischen Ver-schlägen, verfallenden Bauten und ärmlichen Behausungen sucht man vergeblich. Obwohl sich die Gebäude in Größe und architektonischer Aus-führung unterscheiden, trägt dies zur optischen Nivellierung von schicht-spezifischen Unterschieden in Status und Reichtum bei. Die Tatsache, daß die koloniale Gesellschaft stark hierarchisch geprägt war, wird somit entschärft und kann sich dem Besucher auf dem Weg der Betrachtung nicht erschließen. Die Inneneinrichtungen der *exhibition buildings* sind Muster-beispiele staubfreier Ordentlichkeit und Übersichtlichkeit. Selbst die *outbuildings* der Sklaven erstrahlen in frisch gestrichenem Glanz.[338] Sie können keinen zutreffenden Einblick in die tatsächliche Lebenswelt der Sklaven geben, sondern sind vielmehr geeignet, die *respectability* des weißen Eigentümers zu suggerieren.

Die liebevoll angelegten, zum großen Teil begehbaren Gärten verwandeln die gesamte Siedlung in eine farbenprächtige, romantische *country*-Idylle und müssen dem zeitgenössischen Touristen als geradezu paradiesische Alternative zu den entfremdenden Tendenzen moderner Städte erscheinen. Die Architektur und Grünanlagen Colonial Williams-burgs erhalten heute retrospektiv einen ästhetischen Eigenwert. Sie sind auf die Bedürfnisse und Erwartungen der Besucher und insbesondere der Hobbygärtner unter ihnen zugeschnitten, die überdies zahlungswillige Abnehmer "historischer" Blumensamen und Setzlinge sind, mit denen sie die Grünanlagen der Stätte im heimischen Vorgarten zu imitieren suchen.[339]

---

[338] Siehe Anhang, Abb. 15.

[339] Die Grünanlagen Colonial Williamsburgs werden unabhängig von der historischen Präsentation als eigenständiges Produkt vermarktet und in gesonderten Publikationen gefeiert, so etwa im neuesten Bildband: *Williamsburgs Glorious Gardens*. Oftmals werden sie als romantisierende, an Pathos nicht arme Metapher für das Aufblühen der Kolonie Virginia und ihres Zentrums, Williamsburg, bemüht: "Bright as the gold that lured adventurers to the New World, a dandelion thrusts its shaggy head above the gnarled roots of a Williamsburg tree. Just as it flowered in this unlikely spot, so the seed of English settlement planted at Jamestown blossomed on the edge of the wilderness. Transplanted to Williamsburg after nearly a century, the seedling of empire flourished here." Taylor Lewis Jr., Donna C. Sheppard and John J. Walklet

Die euphemistische Rhetorik der baulichen und hortikulturellen Elemente
wird durch die Bevölkerung Colonial Williamsburgs bestätigt. Man
bekommt auf einem Spaziergang durch die Straßen das Gefühl, eine
besonders ordentliche, harmonische und ethnisch homogene Gemeinde
betreten zu haben. Die Bewohner fallen durch ihr gepflegtes Äußeres auf.
Selbst Handwerker und Kutscher tragen lupenrein saubere Kleidung.[340] Sie
strahlen permanente Freundlichkeit und Hilfsbereitschaft aus und legen,
sofern sie den *middling sorts* angehören, einen ausgeprägten Hang zu
anekdotenreichem *small talk* an den Tag. Was einerseits den Unter-
haltungswert des Aufenthaltes im Museumsdorf hebt, bewirkt andererseits
zumeist eine Verniedlichung der Vorfahren, die man porträtiert. Auseinandersetzungen, seien sie verbaler oder handgreiflicher Natur, wird man
in der Regel nicht beobachten. Für den Touristen wird somit nicht
erkenntlich "[that a] system of chattel slavery, and the physical severity
necessary to maintain it, lay at the base of this society."[341] Die
"[c]onflicting personal ambitions", die das Vermittlungsprogramm der
Stätte so nachdrücklich bemüht, werden im visuellen Erscheinungsbild
durch ein harmonisches Zusammenleben aller ersetzt. Im Verbund mit der
farbenfrohen Idylle der Gärten und den malerisch gepflegten Häusern
stilisiert sich Colonial Williamsburg insofern zum Inbegriff eines heutigen
Mythos, dem des *small-town America*, wo als uramerikanisch gedeutete
Werte wie Gemeinschaftssinn und gute Nachbarschaft nicht nur Makulatur
zu sein scheinen.[342]

Das Leitmotiv hatte die Darstellung von "diverse peoples" proklamiert.
Im Museumsdorf werden diese optisch auf zwei Bevölkerungsgruppen
reduziert und zudem in ein krasses Mißverhältnis gesetzt. Der Besucher
wird aus seiner Wahrnehmung schließen, daß die überwältigende Mehrheit
im Williamsburg des 18. Jahrhunderts Weiße waren, ein Bild, das indes
nicht den historischen Tatsachen entspricht: Über die Hälfte der früheren
Bevölkerung war afrikanischen Ursprungs und befand sich im Besitz der
sklavenhaltenden *gentry*. Die Angehörigen und die Sachkultur der unteren–
schwarzen und weißen–Gesellschaftsschichten bleiben dem Auge des
Besuchers sowohl auf der Straße als auch in den Häusern grundsätzlich
verborgen.[343] Das *Wythe House* kann die unmerkliche visuelle Verfälschung historischer Wirklichkeit illustrieren: In den Führungen wird es

---

Jr., *A Window on Williamsburg* (Williamsburg, Va.: Colonial Williamsburg
Foundation, 8. Aufl. 1994) 7.

[340] Siehe Anhang, Abb. 16.

[341] Isaac, *Transformation of Virginia* 98.

[342] Vgl. Edward M. Bruner, "Abraham Lincoln as Authentic Reproduction: A Critique
of Postmodernism," *American Anthropologis* 96.2 (1994): 398, 402, 411.

[343] Vgl. Thomas J. Schlereth, Hg., "It Wasn't That Simple," *Cultural History and
Material Culture. Everyday Life, Landscapes, Museums*, American Material Culture
and Folklife Series (Ann Arbor and London: UMI Research Press 1990): 351.

darauf festgelegt, "a house of the Enlightenment" zu sein.[344] Die ausgestellten Gegenstände konnotieren demnach eine Heimstätte der aufgeklärten Bildungselite, nicht einen Ort der Ausbeutung von bis zu 17 Sklaven. Aufgrund der Tatsache, daß das Interieur ausschließlich Assoziationen an den weißen Eigentümer hervorruft, wird den schwarzen Haushaltsmitgliedern jegliche körperliche und materielle Präsenz im Inneren des *Wythe House* verwehrt, und dies obwohl viele der Sklaven und ihre alltäglichen Arbeiten im und am Anwesen der Wythes in Quellen dokumentiert sind.[345] Im visuellen Gedächtnis des Besuchers werden sie allerdings keinen Platz finden, sondern vom Eindruck der geschmackvoll arrangierten, bildungselitären Objekte verdrängt werden. Die Unterreprä- sentierung der schwarzen Bevölkerung und ihrer dinglichen Kultur reicht weit über eine quantitative Verfälschung der historischen Fakten hinaus. Sie ist symptomatisch für die Ausblendung entscheidender Wesens- merkmale der damaligen Gesellschaftsstrukturen. Der Besucher wird im Unklaren darüber gelassen, daß sich die intrakollektiven Beziehungen "among the various ranks of early Virginia society [...] often competitive, defiant and subversive" ausnahmen.[346]

So wenig sichtbar die Bewohner afrikanischer Herkunft und andere Menschen am unteren Ende der Hierarchie sind, so überrepräsentiert ist das Bevölkerungssegment der Handwerker und Kaufleute. In der *historic area* sind außer den öffentlichen Gebäuden überwiegend *craft shops* und *stores* zur Besichtigung freigegeben. Damit entsteht zwangsläufig der Eindruck eines prosperierenden Städtchens, das fast ausschließlich von emsigen *artisans* und *merchants* bewohnt ist. Diese Schwerpunktsetzung ist wiederum auf die Vorlieben der Besucher abgestimmt, bei denen *craft and country*-Idyllen gut ankommen, und deren Repräsentationen in Form von reproduzierten Artefakten gerne käuflich erworben werden. Am Stadtrand Colonial Williamsburgs hat man inzwischen ein Arreal mit sogenannten *rural trades* eingerichtet, führt dort also handwerkliche Gewerbe vor, die in der historischen Hauptstadt überhaupt nicht ausgeübt wurden. Was Colonial Williamsburg zufolge für den heutigen Touristen "relief and escape from the pressures of modern life" ist, stellte im 18. Jahrhundert Technologie auf der Höhe der Zeit dar.[347] Es diente nicht der Verwirk-

---

[344] *Orientation Walk*, Colonial Williamsburg, 06.05.1997.

[345] "[B]ecause the tea table was owned by the gentry, it serves as an identifying token for 'white' and 'gentry' ethnicity; under this epistemological regime, it cannot serve in the museum to represent black history. [...] This definition of cultural ownership reproduces the logic of possessive individualism and private property characteristic of contemporary capitalist society." Eric Gable, Richard Handler and Anna Lawson, "On the Uses of Relativism: Fact, Conjecture, and Black and White Histories at Colonial Williamsburg," *American Ethnologist* 19.4 (November 1992): 797.

[346] Wells "Interior Designs" 105.

[347] Colonial Williamsburg Foundation, *Planning a Future for the Past. The President's Report* (Williamsburg, Va.: Colonial Williamsburg Foundation 1972) 15.

lichung romantischer Vorstellungen, sondern der profanen Sicherung des Lebensunterhalts. In der *historic site* jedoch gehen freundliche Handwerker in gemütlicher Atmosphäre ihrer Arbeit nach. Ihre Werkstätten sind mit allem nur erdenklichen Gerät ausgestattet und in schmucken Häusern untergebracht. Wie die meisten Museumsdörfer vermittelt Colonial Williamsburg eine vorindustrielle „Arbeitsromantik"[348], die kaum etwas mit den Realitäten der Vergangenheit gemein hat.

Dem Publikum wird, so ist zu resümieren, die eigenständige Deutung des Raumes erschwert. Die mit dem Auge wahrnehmbaren Zeichen setzen sich fast zwangsläufig zu einem kleinstädtischen Arkadien zusammen. Der Besucher schätzt die Beschaulichkeit der Stadt samt ihrer *craft demonstrations* und *shops*. Die vorindustrielle Idylle suggeriert eine Ursprünglichkeit, die der modernen Welt scheinbar abhanden gekommen ist und Colonial Williamsburg zum Zufluchtsort "in an increasingly complex and diverse world" erhebt.[349] Kaum einer der Besucher würde letztendlich die Errungenschaften des heutigen Lebensstandards gegen die beschwerlichen Bedingungen der Vergangenheit eintauschen wollen. Da er sich mit letzteren in Colonial Williamsburg jedoch nicht direkt auseinandersetzen muß, steht einer Hingabe an eskapistische Sehnsüchte nichts entgegen. Der Anblick der handwerklich-ländlichen Ursprünglichkeit verleitet die Mehrheit der Besucher dazu zu vergessen, daß durch die Präsentation der *merchants* und *skilled artisans* gerade die Anfänge jener Moderne gefeiert werden, deren Hektik, Undurchschaubarkeit und entfremdende Wirkungen heute oftmals Gegenstand von Klagen sind. Das Erscheinungsbild der *historic area* ist von einer idealtypischen Repräsentation historischer Gegebenheiten weit entfernt, besonders wenn man bedenkt, daß Colonial Williamsburg für sich in Anspruch nimmt, die historische Entwicklung der gesamten Kolonie, ja ganz Amerikas, in der vorrevolutionären Zeit zu verkörpern. Die starke Semantisierung des optischen Raumes führt dazu, daß kaum einer jener Ansprüche eingelöst wird, die im programmatischen Diskurs der Institution hochgehalten werden. Stattdessen wird in Colonial Williamsburg "die ästhetische Form selbst [...] zum historischen Inhalt".[350] Die Museumsverantwortlichen wissen um die irreführende Wirkung des visuellen Erscheinungsbildes der *historic area*, argumentieren jedoch, daß gerade dadurch die Neugier des Besuchers geweckt werde, hinter den

---

[348] Michael H. Faber, "Freilichtmuseen–Abbilder historischer Realität?" *Museumspädagogik. Grundlagen und Praxisberichte*, Hg. Marie-Louise Schmeer-Sturm, Jutta Thinesse-Dermel, Kurt Ulbricht und Hildegard Vieregg (Baltmannsweiler: Pädagogischer Verlag Burgbücherei Schneider 1990): 179.

[349] Beitzel, "Summoning the Heroes" 10.

[350] Jörn Rüsen, "Für eine Didaktik historischer Museen," *Geschichte sehen. Beiträge zur Ästhetik historischer Museen*, Geschichtsdidaktik. Studien, Materialien, Neue Folge, Bd.1, Hg. Jörn Rüsen, Wolfgang Ernst und Heinrich Theodor Grütter (Pfaffenweiler: Centaurus 1988): 12f.

optischen Schein zu blicken: "Picture-perfect Williamsburg! A beguiling half-truth invites time travelers to discover the rest of the story around the corner."[351]

Der Tourist hat im Verlauf seines bisherigen Aufenthaltes Informationen erhalten, die überwiegend die hochkulturellen Aspekte der porträtierten Epoche betrafen, eine vereinfachte Auslegung der Revolutionsereignisse bereitstellten und eine visuelle Idyllisierung der historischen Wirklichkeit vornahmen. Nun interessiert, ob es im Zuge der verbalen und theatralischen Vermittlung gelingt "to help visitors see beyond Williamsburg's picture-postcard reputation and to appreciate the substantive historical issues that can make their encounter with the past deep and enduring."[352]

2.6 Traditionelles Führungsprogramm und *historical characters*

Nachdem der Besucher einen ersten visuellen Eindruck von der präsentierten historischen Wirklichkeit erhalten hat, steht es ihm frei, das Museumsdorf in Eigenregie zu erkunden, an einer der zahlreichen Führungen teilzunehmen oder den nachgespielten Diskussionen und Szenarien zwischen kostümierten Schauspielern beizuwohnen. Es wurde bereits darauf hingewiesen, daß Colonial Williamsburg eine Vielfalt von Vermittlungsangeboten offeriert. An jedem beliebigen Tag wartet die Stätte mit über 40 *tours, theatrical skits* und *first-person interpretation programs* auf, die unterschiedlichen Themen gewidmet sind und sich zeitlich überschneiden. Das Bild, welches sich der Museumsgänger von der reproduzierten Vergangenheit machen kann, darauf sei hier bereits hingewiesen, wird von diesem Umstand in nicht unerheblichem Maße mitgeprägt. Die große Zahl an themenspezifischen Veranstaltungen suggeriert eine differenzierte und vollständige Aufarbeitung der Geschichte der Kolonialstadt. Sie täuscht jedoch über den wichtigen Umstand hinweg, daß jede museale Präsentation, bediene sie sich der *living history* oder herkömmlicher Kommunikationstechniken, eine Auswahl dessen zu treffen hat, was dem Touristen gezeigt werden soll. Sowohl die oben erläuterten programmatischen Intentionen als auch die Schwerpunktsetzung der Einführungsveranstaltungen lassen Zweifel daran aufkommen, daß die inhaltlichen Selektionen Colonial Williamsburgs idealtypischer Natur sind.[353] Geht man von einer Repräsentation historischer Wirklichkeit aus,

---

[351] Carson, *Becoming Americans* 2.

[352] Ebd. 3.

[353] In den Jahren vor Einführung der *theatrical interpretation* und der programmatischen Hinwendung zur Konfliktbetonung pflegte die Stätte zudem, das Augenmerk der Besucher auf *mainstream events* zu lenken, die wenig kontroverses Potential beinhalteten. So wurde etwa im Einführungsfilm lediglich auf die wiedererrichteten Sklavenquartiere im 8 Meilen entfernten *Carter's Grove* verwiesen, nicht jedoch auf

die zwar nicht vollständig, aber idealtypisch ist, so bleibt dennoch die Tatsache bestehen, daß der Durchschnittstourist das reichhaltige Informationsangebot im Verlauf eines Besuches nicht in seiner Gesamtheit wahrnehmen kann. Die meisten Gäste wollen in Colonial Williamsburg Urlaub machen, dabei das eine oder andere lernen und die begrenzte Zeit gemäß ihrer eigenen Präferenzen nutzen: "They're coming to learn, but they want some fun, too. This is their vacation," wie eine Museumsmitarbeiterin die Absichten des Publikums zusammenfaßt.[354] Die Mehrheit der Besucher kann oder möchte sich keinen Überblick über den historischen Gesamt-kontext verschaffen. Sie werden das Museumsdorf mit einer doppelt gefilterten Wahrnehmung verlassen. Diese ist zum einen durch die einseitigen inhaltlichen Selektionen geprägt, die Colonial Williamsburg bei der Darstellung von Geschichte vornimmt, wie die nachfolgenden Untersuchungen noch zeigen werden. Sie hängt zum anderen von den Restriktionen persönlicher Vorlieben und zeitlicher Möglichkeiten ab, nach deren Vorgabe der Aufenthalt in der *historic area* individuell gestaltet wird. Die ausschnitthafte Inanspruchnahme von themenspezifischen Veranstaltungen ist überdies zur Förderung des irreführenden Eindrucks geeignet, man könne Geschichte wie ein Puzzle oder Mosaik zusammen-setzen und vollständig erklären, wenn man nur genügend Teile gesammelt hat.[355] Die Möglichkeit zur freien Auswahl aus einem breitgefächerten Veranstaltungsangebot, die zunächst einmal sinnvoll erscheint, droht bei näherem Hinsehen geschichtliches Verständnis zu einer Frage der Quantität zu verkürzen.

In der nachfolgenden Untersuchung wird eine repräsentative Auswahl an Beispielen getroffen, die im wesentlichen die Empfehlungen umfaßt, die Colonial Williamsburg dem *first time visitor* nahelegt. Dabei sollen zunächst jene Veranstaltungen besprochen werden, die seit längerem zum Vermittlungsrepertoire der Stätte gehören, also konventionelle Führungen und Darbietungen der *costumed interpreters*, die nicht im engeren Sinne Teil der jüngst implementierten *theatrical interpretation* sind.[356]

---

die in Colonial Williamsburg stattfindende Führung *The Other Half* aufmerksam gemacht, um nur ein Beispiel zu nennen. Der *orientation film* ist bislang unverändert geblieben, doch ingesamt betrachtet wird der Museumsgänger inzwischen verstärkt auf Veranstaltungen hingewiesen, die in Gestalt der Geschichte der afro-amerikani-schen Sklaven konkurrierende Inhalte kommunizieren.

[354] Interview mit Peggy MacDonald Howells, *Manager Professional Services*, Colonial Williamsburg, 09.05.1997.

[355] Vgl. Eric Gable and Richard Handler, "Deep Dirt: Messing up the Past at Colonial Williamsburg," *Social Analysis. Journal of Social and Cultural Practices* 34 (Dec. 1993): 4.

[356] Kapitel 2.6.1 stellt eine überarbeitete Fassung des entsprechenden Kapitels aus meiner Diplomarbeit dar. Vgl. Schindler, *Die Vermittlung von Geschichte in Colonial Williamsburg* 30-42.

2.6.1 *Patriots* und *loyalists*

Obgleich die Kolonialzeit namensgebender Gegenstand Colonial Williams-
burgs ist, stellt die Darbietung der Revolutionsereignisse ein zentrales
Thema dar, mit dem das Publikum, wie gesehen, bereits vor dem eigent-
lichen Aufenthalt in der *historic area* durch den Film *Williamsburg–The
Story of a Patriot* konfrontiert wird. Im Museumsdorf wird die historische
Entwicklung bis zur Erklärung der Unabhängigkeit vom englischen
Mutterland unter anderem in der *Raleigh Tavern* exemplifiziert, zu deren
Besuch der touristische Neuankömmling im *Visitor's Companion*
ausdrücklich angehalten wird. Im Rahmen der Veranstaltung "Liberty and
Loyalty–The Paradoxes and Contradictions" hat er dort die Möglichkeit,
einem nachgespielten Meinungsaustausch zwischen einem loyalistischen
und einem patriotischen Vertreter zu verfolgen.[357] Ein *third-person
interpreter* läßt das Publikum im Vorfeld wissen, daß die Kolonisten in
Virginia soeben von der *Boston Tea Party* erfahren hätten. Die Zuschauer
werden aufgefordert herauszufinden, welcher der beiden Diskussionsteil-
nehmer dem patriotischen beziehungsweise dem königstreuen Lager
zuzuordnen ist.

Nachdem die Touristen in einem der Räume Platz genommen haben,
erscheinen zwei kostümierte *character interpreters*, die sich als John und
Peyton Randolph vorstellen.[358] "Gentlemen and ladies! My brother, Peyton
Randolph, [...] has spoken to his brother about principles and has pointed
out that this tax on tea is a violation of British liberty. And how it should
never be paid, because the tax act was not made by the legislative of North
America [...]," führt John in die Thematik ein und fügt aufgebracht hinzu:
"He will defend men who will take other men's property and destroy this
property! Ten thousand pounds sterling worth of tea! [...] We should put
an end to this unhappy, unnatural contest between Great Britain and its
North American dependencies [...]. Our sympathies towards Boston will
do us no good. [...]" Peyton Randolph vertritt die dem Publikum vertraute
Gegenposition. "It is not a matter of sympathy towards Boston. [...] It's a
matter of principle!" betont er, und weiter:

> The tax was levied by Parliament, by Great Britain, to be collected here. It is
> not legal for Parliament to do that, any more than it is for *me* as a citizen or
> as the Speaker of the House of Burgesses to [...] levy a tax, and legislate
> here, and collect it in the streets of London. I have no such jurisdiction. Nor
> do they. For a quite simple reason that is based on one thing: That they may
> not be taxed without the consent of those who represent them. There's no

---

[357] Sofern nicht anders angegeben sind die nachfolgenden Zitate entnommen aus:
"Liberty and Loyalty: The Paradoxes and Contradictions," *Raleigh Tavern*, Colonial
Williamsburg, 08.05.1997.
[358] Siehe Anhang, Abb. 17.

one here who represents anyone from Parliament, Parliament does not represent anyone from here in Virginia or in Massachussetts Bay.

Sein Bruder beharrt auf seiner Sichtweise: "[...] I don't ask anything, but to make clear our undying loyalty [and] to separate ourselves from those men of the North, who have acted in violation of all reason and of English liberty by destroying other men's property [...]," führt er erneut sein Argument an, das im Vergleich zur Beweisführung seines Bruders kleinlich und weniger schlagkräftig wirkt. Peyton lehnt eine Distanzierung Virginias von der nördlichen Kolonie ab, da man eng mit Massachusetts verbunden sei, "economically, and legally, and by heritage." Im vorliegenden Machtkampf dürfe man nicht klein beigeben: "[The tax on tea] is left there— not to raise revenue, because we know that the amount of money it raises is pitiable! It costs more to collect it than they raise! Except, it is a symbol to prove that Parliament has the right to do this," beendet Peyton den Schlagabtausch und drängt die Bedenken seines Gegenübers somit in den Hintergrund. Die Besucher verlassen unter Führung des *third-person interpreter* den Raum.

Die Gegenüberstellung des ungleichen Brüderpaares skizziert exemplarisch die konträren Einschätzungen und Rechtfertigungsstrategien, denen die Kolonisten vor dem Ausbruch der militärischen Auseinandersetzungen anhingen. Der Dialog illustriert, daß die Trennung der unterschiedlichen Lager nicht entlang sozioökonomischer Klassen verlief, sondern oftmals Spaltungen innerhalb dieser Gruppen vorlagen, die auch Mitglieder derselben Familie zueinander in Opposition setzten. Die Besucher konnten bei genauerem Hinhören erkennen, daß in der Auseinandersetzung mit dem Mutterland Argumente verwendet wurden, die nicht originär amerikanisch waren, sondern auf das Erbe der englischen Freiheiten und Rechte rekurrierten. Freilich werden diese auf den plakativen und dem modernen Zeitgenossen bereits geläufigen Grundsatz "No taxation without representation" reduziert und zeitigten insofern keinen nennenswerten Wissenszuwachs.

Diejenigen Museumsgänger, die sich von der didaktischen Nachbereitung durch den *third-person interpreter* eine umfassendere Erläuterung oder Einbettung des Geschauten in den ideellen Kontext der porträtierten Epoche erwarten, werden enttäuscht. Die Mitarbeiterin leistet bloß eine persönlichkeitsfixierte Perspektivierung der Diskussion. "Well, what's your decision, folks? Was John Randolph a loyalist or a patriot?," fragt sie. Die Besucher identifizierten John Randolph als königstreu und erhalten dann eine Deutung, die unterschwellig dem Patrioten zu mehr Ansehen verhilft. Ausgerechnet der Loyalist wird mit einer wenig respektvollen Anekdote bedacht, die rückwirkend auch die Validität seiner Argumente untergräbt:

> Definitely. Definitely so. In 1775, [...] he would go to England with his family [...]. He has not returned until he died. If you visit the chapel at the College of William and Mary you will know that John Randolph [is] buried there. You know, back in the 18th century, if someone died, for them to get them back here to Virginia, they would put them in a keg of rum. And they said, 'Old John came back in better spirits than when he left!' [Besucher lachen.]

Die weitere Lebensgeschichte Peyton Randolphs wird hingegen mit dem nötigen Ernst und großer Ehrerbietung vorgetragen und dessen patriotische Position mit einer Aura des Ehrenhaften versehen:

> So, you decided Peyton Randolph was a patriot. A very great patriot, may I add, because he was President of the First Continental Congress in the year 1774 and died during the Second Continental Congress, in 1775 [...] and also was known as the father of our country before George Washington. So, if he had lived on beyond his 53 years [...], he would have been the first President of the United States.

Obgleich der nachgestellte historische Zeitpunkt dies nicht selbstredend zuläßt, wird den Befürwortern der Revolution vorauseilend Recht gegeben. Der patriotische Grundtenor, den bereits der Film *Williamsburg–The Story of a Patriot* angeschlagen hatte, findet hier unterschwellig seine Fortsetzung und ist geeignet, die ebenso vereinfachte wie eingängige Deutung der Revolution als ein Ereignis zu bestätigen, das unausweichlich war und geradlinig zur Konstituierung der Vereinigten Staaten führte. Es ist im Interesse der unmittelbaren Verständlichkeit des Gezeigten unabdingbar, daß in nachgestellten Debatten zwischen *costumed interpreters* eine Komplexitätsreduktion vorgenommen wird, die die zentralen Argumente klar herauskristallisiert und auf das wesentliche zuspitzt, was im Falle des zitierten Beispieles gelang. Zu kritisieren ist jedoch, daß die Mitarbeiterin die didaktischen Möglichkeiten, die einem *third-person interpreter* bei der Erklärung abstrakter historischer Konzepte zur Verfügung stehen, nicht ausschöpft. Sie versäumt es, über die Betrachtung historischer Persönlichkeiten hinauszugehen, um die ideellen, insbesondere staats- und gesellschaftstheoretischen Grundlagen der geschichtlichen Entwicklung einzubinden. Der Besucher kann somit den verkürzten Eindruck gewinnen, die wirtschaftliche Ausbeutung der Kolonien durch das Mutterland habe eine originär amerikanische Freiheitsliebe entfacht, die getragen von rechtschaffenen und heldenhaften *patriot leaders* schließlich selbstredend zum Zusammenschluß der Kolonien und zur Revolution geführt habe. Damit sind jedoch lediglich einseitige Teilaspekte der historischen Entwicklung erfaßt, die den meisten Besuchern überdies schon vor ihrem Aufenthalt im Museum bekannt gewesen sein dürften.

Bis vor kurzem stellten Auseinandersetzungen nach Art der *genteel discussions* in der *Raleigh Tavern* die einzig wahrnehmbaren Anzeichen

von Disharmonie in der präsentierten *historical community* dar. Es wurde
mithin suggeriert, daß Divergenzen in der vorrevolutionären Gesellschaft
nur in Form von Diskussionen um Konsens oder Dissens mit dem
Mutterland virulent wurden. Konflikten wurde stets eine gesamtamerikanische Dimension unterstellt, was auf Kosten der Präsentation von
sozialen, zwischenmenschlichen oder gar interethnischen Konflikten und
damit der Einlösung von zentralen programmatischen Zielsetzungen der
Stätte ging. Beeinflußt durch die eindimensionale Geschichtsdeutung des
Films *Williamsburg–The Story of a Patriot* und eingebettet in die
idyllisierende Rhetorik des Stadtbildes wurde so ein reduktionistisches und
übermäßig pazifistisches Bild vergangener Wirklichkeit gezeichnet, das
den Ansprüchen einer kritischen Sozialgeschichte nicht gerecht wurde. Wie
noch zu sehen sein wird, ist diese simplifizierte Botschaft inzwischen
dadurch modifiziert worden, daß dem Thema der Sklaverei ein prominenter
Platz im gegenwärtigen Vermittlungskanon eingeräumt wird. Im folgenden
interessiert, wie diese beiden Gruppen der kolonialen Gesellschaft, die
patriotische Elite und die afro-amerikanischen Sklaven, zur Darstellung
kommen und wie sie zueinander in Bezug gesetzt werden.

2.6.2 Die Elite

Der Besucher wurde bereits im Einführungsprogramm der Stätte zur
Genüge auf die Präsenz der (vor-)revolutionären Führungsriege aufmerksam gemacht. Dabei standen einseitig selektive Aspekte wie der kultivierte
Lebensstil, die Integrität, Charakterstärke und politische Weitsicht der
Patrioten im Mittelpunkt. Im Prolog zu *Williamsburg–The Story of a
Patriot* wurde zugleich angekündigt, daß die Vermittlung *on site* ein
differenzierteres Bild der Elite zeichnen und eine synthetisierte Darstellung
"[of] the role of the common man, the black slaves, the women and
children, as well as the leaders and patriots" leisten werde.[359] Ein Gebäude,
das für eine derartige Zusammenschau der diversen Subkollektive in
hohem Maße geeignet ist, ist der *Governor's Palace*.[360] An seinem Beispiel
kann der Charakter der binnengesellschaftlichen Strukturen und Bezüge
idealtypisch verdeutlicht werden, kreuzten sich dort doch verschiedene
koloniale Lebenswelten, darunter diejenigen der adligen englischen
Familienmitglieder, der Besucher, der Bediensteten und Sklaven, die wie
die gesamte Bevölkerung Williamsburgs durch Rasse, Nationalität und
Status gespalten waren.[361] Entgegen den programmatischen Intentionen der
Stätte leisten die Führungen durch das Gebäude in der Regel jedoch keine
Darstellung, die das soziale Umfeld des Gouverneurs "from top to bottom"

---

[359] *Williamsburg–The Story of a Patriot.*
[360] Siehe Anhang, Abb. 18.
[361] Wells, "Interior Designs" 105 und Van West und Hoffschwelle, "Interpretation" 159.

behandelt.[362] Der *Palace* gilt als Prunkstück des Museumsdorfes und als solches wird es dem Besucher präsentiert. Er wird ausschließlich als Kristallisationspunkt der politischen Elite, als Machtzentrum des kolonialen Virginia und Schauplatz rauschender Ballnächte gekennzeichnet. Der zeitgenössische Tourist erfährt nicht, daß afro-amerikanische Sklaven über die Hälfte des Personals stellten und erhält auch keinen Einblick in die Situation der dort lebenden Frauen, Kinder und weiterer Bediensteten. Demgegenüber kommen die *guides* mit auffallender Regelmäßigkeit auf die prunkvolle Inneneinrichtung des *Palace* zu sprechen und rücken damit zugleich die kostenintensiven Rekonstruktionsmaßnahmen in den Vordergrund, die das Museum in den achtziger Jahren getätigt hat. Der zeitgenössische Gast verläßt den *Governor's Palace* mit einem romantisierten Bild vom Lebensstil der oberen Gesellschaftsschicht. In den Führungen wird keine *histoire totale* vermittelt, sondern es werden nur Ausschnitte gezeigt, die die Vergangenheit im Licht von Eleganz und Kultiviertheit, von "dignity and authority" erstrahlen lassen.[363]

Dieses Muster, das eine verzerrende Fokussierung auf historische Teilaspekte vornimmt und diese zugleich dekontextualisiert, findet in anderen *tours* eine Rekurrenz, so etwa im *orientation walk*. Dieser Führung schließen sich nahezu alle Besucher der *historical area* an, um einen Überblick über die rekonstruierte geschichtliche Wirklichkeit Colonial Williamsburgs zu erhalten. Auf dem Rundgang durch die Straßen des Museumsdorfes wird der Teilnehmer unter anderem über den *gentleman scholar* George Wythe unterrichtet. Die dabei thematisierten Gesichtspunkte scheinen auf den ersten Blick geeignet, ein ausgewogenes Porträt des Mannes zu zeichnen. So wird im Verlauf der Erklärungen zum Anwesen der Wythes nicht verschwiegen, daß die Familie zu den größten Sklavenhaltern der Kolonie Virginia zählte: "Mr. Wythe had 13 slaves living on this [property] and this is his town house, this is not his country house. [...] So, it needs 13 slaves to support the life-style of just a couple and to keep them in the social strata that they were so used to."[364] Diese in Ansätzen kritischen Informationen werden von der Führerin jedoch wieder in den Hintergrund gedrängt, indem sie abschließend diejenigen Charakteristika Wythes hervorhebt, die die Erinnerung an ihn vor allem prägen sollen:

> George Wythe is a signer of the Declaration of Independence. [...] He's really kind of famous, because he taught Thomas Jefferson how to be a lawyer. [...] Mr. Wythe believed slavery should have been abolished in the Declaration of Independence and as a man of his word he really meant it. He

---

[362] Carson, "Lost in the Fun House" 146.
[363] Führungen durch den *Governor's Palace*, Colonial Williamsburg, 07.05.1997 und 08.05.1997.
[364] *Orientation walk*, Colonial Williamsburg, 06.05.1997.

> freed his slaves and then hired them back as employees. So, he's a fine,
> wonderful gentleman and if you get a chance, go visit his house![365]

Im *Wythe House* selbst werden alle Anzeichen eines Haushalts, der einzig durch die Arbeit von Sklaven bestellt wird, durch die visuelle Rhetorik des Interieurs negiert. Doch auch die verbalen Erläuterungen der dort postierten *third-person interpreters* blenden diesen Umstand aus und leisten keine Zusammenschau der Lebensumstände aller Haushaltsmitglieder. Auf die Frage, wie viele Personen im *Wythe House* gemeinhin zugegen waren, verweist die Mitarbeiterin die Präsenz der Sklaven nach draußen in die *outbuildings* und zieht es vor, die Rolle des Anwesens als gesellschaftlicher Treffpunkt in den Vordergrund zu rücken:

> Just two [people lived here]. Mr. and Mrs. Wythe had no children, but you
> have to remember - a lot of guests would be coming. So, Mrs. Wythe is
> always prepared for an extra meal at the table, or an extra person at the
> table, or there's actually people sleeping [here]. [...] They had 15 to 17
> slaves out there. It is [...] a large house, but you have to remember that there
> would be a lot of guests.[366]

Wie im *Governor's Palace* stehen auch hier diejenigen Aktivitäten im Vordergrund, die den hohen sozialen Status der Bewohner markieren. Der private Alltag der *gentry* wird nicht dargestellt.

Die Hervorhebung der Lebenswelt der Elite ist jedoch nicht nur eine Frage der Quantität und des Inhalts, sondern auch des Stils. Bei den inszenierten Diskussionen in der *Raleigh Tavern* wird den Besuchern, wie auch bei anderen Veranstaltungen üblich, die Rolle des *common folk* zugeschrieben. Bevor die *historical characters* den Raum betreten und über die *Boston Tea Party* ins Gespräch kommen, erklärt ein *third-person interpreter* nicht nur, was den Zuschauer erwartet, sondern auch, was von ihm erwartet wird: Eine respektvolle Haltung gegenüber den nachgespielten Exponenten der Elite an den Tag zu legen:

> I won't be offering you *these* chairs. We are waiting for two gentlemen who
> will be joining us. [...] What we're doing is we're waiting here for just a
> little while until we can go into the billiard room. What we're doing is, we're
> interjecting on these gentlemen's private space until the rest of the club joins
> them, and so we're actually quite apologetic we're waiting here [...].[367]

---

[365] *Orientation walk*, Colonial Williamsburg, 06.05.1997.
[366] Gespräch mit einem der *costumed interpreters* im *Wythe House*, Colonial Williamsburg, 06.05.1997.
[367] "Liberty and Loyalty: The Paradoxes and Contradictions," *Raleigh Tavern*, Colonial Williamsburg, 08.05.1997.

Auffallend ist zudem die Tendenz, die Vertreter der *middling sorts* in den diversen Darbietungen parodistisch zu überzeichnen. So hat etwa der Kaufmann Powell im Rahmen der Diskussion "Liberty and Loyalty: The Paradoxes and Contradictions" durch übertriebene Mimik und Gestik sowie spitzfindiges Kontern der Ansichten seines Gesprächspartners für unterhaltsame Auflockerung in der *Raleigh Tavern* zu sorgen. Von einer Parodierung der Elite Williamsburgs sieht man hingegen ab. Die Mitglieder der *gentry* strahlen stets vornehme Würde und Erhabenheit aus.

Entgegen der erklärten Absichten der Stätte gelingt es im Rahmen dieser für Colonial Williamsburg traditionellen Vermittlungsmodi nicht, die obere Schicht in den Kontext einer lebendigen, städtischen *community* einzubinden. Sie wird isoliert von demjenigen Teil ihrer sozialen Umwelt präsentiert, der nichts mit gesellschaftlichem Glanz, politischer Macht oder den tradierten geistigen Leistungen der Vorväter im engeren Sinne zu tun hat. Geschichte, so muß der Besucher aus den bislang vorgestellten Führungen und Veranstaltungen schließen, wird von großen Persönlichkeiten gemacht, die aufgrund ihrer Charakterstärke und individuellen Lauterkeit einen naturgegebenen Führungsanspruch besitzen, den sie im Interesse der Zeitgenossen und der nachfolgenden Generationen geltend machen. Obwohl sich in dieser Deutung Elemente der historisch durchaus relevanten Idee des *natural aristocrat* abzeichnen, wird der Besucher diese Information nicht einordnen und deren Implikationen für die politischen Ordnungsvorstellungen nicht verstehen können, da keine explizite Objektivierung oder Problematisierung des Konzepts stattfindet. Obgleich es zutrifft, daß die Elite eine herausragende Rolle in der Amerikanischen Revolution und der nachfolgenden Konstituierung der Vereinigten Staaten gespielt hat, widerspricht die Ausblendung ihres alltäglichen sozialen Umfeldes der eigentlichen Zweckbestimmung. Sie führt darüber hinaus zu einer verzerrten Wahrnehmung der gesellschaftlichen Oberschicht, die ausschließlich den überkommenen, patriotisch konnotierten, zivilreligiösen Diskurs personifiziert, den das Museum, wie gesehen, bis heute pflegt. Die *founding fathers* werden durch die Aussparung unliebsamer oder profaner Details als vorausschauende, wohlmeinende Patriarchen gezeichnet. Unter Inkaufnahme großer persönlicher und materieller Risiken, so scheint es, kämpften sie selbstlos für die Freiheit und Gleichheit aller. Da Colonial Williamsburg die *patriot leaders* derart exponiert, kann sich das heroisierte Bild dieser historischen Figuren im Kopf des Besuchers auf die amerikanische Geschichte als Ganzes übertragen.[368] Allerdings erhält der Tourist in der von afro-amerikanischen Mitarbeitern geführten *Other Half Tour* sowie in einigen der noch zu behandelnden schauspielerischen

---

[368] Einigen der *founding fathers* sind zusätzlich Führungen gewidmet, so etwa *The Williamsburg Washington Knew* und *Thomas Jefferson in Williamsburg*. Diese beiden Vertreter der revolutionären Elite sowie Patrick Henry empfangen zudem im Garten des *Governor Palace* regelmäßig "A Public Audience."

Szenarien der *theatrical interpretation* Informationen über die Institution der Sklaverei, die prinzipiell geeignet sind, die idealisierten Deutungen der bislang vorgetragenen Führungen und Veranstaltungen zu konterkarieren.

2.6.3 *The Other Half*

Wie im historischen Überblick dargestellt, hat das Thema der Sklaverei erst im Zuge der sozialgeschichtlich inspirierten Neuerungen seit den achtziger Jahren eine merkliche Präsenz in Colonial Williamsburg erlangt. Bis zum Jahr 1999, in dem "Enslaving Virginia" in den Mittelpunkt zahlreicher Veranstaltungen rückte, waren die *black history programs* unter der Kategorie der *special interest tours* aufgeführt und somit an der Peripherie des Vermittlungskanons angesiedelt. Sämtliche Führungen, die nicht von den Mitarbeitern des *Department of African-American Interpretation and Presentation* entworfen und geleitet wurden, gaben nur sporadische Hinweise auf das Leben der Sklaven in der kolonialen Hauptstadt und definierten die Sklaverei ausschließlich in ökonomischen Kategorien, ohne auf die rechtlichen, politischen und kulturellen Strukturen der Institution einzugehen.[369] Wie in den vergangenen Jahren trifft es auch gegenwärtig zu, daß sich der an diesem Thema interessierte Tourist bewußt für *The Other Half Tour* entscheiden muß, um einschlägige Auskünfte zu erhalten. Bis heute reichen weder die Einführungsfilme des *Visitor Center*, noch die bloße Betrachtung der historischen Kulisse aus, um einen annähernd repräsentativen Eindruck der ethnischen Komposition der *historical community* und der Lebenswelt der Sklaven zu gewinnen. Seit 1999 ist das Vermittlungsprogramm der Stätte allerdings derart gestaltet, daß kaum ein Museumsgänger die *historic area* verlassen kann, ohne auf die eine oder andere Weise mit verschiedenen Aspekten der *black history* in Berührung gekommen zu sein. Im genannten Jahr bildete das Thema der Sklaverei im Kontext der amerikanischen Revolution den Blickfang auf der Titelseite des *Visitor Companion*. In einem Leitartikel wird der Besucher darauf aufmerksam gemacht "that separation from Great Britain is not the only thing on the minds of Williamsburg's 18th-century residents." Sowohl die

---

[369] Im Rahmen des *orientation walk* am 06.05.1997 bringt die weiße Führerin die Institutionalisierung der Sklaverei in Virginia ausschließlich in einen wirtschaftlichen Erklärungszusammenhang: "You need two things to grow tobacco: land and labor. Land is no problem here. Labor was. And that's where the slave trade started. It started by bringing indentured servants from England [...] and when they got over here, they pretty much could assimilate right into the culture. So, they could run away and nobody could find them and they'd lose their labor source. So, what they found that they would be doing is, they were using Africa as a source. These people were yanked out of their culture, they didn't know the language, they were easily ... [zögert]. You could discern who they were just by their color. So, you had this influx of black slaves." *Orientation walk*, Colonial Williamsburg, 06.05.1997.

schwarzen als auch die weißen Bewohner der Kolonialstadt, wird darin erläutert, versuchten am Vorabend der Revolution, die Auswirkungen abzuschätzen, die eine Unabhängigkeitserklärung von England auf die Gesellschaftsstruktur vor Ort haben könnte.[370] "Many free and enslaved blacks are questioning how the white colonists can debate about their need for freedom, while allowing none to a large percentage of Williamsburg's population," benennt der Artikel das fundamentale historische Dilemma und definiert die inhaltlichen Ziele der diversen Vermittlungsprogramme. Durch sie soll der Besucher zum einen Einblick in "the social, moral and political realities of slavery in colonial Virginia" gewinnen. Zum anderen wird beabsichtigt, die konfliktbehaftete Widersprüchlichkeit vergangener gesellschaftspolitischer Konzepte, Wirklichkeitsdeutungen und Handlungsweisen zu beleuchten. Der Tourist soll insbesondere verstehen "how the ideas of freedom and equality coexisted–and conflicted–with slavery and racism, as Virginians moved toward declaring their independence and establishing a new nation.[371] Museumsgänger, die sich nicht die Mühe machen, den einleitenden Text auf dem *Visitor's Companion* zu lesen, werden heute im *orientation walk* auf das Thema der Sklaverei und die darauf spezialisierten Veranstaltungen hingewiesen. "We're trying to have people understand what it was like to be a slave in 18th century Virginia," wird das ambitionierte Vermittlungsziel vom *guide* benannt.[372]

Ein wichtiger Baustein im Geschichtsbild, das sich der Besucher im Verlauf seines Aufenthaltes von der porträtierten Epoche macht, ist *The Other Half Tour*, die von der museumsinternen Abteilung für *African-American Interpretation and Presentation* konzipiert wurde und ausschließlich von deren Mitgliedern geführt wird.[373] Der Rundgang konzentriert sich vor allem auf jene Gebäude und historischen Figuren, die den *Palace Green* umgeben: den *Governor's Palace*, das *George Wythe House* und das *Robert Carter House*, die die Heimstätten der Elite repräsentieren, sowie das Haus eines Angehörigen der oberen Mittelklasse, Thomas Everard. Zunächst wird die Präsenz von afro-amerikanischen Sklaven in der Kolonie Virginia und in Williamsburg anhand von Zahlenmaterial vergegenwärtigt:

> Here, in the Tidewater area […], 50% percent of the population are people of African birth or descend, with pockets, in some areas, as high as 70%. And here in Colonial Williamsburg, a total of 1880 souls were listed on the census records and of that number 956 or 52% are people of African birth or descend.

[370] Colonial Williamsburg Foundation, *Visitor's Companion For The Week of July 11-17*, brochure, Colonial Williamsburg, 1999, 1.
[371] Ebd.
[372] *Orientation walk*, Colonial Williamsburg, 20.07.1999.
[373] Sofern nicht anders angegeben sind die nachfolgenden Zitate entnommen aus: *The Other Half Tour*, Colonial Williamsburg, 21.07.1999.

Die Führerin korrigiert verbal die Auslassungen des optischen Erscheinungsbildes der Kulisse, das die Anwesenheit der Schwarzen ausblendet. Sie füllt die Lücken jener Veranstaltungen, die sich ausschließlich auf die Geschichte des weißen Bevölkerungsanteils in Williamsburg konzentrieren. "Look at that Everard household here. [...] Look behind the house here at the brick structure. Those are what we call 'outbuildings.' [...] You look over there at the Wythe household. You might have noticed the white outbuildings outside of that huge brick building. Kitchen, laundry, stables and other buildings," weist sie auf die entsprechenden Gebäude hin, während die Gruppe den Palace Green entlangschreitet. "Outbuildings would serve as work areas and living quarters for the slaves on these properties. Because I'm sure many of you are wondering: 'If 50% of the people in this town are people of African-American descent–where are they living?' In the outbuildings on the master's property," stellt sie klar. Diejenigen Besucher, die zuvor den oben skizzierten Rundgang durch den *Governor's Palace* absolviert und keinen Blick hinter die prunkvolle Kulisse des kolonialen Machtzentrums erhalten haben, erfahren nun am konkreten Beispiel, daß sich dahinter auch die Arbeit von Sklaven verbarg:

> Some of the slaves he [Governor Dunmore] had working in his household [...] went over there from time to time as a hired hand to assist the Governor's staff whenever he was entertaining [...]. We know there was another slave by the name of James come out from Carter's Grove, who came in here and assisted his gardener in the keeping of these beautiful gardens. [...] There is one slave that we believe pretty much grew up in the Palace. Came here to Williamsburg when she was young, served five Royal Governors. So, imagine how good she felt when Lord Dunmore, the last of the Royal Governors, came here to Williamsburg, bringing his household staff. And she is able to show Mrs. Scott, Lord Dunmores housekeeper, around that Palace. And give her all the inside information about the running of that household.

Am Kriterium des Sklavenbesitzes zeigt die Führerin, wie die koloniale Stadtbevölkerung nach Sozial- und Rechtsstatus stratifiziert war. Sie erläutert, daß die circa 2% der Einwohner umfassende Oberschicht in der Regel weit über zehn Sklaven auf dem städtischen Anwesen beschäftigte, während die gewerbetreibende Mittelschicht, 12% der Einwohner, gemeinhin etwa fünf Afro-Amerikaner besaß "to *assist* them in their work, not *do* the work, as they are in the gentry households where you have that wealthiest 2-3%." Nur sechs Familien in Williamsburg, so wird erklärt, hatten den Status freier Afro-Amerikaner inne. Außerhalb der Stadt lebten zwischen 200 und 250 freie Schwarze "[who] would be a part of the landscape here during the day, because they would come into the city to conduct business. [...] They need to find a way to earn a living, so that they can *maintain* that freedom [...]." Später erhält der Teilnehmer ausführliche Informationen über die Gruppe der freien Afro-Amerikaner, die sich vornehmlich aus geflüchteten "schooled artisans" zusammensetzte, "because they have something that they can take with them whereby they can earn a living and, after claiming their freedom, can *maintain* it, because they will not become a burden on society." Der Lebensstandard der *free blacks* wird in Bezug zu demjenigen der versklavten Afro-Amerikaner und der überwiegenden Mehrheit der weißen Farmer gesetzt: "They [the free blacks] are living quite modestly. But many of them are living much better than the average slave here in the colony of Virginia. [...] [They] represent a life-style that is shared by [...] most whites and blacks here in the colony of Virginia in the seventeen-hundreds [...]." Zur Überraschung vieler Besucher, denen die Sklaverei ausschließlich als das Eigentumsrecht eines Weißen an afro-amerikanischen Sklaven ein Begriff ist, berichtet die Museumsmitarbeiterin über eine freie schwarze Familie in Williamsburg, die in einem gepachteten *tenant house* lebte. Dieses wurde vor kurzem in der *historic area* nachgebildet und ist für den Touristen zugänglich. "You're gonna find a free black family in that tenant house. Lydia and Joseph Cooper are living there in that household, seven all together [...].You're going to find that Lydia Cooper *owns slaves*. She owns two slaves." Mithilfe dieses Beispiels durchbricht die Führerin die Vorstellung ausschließlich rassistisch motivierter Dominanz der Weißen über die Schwarzen und rückt die zentrale Rolle ökonomischer Notwendigkeiten in den Blickpunkt der Besucher:

> She and her husband have a disagreement over this situation. He [...] does not think that they should own slaves. But at the same time [...] he is [...] relying very much on those slaves, because Lydia [...] has hired them out. They're renting that property. Joseph Cooper, as a painter, is not able to get the paint that he needs in order to ply his trade. And if he can't ply his trade - that means no taxes are being paid, because every male over the age of 16, black or white in this colony, is considered titleable. [...] If they don't pay them, they can be bound out, so that family risks being separated [and] hired out [...]. So, because Lydia is able to hire those slaves out, Joseph doesn't have to worry at this time about he and his family being separated, because of the debts they owe.

The Other Half Tour will die sozioökonomische Komplexität der historischen inter- und intrakollektiven Beziehungen herausarbeiten und dem Besucher vor allen Dingen die visuell nicht erkennbare Omnipräsenz der Afro-Amerikaner in der rekonstruierten geschichtlichen Wirklichkeit vor Augen zu führen: "If you walk around this town with 50% of the population being people of African birth or descend and enslaved - there is not a building in this town that you can't look at and not see a black hand involved somewhere in the running or the construction of that household or that business [...]." "What I want you to understand is that we're looking at human beings. They're creating a life here for themselves, blacks and whites together. They're in and out of each other's spaces constantly," spezifiert der weibliche *guide* das Lernziel der *Other Half Tour*:

In der Folge setzt die Museumsmitarbeiterin ihre Methode der Personalisierung demographischer Daten fort. Der Teilnehmer wird am Beispiel von Einzelschicksalen mit den Lebensumständen der Sklaven vertraut gemacht und zugleich mit verschiedenen Mechanismen der Repression und Instrumentalisierung konfrontiert, denen die Mitglieder der afro-amerikanischen *community* in ihrer oktroyierten Rolle als entrechtetes Eigentum ausgesetzt waren. Eine Proklamation, die der letzte Gouverneur der Kolonie, Lord Dunmore, im Interesse des eigenen Machterhalts 1775 veröffentlichte, illustriert zum einen, wie der versklavte Teil der Bevölkerung in Williamsburg im Rahmen der Auseinandersetzung mit den revolutionären Patrioten als Faustpfand eingesetzt wurde:

> [In] November 1775, he [Lord Dunmore] issued a proclamation promising freedom to these negroes, because, you see, at that time he was losing control of the situation here in the colony of Virginia. [...] And the one way that he felt he would regain that control [...] was by the use of military force. And how is he going to demonstrate that military force, if he does not have an armed force here to side with him? So, where is he gonna get it from? [He is going to] issue a proclamation promising freedom to all the negroes whose masters are in rebellion, arm them, [and] put fear in their [the patriots'] hearts [so they will say:] "Yes, we will do what you say." [...] So, he issued that proclamation to raise more troops to help him put down this rebellion.

Zum anderen, so verdeutlicht die Führerin am Beispiel des Afro-Amerikaners Bristol und des Gerichtsschreibers und zeitweiligen Bürgermeisters Thomas Everard, wurden Sklaven zuweilen als Prestigeobjekte funktionalisiert. Aufstrebende weiße Bürger bedienten sich ihrer, um ihren eigenen gesellschaftlichen Aufstieg voranzutreiben:

> [...] Governor Fauquier, the third-last Royal Governor of the colony of Virginia [...] indicated in his will that his slaves could chose their next master. [...] One of them was an African-born slave by the name of Bristol, baptized in Bruton Parish Church. He might have been the one that opened the door for those gentlemen like George Wythe, George Washington, Thomas Jefferson, whenever they called on the Royal Governor. And, of course, Thomas Everard, being part of the court, he's recording that will and he sees in that will that he can get this valuable slave at three-quarters of his value. Because that was one of the conditions of Governor Fauquier's will. "My slaves chose you, and you can purchase that slave at three-quarters of his or her value." [...] So, Thomas Everard is thinking "I got myself a real bargain here. A gentleman's gentleman," if you will. Thomas Everard was only a member of that upper middling sort [...]. [...] Of course, Mr. Everard

> sees this as an opportunity to ease his way up into that gentry class. He's still
> working, but acquiring Bristol, it just gives him a little bit more credibility
> with those people and that society that he desires so much to be a part of.

Schließlich erfährt der Besucher, wie die menschlichen Grundbedürfnisse der Sklaven manipuliert und zum Zwecke der Durchsetzung der ökonomischen Interessen der Eigentümer instrumentalisiert wurden. In diesem Zusammenhang wird dem Publikum zunächst erläutert, daß Eheschliessungen zwischen Sklaven zwar möglich, aber weder gesetzlich noch kirchlich anerkannt waren, da sie die uneingeschränkte Verfügungsgewalt des Eigentümers über die einzelnen Mitglieder einer Sklavenfamilie beschnitten hätten:

> Slave marriages [...] leave out those words "What God has joined together,
> let no man put asunder," because they are property. And therefore, if they
> use those words, then the slave owner does not have the right to take that
> family and tear it apart, as they so often do when they fall into a monetary
> deficit. And also, when they die, they might not always be able to distribute
> their property in a manner that they so desire.

Viele *slave owners* seien dennoch darauf bedacht gewesen, Familienverbände nicht auseinanderzureißen, so die Führerin. Dabei hätten allerdings nicht humanitäre, sondern monetäre Motive im Vordergrund gestanden, wie am Beispiel Robert Counselor Carters veranschaulicht wird:

> Robert Counselor Carter took to heart the instructions of his ancestor,
> Robert King Carter. Now, Robert King Carter owned over 300.000 acres of
> land and 1000 slaves. And when he was alive, he instructed his children and
> grandchildren to keep slave families together. Why? Robert King Carter was
> not that benevolent. I don't think he really cared so much about the welfare
> of these individuals. He was concerned more with his own personal wealth.
> And he was telling his children and grandchildren [to] keep slave families
> together, because he knew that these are human beings. And human beings
> have certain attachments, certain emotions. And he knew that by keeping
> slave families together, the slaves [that] were making him rich would stay
> put. They wouldn't be apt to run off. [...] And that perhaps meant they
> would more likely be more productive.

In dem Bemühen, die Besucher zumindest ansatzweise in die Lage der Sklaven zu versetzen, wählt die Führerin eine weiße Familie aus dem Kreis der Rundgangsteilnehmer aus, erklärt sie zu Sklaven und schildert, welches Schicksal den Eltern und Kindern nach dem Tod ihres Eigentümers hypothetisch zuteil werden könnte:

> Suppose your family is owned by someone. That old man dies. You have
> grown up with that man's daughter. And he wants you to go with his
> daughter whenever she gets married and has her own household. He might

want your mother to stay and look after his wife. [...] Your father [...], he's gonna go somewhere else. And your brother [...], he's gonna live out on the fields with the fieldhands. So, you see what's gonna happen to that family when your master dies, if you are property?

Auf dem Wege des empathischen Nachvollzugs soll der Besucher erkennen, wodurch "the harshness of slavery" im eigentlichen charakterisiert war: "It's not the physical whip. *That* is the mental whip that slaves received. So, you don't always see the stripes on their backs, because they have been physically whipped, but they *have* been whipped–mentally, psychologically," erläutert die Führerin. "And, of course, sometimes that threat of breaking up a family is used as a way of keeping these individuals in control," beschreibt sie den historisch allgegenwärtigen Unterdrückungsmechanismus.

Im Anschluß daran werden verschiedene Strategien thematisiert, derer sich die Sklaven ihrerseits bedienten, um sich gegen die Repressalien ihrer Eigentümer zu wehren. Der weibliche *guide* schildert einen im geschichtlichen Quellenmaterial dokumentierten Fall, in dem eine Gruppe von Sklavinnen auf die Mißhandlungen durch einen brutalen *overseer* auf der Tabakplantage Landon Carters reagiert. Der *overseer* wirft diesen mangelnde Produktivität vor, was sie mit der Behauptung zurückweisen, schwanger zu sein: "I'm full in the belly." Als die Ernte nicht den erwarteten Ertrag erzielt, bestraft der *overseer* die Frauen mit Peitschenhieben, ein Vorfall, den die Betroffenen mit dem erneuten Hinweis auf ihre Schwangerschaft Landon Carter zur Kenntnis bringen. Dieser lehnt eine derartige Mißhandlung seiner Sklaven ab und entläßt den *overseer*. Die Museumsmitarbeiterin macht klar, daß dieser Fall nur auf den ersten Blick eine Entwicklung darstellt, die für die fremdbestimmten Sklavinnen zufälligerweise günstig verläuft, sondern sich dahinter vielmehr ein gelungenes Beispiel des passiven Widerstandes verbirgt. Die Sklavinnen, so verrät sie, hatten ihren Eigentümer durch die bewußte Verbreitung von Halbwahrheiten manipuliert: "When you look at his [Landon Carter's] diary [...] you're gonna find [that] these women are with child for sometimes 12 and 13 months." Das zitierte Beispiel gewährt somit Einblick in das Repertoire an Überlebensstrategien, das sich die Sklaven aneigneten und in der Regel geschickt zu nutzen wußten: "You see, that's what you call 'using your mother wit' to survive. It's what you call 'using your mother wit' to get over on the master," macht die Führerin die Besucher mit dem einschlägigen Sprachgebrauch bekannt.

Die exemplarische Geschichte dieser Sklavinnen erfüllt indes noch einen weiteren Zweck. Sie steht im Einklang mit dem offenkundigen Bestreben der *Other Half Tour*, die Mitglieder der *slave community* als Persönlichkeiten zu charakterisieren, die im Rahmen ihrer Möglichkeiten souverän agierten und dem modernen Zeitgenossen damit nicht länger als gesichtslose Chiffre in einer demographischen Statistik erscheinen können. Der Besucher soll ermutigt werden "to see black men and women in roles other than servile ones."[374] Die Ausführungen des weiblichen *guide* verleihen den Figuren stets eine Aura der Würde, so etwa im Falle des bereits oben erwähnten Sklaven Bristol, der nach dem Tod von Governor Fauquier vor der Wahl steht, in den mittelständischen Haushalt Thomas Everards zu wechseln und aufgrund seiner respekteinflößenden Persönlichkeit in der Lage ist, über sein Schicksal zu verhandeln:

> He [Thomas Everard] is quite familiar with Bristol, because having served as mayor in Williamsburg, Thomas Everard has called upon the Governor on occasion. He has seen Bristol dressed in his livery of blue and gold, when he's come to that door and welcomed him into that great hall [...], bowing and showing him the proper respect. [...] Remember, I said he [Bristol] was African-born. There is something about Bristol that draws people to him, perhaps. His charisma, the way he carries himself. The way he shows the kind of respect to his betters, perhaps in such a manner that it kind of pushes them up a little bit higher than [...] some others when they are deferring to their betters. [...] Mr. Everard might realize: 'Ok, I need to negociate with this negro.' And he might say to him: 'Well, Bristol, I know you know what it's like to be free, because you were born in Africa where you were free to come and go as you pleased. So, suppose I promise you freedom in my last will and testament, if you will promise to serve me faithfully for the rest of my life.' At that time, Mr. Everard was an old man by 18th-century standards, in his late 50s, and Bristol was still a young man, perhaps in his mid-twenties. He was living well there in the Palace. He has never been whipped. He has never suffered the harshness of some of the other negroes here in Virginia. So, [Bristol is thinking] 'Who am *I*? I can live like this until this old man dies!' So, he decides to come and live in his household.

Auffallend ist zudem die Tendenz der Führerin, den historischen Beispielfiguren nicht nur beträchtliche Handlungsmacht zuzuschreiben, sondern auch moralische Unfehlbarkeit. Die Darstellung von Lydia, einer Sklavin im Haushalt George Wythes, kann dies illustrieren. Lydia wird den Teilnehmern "as a very wise individual" vorgestellt, "looked up to not only by the slave community, but also by the white community of wealth here in Williamsburg at this time." Als Köchin im Hause der Wythes, so wird ausgeführt, habe Lydia eine beherrschende Stellung besetzt, deren Möglichkeiten sie jedoch nicht ausnutzte:

> Lydia was [Wythe's] cook. Very powerful individual on that property, because [...], if Lydia wanted something and Master Wythe and Mrs. Wythe didn't want to grant her wishes, Lydia could mix something with the tea. And remind him 'of that little favor I asked.' But I don't believe, Lydia did that. The reason I say that is, because three days after Mrs. Wythe died,

---

[374] Matthews, "A Colonial Williamsburg Revolution" 7.

> George Wythe freed her [...] But Lydia continued to work for him. So,
> evidently, Mr. Wythe must have treated her rather nicely. [...] She didn't
> have to slip something into his soup or his tea to get what she needed,
> because he was smart enough to know the kind of power that she held as a
> cook, with their health and well-being in her hands, there in that kitchen.[375]

Abschließend erläutert die Führerin, daß eine bloße Anerkennung der
Präsenz der Sklaven nicht ausreicht, um deren geschichtliche Bedeutung
angemessen zu erfassen. Mit dem Ziel, "to get the predominantly white
audience to respect the contributions and talents of black people,"
charakterisiert sie die Sklaven als aktive und unentbehrliche Funktions-
träger der historischen Gesellschaft[376]: "Virginia was the largest and the
wealthiest of the British North American colonies. [...] The economy of
Virginia was based on the blood, the sweat and the tears of the slaves [...],"
betont sie und stellt die Teilhabe der schwarzen Bevölkerung an der
Entwicklung der amerikanischen Demokratie heraus:

> [A]s you look to George Wythe, and Peyton Randolph, and others like them,
> such as George Washington, Thomas Jefferson and Patrick Henry -
> individuals that we call "founding fathers" - I want you to realize that they
> would not have been able to fight the battles, write the documents, and make
> the speeches, if they did not have people like Tom, Isaac, and Zoocky to
> provide those services that would free them from having to do the everyday,
> mundane kind of work. [...] They are just as much a part of the founding of
> our democracy as these men [...].[377]

Freilich erscheint der hier vorgetragene Anspruch insofern übertrieben, als
er suggeriert, die Sklaverei sei geradezu eine unabdingbare Voraussetzung
für die Konstituierung der Vereinigten Staaten gewesen. Diese inkonsi-
stente und wenig differenzierte Argumentationsweise–auch eine bezahlte
work force hätte zur Entlastung der Elite beigetragen–ist als Fehltritt im
Rahmen der ansonsten erfolgreich verlaufenden Aktualisierung "[of] that
other half that has for so long been neglected in the history of our country"
zu sehen.

Umso mehr fällt indes ein anderes Defizit der *Other Half Tour* ins
Gewicht: die Diskontinuität der Darstellung. Die Sklaverei wird als ein in
sich abgeschlossener Komplex behandelt, der mit der Revolution endet. Sie
wird weder als Ursache und Katalysator des amerikanischen Bürgerkrieges
im 19. Jahrhundert, noch als eine der Wurzeln des bis in die Gegenwart
virulenten Rassismus in den Vereinigten Staaten benannt. Stattdessen
schließt sich die Führung einem reduktionistischen Muster an, das aus den
oben besprochenen Veranstaltungen bekannt ist: Sie rückt eine vermeint-

---

[375] *The Other Half Tour*, Colonial Williamsburg, 07.05.1997.
[376] Matthews, "A Colonial Williamsburg Revolution" 7.
[377] *The Other Half Tour*, Colonial Williamsburg, 07.05.1997.

liche, weit in die Geschichte zurückreichende Tradition von Freiheitsliebe und Gleichheitsstreben in den Mittelpunkt, an der auch die Sklaven auf ihre Weise mitgewirkt hätten und erklärt diesen Beitrag der Schwarzen außerdem zur prägenden und sogar einzigen Ausstrahlung der Vergangenheit auf die Gegenwart.

The Other Half Tour hebt sich jedoch in vielerlei und positiv zu bewertender Hinsicht von den oben behandelten Veranstaltungen ab, die die Revolution und die Rolle der Elite zum Gegenstand haben. So werden zentrale Bestandteile der programmatischen Zweckbestimmung Colonial Williamsburgs umgesetzt. Die Führung expliziert Ungleichheiten, die der historischen Gesellschaft immanent waren und thematisiert intrakollektive Konfliktlagen, die nicht ausschließlich revolutionsbezogener Natur sind oder eine gesamtamerikanische Relevanz beanspruchen. Im Gewande persönlicher Einzelschicksale, auf deren Authentizitätsstatus an anderer Stelle noch einzugehen ist, werden dem Besucher "[the] experiential qualities of slavery itself" nahegebracht.[378] Obgleich die institutionellen, rechtlichen und kulturellen Annahmen, die dem System der Sklaverei zugrunde lagen, zu wenig Aufmerksamkeit erhalten, gelingt es, den Besuchern die Schattenseiten der historischen Wirklichkeit nahezubringen. Werden diese dem Publikum in vielen anderen Veranstaltungen vorenthalten oder nur implizit angesprochen, wird es im Rahmen der *Other Half Tour* explizit damit konfrontiert.

Die Führung unterscheidet sich zudem insofern von den eingangs erwähnten Programmen, als sie die Geschichte ausgewählter Mitglieder der *slave community* nicht isoliert von ihrem historischen gesellschaftlichen Umfeld vergegenwärtigt. Sie macht die Vielzahl an intra- und interethnischen Bezügen deutlich und stellt die Interaktionen der diversen Akteure dar. Sie leistet damit die in der Zweckbestimmung projektierte Synthese der sozioökonomischen, politischen und kulturellen Aspekte historischer Realität. Aufgrund der organisatorischen Trennung der einschlägigen Führungen, die das Vermittlungsprogramm Colonial Williamsburgs kennzeichnet, wird die künstlich geschaffene Dichotomie zwischen schwarzen und weißen Lebenswelten allerdings nur bedingt aufgehoben.[379]

---

[378] Thomas C. Holt, "Explaining Racism in American History," *Imagined Histories: American Historians Interpret the Past*, Hg. Anthony Molho and Gordon S. Wood (Princeton, New Jersey: Princeton University Press 1998): 109.

[379] Diese Dichotomisierung, die dem Vermittlungsziel einer integrierten Darstellung historischer Realität abträglich ist, liegt vor allem in der institutionsinternen Kompetenzverteilung und der getrennten Spezialisierung verschiedener Abteilungen auf die Kommunikation der weißen bzw. der schwarzen Geschichte begründet. Obgleich die Zusammenarbeit und der Informationsaustausch zwischen den *departments* im Verlauf der letzten Jahren intensiviert wurde und inzwischen gemeinsam entwickelte Vermittlungsprogramme zur Darbietung gelangen, prägen Überreste der ehemaligen Abgrenzung zwischen "weißen" und "schwarzen" Abteilungen nach wie vor das Bild. Insofern besitzt die einige Jahre zurückliegende Bestandsaufnahme der

Insgesamt betrachtet ist die Vergegenwärtigung der Geschichte der Sklaven durch die Führung des *Department of African-American Interpretation and Presentation* ein wirksames Korrektiv zu der idyllisierenden Semantisierung des Stadtbildes und zu dem Freiheitsdiskurs, den man die Repräsentanten der patriotischen Elite in den anderen Veranstaltungen führen läßt. Die eigentliche Funktion der *Other Half Tour*, so ist zu resümieren, besteht darin, Verständnis für einen schwierigen Aspekt amerikanischer Geschichte auf eine Art und Weise zu wecken, die nicht trennend, sondern über die ethnischen Zugehörigkeiten der zeitgenössischen Besucher hinweg einheitsstiftend wirkt. Als aktive Partizipanten des *nation building process* charakterisiert, werden die Afro-Amerikaner durch die Führung in den *mainstream* der nationalen Geschichte integriert, auch wenn der Hinweis auf gegenwärtige rassistisch motivierte Ungleichheiten, die ihren Ursprung in der Vergangenheit haben, unterbleibt.

Mit der Umsetzung des Leitmotivs *Becoming Americans* ist es Colonial Williamsburg im Verlauf der letzten Jahre gelungen, unstatthafte Ausblendungen und Disproportionierungen der Elemente geschichtlicher Wirklichkeit im herkömmlichen Führungsprogramm zu korrigieren. Die Untersuchung der Veranstaltungen hat jedoch zugleich gezeigt, daß einige Defizite der Geschichtsvermittlung nach wie vor Bestand haben. Im folgenden interessiert, ob die diversen Darbietungen der *theatrical interpretation* einen wirksamen Beitrag zu deren Beseitigung oder Relativierung leisten und den Erkenntnisprozeß des Besuchers fördern können.

2.7 Theatralische Dynamisierung der "Williamsburg story"[380]

2.7.1 "Four Days In History"

Als Freilichtmuseum, dessen bauliche Gestalt langfristig unverändert und durch ein *cut-off date* bestimmt ist, das zugleich den inhaltlichen Rahmen der Geschichtsvermittlung begrenzt, war Colonial Williamsburg bis vor kurzem darauf ausgerichtet, einen historischen *Zustand* zu konservieren

---

derzeitigen Leiterin der *black history programs*, Christy Coleman Matthews, noch heute Relevanz: "[...] the unfortunate reality was, AAIP [African-American Interpretation and Presentation] members were happy if the other sites and programs merely told visitors that half of the 18th century town was black, since most said little, if anything at all. [...] The practice among many interpreters had quickly become, 'If you want to know about black life, go to the AAIP program. They talk about that.'" Matthews, "A Colonial Williamsburg Revolution" 8. Eine Analyse der latenten und angeblich rassistisch motivierten Antagonismen zwischen *black* und *white history departments* in Colonial Williamsburg zu Beginn der neunziger Jahre findet sich auch in: Anna Logan Lawson, *"The Other Half:" Making African-American History at Colonial Williamsburg*, diss., University of Virginia, 1995.

[380] Carson, *Becoming Americans* vi.

und zu beschreiben. Die Einführung der *theatrical interpretation* im Jahr 1998 stellt den Versuch dar, aus diesem statischen Korsett mit einer zweifachen Zielsetzung auszubrechen. Zum einen tritt das Museum damit an, "den Regeln der Geschichtswissenschaft" Rechnung zu tragen, "die auf Erforschung, Beschreibung und Analyse von *Entwicklungen* abzielt."[381] Zum anderen will die Stätte den Erwartungen der Besucher gerecht werden, "[who] come to Williamsburg [...] looking for realism, color, action, and excitement, in short, a good story well told."[382] In der Absicht, dem Museumsgänger eine dynamisierte, mehrere Jahre umfassende Darbietung vergangener Ereignisse zu präsentieren, die laut Zweckbestimmung insbesondere deren konfliktbehaftete Dimensionen unterstreichen soll, rückt Colonial Williamsburg heute die "Four Days In History"–Reihe in den Mittelpunkt der Vermittlungsaktivitäten. An vier aufeinanderfolgenden Tagen wird der Weg Virginias von einer königstreuen Kolonie über die Auseinandersetzung mit dem englischen Mutterland bis hin zur Erklärung der Unabhängigkeit in Form von Theateraufführungen nachvollzogen. Jedem Tag der Gegenwart ist ein vergangenes Datum zugeordnet, an dem sich in Williamsburg ein geschichtlich relevantes Geschehnis zugetragen hat. Der Besucher wird im *Visitor's Companion* und im Rahmen verschiedener Führungen und Veranstaltungen über die jeweilige historische Problemkonstellation unterrichtet, die am Ende eines jeden Tages im sogenannten "5 O' Clock Event" dramatisch verdichtet und durch *costumed interpreters* massenwirksam zur Aufführung gebracht wird. Dem Publikum werden mithin konsumfertige Event-Sequenzen präsentiert, die es als bühnenartige und mit geläufigen dramatischen Gattungsmustern versehene Darbietungen wahrnimmt. Diese sind im didaktisch begründeten Interesse eines möglichst unmittelbaren Verständnisses des Geschauten durch eine transparente, pointierte Informationsvergabe und einen vergleichsweise geringen Komplexitätsgrad gekennzeichnet.

Die viertägige Chronologie beginnt mit dem 8. Mai 1769 und steht unter dem Motto "Rule Britannia! Experience the ties that bind."[383] Zu jenem Zeitpunkt, so entnimmt der Besucher der Informationsbroschüre, seien die Kolonisten noch von der Möglichkeit einer friedlichen Beilegung der Konflikte mit dem englischen Mutterland überzeugt gewesen. "Show your pride in the Empire," wird den Touristen nahegelegt, die sich am späten Nachmittag vor dem *Capitol* einfinden, um Zeuge der feierlich inszenierten Einberufung des *House of Burgesses* durch den neuen Gouverneur der

---

[381] Faber, "Freilichtmuseen als Freizeitorte" 58. Eigene Hervorhebung.

[382] Carson, "Interpretive Planning" 48.

[383] Colonial Williamsburg Foundation, *Visitor's Companion for the Week of July 18-24*, brochure, Colonial Williamsburg, 1999, 3. Sofern nicht anders angegeben, sind die nachfolgenden Zitate der Aufführung "Rule Britannia!" Colonial Williamsburg, 18.07.1999 entnommen.

Kolonie, Lord Botetourt, zu werden.[384] Während das Publikum in gespannter Neugier auf den Beginn der Veranstaltung wartet, erscheinen zunächst einige Mitglieder der *militia* sowie andere kostümierte *interpreters*. Mehrere Repräsentanten der kolonialen Führungsschicht, darunter Thomas Jefferson und George Washington, halten an der Eingangstür zum *Capitol* nach dem Gouverneur Ausschau. Dieser trifft begleitet von einem *fife and drum corps* einige Minuten später am Schauplatz ein und wird von einer Abordnung des House of Burgesses begrüßt.[385] Gemeinsam betreten sie das Parlamentsgebäude, um sich kurze Zeit später vom Balkon aus dem Publikum zu präsentieren, das nun dicht gedrängt im Hof und auf dem Vorplatz des *Capitol* steht.[386]

Ein Abgeordneter des *House of Burgesses*, der nicht vorgestellt wird, hält die Eröffnungsrede. "We hold this as ominous of a new age of cooperation and understanding betwixt ourselves and the mother country. It is truly a time among all times," lautet die zentrale Botschaft, die mit einer gesanglichen Darbietung von "God Save the King" endet - "a patriotic song sensible of the true feelings of the inhabitants of this Dominion, the royal colony of Virginia." Der Gouverneur ergreift das Wort, würdigt die hohe Ehre des Amtes, das ihm vom König verliehen wurde, und beruft das Kolonialparlament offiziell ein: "[...] it is with the greatest of affection I have known, [and with] the obedience to His Majesty's command, to honor and meet you in General Assembly!" Im Fortgang der Rede verpflichtet sich Botetourt unter anderem darauf, "to promote and make there permanent the happiness of Virginia!" Er beschwört die einmütige Interessenlage, die das Verhältnis zwischen Virginia und der Krone seit jeher gekennzeichnet habe und legt nahe, diese durch eine maßvolle Politik seitens des Kolonialparlaments aufrechtzuerhalten:

> Mr. Speaker, gentlemen of the House of Burgesses! I have nothing to ask but that you consider well and follow exactly - without passion or prejudice - the immediate interests of those you have the honor to represent. They are most certainly consistent with the prosperity of Great Britain, and so they will forever be [...] when pursued with temper and moderation.

Nach einer musikalischen Einlage des *fife and drum corps* wendet sich der *Speaker of the House of Burgesses*, Peyton Randolph, an die versammelte Menge. Auch er betont die enge Bindung Virginias an das englische Mutterland. Ohne den Ausführungen Lord Botetourts zu widersprechen, macht er darauf aufmerksam, daß die Abgeordneten des Kolonialparlaments vorrangig die Interessen ihrer Wählerschaft zu vertreten hätten. Die Zielsetzungen Virginias und diejenigen Großbritanniens, so schließt er,

---

[384] Ebd.
[385] Siehe Anhang, Abb. 19.
[386] Siehe Anhang, Abb. 20.

seien jedoch "inseparably the same!" Die auf dem Balkon versammelten Würdenträger stimmen "Rule Britannia" an, und die Zusammenkunft wird mit einem Gebet, einem enthusiastischen Hoch auf Virginia sowie mit einer weiteren musikalischen Darbietung des *fife and drum corps* beendet. Die *historical interpreters* verschwinden im Inneren des *Capitol* und die Besuchermenge löst sich nach und nach auf.

Im Vergleich zu den anderen "5 O' Clock Events," die in der Folge besprochen werden, fällt folgendes auf: Das zeitgenössische Publikum scheint das Geschehen mit einer gewissen emotionalen Distanz zu verfolgen. Die Zuschauer nehmen zwar gerne die Rolle der kolonialen Adressaten der Redner ein. Sie genießen offenkundig das festlich arrangierte Schauspiel und lauschen den getragenen Ausführungen der historischen Figuren aufmerksam. Sie applaudieren jedoch immer nur dann, wenn die teilnehmenden *interpreters* die Inhalte der Reden durch eigene Beifallsbekundungen entsprechend deuten. "Show your pride in the Empire," wird der Besucher im *Visitor's Companion* aufgefordert - ein Appell, der die amerikanischen Zeitgenossen jedoch lediglich zu respektvoller Zurückhaltung und zur weitgehend passiven Rezeption des Spektakels anzuregen scheint. In den nachfolgenden Darbietungen, die den Kampf der Patrioten für die Freiheiten und Rechte der nordamerikanischen Kolonien zum Gegenstand haben, werden sich die Touristen indes als Stimme des Volkes in das inszenierte Geschehen einschalten.

Am darauffolgenden Tag befindet sich die Eskalation des Konflikts zwischen England und Virginia im fortgeschrittenen Stadium. "Feel the winds of change. By April 29, 1775, antagonism between Virginians and British officials has reached the boiling point," macht der *Visitor's Companion* den Besucher auf die veränderte Situation aufmerksam und erklärt den tageshistorischen Kontext: "In 'The Gathering Storm,' join the residents of Williamsburg in protest after British Marines have taken the colony's gunpowder from the Magazine and troubling rumors of bloodshed in the North reach the city."[387] Im "5 O' Clock Event" werden die Besucher eingeladen "[to] bid Peyton Randolph a hearty farewell."[388] Peyton Randolph, der patriotisch gesinnte *Speaker of the House of Burgesses*, werde sich als Vertreter Virginias zum *Continental Congress* nach Philadelphia begeben, erfährt der Tourist aus der Informationsbroschüre und wird angeregt "[to] [s]tand hopeful, proud and strong as Mr. Speaker addresses the crowd about the situation here in Virginia."[389]

Bereits das *setting* hebt sich von der Inszenierung des Vortages ab. Hatten sich die Repräsentanten des britischen *Empire* in Hierarchie

---

[387] Colonial Williamsburg Foundation, *Visitor's Companion for the Week of July 11-17* 4. Sofern nicht anders angegeben, sind die nachfolgenden Zitate der Aufführung "The Gathering Storm!" Colonial Williamsburg, 12.07.1999 entnommen.

[388] Ebd.

[389] Ebd.

symbolisierender räumlicher Distanz vom Balkon des *Capitol* an die
Menge gewandt, stehen sich Zuschauer und historische Akteure auf den
Stufen des Gerichtsgebäudes nun fast in Augenhöhe gegenüber–ein äußerer
Ausdruck für die "identifikatorische Wirkungsintention" der sich
nachfolgend abspielenden Szene.[390] Vor versammelter Besuchermenge
erscheint zunächst John Randolph, der loyalistisch gesinnte Bruder des
prominenten Patrioten Peyton Randolph, auf den Stufen des Gerichtsgebäudes. Er hat zum einen die Aufgabe, eine retrospektive Informationsvergabe zu leisten und die Touristen inmitten der tageshistorischen Ereignisse
zu situieren. Zum anderen dienen seine Ausführungen dem Aufbau eines
dramatischen Spannungsbogens, der sich durch die Konfrontation zwischen
einer loyalistisch und einer patriotisch geprägten Auslegung der geschichtlichen Vorkommnisse ergibt.

John Randolph stellt sich den Anwesenden vor und erklärt, daß die
öffentliche Empörung über die von *Governor* Dunmore befohlene Ent-
nahme des Schießpulvers aus dem *Magazine* jeglicher Grundlage entbehre,
da der Vorgang rechtmäßig gewesen sei:

> It is said by some that our Governor, in removing the powder from the
> Magazine, has committed an illegal act, and as such it ought to be resisted.
> [...] I realize there are [...] some misunderstandings, and I will now make
> your understanding perfect. The powder was removed from a place of
> jeopardy and put into a place of perfect security. This was done for [...]
> you, your children, your grand-children and generations yet unborn. The
> *Governor*, as the King's lieutenant, is his lawful officer and the powder
> purchased *by* the people was purchased, constitutionally, only *for* the
> Governor. Therefore, the King's lieutenant [can] do what he wishes [with
> the powder.]

Im Publikum regt sich leiser Unmut, doch John Randolph fährt unbeirrt
fort. "I shutter to think what will become of us, if we fly in the face of
authority on every occasion, even *if* there be a *just* reason for some action.
Certainly, the matter of the Magazine does not provide that *just* reason for a
turmoil," erklärt er. "Let us continue to be what we've always been - among
the King's most loyal servants in North America. God save the King,"
beschließt er seine Ansprache und erntet verhaltene Buhrufe aus der
Menge. "*God save the King*," wiederholt er entschieden, um sich sodann
unter dem ohrenbetäubenden Pfeifkonzert der Zuschauer in den Hintergrund zurückzuziehen. Noch bevor ein wirklicher Austausch der politischen Argumente zwischen *patriots* und *loyalists* stattgefunden hat, weist
das Publikum dem Königstreuen mithin die Rolle des *villain* zu. Im
Rahmen der stark konventionalisierten Figurenkonstellation des gebotenen
Schauspiels wird der Patriot Peyton Randolph der positiv besetzte

---

[390] Manfred Pfister, *Das Drama. Theorie und Analyse* (München: Fink, 10. Aufl. 2000)
65.

Protagonist sein. Der binäre Konfliktaufbau der Inszenierung ist semantisch wirksam. Der Besucher rezipiert und deutet die Szene ausschließlich aus seiner eigenen Lebenswelt heraus, in der der Ausgang des historischen Geschehens längst bekannt ist.

Nachdem das *fife and drum corps* einige Takte zum Besten gegeben hat, betritt ein Patriot die Bühne, der nicht namentlich vorgestellt wird. Er legt die Perspektive der Gegenseite dar und bereitet den Auftritt Peyton Randolphs vor:

> Gentlemen and Ladies, I feel somewise I should make apologies for our attorney general [John Randolph]. I shall not. For we are here on an occasion of more importance, greater importance, and that is to say farewell to the brother of our attorney general - a man who is a *true friend* of American liberty, and I speak, of course, of Mr. *Peyton Randolph.*

Der Redner hält sodann eine Laudatio auf den *Speaker of the House of Burgesses.* Dieser habe sich seit jeher dem Gemeinwohl Virginias verpflichtet gefühlt und in diversen Ämtern zu Diensten gestellt, nicht zuletzt als Vorsitzender des erneut bevorstehenden *Continental Congress* in Philadelphia. Seinem vermittelnden Eingreifen sei es zu verdanken, daß der aufgebrachte Mob, der sich im Anschluß an die Entwendung des Schießpulvers in den Straßen von Williamsburg formiert habe, nicht zum Sturm auf den *Governor's Palace* übergegangen sei, und daß eine aus dem benachbarten Fredericksburg zur Unterstützung entsandte Miliz die Rückgabe des Schießpulvers nicht gewaltsam eingefordert habe: "Once more, Mr. Randolph restored the peace. He asks that in his absense from us, we maintain that peace. That we be ever mindful of the pride we take in being loyal subjects... of the crown." Er beginnt zögerlich, eine wohlbekannte Hymne anzustimmen: "Rule Britannia, Britannia rule the waves, that Britains never, never, never shall...–be slaves. The words stick in my throat," erklärt er verächtlich und wendet sich engagiert ans Publikum: "Would you be slaves?" "No," tönt es vereinzelt aus den Reihen der Besucher. "*Would you be slaves,*" hakt der Patriot mit Vehemenz nach und provoziert die Zuschauer zu einer lautstarken Reaktion: "*No!!*" In der Folge rekapituliert er das jüngste Unrecht, das die Engländer in Williamsburg und Massachusetts begangen haben, und versetzt das Publikum zunehmend in Aufruhr:

> PATRIOT: [...] The time has come to stand firm. There are many things
> you know of, there are many more you do not. Over there, in the Magazine,
> over twelve-hundred pounds of the finest gunpowder have been removed,
> and in addition, the firelocks and 350 new muskets are gone. We are in
> effect defenseless. Would you be defenseless?
> PUBLIKUM: *No!!*
> PATRIOT: Huzzah! Yesterday's newspapers, and by a rider, say there's
> horrible news. In Massachusetts Bay, the occcpuying army has marched a

company out into the country side. Ten days ago, on the same day your powder was removed. On the same mission in that colony, they marched into the town of Lexington and there they encountered militia, peacefully marching upon the Green. They ordered the militia to lay down their arms and before they would be complied, they opened fire upon them, killing several. Then they marched from that town to the town of Concord, rejoined by more than 1500 reinforcements and fired upon the people of Massachusetts with artillery. The skies weep. American blood has now been shed, by their brothers. [...] Boston is not one week's sail from here. Would you have canons commanding the streets of Williamsburg?
PUBLIKUM: *No!*
PATRIOT: Would you have British soldiers in your homes?
PUBLIKUM: *No!* [...]
PATRIOT: Then stand firm. [...] Perhaps now [is] the time to stand up [and] reach out with one great hand. Seize your birthright. *Seize your destiny!!*

Das Publikum beantwortet diese Aufforderung mit frenetischem Jubel. Die Bühne für Peyton Randolph ist damit bereitet. Nach einer weiteren musikalischen Einlage durch das *fife and drum corps* öffnet sich die Tür des Gerichtsgebäudes. Unter dem großen Beifall der Zuschauer tritt Peyton Randolph heraus, gefolgt von seiner Gattin und seinem *footman*, einem afro-amerikanischen Sklaven.[391] In seiner Rede, die immer wieder von Beifall unterbrochen wird, ruft Peyton Randolph die Menge unter anderem dazu auf, weiterhin Ruhe und Frieden zu bewahren: "Keep your feet on the peaceful path. Mind the admonitions of the Virginia Convention. Follow the resolves that have been published by the Continental Congress." Er versichert, der Gouverneur werde das Schießpulver an die Bürger Williamsburgs zurückgeben und fordert zur Solidarität "[with] those of Massachusetts Bay" auf, "who have lost in the recent conflict at Concord and Lexington fathers, husbands, brothers, sons." Dann kommt Randolph auf den bevorstehenden Kontinentalkongress zu sprechen und zeichnet ein Bild der Einmütigkeit und Entschlossenheit:

> RANDOLPH: [...] we shall again be well attended in Congress. Once again, New York will send a delegation, and even now, Georgia meets to elect their delegates to send to the Continental Congress, making us *13* in number!
> PUBLIKUM: [Applaus.]
> RANDOLPH: These daughters of the King will set aside their sibling rivalries and they will begin to speak with a voice so loud as to be heard in the halls of Parliament!!
> PUBLIKUM: [Applaus.]
> RANDOLPH: They will know that our rights ought to be their concern. And that we will have all the rights and liberties of all free-born Englishmen!
> PUBLIKUM: [Applaus.]

---

[391] Siehe Anhang, Abb. 21.

Die Zuschauer erfahren, daß die Gouverneure der nordamerikanischen Kolonien angewiesen seien, "to apprehend, prosecute and execute everyone who is going to the Continental Congress." Peyton Randolph versichert allerdings, er werde jedes Risiko auf sich nehmen, um seiner Pflicht als gewählter Repräsentant Virginias auf dem Kontinentalkongress nachzukommen. "This is my home, my wife, my Virginia," begründet er seine Entscheidung. In Abgrenzung von der Schlußsentenz seines loyalistischen Bruders beendet er seine Ansprache mit einem durchdringenden "God save *Virginia*!" Mit patriotischer Verve schließen sich die mehrheitlich aus anderen Bundesstaaten angereisten Zuschauer an: "*God save Virginia!!*" Das *fife and drum corps* bietet erneut eine musikalische Einlage, nach der ein Gebet und ein euphorisches Hoch auf den *Speaker* und auf Virginia folgen. Unter den Augen der Zuschauer verabschiedet sich Randolph von seiner Gattin. Er besteigt mit einigen Begleitern seine Kutsche und fährt davon, während Mrs. Randolph auf der Duke of Gloucester Street zurückbleibt und dem Gefährt noch einige Minuten emotional aufgewühlt und mit besorgter Miene nachschaut.

Das soeben dargebotene Schauspiel treibt linear und ohne Umschweife auf einen *a priori* vorgegebenen Endpunkt zu. Keiner der Zuschauer fühlt sich veranlaßt, sich in den Kontext des zum porträtierten Zeitpunkt noch ungewissen historischen Geschehens hineinzuversetzen und etwa oppositionell-loyalistische Zwischenrufe zu tätigen. Die eindimensional patriotische Deutung des Szenarien wird nur an einer Stelle relativiert, als die bejubelte Freiheitsrhetorik der Patrioten durch das Erscheinen eines Sklaven auf der Bildfläche subvertiert wird. Dieses in hohem Maße symbolträchtige Bild scheint jedoch eine allzu subtile visuelle Markierung historischer Widersprüche zu sein, denn es tut dem Begeisterungssturm der Besucher für die revolutionäre Sache keinen Abbruch.

Der dritte Tag der "Four Days In History"-Reihe wird unter der Parole "The Sword Is Drawn! Discover what roused the Virginians" angekündigt.[392] Dem Besucher wird im *Visitor's Companion* mitgeteilt, daß am 17. November 1775 der bewaffnete Konflikt zwischen England und seiner nordamerikanischen Kolonie ausgebrochen sei. "Blood has been shed, lives disrupted and, as 'The Sword is Drawn,' the British are trying to start a race war to boot."[393] Obgleich in keinem der noch zur Darbietung anstehenden Szenarien die loyalistische Position repräsentiert wird, ersucht die Informationsbroschüre den Leser: "Choose your side–patriot or loyalist–after Governor Dunmore offers freedom to any slave who takes up arms for the crown."[394] Am späten Nachmittag sollen die Besucher dem

---

[392] Colonial Williamsburg Foundation, *Visitor's Companion for the Week of July 11-17* 5. Sofern nicht anders angegeben, sind die nachfolgenden Zitate der Aufführung "The Sword Is Drawn!" Colonial Williamsburg, 13.07.1999 entnommen.

[393] Ebd.

[394] Ebd.

Second Virginia Regiment beitreten, um die Kolonie gegen die Engländer zu verteidigen. "Better be serious and listen to your drill sergeant," mahnt die Informationsbroschüre. "[...] After some practice, stand tall and make your family proud as the troops are reviewed by Colonel Patrick Henry."[395]

Um 5:00 Uhr versammeln sich die Besucher zu den Klängen des *fife and drum corps* vor den Stufen des Gerichtsgebäudes. Mr. Pendleton, *President of the Virginia Committee of Safety*, adressiert das Publikum mit einer agitatorischen Rede, in der er die jüngsten Vergehen des Gouverneurs Dunmore anprangert:

> PENDLETON: Fellow citizens! Most of you have heard this day of Lord Dunmore's proclamation in which he threatens not only to free your servants and slaves and arm them against you, but to declare as traitors all those who refuse to join him in the systematic destruction of Virginia. The last four months, our so-called Lord and Protector Dunmore has been raiding and ravaging the coast of Virginia in a manner unseen since the days of Blackbeard. Only last week did he bombard Jamestown, some seven miles from here. It's been nearly a fortnight ago since Dunmore sent his men out to put the torch to the town of Athens. I tell you, my friends, he will not be content until he does the same to this, our fair city of Williamsburg!
> PUBLIKUM: [Buhrufe.]
> PENDLETON: I ask you, are you willing to stand by idle and wait for your homes and businesses to be destroyed by this madman?
> PUBLIKUM: *No!*
> PENDLETON: Are you willing to stand by idle while Dunmore encourages the savages to the West and has them raise their bloody tomahawks against your neighbors and your loved ones, are you?
> PUBLIKUM: *No!*
> PENDLETON: Are you willing to stand by idle while another right, this time the right to own property, is stripped from you by this document, are you?
> PUBLIKUM: *No!*

Pendleton rekapituliert die sukzessive Entrechtung der Kolonien durch das englische Mutterland und ruft zur bewaffneten Gegenwehr auf, die mit Gottes Hilfe zum Sieg führen würde:

> PENDLETON: Now, look back these past two years, and you will see the rights taken away. Trial by jury - gone. Self-taxation - denied. Even the right to assemble freely has been taken away. When we dare to stand up like men and ask that our rights be restored to us - what does our King do, but to declare all of the colonies to be in open rebellion? And, make no mistake, we are at war. And I know I'm asking you to take up arms against the mightiest empire on this earth. But, remember, there is a king far more powerful than George III, and he reigns in heaven. [...] And he is still the friend of the oppressed. With his guidance and by your valor, our rights and

---

[395] Ebd.

privileges will be restored once more. Now, I encourage all of you gathered, all of you who oppose not only tyranny, but the tyrant, to step forward and enlist in the army now being raised under Colonel Patrick Henry.
PUBLIKUM: [Applaus.]
PENDLETON: And together, we will show Lord Dunmore [...] that we would rather die as men on the battlefield than live as slaves on our knees! Are you with me, gentlemen?
PUBLIKUM: Yes!
PENDLETON: *Are you with me?*
PUBLIKUM: *Yes!!*

Einige der männlichen Besucher werden von den anwesenden Vertretern der Miliz mit Holzstöcken ausgestattet und vor den Augen des restlichen Publikums auf der Freifläche des *Market Square* militärisch gedrillt. Sie lernen, in Reihen zu marschieren, verschiedene Richtungswechsel auf Kommando vorzunehmen und das Gewehr zu präsentieren. Nach einer Weile postieren sie sich vor den Stufen des Gerichtsgebäudes, während das *fife and drum corps* spielt. Patrick Henry erscheint und zollt der Einsatzbereitschaft der neu rekrutierten Männer unter dem Applaus des Publikums Anerkennung. Er verurteilt "Dunmore's pernicious proclamation" und fordert jeden einzelnen der Anwesenden auf, sich entweder zu entscheiden "to live free and hand that noble inheritance down to your children" oder sich weiterhin der korrupten Tyrannei des englischen Gouverneurs zu unterwerfen. Er lobt den Freiheitswillen der Rekruten "[who] have made the rightest choice, the virtuous and just choice" und appelliert an die Umstehenden "to march with us [...] to the promised land, a land which will be won with your valor and under the support and the guidance from Heaven above." Henry prophezeit eine goldene Zukunft–"in which you and your future generations will enjoy the smiles of liberty and peace"–für das von Gott auserwählte amerikanische Volk: "I have no doubt that God Almighty will shine forth all his power and glory in your redemption for you are surely become his newly chosen people." Bevor er zur Truppeninspektion schreitet, bringt er ein Hoch auf die militärischen Neulinge aus, in das die Menge enthusiastisch einstimmt:

HENRY: This time I ask the here assembled citizens of Virginia to join with me in three loud cheers for these great sons of liberty! On my mark... Hipp-hipp!
PUBLIKUM: *Hurray!*
HENRY: Hipp-hipp!
PUBLIKUM: *Hurray!*
HENRY: Hipp-hipp!
PUBLIKUM: *Hurray!*

Pendleton stimmt seinerseits ein Hoch auf Colonel Patrick Henry an, und dieser inspiziert die aus Touristen bestehenden Reihen der Rekruten, die beginnen, zu den Takten des *fife and drum corps* zu exerzieren, beobachtet von den merklich belustigten Zuschauern. Anschließend löst sich die Versammlung auf. Einmal mehr hatten die Besucher Gelegenheit, sich als vermeintliche Handlungsträger der Geschichte zu betätigen und sich dem dramatischen Spannungsbogen, der unaufhaltsam auf den Höhepunkt der Amerikanischen Revolution zutreibt, einzugliedern.

Der vierte und letzte Tag der geschichtlichen Ereignisabfolge steht unter dem Motto "Virginia Declares Independence!" "Start a new Government!," wird der Besucher im *Visitor's Companion* aufgefordert.[396] "Finally, on May 15, 1776, comes the moment when 'Virginia Declares Independence,' breaking all ties to the world's greatest power and stepping forward, alone, as Americans," wird das Geschehen charakterisiert.[397] Im "5 O' Clock Event" dieses Tages soll das Publikum die Möglichkeit erhalten, "[to] salute a new flag and a great resolution."[398] Der Besucher wird eingeladen, "the excitement at the Capitol yard" mitzuerleben "as the bell begins to peal, speeches are given, cheers are raised and the resolution for independence is read." "Patriot or loyalist," wird eine theatralisch nicht länger repräsentierte Entscheidungssituation bemüht, "you will realize, as the Grand Union flag is raised, that there is no turning back. A new country is about to be born."[399]

Um fünf Uhr ertönt die Glocke im Turm des *Capitol*, und die Besucher versammeln sich an der Südseite des Gebäudes. Zunächst marschieren einige Mitglieder des *Virginia Regiment* heran, gefolgt von einer großen Formation des musizierenden *fife and drum corps*. Schließlich betreten einige Abgeordnete der *Fifth Virginia Convention* ein Podest.[400] Einer der Delegierten, der sich nicht namentlich vorstellt, ergreift das Wort und rekapituliert den Sündenkatalog des englischen Mutterlandes und des lokalen Vertreters, Lord Dunmore, sowie die vergeblichen Versuche der Kolonisten, einen friedlichen Ausgleich herbeizuführen:

> ABGEORDNETER: Gentlemen and Ladies, friends and countrymen, citizens of Virginia. [...] Many of the gentlemen have just given their vote with much reluctance and sorrow. We have ever been proud to be a part of the British Empire, lovingly and affectionately known as the Old Dominion since the restoration of Charles II to the throne in the last century. But over the past 13 years, we have seen our god-given rights stripped away systematically by this wicked and corrupt Parliament. Recall, if you will, the Stamp Act, the Townsend Duties and the Tea Act [...] designed to extort

---

[396] Colonial Williamsburg Foundation, *Visitor's Companion for the Week of July 11-17* 8. Sofern nicht anders angegeben, sind die nachfolgenden Zitate der Aufführung "Virginia Declares Independence!" Colonial Williamsburg, 17.07.1999 entnommen.
[397] Ebd.
[398] Ebd.
[399] Ebd.
[400] Siehe Anhang, Abb. 22.

immense sums of money [...] without [considering] our god-given right of taxation with representation and [without] consent of the people. Remember, if you will, after the port of Boston was closed, that we in the House of Burgesses resolved that we would observe a day of fasting, humiliation and prayer to appeal to Almighty God to avert civil war [...] We were rewarded in our efforts by Lord Dunmore, our late mad and disaffected Governor, dissolving the House of Burgesses which, in effect, never met again until nine days ago when it was declared terminated. Remember Lord Dunmore breaking in the middle of the night into the Public Magazine and stealing our gunpowder, endeavoring to remove our means of self-defense, hoping thereby to make an easy conquest of us. Remember Dunmores pernicious proclamation, whereby he offered freedom to your slaves who would run to him in Norfolk city and take up arms against their masters. [...] We have done everything that could be done to avert the storm which is now coming on. In the course of the past 13 years, we have petitioned, we have remonstrated, we have supplicated, we have thrust ourselves before the throne and have implored in many a petition to arrest the tyrannical hands of this ministry gone mad. But our humble petitions have been slighted, our remonstrances have produced additional violence and insults, our supplications have been disregarded and we have been stirred with contempt from the [...] throne. It is therefore that there is but one course of action left to us. And that is this road to independency!
PUBLIKUM: Hear, hear. [Applaus.]

Anschließend betritt Edmund Pendleton, *President of the Fifth Virginia Convention*, das Podest und wiederholt die *grievances* seines Vorredners. "In this state of extreme danger, we have no alternative left, but to [declare] our total separation from the crown and government of Great Britain!" leitet er den Begeisterungssturm ein, mit dem das Publikum die nachfolgende Verlesung der Unabhängigkeitserklärung begleiten wird:

PENDLETON: Uniting and exerting the strength of all America [...] and forming alliances with foreign powers for commerce and aid in war. Therefore, appealing to the searcher of hearts, for the sincerity of all our declarations, expressing our desire to convert the connection with that nation and that we are driven from that inclination by their wicked council!
PUBLIKUM: [Applaus.]
PENDLETON: Resolved *unanimously* that the delegates that are going to represent this colony in General Congress be instructed to propose to that respectable body to declare the united colonies *free and independent states*!
PUBLIKUM: [Jubel.]
PENDLETON: [...] And that they give the assent of this colony to that declaration and whatever measure they declare proper and necessary by that Congress for forming foreign alliances and a confederation of the colonies, combined with the power of forming governments for and the regulations of the internal concerns of each colony be left to the respective colonial legislature! Resolved *unanimously* that a committee be appointed to prepare a declaration of rights and such a plan of government as will be most likely to maintain peace and order in this colony and secure substantial and equal

> liberty to the people! *Let us strike the flag of tyranny and raise the colors of our new nation!*
> PUBLIKUM: [Jubel.]

Vor den Augen der Zuschauer wird das Symbol des Britischen *Empire*, die *Great Union Flag*, auf dem Turm des *Capitol* eingeholt und unter den feierlichen Klängen des *fife and drum corps* sowie dem Applaus der Menge durch die *Grand Union Flag* der unabhängigen amerikanischen Kolonien ersetzt. Pendleton stellt einen der sieben Abgeordneten vor, die die Unabhängigkeitserklärung Virginias an den Kontinentalkongreß in Philadelphia überbringen sollen. Auch dieser unterstreicht die Rechtmäßigkeit, ja Unabwendbarkeit, der getroffenen Entscheidung:

> ABGEORDNETER: Mr. President, delegates to the Fifth Virginia Convention, gentlemen and ladies, and citizens of the *souvereign and independent state of Virginia!*
> PUBLIKUM: [Applaus.]
> ABGEORDNETER: Since the founding of this colony, the people of Virginia have always served as the faithful and dutiful subjects of his Majesty and the Empire. They have ever held dear the sacred rights and liberties of all Englishmen. As of late, our King, with the help of his corrupt ministers and members of Parliament, has [put] chains upon their American cousins […]. We are told that we are not good Englishmen. […] I say to you, fellow Virginians, we are *great Americans!*
> PUBLIKUM: [Jubel.]
> ABGEORDNETER: The men who have gathered in this august body have taken the first step down the road that is wrought with many perils. But it is an adventurous road that will lead to the creation of a new nation of independent American states. With God's help and the courage of the Grand Congress of the United States and their respective legislatures, our future heirs will no longer struggle to possess the liberties and rights, which General Washington and a victory of American arms will secure for us all!
> PUBLIKUM: [Jubel.]

Untermalt von einer musikalischen Darbietung des *fife and drum corps* und begleitet von Kanonendonner wird jeweils ein Hoch auf "the free and independent American states," "the Grand Congress of the United States and […] their respective legislatures" sowie auf "General George Washington and a victory of American arms!" ausgesprochen. Der Abgeordnete beschließt die Versammlung mit den feierlichen Worten: "I pledge my humble and best effort on behalf of all the citizens of Virginia. Now, on to Philadelphia!" Die Mitglieder des *Virginia Regiment* und das *fife and drum corps* marschieren in Formation und gefolgt von den Zuschauern vom *Capitol* bis zum *Market Square*, wo das Spektakel endet und sich die Menge langsam auflöst.

2.7.2 Geschichte als propagandistischer "spectator sport"[401]

"Virginia Declares Independence!" bildet den abschließenden Höhepunkt eines historischen Entwicklungsabschnitts, mit dem Colonial Williamsburg antritt, dem Besucher das Wesen des amerikanischen "nation making" verständlich zu machen und "the separate strands of [politicial], social, intellectual, and institutional history" zu einer "unified narrative" zu bündeln.[402] In der Tat gelingt es der "Four Days In History"–Reihe, Aspekte einer geschichtlichen Entwicklung in Form eines dynamischen, straff geführten *plot* auf der Bühne zu aktualisieren. Auch diejenigen Zuschauer, die das vielfältige Führungsprogramm der Stätte zuvor nicht genutzt haben, werden auf diese Weise mit zentralen Vermittlungsinhalten Colonial Williamsburgs vertraut gemacht. Dem genannten Anspruch werden die Aufführungen indes nicht gerecht. Die Programmatik der Stätte verspricht dem Publikum "a fresh retelling of the events that ended with the War of Independence from Great Britain and began the real American Revolution, which transformed the new republic in so many radical and unexpected ways."[403] Es werden jedoch vor allem selektive Stationen der Ereignishistorie vergegenwärtigt, die dem Besucher abgesehen von einigen lokalgeschichtlichen Details bereits wohlbekannt ist. Eine inhaltlich differenzierte und perspektivenreiche Neuinterpretation des Gegenstandes, die geeignet ist, populärgeschichtliche Stereotypen wie angekündigt auszuräumen, wird nicht geleistet. Die politische und nationale Identitätskonstitution wird auf der Bühne vielmehr zu einem einmaligen Gründungsakt verdichtet, der den Anstrich von Determiniertheit und historischer Vollkommenheit trägt. Diesem Defizit könnte leicht Abhilfe geschaffen werden: Nicht die Erklärung der Unabhängigkeit Virginias sollte den Höhe- und Endpunkt der Darbietungen bilden, sondern etwa die jeweils unterschiedlich gestalteten Verfassungen der Einzelstaaten, das Scheitern des zunächst geschaffenen losen Staatenbundes und die kontroverse Debatte, die anläßlich der Ratifizierung der Bundesverfassung geführt wurde. Auf diese Weise böte sich dem modernen Zeitgenossen die Gelegenheit, die Entstehung der Vereinigten Staaten, wie in der Programmatik Colonial Williamsburgs vorgesehen, als sukzessiven, komplexen und unabgeschlossenen Entwicklungsprozeß zu begreifen sowie einen synthetisierten Einblick in "the separate strands of [politicial], social, intellectual, and institutional history" zu erhalten.[404] Das Präsentationsformat der *theatrical interpretation* ist in der geschilderten Ausgestaltung hingegen ungeeignet, komplexere Fragestellungen zu kommunizieren, die über eine deklamatorische Inszenierung von amerikanischem Freiheits-

---

[401] Fortier, " Dilemmas" 10.
[402] Carson, *Becoming Americans* 10.
[403] Ebd.
[404] Ebd.

willen und einer aus der Gegenwart definierten nationalen Identität
hinausreichen. Hier manifestiert sich vielmehr die Fortsetzung des in der
Programmatik herausgearbeiteten zivilreligiösen Diskurses mit darstelleri-
schen Mitteln.

Die ansatzweise interaktiv arrangierten Szenarien mögen dem Besucher
den Eindruck vermitteln, er partizipiere durch das Zwiegespräch mit den
revolutionären Akteuren an einer sich unmittelbar vor seinen Augen
vollziehenden und von ihm beeinflußbaren Handlung. Die Entwicklung des
Geschehnisablaufs ist jedoch durch einen äußerst niedrigen Kontingenz-
faktor gekennzeichnet. Nicht nur der Hergang des Geschehens ist von
vorneherein fixiert und dem Besucher spätestens durch entsprechende
Hinweise in Führungen und in der Informationsbroschüre zur Kenntnis
gelangt. Auch die Wahrnehmung und Mitwirkung des Zuschauers, die wie
auf Knopfdruck im Sinne einer Unterstützung der patriotischen Sache
funktioniert, ist durch die deutungsleitenden Hinweise im Tagesprogramm
des *Visitor's Companion* bereits festgelegt. Der Museumsgänger weiß, daß
"Rule Britannia!" im Bewußtsein der imperialen Macht und Größe Großbritanniens rezipiert und die Abreise Peyton Randolphs solidarisch und mit
patriotischer Entschlossenheit begleitet werden soll. Er hat gelesen, daß er
dem *Virginia Regiment* als touristischer Rekrut mit stolzgeschwellter Brust
beizutreten hat. Ihm ist bekannt, daß der historische Moment der
Unabhängigkeitserklärung in einer Haltung demonstrativen nationalen
Selbstbewußtseins zu zelebrieren ist. Die didaktisch aufbereiteten *skits* sind
geradlinig strukturiert und übermitteln eine klar erkennbare und eindeutige
Botschaft. Es handelt sich mithin um einen geschlossenen Text "that aim[s]
at generating a precise response from a more or less precise group of
empirical readers," um die von De Marinis auf den Bereich der *theatrical
performance* übertragene Terminologie Ecos zu verwenden.[405] Dirigiert
durch die apodiktisch beschaffene Zeichenhaftigkeit der Szenen gerät eine
historische Situation, deren Ausgang zum repräsentierten Zeitpunkt
unsicher war, zur vorgezogenen Triumphfeier, in der die Besucher nicht
nur einer glorreichen Vergangenheit huldigen, sondern durch die lautstarke
Bekundung patriotischen Stolzes gleichsam die gegenwärtige Größe
Amerikas zelebrieren.

Die für den Touristen eingängige, weil *a priori* vertraute Bedeutungs-
fixierung des Dargebotenen hat noch ein weiteres zur Folge: Es ist weniger
die Erlangung eines kritischen Verständnisses der dargestellten Geschichte,
die in den Mittelpunkt des Geschehens rückt, als vielmehr der bloße rituelle
Vollzug des historischen Schauspiels. Das Gezeigte läuft somit Gefahr, "zu
beliebigem szenischen Spielmaterial entwertet [zu] werden" und der
"Präsentationsvorgang selbst" wird zur eigentlichen Botschaft.[406] Colonial

---

[405] Marvin Carlson, *Theatre Semiotics: Signs of Life* (Bloomington and Indianapolis:
Indiana University Press 1990) 12.

[406] Klein und Wüsthoff-Schäfer, *Inszenierung an Museen* 13.

Williamsburg konstituiert in Form der "Four Days In History"-Reihe zudem eine Art *commemorative calendar*: Einzelne historische Ereignisse werden mit der Aura des Symbolhaften versehen, indem sie zu einer repetitiven Abfolge von Feiertagen gebündelt werden, die aus dem Kontext des alltäglichen Vermittlungsprogramms herausragen. Sie werden performativ verfügbar gemacht und im Zuge dessen, wenn nicht sakralisiert, so doch zu einer Zeremonie des Gedenkens stilisiert.[407]

Die reproduzierten Szenarien werden zudem weniger als Mittel historischer Anschauung eingesetzt, sondern dienen vornehmlich der Befriedigung der Schaulust. Die dramatisierte Narrativik der *skits*, die sowohl im einzelnen als auch in ihrer Gesamtheit insbesondere der Erzeugung fiktionaler Spannung verpflichtet sind, verstellt dem Besucher weitgehend den analytischen Zugriff auf das Präsentierte. Geschichte droht somit, auf das Niveau eines "spectator sport" reduziert zu werden und, mehr noch, den Charakter einer propagandistischen Veranstaltung anzunehmen.[408] "Propaganda happens any time people are in a historic setting, told a good story, and then respond with feelings. Theater and ritual are components of propaganda. And propaganda is a predictable outcome of these components," beschreibt Leone den Mechanismus agitatorischer Indoktrination, der in Colonial Williamsburg zu einer dezidiert patriotischen Einfärbung der geschichtlichen Vermittlungsinhalte führt und die Umsetzung derjenigen programmatischen Intentionen, die eine perspektivische Beleuchtung der Amerikanischen Revolution versprechen, in weiten Teilen scheitern läßt.[409] Die Besucher müssen den Weg zur Revolution beinahe als selbstverständliche und geradezu radikal-demokratische Entwicklung begreifen, da keine abwägende Erläuterung der politiktheoretischen Argumente und der geistigen Traditionen geleistet wird, die die Debatte um die Unabhängigkeitserklärung bestimmten. Obwohl die Verwurzelung der amerikanischen Kultur in der englischen insgesamt nicht verschwiegen und "a great amount of struggling and soul-searching"[410] zugestanden wird, betont Colonial Williamsburg letztendlich das Durchtrennen des Bandes und den heroischen Aufbruch zu neuen Ufern. Die Stätte feiert die radikal-progressiven Ideen der Jahre 1774 bis 1776 und betont deren Kontinuität im politischen und gesellschaftlichen System bis in die Gegenwart hinein. Die Tatsache, daß die "revolutionary ideas"[411] eines John Locke bei der Institutionalisierung des neuen Staatswesens nicht

---

[407] Zu den Konstitutionsmechanismen von "commemorative rites" vgl. Paul Connerton, *How Societies Remember* (Cambridge et al.: Cambridge University Press 1989) 66.

[408] Fortier, "Dilemmas" 10.

[409] Mark Leone, "Keynote Address: Sketch of a Theory for Outdoor History Museums," *ALHFAM Proceedings of the 1987 Annual Meeting* 10 (1989): 37.

[410] Interview mit Peggy MacDonald Howells, *Manager Professional Services*, Colonial Williamsburg, 09.05.1997.

[411] Einführungsfilm, *Visitors Center*, Colonial Williamsburg.

kompromißlos umgesetzt wurden, sondern die konservativen Lehren des *classical republicanism* dominierten, wird nicht thematisiert, obgleich sich die Programmatik inhaltlich auf diese beruft.[412]

Die "leaders and patriots" nehmen im historischen *setting* des Museumsdorfes ausschließlich und konkurrenzlos *center stage* ein, während "the common man, the black slaves, the women and children" allenfalls als vereinzelte Zaungäste der geschichtlichen Ereignisse ins Blickfeld des Publikums geraten.[413] An dem Tag der historischen Ereignisabfolge, der unter dem Motto "The Sword Is Drawn!" steht, und an dem *Governor* Dunmore proklamiert, denjenigen Sklaven die Freiheit zu schenken, die bereit sind, auf Seiten der Engländer gegen die revolutionären Patrioten zu kämpfen, hat der Besucher allerdings Gelegenheit, Zeuge einer Inszenierung zu werden, deren Protagonisten afro-amerikanische Sklaven sind.

2.7.3 Die Inszenierung der Diskurse von Minoritäten

"To Run Or To Stay"[414]

Die Veranstaltung "To Run Or To Stay" thematisiert das Schicksal von Peter und dessen Frau Sarah, die entscheiden müssen, ob sie die riskante Flucht zum militärischen Stützpunkt des Gouverneurs nach Norfolk antreten sollen, um auf diese Weise gegebenenfalls ihre Freiheit zu erlangen. Die Geschichte erstreckt sich zeitlich über zwei Stunden und spielt sich an vier verschiedenen Schauplätzen der *historic area* ab, die im Tagesprogramm des *Visitor's Companion* entsprechend ausgewiesen sind. Das mehrheitlich weiße Publikum begegnet Peter und Sarah zum ersten Mal im Garten hinter der *Raleigh Tavern*.[415] Der Besucher erschließt aus dem Dialog, daß am Morgen des gleichen Tages eine illegale Zusammenkunft von Sklaven stattgefunden hat, die von einer wachsam

---

[412] Carson, *Becoming Americans* 5. Dies mag zum einen daran liegen, daß sich die Staatstheorien des antiken Republikanismus nicht immer mit zeitgenössischen Auffassungen von Demokratie und Volkssouveränität decken und insofern als Identifikationsmaterial wenig geeignet sind. Zum anderen müßte der Besucher ein Mindestmaß an Vorkenntnissen mitbringen oder vor Ort mit den entsprechenden Informationen konfrontiert werden. Für eine Organisation vom Zuschnitt Colonial Williamsburgs spricht beides gegen das Einbeziehen dieser mentalitätsgeschichtlichen Erkenntnisse.

[413] *Williamsburg–The Story of a Patriot.*

[414] Sofern nicht anders angegeben, sind die nachfolgenden Zitate der Aufführung "To Run Or To Stay," Colonial Williamsburg, 13.07.1999 entnommen.

[415] Die afro-amerikanische Zielgruppe macht bis dato lediglich "4 percent of nearly 1 million annual visitors" aus. Dan Eggen, "A Taste of Slavery Has Tourists Up in Arms. Williamsburg's New Skits Elicit Raw Emotion," *Washington Post* 7 July 1999: A-8.

umherziehenden *slave patrol* aufgebracht wurde. Peter hat sich durch seine Teilnahme verdächtig gemacht und wird gesucht. Die Zuschauer werden Zeuge einer emotionsreichen Konfrontation zwischen Peter und Sarah, in der das historische Dilemma eines fluchtbereiten Sklaven mit der zwischenmenschlichen Beziehungsebene des Ehepaares verknüpft wird. Während der impulsiv und etwas unüberlegt agierende Peter festentschlossen ist, seine Freiheit um jeden Preis sofort zu erlangen, übernimmt Sarah die Rolle der Bedenkenträgerin. Sie verurteilt die ungestüme Entscheidungsfindung ihres Mannes und führt ihm die Risiken vor Augen, die mit einer Flucht aus Williamsburg verbunden sind:

> SARAH: That's how you are, Peter. You get angry and then you do things. [...] You've got to *think*, Peter! This is the most important decision in our lives!
> PETER: All I've been doing is thinking! [...] You are my wife. "What God has joined together, let no man - no man - put asunder." What do we need to think about? *What do we need to think about?* Don't you want to be free?
> SARAH: Of course, Peter. I want the same thing you want. All I am saying is that we can't just leave like this. [...] Don't you know they are gonna be keeping an eye on you, Peter? [...] Peter, I think we need to wait.
> PETER: Wait–for what? [...] I'm your husband! This is how we get to be free!

Sarah erinnert Peter an den Fall des Großvaters ihrer gemeinsamen Freundin Agnes. Dieser war einst geflüchtet, wurde zum *outlaw* erklärt und um des ansehnlichen Kopfgeldes von 40 Pfund willen von befreundeten Nachbarn denunziert und dann hingerichtet. Sie ruft Peter ins Gedächtnis, daß ihnen ihre gemeinsame Tochter Mary bereits weggenommen wurde und noch Schlimmeres zu befürchten sei, sollte der Fluchtplan scheitern oder sie, erneut schwanger, zurückbleiben und den Racheakten ihres Eigentümers, Mr. Southall, schutzlos ausgeliefert sein. Peter macht lautstark deutlich, daß er sich nicht länger als entrechteter Sklave mit den sexuellen Übergriffen Mr. Southalls auf seine Frau, Sarah, abfinden, sondern alles tun würde, um als freier Mann über das Schicksal seiner Familie zu bestimmen. "We need to be free! We need to be free! And I'm not passing up the chance to be free. I will go! I will go! [...] We will be free, one way or another," wiederholt er immer wieder aufgewühlt. Agnes und Joseph Cooper, ein freies schwarzes Ehepaar, das im *tenant house* lebt, hätten ihm auf dem morgendlichen *slave gathering* ihre Unterstützung zugesagt, und um 4:30 Uhr werde er Williamsburg vom *Palace Green* aus verlassen.

> SARAH: Half past four of the clock. Will you leave without me? *Would you leave without me, Peter?*
> PETER: Does that mean you're not going?
> SARAH: [...] All I'm asking of you, Peter, is just one day!
> PETER: We ain't got time. Time is the one thing that we do not have.

Sarah wendet sich resigniert ab und verläßt den Schauplatz. Peter adressiert das ihn umkreisende Publikum. "You all want to be free?" fragt er. Die Umstehenden schlüpfen bereitwillig in die ihnen hiermit zugefallene Rolle von ebenfalls fluchtbereiten Sklaven und signalisieren Zustimmung. Peter fordert sie auf, ihm zum *tenant house* zu folgen, um mit den Coopers zu sprechen, "free negroes that have been known to help folks." Die Gruppe macht sich auf den Weg.

Im Garten des *tenant house* werden Peter und seine touristische Gefolgschaft von Agnes Cooper begrüßt. Peter weiht diese verunsichert und zögerlich in seine Pläne ein. Er erzählt ihr, er wolle dem Aufruf des Gouverneurs nachkommen und um seiner Freiheit willen auf Seiten der Briten zu den Waffen greifen. Agnes reagiert ungläubig und besorgt: "Peter, you can't be serious! You don't believe that madman!" Ihr Gegenüber läßt sich nicht abbringen. "And what about Sarah? You're gonna leave her behind?," möchte Agnes wissen und wirft ihm vor, seine schwangere Frau zurückzulassen und sie damit den Mißhandlungen durch Mr. Southall auszusetzen, die ihr als Strafe für Peters Flucht ohne Zweifel drohten. "How can you even get from here to Norfolk? They'll come up and ask who you are and where you're going. You're going to have everyone out [looking for you.] [Everybody already knows] that you're running about now," appelliert sie an Peters Vernunft und versucht, dessen idealisierte Vorstellung von Freiheit zu relativieren:

> I am free. We were born free. [...] [But] every time something happens here in the town [...], they look upon me the same way they look at you! [...] If I cannot pay my debts, Peter, they can take my son from me! [...] [And] now, with this proclamation, don't you know, Peter, that [it doesn't matter] whether I am free or slave?

Das Gespräch wird jäh durch die herannahende Sklavenpatrouille unterbrochen. "Meet me over by the windmill!" ruft Peter den Umstehenden zu und ergreift die Flucht. Agnes gibt vor, die vermeintlich ortsunkundigen Besucher hätten sie nach dem Weg gefragt und erteilt ihnen Auskunft. Die Touristen werden Zeuge, wie die drei bewaffneten weißen Männer unwirsch das Haus der Coopers durchsuchen und Agnes davor warnen, aufrührerischen Sklaven Unterschlupf zu geben oder Fluchthilfe zu leisten. Sie habe jegliche Unregelmäßigkeiten in der Nachbarschaft umgehend zu melden, befiehlt ihr der Anführer der Truppe, Mr. Skinner: "You keep an eye on your neighbors, you understand? [...] I'm saying that it's your duty, as a Virginian, as a free person [...], you understand that?" bedrängt er die vordergründig Selbstbewußtsein demonstrierende Frau und droht ihr bei Zuwiderhandlung mit dem Verlust ihrer Freiheit. Nach Beendigung des verbalen Schlagabtausches zieht die Streife ab. Agnes bleibt wütend und verzweifelt zurück, und die Besucher brechen zur Windmühle auf, um Peter wiederzutreffen.

Der Protagonist unterhält sich dort mit einer weiteren Sklavin, die versucht, ihn mit den bereits bekannten Argumenten von einer Flucht nach Norfolk abzuhalten. Als sich Peter uneinsichtig zeigt, bietet sie ihm ihre Hilfe an. Caesar, ein Mitglied ihrer Familie, könne ihm den Weg zu jener Plantage zeigen, auf die Peters Tochter Mary nach der Trennung von den Eltern verbracht worden war. Peter ist mittlerweile entschlossen, Mary in die Freiheit mitzunehmen und am selbigen Abend einem *slave gathering* in *Carter's Grove* beizuwohnen, wo er einen außerhalb von Williamsburg gültigen Passierschein zu erhalten hofft.[416] "You're doing it all willy-nilly," kritisiert die Gesprächspartnerin. "Nobody wants to be a slave, nobody wants their family to be sold away," konzediert sie, versucht aber erneut, ihm die Risiken seines Vorhabens klarzumachen. "All I want is for us to be free. You got to make a sacrifice," beharrt Peter auf seiner Position. Plötzlich schalten sich einige Besucher aufgeregt in die Konversation ein. "Right over there! Right over there!" rufen sie und deuten auf die *slave patrol*, die sich rasch nähert. Peter läuft davon, und die Patrouille verhört die Sklavin bezüglich der Versammlung von Sklaven, die am Morgen stattgefunden hatte. Die Besucher wissen, daß Peter kurze Zeit später auf dem *Palace Green* erscheinen wird, um die Stadt mit oder ohne Sarah endgültig zu verlassen und machen sich auf den Weg dorthin.

Auf dem *Palace Green* angekommen, halten die Touristen gespannt Ausschau nach dem Protagonisten, der schließlich aus einem der umliegenden Gärten herangeschlichen kommt. Er hat sich für den bevorstehenden Fußmarsch einen Wanderstock besorgt und Proviant in ein Tuch eingepackt. Die Besucher scharen sich erneut um Peter, der die Umstehenden fragt, wie weit deren eigene Fluchtpläne gediehen seien. Plötzlich stößt eine schwarze Frau namens Lydia hinzu, vor der Peter offenkundig großen Respekt hat.[417]

> LYDIA: What you're doing over here?
> PETER: I was just talking to these folks: They ain't from these parts.
> LYDIA: And why are you talking to folks that ain't from these parts? What you talking to them about?
> PETER: Oh, these folks just had some questions on this proclamation [issued] this morning.
> LYDIA: And why are *you* talking to these folks about the proclamation?
> PETER: They want to know how to get north.
> LYDIA: And now, you are going to tell them how they get there?
> PETER: I'm thinking on going with them.
> LYDIA: *You* thinking on going with them?

---

[416] Die wiederholten Hinweise Peters auf das *slave gathering* im einige Meilen entfernten *Carter's Grove* stellen eine Werbung für das dortige Abendprogramm dar, das vom *Department of African-American Interpretation and Presentation* gestaltet wird.

[417] Siehe Anhang, Abb. 23.

Es folgt erneut der anklagende Hinweis auf die schwangere Sarah, den
Peter wie üblich nicht gelten lassen will: "All you is talking about is
waiting and waiting and waiting! What are we gonna wait for? We gonna
wait for these gentlemen folks here [...] to set us free? They're not gonna
do it!" Lydia argumentiert mit dem Schicksal der Tochter Mary und der
Verantwortung, die Peter als Oberhaupt einer Familie habe:

> LYDIA: Master took her [Mary] from you and your Sarah, and you and
> Sarah didn't have nothing to say about it, nothing. And now, you want to do
> the same thing to Sarah. Take yourself away from her and she is full in the
> belly with another one! Poor child. [...] You ain't helping her situation [...]
> and if you're gonna run off, what do you think is gonna happen to her? [...] I
> don't think you ought to be running off to Lord Dunmore. [...] He don't care
> nothing about us! [...] At least around here you get something to eat, you
> get some clothes on your back.
> PETER: I want to be free.
> LYDIA: But you don't need to be going off without Sarah! That's what I'm
> trying to say to you.

Als Peter glaubhaft machen kann, er wolle am liebsten gemeinsam mit Frau
und Tochter den Weg in die Freiheit suchen, verspricht Lydia, ihm zu
helfen. Sie bietet ihm Proviant und Kleidungsstücke an, die er später in der
Küche des *Wythe House* abholen solle. "I've known you all my life. You're
like family to me. You *is* my family!" erinnert sie ihn im Weggehen.
    Peter wendet sich erneut an die Besucher. Er hat Sorge, daß Sarah nicht
erscheinen werde, um gemeinsam mit ihm zu fliehen. Das Publikum zeigt
sich genauso mitfühlend wie ratlos. "You got everything you need?" fragt
der Sklave seine touristischen Mitstreiter. Eine weiße Besucherin sorgt für
einen Moment des *comic relief*: "I'm not ready!" behauptet sie. "What *do* I
need?" Die Gruppe lacht dankbar und läßt ebenfalls Unwissenheit
durchblicken. Peter schüttelt augenzwinkernd den Kopf: "You have never
run away, have you?" bringt er das Publikum erneut zum Schmunzeln und
faßt sein Vorhaben, über *Carter's Grove* nach Norfolk zu fliehen nochmals
zusammen. Einige der Umstehenden werden plötzlich unruhig. "I think
they're coming! They're coming!" warnt eine Besucherin vor der
herannahenden Sklavenpatrouille. "Stay calm! We're only chatting,"
beschwichtigt Peter, der sich des Ernstes der Lage jedoch offenkundig
bewußt ist. Die drei Männer der *slave patrol* bahnen sich unwirsch einen
Weg durch die Menge und fragen Peter, was diese Versammlung zu
bedeuten habe. In gebeugter Demutshaltung behauptet der Protagonist, er
habe sich lediglich mit den Besuchern unterhalten. Mr. Skinner läßt die
Antwort nicht gelten: "Peter, you don't think I'm gonna believe that! I'll tell
you what you're doing here. You're talking about [...] running away! That's
what you're talking about!" Die Männer werden handgreiflich, stoßen Peter
umher, durchsuchen seinen Proviant und zwingen ihn zuzugeben, daß er

Kenntnis von Dunmores Emanzipationsproklamation habe–eine Szene, die die Zuschauer sichtlich betroffen macht.[418] Skinner unterstellt Peter subversive Absichten und warnt ihn eindringlich davor, diese in die Tat umzusetzen:

> SKINNER: And you ain't doing nothing to help out this situation and calling an illegal gathering! *We're* doing our duty here to ensure that Virginia will stay a free colony. And as soon as King George hears what our ex-governor has done, well then, Dunmore will be sent to prison […]. And anyone foolish enough to be by his side will share that fate. You understand that, Peter? You got a wife that's three months, four months pregnant, is that right? What I wanna know is, what kind of man would run off and leave his wife behind? […] But you ain't gonna be running away, are you? *Are you?*
> PETER: No.

Skinner redet weiterhin auf den eingeschüchterten Peter ein und warnt ihn davor, Williamsburg zu verlassen. Um fünf Uhr, erklärt er, werde man bei Peters Eigentümer, Mr. Southall, vorstellig werden. Sollte dieser dann nichts über den Verbleib seines Sklaven wissen, werde man Peter jagen und einer angemessenen Strafe zuführen. Als die Streife abzieht, äußert das Publikum verhaltene Buhrufe. Sorgenvoll und sichtlich entmutigt sammelt Peter seine im Gras verstreuten Habseligkeiten ein, als die Touristen erneut in Aufregung geraten. "Peter! Peter! Look over there!" rufen einige und zeigen die Straße zum *Governor's Palace* hinunter, auf der sich Peters Frau Sarah nähert. Peter erhebt sich hoffnungsvollen Blickes. "Sarah and I are going and we're making our way to the gathering [at Carter's Grove.] Some folks is coming at seven, some folks is coming at eight. You're gonna be there, ain't you?" fragt er die Gruppe erregt. "We'll be there. We'll be there," beruhigen ihn die Umstehenden und beobachten erleichtert und applaudierend, wie Peter seiner Frau entgegenstürmt, sie umarmt und sich gemeinsam mit ihr auf den Weg macht.[419]

Als Peter und Sarah außer Sichtweite sind, erscheint erneut Lydia, spielt aber nicht länger die Rolle einer Sklavin, sondern betätigt sich nunmehr als *third-person interpreter*. Sie kommentiert die soeben beendete Darstellung und bettet das Geschaute in den historischen Kontext ein. Die Besucher erfahren, daß Dunmores Proklamation angesichts des hohen Sklavenanteils in der Bevölkerung Virginias durchaus eine Bedrohung für die revoltierenden Patrioten dargestellt habe. Viele Afro-Amerikaner seien anläßlich des Aufrufs geflohen, obwohl die Motive im einzelnen weitgehend ungeklärt seien. Es sei anzunehmen, daß einige der Sklaven die Wirren der Zeit genutzt hätten, um ihre auf den Plantagen der Region verstreuten Familienmitglieder aufzusuchen, anstatt sich dem sogenanten *Royal Ethiopian Regiment* im Kampf gegen die aufrührerischen Kolonisten

---

[418] Siehe Anhang, Abb. 24.
[419] Siehe Anhang, Abb. 25.

anzuschließen. Das weitere Schicksal der Überläufer, so die Führerin, habe unterschiedliche Wege genommen:

> Those that ran away to join Lord Dunmore, we know that they left here in late 1775. They went with him, because they could not come back here. As run-aways they have already broken the law, so they are already subject to very harsh punishment, may even have lost their lives. So, they could not come back here. Some went to England, some went up to Canada to settle there. There are others that wound up [...] at the west coast of Africa - what is now known as Sierra Leone.

Die Besucher werden darauf aufmerksam gemacht, daß viele Sklaven auch an der Seite der Patrioten für die Unabhängigkeit von England kämpften, "so, you have African-Americans fighting on both sides during this conflict." Die Geschichte von Peter und Sarah stehe stellvertretend für "so many hundreds of slaves here in the colony of Virginia that decided [...] to go and join Lord Dunmore at this time," erklärt sie und verweist implizit auf das Verhältnis zwischen historischer Faktengrundlage und inszenatorischer Fiktionalisierung der "To Run Or To Stay"-Szenarien: "Peter and Sarah were two of the slaves on the inventory of Mr. Southall at this time [...] that we happened to have picked from that inventory to help tell the story [...]." Abschließend verweist die Führerin auf das unmittelbar bevorstehende "5 O' Clock Event," das eine konkurrierende Perspektive auf die historischen Ereignisse des Tages wirft: "I'm going to invite all of the able-bodied men that I see [...] to march over to the courthouse and sign up for the independent company that Patrick Henry is trying to get together to defend the colony of Virginia at this time." Die Besucher applaudieren und setzen sich in Richtung *Market Square* in Bewegung. Hatten sie sich soeben noch mit den existenziellen Problemen eines *run-away slave* identifiziert, sich mit ihm gegen die gewaltsamen Übergriffe der weißen Sklavenpatrouille solidarisiert und als Fluchthelfer betätigt, werden sie nun begeistert dem Freiheitsdiskurs der Sklavenbesitzer lauschen und sich als patriotische Rekruten in den Dienst der revolutionären Sache stellen.

Die Sklaverei als emotionalisierte "counterhistory"[420]

"To Run Or To Stay" geleitet den Touristen durch die räumliche Situierung der Szenarien in den *backstreets* Colonial Williamsburgs zu einem vermeintlichen Nebenschauplatz der Geschichte, den der kompetente Rezipient als Metapher für den marginalisierten Status und die dennoch

---

[420] Robert O'Meally and Geneviève Fabre, "Introduction," *History and Memory in African-American Culture*, Hg. Robert O'Meally and Geneviève Fabre (New York and Oxford: Oxford University Press 1994): 4.

ubiquitäre Präsenz des versklavten Subkollektivs der historischen Gesellschaft lesen kann. Während die revolutionsbezogenen Aufführungen der "Four Days In History"-Serie zur Anschauung bringen, was dem Besucher bereits vor dem Aufenthalt in der *historic area* vertraut und plausibel war, muß er sich nun auf Aspekte der historischen Realität einlassen, die ihm in der Regel weniger geläufig sind und eine Revision der vorgefertigten und durch die *mainstream*-Veranstaltungen des Museums weitgehend bestätigten Wissensinhalte anmahnen. Der Spannungseffekt der aufwendig inszenierten Revolutionsgeschichte ergibt sich vor allem aus der erwartungsvollen Vorfreude des Publikums auf den unausweichlichen Höhepunkt, die Unabhängigkeitserklärung. Die Inhalte und der Ausgang von "To Run Or To Stay" gehören indes nicht zu den fest verankerten Traditionsbeständen des historischen Kollektivbewußtseins, sondern vergegenwärtigen "the institution that has inspired national amnesia - slavery."[421] Die Aufmerksamkeit und das Interesse des Besuchers werden hier zum einen durch den Einblick in eine historische Lebenswelt geweckt, die zumindest den weißen Touristen weitgehend fremd sein dürfte. Sie wird über ein allgemeinmenschliches Thema–die bedrohte Liebe zwischen Peter und Sarah–zugänglich gemacht. Zum anderen erhält die prinzipielle Offenheit des Ereignisverlaufs den Spannungsbogen aufrecht.

Wie im Falle der *Other Half Tour* wird versucht, am Beispiel der konkreten Entscheidungssituation einer Einzelperson Grundstrukturen der vergangenen Wirklichkeit zu verdeutlichen, diesmal jedoch nicht auf dem Wege der narrativen Vermittlung, sondern im Medium der szenischen Darstellung. Die Tatsache, daß sich der Freiheitsbegriff der *founding fathers* nicht auf den afro-amerikanischen Teil der Bevölkerung bezog, ist dem zeitgenössischen Besucher geläufig. Sie wird in ihrer Widersprüchlichkeit zum emanzipatorischen Diskurs der patriotischen Führungsriege jedoch erneut konturiert und in eine vergleichsweise komplexe Problemkonstellation eingebunden. Der Tourist kann sich mit dem Freiheitsdrang Peters identifizieren und unterstützt diesen im Fortgang der Geschichte. Am Beispiel der Tochter Mary, des tödlichen Schicksals eines in der Vergangenheit entlaufenen Sklaven und der Mißhandlung Sarahs durch Mr. Southall wird dem Besucher die Situation der Sklaven als entmenschlichte Objekte ihrer weißen Eigentümer vor Augen geführt. Er wird jedoch auch mit einer Reihe von Aspekten konfrontiert, die der Entscheidung zur Flucht den Charakter des fraglos Offensichtlichen nehmen. Der Protagonist ist nicht nur emotional an Frau und Familie gebunden, sondern in das soziale Netzwerk der lokalen *slave community* eingebettet. Diese, so wird klar, erfüllt unter den Bedingungen der Sklaverei lebenserhaltende Funktionen. Ihr Wert muß gegen denjenigen der Freiheit aufgerechnet werden, die noch

---

[421] Ebd. 15.

ungewiß ist und durch die Aussagen der freien Afro-Amerikanerin Agnes zusätzlich entmythisiert und als jederzeit reversibel gekennzeichnet wird.

In den Konfrontationen mit der *slave patrol*, die stets laut und aggressiv auftritt, werden die ansonsten aktiv agierenden Sklaven verbal und zum Teil auch tätlich in die Defensive gedrängt. Sie erscheinen nicht nur als fast lückenlos überwachte, passive Figuren im politischen Machtspiel zwischen den amerikanischen Patrioten und dem englischen Mutterland. Sie wirken auch wie ohnmächtige Zielscheiben von Drohungen und Repressalien, die die weißen Männer der Streife mit offenkundiger Selbstverständlichkeit und unter Angabe von Argumenten ausüben, die für den modernen Zeitgenossen dubios und sogar zynisch anmuten müssen. So fordert die *slave patrol* von Peter, zur Verteidigung der Freiheit Virginias auf den eigenen freiheitlichen Rechtsstatus zu verzichten. Freilich besteht die Aufgabe der Sklavenpatrouille neben der Vermittlung historischer Inhalte vornehmlich darin, den dramatischen Spannungsaufbau zu erhalten und voranzutreiben. Den Besuchern soll das Gefühl vermittelt werden, in aktiver Funktion in einen dynamischen Handlungsverlauf integriert zu sein–ein Vorhaben, das weitgehend gelingt: Die Zuschauer, denen Peter zu Anfang die Rolle von fluchtbereiten Mitsklaven zugeschrieben hat, betätigen sich als Beschützer des Protagonisten, den sie stets rechtzeitig vor dem Zugriff der Streife warnen. Bewegt und beklommen werden sie Zeuge der erniedrigenden Verhöre durch die Sklavenpatrouille.

Greifen die revolutionsbezogenen *skits* der "Four Days In History"-Reihe auf die Mechanismen patriotischer Agitation zurück, stehen diese Möglichkeiten im Rahmen der "To Run Or To Stay"-Szenarien aufgrund der schwierigen Thematik nicht zu Gebote. Doch auch sie setzen auf die Emotionalisierung des Publikums und machen sich die "Wirkung der künstlerischen Mimesis" als vermeintlichen Weg zur historischen Erkenntnis zunutze. Der Besucher, der gleichsam Teil des inneren Kommunikationssystems ist, wird "zum identifizierenden Mit-Spielen der nachgeahmten Handlungen" angeregt, wobei der Handlungsaufbau und der fast ausschließlich affektive Kommunikationsmodus "höchst intensive Reaktionen zwischen Mitgefühl und Betroffenheit auslöst."[422] Die Geschichte des *run-away slave* Peter appelliert an die Bereitschaft der Zuschauer zur empathischen Identifikation mit dem Protagonisten.[423] Die unmittelbare Erlebnishaftigkeit des Geschehens suggeriert zugleich einen Wahrheitsanspruch, der allein aus der emotionalen Glaubwürdigkeit der Szenen allerdings nicht abgeleitet werden kann. Es ist darüber hinaus fraglich, ob die bloße Generierung von Mitgefühl einen produktiven

---

[422] Hubert Zapf, "Mimesis" *Metzler Lexikon Literatur- und Kulturtheorie. Ansätze-Personen-Grundbegriffe*, Hg. Ansgar Nünning (Stuttgart und Weimar: Metzler 1998): 373.

[423] Nach Auskunft einiger *interpreters* haben Besucher in der Vergangenheit vereinzelt versucht, Peter handgreiflich vor dem Zugriff der *slave patrol* zu schützen.

Verstehensprozeß in Gang setzt, dessen Erfolg auch auf die Möglichkeit eines rationalen Nachvollzugs des Präsentierten angewiesen ist und insofern "eine Haltung kritischer Distanz" voraussetzt.[424] Die epilogartige, jenseitig des internen Kommunikationssystems situierte Kommentierung des Geschauten, die Lydia am Ende der Vorstellung vornimmt, hat offenkundig "eine anti-illusionistische Funktion."[425] Sie dürfte der "identifikatorischen Einfühlung des Zuschauers in die Figuren und Situationen der inneren Spielebene" allerdings nur bedingt entgegenwirken, da der affektive Rezeptionsprozeß des Besuchers zu diesem Zeitpunkt bereits abgeschlossen ist.[426] Hinzu kommt, daß der Ausgang der dargestellten Konflikte, die das Publikum zu einer Reflektion der inszenierten Thematik anregen sollen, die kritisch-didaktische Wirkungsintention des Schauspiels untergräbt. Die Problemkonstellation, die durch die Auseinandersetzung zwischen Peter und Sarah sowie durch die Zusammenstöße mit der *slave patrol* plastisch veranschaulicht wurde, löst sich letztendlich in Wohlgefallen auf. Peter und Sarah setzen auf Freiheit und fliehen glücklich vereint. Durch das *happy ending* wird die kontemplative Grundstimmung der Besucher aufgehoben, die der konventionalisierten Konfliktresolution dankbar und erleichtert Beifall spenden, um sich dann ohne Umschweife dem Freiheitskampf der *patriot leaders* anzuschließen.

Trotz dieser Einwände ist zu konzedieren, daß "To Run Or To Stay" im Verbund mit den herkömmlichen Führungsprogrammen des DAAIP maßgeblich dazu beiträgt, daß zentrale Vermittlungsintentionen der Stätte zur Umsetzung gelangen: Die Erkenntnis der "fundamental inequality that underlay the eighteenth-century social order" sowie die Einsicht, daß sich geschichtlicher Fortschritt Colonial Williamsburgs zufolge vor allem in der Austragung innergesellschaftlicher Konflikte vollzieht, deren Leidtragende in der Vergangenheit "women, children, slaves, non-Christians, and men without property" waren, "all of whom found themselves permanently disadvantaged in a society that was ruled by a class of wealthy, powerful, and privileged men."[427] In effektvoller medialer Analogie zur Präsentation der patriotischen *master narrative* übernimmt das Schauspiel die Funktion einer "counterhistory that challenges the false generalizations in exclusionary 'History.'"[428] Das oftmals idealisierte und im Museum einseitig auf die revolutionäre Sache gelenkte Geschichtsverständnis so manchen Besuchers wird dadurch vermutlich eine Modifizierung erfahren. Für diese Annahme spricht die empirisch belegte Tatsache, "[that] many whites are learning a new chapter of history"–mag sich der Erkenntnisgewinn auch in Gestalt einer vergleichsweise profanen Einsicht vollziehen,

---

[424] Pfister, *Das Drama* 106.
[425] Ebd.
[426] Ebd.
[427] Carson, *Becoming Americans* 17.
[428] O'Meally and Fabre, "Introduction" 4.

die ein Besucher folgendermaßen verbalisiert: "I never realized how difficult the lives of slaves were.'[429] Die Szenarien bieten ein Forum für die kollektive Aufarbeitung dieses schwierigen Kapitels der nationalen Geschichte, wie die Aussage einer Mitarbeiterin zeigt, die *on site* eine Sklavin porträtiert: "'Little white old ladies have come up to me and apologized for being white and for the things their ancestors have done to the slaves.' [...] 'Black folks have said that a lot of this still hits home to them. They cry, and sometimes I cry along with them.'"[430] Über die Grenzen der ethnischen Zugehörigkeit hinweg sehen sich die Adressaten und Mitwirkenden im gemeinsamen Empfinden der Betroffenheit und des Mitgefühls für die historischen Protagonisten vereint. Wie schon im Falle der *Other Half Tour* bemerkt, haben die *skits* einerseits den Charakter einer *bi-racial unifying narrative*. Andererseits weist die Rezeption und Interpretation der gespielten Szenarien durch den Zuschauer ethnienspezifische Unterschiede auf: "Although both groups unite in hissing at the slave patrol, whites tend to view the depictions as relics of the past while blacks draw comparisons to the present," wurde in Umfragen herausgefunden.[431] Während weiße Besucher mithin dazu neigen, das Gezeigte zu historisieren, verstehen afro-amerikanische Besucher die *skits* als Reflektion eines bis heute andauernden Unrechts: "Compare this field to a ghetto today. The same thing still goes on," erläutert ein Afro-Amerikaner seine Deutung der Konfrontation zwischen Peter und der Sklavenpatrouille. Eine schwarze Besucherin beschreibt das Gezeigte als Ausdruck lebendiger Erinnerung: "These are stories that have been passed down to me. I know it well [...]. Lots of white people don't know these stories. The details aren't taught in schools. You can't read it in a book."[432] Die ethnienspezifischen Modi des Umgangs mit der Vergangenheit–distanzschaffendes *historical consciousness* auf der weißen, reaktualisierte *memory* auf der afro-amerikanischen Seite– verweisen auf die Existenz von unterschiedlichen Gedächtniskulturen in einer Nation, die O'Meally und Fabre zufolge durch einen "brash will to historical forgetfulness" gekennzeichnet ist und in der die afro-amerikanische *community* als mahnende Erinnerungsinstanz fungiert: "African-Americans have been the ones who could not forget: They have been the Americans 'who could not not know.'"[433] Ungeachtet der Tendenz zur Emotionalisierung und Psychologisierung von Geschichte tragen die *black history programs* in ihrer Gesamtheit dazu bei, die von Colonial Williamsburg bislang vernachlässigten Aspekte der nationalen Entwick-

---

[429] Zitiert in: Eun Lee Koh, "Exposing another side of history. Colonial Williamsburg skits cast new light on US patriots: their roles as slave owners," *Boston Globe* 15 July 1999: n. pag.

[430] Ebd.

[431] Eggen, "A Taste of Slavery" A-9.

[432] Koh, "Exposing another side of history" n. pag.

[433] O'Meally and Fabre, "Introduction" 3.

lung ins Zentrum der Wahrnehmung zu rücken. Die relativ einseitige
master story der weißen *mainstream*-Veranstaltungen, in der die Vergangenheit ausschließlich als patriotisches Lehrstück und aus Sicht der
Elite gefeiert wird, erhält dadurch den Charakter einer vielschichtigeren
Botschaft mit polyphonen Zügen. Wie in der Folge gezeigt werden soll, hat
das Führungs- und Inszenierungsprogramm des DAAIP auch an einer
Differenzierung des Authentizitätsbegriffes der Stätte Anteil.

2.8 Authentizitätsdiskurs

Wie oben deutlich geworden ist, beinhaltet die Zweckbestimmung Colonial
Williamsburgs ein Authentizitätskonzept, dessen Echtheitsanspruch sich im
wesentlichen aus zwei Facetten zusammensetzt: Er bezieht sich zum einen
auf die historische Kulisse, deren Bauten, Grünanlagen und Straßenzüge
restauriert, zu großen Teilen jedoch auch von Grund auf rekonstruiert
wurden. Zum anderen schließt die Echtheitsbehauptung auch die inmitten
des Museumsdorfes nachgespielte Geschichte ein. Die Implementierung
der *theatrical interpretation* hat, wie gezeigt, zu einer Umwertung des
Authentizitätsbegriffes geführt, die heute auch *on site* Niederschlag findet.
Vor einigen Jahren noch unterstrichen die verbalen Führungsprogramme
uneingeschränkt den originalgetreuen Charakter der materiellen Exponate.
So erfuhr der Besucher etwa nicht, in welchem Ausmaß die *historic area*
auf Analogieschluß und museumswissenschaftlichen Hypothesen beruht.
Die Führer nutzten jede Gelegenheit, um den unkundigen Touristen auf die
Originalgebäude aufmerksam zu machen, während rekonstruierte Bauten
keine ausdrückliche Erwähnung fanden. Das Gebot der Authentizität, so
wurde impliziert, werde selbst dann nicht gebrochen, wenn es aus heutiger
Perspektive etwa keine einsichtige Erklärung mehr für den Standort
historischer Originalgebäude gibt. "We have [...] the Gunpowder Magazine
over there. And all of these are original buildings, so we know they were
right here in the middle of town," wurde das *setting* des Market Square im
Rahmen des *orientation walk* beschrieben. "Nobody understands why they
would have put the Gunpowder Magazine right in the middle of town," gab
die Führerin zu bedenken, um dann zu versichern: "but this is an original
building and we know it was there."[434] Auch die Führung durch den
Governor's Palace ließ kaum eine Gelegenheit aus, um die Authentizität
des Gebäudes und seiner Einrichtung zu beschwören. Dabei verstrickte sich
der *guide* jedoch in Widersprüche. Einerseits wurde die bis ins letzte Detail
reichende Echtheit der räumlichen Ensembles durch den beständigen
Hinweis auf erwiesene Fakten betont: "[I]t is well documented: This is how
George Washington would see this entrance hall. [...] [There are] 774 arms

---

[434] *Orientation walk*, Colonial Williamsburg, 06.05.1997.

in the building. [...] The number is well documented and correct."[435] An anderer Stelle wurde der Besucher jedoch über die dokumentarische Grundlage des Wiederaufbaus unterrichtet:

> The original building burned in 1781. [...] But we built right over the old foundations aided only by... [deutet auf einen Bauplan an der Wand] ... This is the only picture of what the Palace looked like. We found it in England. We used that to see what it looked like, and when you finish your tour you can go down into the wine cellar [...] and see some of the original brick work preserved for you.[436]

Die Tatsache, daß man sich lediglich auf ein einziges Bild der Grundmauern stützen konnte und heute nur noch rudimentäre Überreste des Originalbaus vorzuweisen hat, mündete mithin nicht in eine Problematisierung der dargestellten historischen Wirklichkeit. Stattdessen wurden Bauplan und "brick work" instrumentalisiert, um den trügerischen Eindruck der Faktizität des Geschauten zu erwecken.[437] Die *interpreters*, so ist die in der Vergangenheit angewandte Praxis zusammenzufassen, führten einen Authentizitätsdiskurs um jeden Preis.[438] Dem Besucher wurde suggeriert, daß der Wahrheitsgrad der präsentierten Geschichte mit der Sichtung neuer Dokumente stetig steige, nach dem Motto: "As new documents are discovered, facts replace myths."[439] Das Museum konnte somit zumindest

---

[435] Führung durch den *Governor's Palace*, Colonial Williamsburg, 07.05.1997.

[436] Ebd.

[437] Der Besucher erfährt überdies nicht, worauf die angeblich bis ins Detail originalgetreue Inneneinrichtung des Gebäudes beruht. In den Jahren 1975 bis 1981 restaurierte die Stiftung den *Palace* und ersetzte die vormaligen vom *Colonial Revival Style* geprägten Interieurs durch eine Ausstattung, die als „authentischer" bezeichnet wird. Als Grundlage diente eine Inventarliste, die zum Tode des Gouverneurs Botetourt im Jahr 1770 erstellt worden war. Die Mehrheit der 16.500 darin enthaltenen Objekte konnten jedoch weder genau identifiziert, noch beschafft und in ihren ursprünglichen räumlichen Kontext eingebettet werden. In den Führungen wird der Besucher jedoch regelmäßig auf „dokumentierte" Einrichtungsgegenstände aufmerksam gemacht, während Hinweise auf deren mutmaßliche Anordnung unterbleiben. Vgl. Gable, Handler and Lawson, "Relativism" 798-801. Dieselbe Problematik ergibt sich im Falle des *Wythe House* und der dazugehörigen *outbuildings*. Auch deren Einrichtung ist "conjectural in the sense that there are no surviving records of the furnishings of the property." Eric Gable and Richard Handler, "The Authority of Documents at Some American History Museums," *Journal of American History* 81.1 (June 1994): 129.

[438] Gable und Handler verweisen in diesem Zusammenhang auf die stiftungsinterne Ausbildung des Personals. Das Lehrmaterial sei nicht zweifelsfrei in Primärquellen und von Historikern im Vorfeld redigierte Sekundärtexte zu trennen. Die Führer im Museumsdorf seien sich somit über die eingeschränkte Gültigkeit dessen, was ihnen im Zuge ihrer Ausbildung als authentisch angepriesen wurde, nicht im Klaren. Gable and Handler, "Authority of Documents" 128-32.

[439] Ebd. 122.

vordergründig als eine Institution erscheinen, die Geschichte lediglich beschreibend zur Darstellung brachte, ohne eine interessengeleitete Deutung des vorhandenen Faktenmaterials vorzunehmen. In einer Zeit, in der die museale Botschaft Colonial Williamsburgs von einseitig verzerrten Inhalten geprägt war, diente dieser strenge Authentizitätsdiskurs dazu, die mehr oder weniger expliziten patriotischen Zielsetzungen der Stätte mit einer vermeintlich neutralen, weil wissenschaftlich fundierten Bildungsabsicht zu verbinden. Die Beteuerung der Echtheit der Anlage fungierte zugleich als Beweis für den Wahrheitsgehalt der präsentierten Geschichte.

Heute geht man im Zuge der oben geschilderten programmatischen Revisionen differenzierter zu Werke. Der Führer des *orientation walk* ist etwa darauf bedacht, zwischen Originalgebäuden und rekonstruierten Bauten zu unterscheiden: "When I say it's an original it means–that's the building. That's where it's been standing since whatever date I give you," definiert er den Status des Originalen und kommt am Beispiel des *Capitol Building* sowie des *Governor's Palace* auch auf den Tatbestand der Rekonstruktion zu sprechen: "They are called reconstructions. The two buildings burnt to the ground. They were totally destroyed by fire. Reconstruction means that's exactly what the Palace looked like when it was originally built in the early 1700s. Both these buildings are sitting smack on top of their original foundations. But that's not the original, all right, they're reconstructions."[440] Trotzallem nehmen die Hinweise auf die authentischen Exponate und Abschnitte des Stadtensembles weitaus größeren Raum ein und dürften prägend auf die Wahrnehmung des Besuchers wirken. Auf dem *Market Square*, um den sich einige der Originalgebäude gruppieren, macht der Mitarbeiter den Touristen sogar glauben, er stünde einer visuell unverfälschten Vergangenheit gegenüber: "What you're looking at is what it would have looked like in 1775. You're looking at the town, because these are the original buildings." Daß die bloße Präsenz authentischer Bauten nicht ausreicht, um die Behauptung eines genuinen Abbildes historischer Wirklichkeit zu begründen, hat die Analyse der visuellen Rhetorik indes gezeigt.

Was den Echtheitsanspruch betrifft, den die Programmatik Colonial Williamsburgs für die von den *character interpreters* nachgespielte Geschichte geltend macht, wird dem Besucher im Museumsdorf ebenso der Eindruck vermittelt, er werde Zeuge einer authentisch rekreierten geschichtlichen Wirklichkeit. "You don't want to miss the 17 trade sites on the ground. These people are in costume, and they are absolutely experts of their trade," verweist der Führer des *orientation walk* auf die *on site* tätigen Handwerker. "Whether they're making a gun, a wig, or whether they're making a dress or a cabinet, they're doing exactly as the trade was done in the 18th century. Same tools, same techniques, same material. [...] They

---

[440] *Orientation Walk*, Colonial Williamsburg, 20.07.1999.

cook the same dishes, same entrés, same desserts, same recipies, same way they did way back in the old days," versichert der Mitarbeiter mit einem Absolutheitsanspruch, den er ebenso auf die Darsteller historischer Persönlichkeiten überträgt: "I recommend [...] seeing Thomas Jefferson, Martha Washington, George Washington or Patrick Henry. [...] These are people who are in costume. They're employees. They're absolutely experts of their characters," wird deren Status definiert und authentifiziert. "They will answer questions just like the question would have been answered back in those days. And it is very good for getting a feel for what were these people like, what were they thinking about," stellt der Führer die Möglichkeit des Eintauchens in eine vermeintlich originalgetreu vergegen-wärtigte historische Lebenswelt unhinterfragt in Aussicht.[441] Die Tatsache, daß die inszenatorische Geschichtsvermittlung Colonial Williamsburgs unvermeidlich im Spannungsfeld zwischen Fiktion und Faktizität angesiedelt ist, bleibt im Rahmen des *orientation walk* weitgehend im Dunkeln. Der Besucher, der nicht zu einer kritischen Reflektion des im Authentizitätskonzept Colonial Williamsburgs implizierten historischen Wahrheitsbegriffes angeregt wird, wird sich vorbehaltlos auf die Vergangenheitsillusion der *historic area* einlassen müssen.

Ansätze zu einer Problematisierung dieses Aspekts, der die Entwicklung eines differenzierten Geschichtsverständnisses auf seiten des Touristen befördern kann, bieten indes die Führungen und Veranstaltungen der *black history programs*. Ihnen steht das ohnehin zweifelhafte Argument, die Präsenz von originalen Objekten verbürge gleichsam die Objektivität und die Relevanz des Gezeigten, nicht zur Verfügung, da die materielle Kultur der Sklaven zumeist nicht im Original überliefert ist. In der Vergangenheit gehörte es zur Philosophie Colonial Williamsburgs, nur diejenigen Elemente vergangener Lebenswelten zu zeigen, die einwandfrei anhand von Quellenmaterial dokumentierbar sind und idealerweise–hier greift wieder das Visualitätsprinzip der *living history*–anhand von materiellen Exponaten ausgestellt werden können. Diese 'just the facts'-Ideologie führte jedoch zwangsläufig zur Exklusion minoritärer Diskurse[442], ein Ergebnis, das der angestrebten repräsentativen Porträtierung geschichtlicher Zustände diametral entgegengesetzt war. Der Verzicht des DAAIP auf den strikten Authentizitätsdiskurs, von dem die Geschichte der weißen Majorität durch-drungen ist, gereicht der Präsentation der afro-amerikanischen Geschichte nunmehr zum Vorteil. In Anlehnung an die postmodernen Erzählstrategien im Bereich der Literatur kann sie sich des imaginativen *story-telling* bedienen. Auf der Grundlage einzelner verbürgter Fakten wird ein historisch plausibles *narrative* entwickelt "[that] may help fill the blanks,

---

[441] Die Problematik, die mit einem vermeintlich möglichen Nacherleben vergangener Lebenswelten und mit der Einfühlung in historische Individualitäten verbunden ist, wird am Beispiel Plimoth Plantations ausführlich erörtert.

[442] Handler and Gable, *The New History in an Old Museum* 78.

reveal unheeded or silenced aspects."[443] Im Unterschied zu den weißen *mainstream*-Veranstaltungen wird der Authentizitätsstatus des verbal oder szenisch Dargestellten zumindest ansatzweise offengelegt. Die Führerin der *Other Half Tour* unterscheidet oftmals explizit zwischen Informationen, die auf dokumentierten Fakten beruhen und solchen, die mithilfe verstreuter Hinweise im Quellenmaterial–wie etwa Inventurlisten oder Gerichtsakten– auf dem Weg der Hypothesenbildung zu einer historisch stichhaltigen Narration zusammengefaßt wurden. So wird etwa die ausführliche Persönlichkeitsbeschreibung des Sklaven Bristol im Konjunktiv formuliert, und die Verhandlungen zwischen ihm und seinem zukünftigen Eigentümer Thomas Everard mit dem Hinweis beendet, daß es sich lediglich um eine "possibility of what might have been going on during this period" handele.[444] Der Zuschauer der "To Run Or To Stay"-Szenarien wird darüber aufgeklärt, daß Peter und Sarah zwar nachweislich in Williamsburg gelebt haben und im Jahr 1775 aus der Stadt verschwunden sind. Er erfährt jedoch auch, daß die eigentliche Geschichte eine typisierte und mit Elementen des Fiktiven versehene Erzählung darstellt, die allgemeine historische Geschehnisse und Entwicklungen plausibel veranschaulichen soll. Mithin ist festzustellen, daß es einmal mehr die afro-amerikanischen Veranstaltungen sind, die eine Einlösung der programmatischen Ansprüche Colonial Williamsburgs für sich geltend machen können und die zum Ausgleich der Vermittlungsdefizite beitragen, die aus der institutions-eigenen Geschichte der Stätte überkommen sind.

---

[443] O' Meally and Fabre "Introduction" 5.
[444] *The Other Half Tour*, Colonial Williamsburg, 21.07.1999.

3. Plimoth Plantation

3.1 Inhaltliche Intentionen

Die Programme Mount Vernons und Colonial Williamsburgs haben es bereits gezeigt: Trotz aller Veränderungen, die die Zielsetzungen der Geschichtsvermittlung während der letzten Dekaden durchlaufen haben, sind in den Diskursen der Stätten Elemente einer patriotisch gefärbten Perspektive auf historische Ereignisse, Strukturen und Kontinuitäten erhalten geblieben. Neben dem Bekenntnis zu Wissenschaftlichkeit und Authentizität, um nur diese Aspekte zu nennen, wird mit traditionellen amerikanischen Autostereotypen gearbeitet, die geeignet sind, unzutreffende populärkulturelle Perspektiven auf den jeweiligen Gegenstand der *sites* zu perpetuieren. Im Falle Plimoth Plantations, wo sich die Situation ähnlich darstellt, überrascht dies jedoch umso mehr als sich die Stätte als Institution begreift, deren Hauptziel explizit in der Dekonstruktion geschichtlicher Legenden und der differenzierten Präsentation vergangener Wirklichkeit besteht: "We introduce visitors to the historical complexities beneath the pastoral Thanksgiving tale that they were told as children," verspricht die Einrichtung und knüpft somit rhetorisch an die Tradition des *myth-debunking* an, die sich, wie im historischen Überblick behandelt, Ende der sechziger Jahre im Museum etablierte.[445]

Wie auf Mount Vernon und in Colonial Williamsburg gibt es im Gesamtdiskurs Plimoth Plantations allerdings Hinweise darauf, daß sich *myth-debunking* und die Reaktivierung des *Pilgrim myth* keineswegs ausschließen. Obwohl die Stätte behauptet, jeglichen Formen einer "inspirational history" abgeschworen zu haben[446], heißt es in einer Broschüre jüngeren Datums: "Plimoth Plantation is a museum dedicated to telling the inspiring story of the Pilgrims [...]."[447] Vor einigen Dekaden noch war das erbauliche Potential in der Vergegenwärtigung der mutmaßlichen moralischen Unfehlbarkeit der Pilger lokalisiert, in ihrem Fleiß und Durchhaltevermögen sowie in der Überzeugung, die ersten Puritaner hätten die amerikanische Demokratie erschaffen. Heute speist sich die Quelle der Inspiration aus den Antworten, die Plimoth Plantation auf Fragen zu der auch hier vorausgesetzten Fragmentierung der zeitgenössischen amerikanischen Gesellschaft gibt: "Today, more than ever, Americans need to discover common ground and to build bridges across the deep social, political and economic fault lines which divide our fractious society," wird konstatiert.[448] Am Beispiel der Puritaner soll demonstriert werden, daß konfliktbehaftete *diversity* und deren Ausgleich

---

[445] Plimoth Plantation, *Grant Application* n. pag.
[446] Baker, *Fifty Years of Living History* 19.
[447] Plimoth Plantation, *A Challenge to Excel*, brochure, Plimoth Plantation, 1993, n. pag.
[448] Ebd.

von Beginn an ein wesentliches Charakteristikum der Gegebenheiten in der Neuen Welt darstellte: "By preserving one of the most important elements of this heritage, Plimoth Plantation provides just such an opportunity [...]."[449]

Wie im Falle Colonial Williamsburgs erscheint die koloniale Vergangenheit im Diskurs Plimoth Plantations zuweilen als ein exemplarischer Mikrokosmos heutiger Gegebenheiten. "Most people want to understand why the society we have inherited is the way it is and I think the questions of modern day life resonate in the history of the 1600s," meint Nancy Brennan, die Leiterin der Stätte und erläutert den Beitrag, den ihre Institution zur Klärung gegenwärtiger Problemkonstellationen leisten kann[450]: "For an institution to be able to talk about this [sustained contact between Native American and European cultures] is of enduring value," denn: "[...] there are examples in contemporary society where cultures with very different value systems, points of view and agendas have needed to come together on common ground and work out a common future."[451] Freilich wird hier unterschlagen, daß das Aufeinandertreffen von europäischen Einwanderern und autochthonen Kulturen fast zur völligen Ausrottung der letzteren führte, denn nur so kann die koloniale Frühgeschichte zum Urbild der amerikanischen multikulturellen Einwanderungsgesellschaft stilisiert werden: "The history of the Wampanoag and the English colonists," wird ohne erklärende Zusätze behauptet, "[...] prefigures the American immigrant experience, serving as the archetype of a story played out again and again throughout our national history."[452] Die Geschichte der *Pilgrims*, so heißt es, sei "symbolic, even today, of the hopes and aspirations of immigrants the world over who continue to be drawn to America with the promise of a new start."[453] Der Bestätigung nationalkultureller Identität wird hier Vorrang vor einer wahrheitsgetreuen Beschreibung der historischen Entwicklung gegeben, was im Rahmen des Gesamtansatzes der Stätte einen durchaus untypischen rhetorischen Fehltritt darstellt.

Das aktuelle *mission statement* enthält sich patriotisch verzerrter oder präsentistischer Deutungen der darzustellenden Vergangenheit. In ihm wird eine umfassende Erläuterung der historischen Ereignisse in ihrem Kontext sowie die Absicht angekündigt, dem Museumsgänger ein vertieftes Verständnis geschichtlicher Prozesse und Zusammenhänge vermitteln zu wollen:

---

[449] Ebd.

[450] Plimoth Plantation, "Interview with Nancy Brennan, new Executive Director," *Plimoth Plantation Almanack* 9.1 (Spring 1998): 4.

[451] Ebd.

[452] Ebd.

[453] Plimoth Plantation, *A Challenge to Excel*, n. pag.

Plimoth Plantation's purpose is to offer powerful personal experiences of history, built upon thorough research of the Pilgrim and Wampanoag communities. We offer multiple learning opportunities to provide a deeper understanding of the relationship of historical events to modern America [...].[454]

Als einzige der drei behandelten *historic sites* verankert Plimoth Plantation die Vermittlungsmethode, die angeblich "powerful personal experiences of history" gewährleistet, im *mission statement* und erhebt sie somit gleichsam zu einem integralen Bestandteil der Botschaft. Was sich dahinter verbirgt, sollen die Ausführungen zur Vermittlungsmethode beleuchten, die im folgenden Kapitel betrachtet werden.

Wie bereits auf Mount Vernon und in Colonial Williamsburg findet sich im Diskurs Plimoth Plantations der ausdrückliche Hinweis auf die wissenschaftliche Faktengrundlage der präsentierten Geschichte, der sich wie bei ersteren nicht nur an den Besucher, sondern darüber hinaus an Einrichtungen wenden dürfte, die Forschungsgelder an nachweislich wissenschaftlich tätige Institutionen zu vergeben haben. Plimoth Plantation scheint es mit seinem Bekenntnis zur Anwendung und Kommunikation wissenschaftlicher Methoden und Erkenntnisse allerdings ernster zu sein als etwa der MVLA. Wie gesehen nimmt die Verpflichtung zu *research* auch in der Zweckbestimmung Mount Vernons einen prominenten Platz ein, und die museumsinternen Planungsdokumente erwähnen die Integration sozialgeschichtlicher Ansätze. Diese Intentionen werden jedoch an anderer Stelle dadurch relativiert, daß sich die konservative *Association* eine ausgeprägte Resistenz gegenüber ihrer Natur nach wandelbaren geschichtswissenschaftlichen Theorien auf die Fahnen schreibt: "Changes are not made here merely to go along with whatever theory is in fashion," versichert die *regent*, und der *resident director* pflichtet ihr bei.[455] Die Frage, ob sich Mount Vernon bei der musealen Vermittlung von geschichtstheoretischen Ansätzen leiten lasse, verneint Jim Reese im Interview: "I think that in some ways we openly say 'We don't want to do that.' [...] What we feel we should do is teach about George Washington's character and leadership through his home."[456] Plimoth Plantation hält demgegenüber an der Absicht fest, die Inhalte der Geschichtsvermittlung zwar mit einer unumgänglichen Phasenverschiebung, aber doch beständig an neuen geschichtswissenschaftlichen Erkenntnissen auszurichten, die nicht nur die bloße Sicherung von Fakten betreffen, sondern auch deren Interpretation. "Academic models of the past are ever-expanding,"

---

[454] Plimoth Plantation, *Employee Manual: Human Resources Policies and Procedures*, typescript, Plimoth Plantation, January 1999, n. pag.

[455] MVLA, *Minutes of the Council of the Mount Vernon Ladies' Association Held at Mount Vernon, Virginia, 1981* (Mount Vernon, Va.: MVLA 1981) 14.

[456] Interview mit Jim Reese, *resident director*, Mount Vernon, 10.05.1999.

konstatiert die Plimoth Plantation zurecht und versichert: "We can ensure that the latest research reaches the general public."[457] Die auch gegen externen Widerstand durchgesetzte Einführung und Weiterentwicklung von *new social history* und *historical anthropology* seit den sechziger Jahren verleiht diesem Anspruch Plimoth Plantations zusätzliche Glaubwürdigkeit. Die Absicht, wissenschaftlichen Erkenntnisfortschritt und -wandel für den Besucher transparent zu machen stellt eine metakommunikative Aufgabe dar, die ebenso zum Bildungsauftrag historischer Stätten gehört wie die anschauliche Präsentation von Forschungsergebnissen. Sie ist geeignet zu zeigen, daß Geschichte nicht als eine letztendlich zur Objektivität führende Ansammlung historischen Tatsachenmaterials, sondern vor allem als Deutung desselben zu sehen ist. Ob das von Plimoth Plantation gewählte Vermittlungsverfahren diesen Anspruch einlösen kann, wird allerdings noch zu überprüfen sein.

Der patriotische Impetus, der die Programmatiken Mount Vernons und Colonial Williamsburgs über weite Strecken bestimmt, ist im Diskurs Plimoth Plantations, so viel steht fest, weniger ausgeprägt. Freilich vermeidet es die Zwecksetzung, bei der Definition der zur Darbietung gelangenden Inhalte explizit auf die Schattenseiten der Kolonisierung Amerikas hinzuweisen. Ziel ist:

> To create multiple learning opportunities to broaden the public's understanding of: the indigenous peoples; the Plymouth colonists' origins, arrival, and presence in New England; the colonists' profound impact on the land and on established Wampanoag communities; and, the complex issues raised in the context of cultures that have molded modern America.[458]

Weitaus problematischer als die inhaltlichen Vorgaben scheinen indes die theoretischen Prämissen zu sein, die dem Vermittlungskonzept der *first-person interpretation* zugrunde liegen. Diese stellt das einzige Medium der Kommunikation geschichtlicher Zusammenhänge im *Pilgrim Village* dar.

3.2 Das Vermittlungskonzept der *first-person interpretation*

3.2.1 Authentische Reproduktion und "non-theatricality"[459]

Wie zu erkennen sein wird, weist Plimoth Plantations Konzept der *first-person interpretation* im Vergleich zu den Vermittlungsstrategien Mount Vernons und Colonial Williamsburgs eine Reihe von Unterschieden auf.

---

[457] Ebd.

[458] Plimoth Plantation, *Employee Manual* n. pag.

[459] Ken Yellis, "Not Time Machines, But Real Time: Living History at Plimoth Plantation," *ALHFAM Proceedings of the 1989 Annual Meeting* 12: 55.

Weitgehend gemeinsam ist den Stätten jedoch der Authentizitätsanspruch, der sowohl für die repräsentierte Sachkultur, und in den *living history sites* auch für die Tätigkeiten der *interpreters* geltend gemacht wird. "Each house, garden and animal pen is maintained in *the same way* as it was done almost 400 years ago," verspricht Plimoth Plantation. "First-person interpretation," heißt es, "places the costumed personnel in the roles of the *actual inhabitants of the original village*. By using their extensive training, accurate 17th-century dialects and carefully re-created period mind-sets," wird behauptet, "they *fully replicate* the human element of the settlement.[460] Durch diese vermeintlich originalgetreue Wiederherstellung historischer Realität–besser: deren Versuch–erbringe das Museum eine Kompensationsleistung für die in der modernen Welt angeblich ubiquitäre Erfahrung des Unauthentischen: "[...] so much of what we are exposed to is spurious, meretricious, phoney, manipulative. At Plimoth Plantation scrupulous care has been taken to make as much as possible look, feel, and act real. [...]"[461]

So bekannt diese Echtheitsbeteuerungen aus den Diskursen Mount Vernons und Colonial Williamsburgs sind, so zwangsläufig muß sich das Authentizitätsverständnis Plimoth Plantations doch von demjenigen der anderen Stätten unterscheiden, denn während erstere zumindest in Teilen auf die Präsenz von Originalgebäuden verweisen können, handelt es sich im Falle des *Pilgrim Village* ausschließlich um reproduzierte Bauten und Gegenstände.[462] Die auratische Qualität, die Originalobjekten innewohnt, wird entsprechend argumentiert, sei für den Erkenntnisprozeß des Besuchers nicht vonnöten. Jim Baker, *director of research*, bestätigt dies mit einem Seitenhieb auf den Nimbus, der trivialen Gegenständen dadurch verliehen wird, daß etwa George Washington sie besaß oder benutzte. "'Authentic' objects [...] do convey a numinous value that inspires emotion and aesthetic appreciation," erklärt er, "but an accurate copy is fully as useful to the intellect. [...] a life-sized, full[y] operational model has an equal educational legitimacy to a view of George Washington's false teeth."[463]

Plimoth Plantation begründet die Authentizität der Stätte also nicht mit dem Vorhandensein originaler Objekte, sondern sieht diese neben der oben suggerierten Vollständigkeit der Reproduktion durch die sogenannte "non-theatricality" des Dargestellten gewährleistet.[464] Im *Pilgrim Village*, wird

---

[460] Plimoth Plantation: *Grant Application*, n. pag. Eigene Hervorhebungen.
[461] Yellis, "Not Time Machines, But Real Time" 57.
[462] Bis zum Jahr 1972 wurden im Pilgrim Village zum Teil noch Originalartefakte ausgestellt. Diese wurden schließlich versteigert, um die Herstellung von reproduzierten Gegenständen finanzieren zu können. Vgl. Baker, *Fifty Years of Living History* 22.
[463] <http://www.plimoth.org/liveh1.htm#top> (02/16/98).
[464] Yellis, "Not Time Machines, But Real Time" 55.

erläutert, würden von Vermittlerseite aus keine expliziten Interpretationen in Form von herkömmlichen Erzähltechniken wie "discernible character development, [...] confrontations, revelations or dramatic resolutions" vorgenommen.[465] Die präsentierte Geschichte sei nicht nachträglich vom Museum entworfen worden, sondern allein bestimmt durch die "events and seasonal activities of an actual specific historical year as it unfolds - its births, deaths, court meetings, weddings, land and cattle divisions, plantings and harvestings [...], and so on."[466] Durch die Entsprechung von Erzählzeit und erzählter Zeit könne im Museumsdorf ein überzeugender *reality effect* erzielt werden: "The key element at work here is the concept of real time–things take as long as they took or, often, a good deal longer [...]," so die Stätte. "Little is highlighted, little is presented. [...] Nothing is compacted, foreshortened, telescoped to give us an experience [...]. Nothing is foreshadowed [...]."[467] Freilich grenzt es an eine Leugnung jeglicher sinngebender Leitvorstellung in der Präsentation von Geschichte, wenn im Widerspruch zum Vorhandensein von inhaltlichen Vorgaben im *mission statement* behauptet wird: "There is, in a sense, no point. There is no datum the visitor must carry away from Plimoth Plantation that he didn't bring with him when he came."[468] Zugleich wird offenkundig, daß Plimoth Plantation und Colonial Williamsburg in Bezug auf den narrativen Charakter der musealen Darbietung historischer Gegenstände entgegengesetzte Positionen vertreten. Während letztere Stätte wie gesehen explizit mit Techniken der Fiktionalisierung und dramatischen Inszenierung arbeitet, verfolgt erstere eine andere Strategie: Im Interesse einer konsequenten Umsetzung des zugrundeliegenden mimetischen Geschichtsverständnisses soll die Inszenierung gerade nicht als solche erkennbar sein. Die Stätte behauptet sogar, sich von "clearly fictional [media]" zu unterscheiden und stattdessen den Charakter eines "living documentary" zu haben, den der Besucher jeweils aus seinem selbstgewählten Blickwinkel betrachtet.[469]

Die hiermit implizierte interpretatorische Emanzipation des Museumsgängers wird von Plimoth Plantation auch als Hauptmotiv für die Einführung der *first-person interpretation* im Jahr 1978 angegeben. Der Besucher soll nicht länger in der Rolle eines passiven Rezipienten vorgefertigter Geschichtsdeutungen verharren. "At many museums the visitor is dissuaded from seeking out elements or concepts pertinent to his/her own viewpoint. Instead one is sold a dramatized, colored or slanted presentation, an historian's view of the past and told its relevance to one's present,"

---

[465] Ken Yellis, "Dying 'Interstate:' World View and Living History at Plimoth Plantation," *ALHFAM Proceedings of the 1990 Annual Meeting* 13 (1993): 63.
[466] Yellis, "Not Time Machines, But Real Time" 54.
[467] Ebd. 56.
[468] Ebd. 57.
[469] Ebd. 56.

kritisiert Robert Marten, der institutionseigene Initiator dieser Vermittlungsmethode in seinem bis heute gültigen Grundsatzpapier.[470] Auf
Plimoth Plantation sei dies anders. Der historische Alltag im *Pilgrim
Village* werde angeblich in Echtzeit und ohne inszenatorische Manipula-
tionen präsentiert. Im Gegensatz zu Bühnenschauspielern machten die
character interpreters keinen theatralischen Gebrauch von "speech, action,
manner and gesture [...] intended to progress a written story line or cause
transitions during the unfolding of a set plot."[471] Die unchoreographierte
Interaktionsweise mit inhaltlich offenem Ergebnis führe dazu, daß nicht die
Museumshistoriker, sondern der Besucher "the true interpreter of the past"
sei.[472] Wie sollen die historischen Akteure im *Pilgrim Village* jedoch eine
deutungsfreie Darstellung der *Pilgrims* leisten und wie soll der Besucher
eine eigenständige Auslegung des Geschauten vollbringen? Der Schlüssel
hierzu liegt laut Plimoth Plantation in der Identifikation mit den
geschichtlichen Pendants.

3.2.2 Die Einfühlung in historische Individualitäten

Die Stätte stellt die Möglichkeit eines aktiven Nacherlebens von
Geschichte sowohl für den *interpreter* als auch für den Besucher in
Aussicht und setzt dabei voraus, daß die Vergangenheit vollständig imitiert
werden kann und der heutige Zeitgenosse vermag, sich in historische
Individualitäten einzufühlen[473]: "At Plimoth Plantation we [...] recover the
way of seeing, of understanding, of speaking and of interacting in a
vanished society, of looking at the universe through their [the Pilgrims']
atmosphere, as they did."[474] Der Mitarbeiter, so das Argument, eignet sich
diese Fähigkeit im Verlauf seiner zweiwöchigen Ausbildung und der
Tätigkeit im *Pilgrim Village* an, die ihm Gelegenheit zur Internalisierung
eines Konzepts geben, das von dem museumseigenen Historiker Jim Baker
entwickelt und auf den Begriff des "world view" gebracht wurde. "'World
view,' broadly defined," erklärt Baker, "is the culturally-determined

---

[470] Marten, *Plimoth Plantation Interpretation Defined* n. pag.

[471] Ebd.

[472] Ebd.

[473] Zwar findet sich in jenen Publikationen, die sich vorrangig an ein Fachpublikum
richten, des öfteren das Eingeständnis der prinzipiellen Unmöglichkeit eines solchen
Unterfangens: "Of *course* we understand that the total representation of even a small
community for so much as a moment in the past is impossible; so what?" (Yellis,
"Not Time Machines, But Real Time" 55. Hervorhebung im Original.) Diese Vorbehalte werden aber offenkundig rasch beiseite geschoben. Der Grundtenor des
Gesamtdiskurses suggeriert, daß Plimoth Plantation in der Lage sei, die historische
Realität weitgehend wiederherzustellen und sowohl für den *interpreter* als auch für
den Besucher erfahrbar zu machen.

[474] Yellis, "Dying 'Interstate'" 60.

perceptual context in which each individual meets the world."[475] Ziel der Schulung sei es "to delineate and re-create the appropriate 17th-century mindset as accurately and completely as possible in order to prepare our staff for their emotive portrayal of historical characters."[476] "We are a museum of a culture [...] not of objects, not of crafts," charakterisiert sich die Stätte selbst, und dementsprechend soll jeder *Pilgrim* in die Lage versetzt werden, neben handwerklichem Wissen und didaktischen Verfahrensweisen auch die immateriellen Aspekte der historischen Kultur zu explizieren oder sie im Rahmen seiner Ausführungen implizit mitschwingen zu lassen. Dazu gehören laut Baker "Galenic medicine, vernacular design, astrology, Ptolemaic cosmology, alchemy, Aristotelian physics, magic, early modern social hierarchy and the Christian basis of worldly experience from simple faith to witchcraft" genauso wie "'Time and Age,'" "'Deportment' and 'Recreation.'"[477] Die Mitarbeiter sollen aber nicht nur eine "underlying, almost instinctive outlook on life from a period perspective" erwerben[478], sondern die individuellen Identitäten der "actual inhabitants of the original village" annehmen.[479] Zu diesem Zweck erhält jeder *interpreter* ein *individual character dossier* mit biographischen Informationen über das zu verkörpernde historische Pendant und dessen englische Herkunftsregion, deren Regionaldialekt er anhand von auditivem Lehrmaterial erlernt. In Form von Handbüchern, die im Zuge neuer Forschungserkenntnisse erweitert und aktualisiert werden, stehen diese Informationen dauerhaft zur Verfügung. Die *research library* hält zudem einen umfangreichen Apparat an Primär- und Sekundärliteratur bereit. Die letzten eineinhalb Tage der *training sessions* sind einem sogenannten *live-in* im *Pilgrim Village* gewidmet. Die frischgebackenen *interpreters* sollen sich in ihrer neuen Arbeitsumgebung schnell heimisch fühlen und eine Vertrautheit im Umgang mit den historischen Gerätschaften gewinnen.[480] Im Anschluß an die Ausbildung muß den Mitarbeitern also die Herkunft, der Lebensweg, die Verwandtschaftsverhältnisse und die Stellung, die der jeweilige Pilger innerhalb der puritanischen Siedlung einnimmt, bekannt

---

[475] Baker, "World View" 64.

[476] Ebd.

[477] Baker, "World View" 66.

[478] John Kemp, "World View And The Interpreter" *ALHFAM Proceedings of the 1990 Annual Meeting* 13 (1993): 71.

[479] Plimoth Plantation, *Grant Application*, n. pag.

[480] Interessanterweise ist das entscheidende Auswahlkriterium für die Rekrutierung neuer *interpreters* nicht deren historisches Vorwissen, sondern die interpersonelle Kommunikationsfähigkeit. Ausgehend von der Annahme, daß geschichtliche Kenntnisse leichter an die neuen Mitarbeiter zu vermitteln seien, als die *interpersonal skills*, die der zahlende amerikanische Besucher im Umgang mit dem Museumspersonal erwartet, werden bevorzugt ehemalige *waiters* und *waitresses* eingestellt. (Informelles Gespräch mit John Dever, *Assistant Program Supervisor, Colonial Interpretation Department*, Plimoth Plantation, 09.06.1999.)

sein. Idealerweise sind die *first-person interpreters* sodann im Stande "the whole field of period knowledge"[481] aus der persönlichen Perspektive und im historischen Regionaldialekt der von ihnen gespielten Figur zu kommunizieren und dabei zum Ausdruck zu bringen "that this settlement is not autochtonic, that is, sprung entirely from <u>American</u> conditions, but that it is an extension of contemporary <u>British</u> practices."[482].

Doch auch der Besucher, "[who is] wandering in a foreign land, the past, tentatively engaging the inhabitants, unguided and uninstructed," soll sich ganz in die geschichtliche Lebenswelt hineinversetzen können. Dazu müsse er zunächst die "confused, disoriented, dissonant condition"[483] überwinden, mit der ihn das inszenierungsfreie *Pilgrim Village* anfänglich konfrontiere. In einem zweiten Schritt würde er lernen "to 'read' the place; to tune in to the world view."[484] Freilich drängt sich die Frage auf, ob dem historischen Laien im Rahmen der postulierten Deutungsfreiheit überhaupt Anknüpfungspunkte für die eigenständige Entzifferung des Textes "Pilgrim Village" geboten werden. Die Stätte gibt dazu keine weiteren Erläuterungen. "[I]f we succeed, the visitor can have something like a total immersion [...] experience," wird lapidar verkündet.[485] Die Anverwandlung der historisch fremden Individualität scheint sich für den Museumsgänger fast wie von selbst zu vollziehen: "[...] you can see the way it was–feel the way it was. [...] With just a little imagination you can actually be a Pilgrim," wird behauptet.[486]

Aufgrund der bisherigen Ausführungen scheint es plausibel anzunehmen, daß sich Plimoth Plantation, ohne dies explizit zu erwähnen, verschiedener Versatzstücke aus der hermeneutischen Erkenntnistheorie bedient. Die oben thematisierte Fremdheitserfahrung, die der Besucher zunächst im *Pilgrim Village* macht, und die im Verlauf der dialogischen Kommunikation mit den Pilgern in Fremd*verstehen* münden soll, macht Anleihen bei Diltheys hermeneutischem Zirkel und der von Gadamer formulierten Dialogizität von Erkenntnis. Wenn Plimoth Plantation die Strategie der Einfühlung in historische Personen und des Nacherlebens vergangener Wirklichkeit als Weg zu geschichtlichem Verständnis proklamiert, so werden damit Vorstellungen über die Erschließung historischer Realität reaktiviert, die aus der romantischen Tradition der Hermeneutik bekannt sind. Sie tragen insbesondere Anklänge an Schleiermachers "divinatorische[n] Akt," dessen Gelingen auf der Annahme "einer vor-

---

[481] Baker, "World View" 65.

[482] Plimoth Plantation, *The English Origins Project: A Guide for the Interpreter*, typescript, Plimoth Plantation, n. d., 3. Hervorhebung im Original.

[483] Yellis, "Not Time Machines, But Real Time" 56.

[484] Yellis, "Dying 'Interstate'" 63.

[485] Yellis, "Not Time Machines, But Real Time" 56.

[486] Plimoth Plantation, *Plymouth: A lot more than a rock*, 1977, n. pag.

gängigen Verbundenheit aller Individualitäten beruht."[487] Das Verstehen und die innere Erfahrung vergangener Wirklichkeit und Individualität wird nach dieser Lesart erreicht, "'indem man sich selbst gleichsam in den anderen verwandelt.'"[488] Das Vermittlungskonzept der Stätte teilt diesen Grundgedanken offenbar und denkt geschichtliches Verstehen "als Reproduktion einer ursprünglichen Produktion [...]."[489] Auf diese Aspekte wird später erneut zurückzukommen sein.

Das Argument der Einfühlung, das Plimoth Plantation für die *first-person interpretation* geltend macht, läuft Gefahr, eines der Hauptziele der Vermittlung zu untergraben: Die Absicht des Museums "to encourage critical thinking [...]."[490] So ist nicht auszuschließen, daß eine vollständige Identifikation mit dem historischen Gegenüber, deren Möglichkeit *per se* bezweifelt werden darf, gerade nicht zu einer kritischen Beurteilung des Dargestellten führt. Vielmehr könnte sie im Falle des Besuchers und in noch höherem Maße dem des *interpreter* eine Vereinnahmung durch den historischen Gegenstand nach sich ziehen, denn, so gibt der Kulturanthropologe Richard Handler treffend zu bedenken: "[...] how can one be critical of the past when one's obsession is to reproduce it in all its detail? Such a procedure collapses all critical distance between imitator and imitated [...]."[491]

Auch die oben besprochene Behauptung, der Besucher könne aufgrund der angeblich originalgetreu und vollständig reproduzierten Vergangenheit ohne Beeinflussung durch die Formen und Inhalte der Präsentation, gewissermaßen aus erster Hand, seine Schlußfolgerungen ziehen, muß in Zweifel gezogen werden. Plimoth Plantation entwirft einen gerade in diesem Fall unzutreffenden Dualismus zwischen Beschreibung und Deutung, der auf der falschen Prämisse der objektiven Reproduzierbarkeit geschichtlicher Realität fußt. Die Unterscheidung historischer Tätigkeiten in Beschreibung und Interpretation, so argumentiert etwa Arthur Danto in Bezug auf die Geschichtsschreibung überzeugend, ist unhaltbar, da "es nichts gibt, was man im Gegensatz zu etwas, das Interpretation genannt werden soll als reine Beschreibung bezeichnen könnte."[492] Jeglicher Umgang mit Geschichte, führt er aus, "heißt übergreifende Konzeptionen verwenden, die [...] über das Gegebene hinausgehen. Allein nur dies einzusehen, bedeutet, daß Geschichte als Imitation oder Duplikat der

---

[487] Hans-Georg Gadamer, *Wahrheit und Methode. Grundzüge einer philosophischen Hermeneutik*, Hermeneutik I (Tübingen: Mohr 1990) 193.

[488] Ebd.

[489] Ebd. 301.

[490] Plimoth Plantation, *Grant Application* n. pag.

[491] Richard Handler, "Overpowered by Realism: Living History and the Simulation of the Past," *Journal of American Folklore* 100 (1987): 340.

[492] Arthur C. Danto, *Analytische Philosophie der Geschichte* (Frankfurt a. Main: Suhrkamp 1980) 189f.

Vergangenheit ein unmögliches Ideal ist."[493] Die These Plimoth
Plantations, die besagt, daß im *Pilgrim Village* eine Beschreibung der vergangenen Ereignisse geliefert wird, deren Auslegung sodann der Besucher
vornimmt ist falsch. In Wirklichkeit, so darf gemutmaßt werden, kann der
Museumsgänger nur die Deutung einer bereits durch die Präsentation
vorgedeuteten Geschichte leisten.

Zusammenfassend läßt sich festhalten, daß Plimoth Plantation die *first-
person interpretation* als museumsdidaktische Umsetzung einer angeblich
wert- und deutungsfreien, weil strikt mimetischen Geschichte verstanden
wissen will, die allein der Authentizität des Gezeigten verpflichtet sei. Die
theoretischen Begründungen, mit denen die Stätte diese Ansprüche abzu-
sichern versucht, und die eine Reihe von kritikwürdigen Schwachpunkten
und Fehlannahmen aufweisen, sollen im Anschluß an die Untersuchung *on
site* erneut aufgegriffen und im Lichte der empirischen Ergebnisse auf ihre
Stichhaltigkeit befragt werden. Zunächst muß sich jedoch erweisen, ob die
in der Programmatik niedergelegten Konzepte im Museumsdorf tatsächlich
zur Umsetzung gelangen und welche Wirkung sie dort entfalten.

3.3 *"To Create a New England"*

Der Besuch Plimoth Plantations beginnt im *Visitor Center*. Dieses Gebäude
beherbergt neben den üblichen Serviceeinrichtungen wie Restaurant und
Museumsladen die Ausstellung "Irreconcilable Differences," die im Anschluß an das *Pilgrim Village* und *Hobbamock's Homesite* durchlaufen
werden soll. In einem Auditorium wird zur Einführung die 15-minütige
Multimediashow *"To Create a New England"* gezeigt.[494] Chronologisch
geordnete, von Schauspielern in historischen Kostümen nachgestellte
Szenen, die den Text eines Sprechers illustrieren, betten die im *Pilgrim
Village* präsentierte Geschichte in den historischen Kontext ein.

Der Besucher erhält zunächst Informationen über den Stamm der
Wampanoag, dessen Kultur durch den Kontakt zu den europäischen Seefahrern des ausgehenden 15. und des 16. Jahrhunderts nachhaltig verändert
und durch kriegerische Auseinandersetzungen sowie die Einschleppung
von Krankheiten bedroht wird. "Between these two cultures there was both
curiosity and suspicion," so der Sprecher. "The Europeans brought to the
New World tools, ironware and woven cloth to trade–as well as many other
things strange and new–and they inadvertently brought contagious and
often fatal diseases," heißt es. "They took away with them tobacco and furs
and Indians (as they called them)–kidnapped as slaves or collected as

---

[493] Ebd.

[494] Sofern nicht anders angegeben sind die nachfolgenden Zitate entnommen aus: *"To
Create a New England": The Orientation Multi-Image Show,* Plimoth Plantation,
1987.

exotic specimens of 'wild men.' The natives sometimes attacked the Europeans in retaliation," wird das konflikthafte Aufeinanderprallen von *Native People* und Europäern beschrieben. Die im 17. Jahrhundert eintreffenden puritanischen Emigranten werden von den Seefahrern abgegrenzt: "In November of 1620, a ship carrying a different sort of European arrived off this shore. These were English families," erläutert der Sprecher. "And they came not only to explore and to trade, but to settle here, to 'subdue a dark, and frightful wilderness,' and to convert it into a new England." Der Zuschauer wird über den Vertrag mit den englischen Geldgebern der Kolonisten informiert. Im Anschluß an die Klärung der ökonomischen Hintergründe der Auswanderung und den Hinweis auf die lebenserhaltende Unterstützung der *Wampanoag* wird auf die religiösen Motive eines Teils der Emigranten eingegangen: "Their strict and uncompromising Protestant beliefs had aroused anger and brought persecution from the authorities of the Church of England," wird erklärt. "Because of this, they went into exile in Holland. Now they hoped to live simply in the New World according to their interpretations of the Bible." Der historische Abriß endet mit einer Charakterisierung der Situation im Jahr 1627, welches im *Pilgrim Village* nachgestellt wird. Man weist darauf hin, daß der mit den *Merchant Adventurers* geschlossene Vertrag über die Gründung der Kolonie bald auslaufen wird, der Handel mit dem englischen Mutterland sowie die vorerst friedliche Koexistenz zwischen Puritanern und *Wampanoag*–"although they often did not understand each other"– relativ stabile Lebensbedingungen geschaffen hat: "Plimoth Plantation was now well established as one of England's footholds in the New World."

Im Anschluß an die Präsentation der inhaltlichen Aspekte, an die der Besucher bei der Erkundung des *Pilgrim Village* anknüpfen kann, wird der Zuschauer mit der Vermittlungsform der *first-person interpretation* vertraut gemacht. Exemplarische Dialoge zwischen Touristen und *first-person interpreters* demonstrieren, wie man im Museumsdorf weitere Informationen erhält. "Open your mind to the ways of life of two very different 17th century peoples. Be ready not only to look and listen, but also to ask questions about many things unfamiliar to you," wird empfohlen. "They [the Pilgrims] know nothing of events beyond the year 1627. They have crossed the Atlantic to establish a small English farming community on the New England coast," ruft der Sprecher in Erinnerung. Die Multimediashow schließt mit dem Hinweis auf die Authentizität des Gezeigten. Durch die wissenschaftlich abgesicherte Faktengrundlage der musealen Geschichtsdarbietung hebe diese sich von der populärkulturellen Gedächtnistradition ab: "The Pilgrims to this day evoke powerful images of the American past. Images that often reflect myths and stereotypes instead of facts," so die Stätte. "Today, Plimoth Plantation strives for the most accurate representation of Pilgrim life possible. Everything in the village is based on painstaking research," wird beteuert. "The animals, gardens and houses, the food cooking on the hearths, the tools, clothing and furnishings, even the dialect, the personality, the politics and world view of each individual colonist have been carefully studied." Die *interpreters*, so wird versichert, "take on the identities of the original residents." Im Verbund mit der rekonstruierten historischen Wirklichkeit schicken sie den Besucher angeblich auf eine Zeitreise und ermöglichen ihm, Geschichte nachzuerleben: "Now, as you leave this building, also prepare to leave the twentieth century behind. You are about to travel to another world," heißt es. "Along this shore, in the 1620's, colonial history began to take shape. This is your opportunity to experience it firsthand."

Die oben vorgetragene inhaltliche Skizzierung des historischen Gegenstandes ist–etwa im Gegensatz zu den Einführungsprogrammen Mount Vernons und Colonial Williamsburgs–faktenorientiert formuliert. Sie enthält sich weitgehend einseitiger Deutungen, was im Einklang mit dem bereits in der Progammatik angekündigten Bestreben der Institution steht, eine möglichst wertungsfreie Geschichte zu kommunizieren, die dem Museumsgänger die Interpretation des Vorgeführten überläßt. Plimoth Plantation macht das Publikum im Vorfeld des Besuchs im *Village* mit allen Hauptaspekten der Zweckbestimmung vertraut. Der Zuschauer erhält einen ersten Eindruck der "indigenous peoples; the Plymouth colonists' origins, arrival, and presence in New England; the colonists' profound impact on the land and on established Wampanoag communities [...]."[495] Er wird in zwei historische Kulturen "with very different value systems, points of view and agendas" eingeführt.[496] Freilich könnte die explizite Abgrenzung der Pilger von den ausbeuterischen Seefahrern zusammen mit der Betonung der friedlichen Koexistenz zwischen Puritanern und *Wampanoag* einen Eindruck erwecken, der für den historischen Gesamtkontext so nicht zutrifft: Den Eindruck, die *Pilgrims* seien kulturelle Pluralisten gewesen, denen die indianische Lebensweise zwar fremd, aber dennoch unantastbar war, und die ihre eigenen Interessen nicht gewaltsam durchsetzten, sondern allenfalls durch das Aushandeln von Verträgen absicherten. Die puritanischen Vorfahren dienen hier offenbar als Vorbild für die gegenwärtig perzipierte und in den Vermittlungsintentionen der Stätte als Lernziel verankerte Notwendigkeit "to come together on common ground and work out a common future."[497] Auch die Informationen über die Methode der Geschichtsvermittlung und das Authentizitätsverständnis der Stätte fallen zu spärlich und undifferenziert aus, obschon in der Multimediashow der Hinweis erfolgt, es handele sich im Fall des Museumsdorfs um eine "*recreation* of the coastal farming community built by the English settlers."[498] Nach Auskunft der *interpreters* kommen in

---

[495] Plimoth Plantation, *Employee Manual* n. pag.
[496] Plimoth Plantation, "Interview with Nancy Brennan" 4.
[497] Ebd.
[498] Plimoth Plantation, "To Create a New England" 8. Eigene Hervorhebung.

regelmäßigen Abständen Besucher in das *Pilgrim Village*, an denen der Verweis auf die *Nachbildung* der historischen Siedlung allerdings vorbeigegangen ist, und die die Vorgänge im Museumsdorf nicht als *historical role-playing* identifizieren. Sie meinen stattdessen, eine genuine Enklave einer religiösen Sekte vor sich zu haben, die sich den *Amish People* gleich seit Jahrhunderten erfolgreich von der Außenwelt abschottet und ihren historischen Lebensstil unverändert beibehalten hat. Plimoth Plantation behauptet in Fachpublikationen "[to be] *acutely* and *painfully* aware of the limitations of the medium," läßt die Gelegenheit jedoch ungenutzt[499], den Besucher für die Problemstellungen und Grenzen der *first-person interpretation* zu sensibilisieren. Damit befördert die Institution auf seiten des unkundigen Touristen ein unhinterfragtes Einlassen auf die als faktisch apostrophierte Vergangenheitsillusion.

3.4 Visuelle Rhetorik: Zwischen Idylle und Fremdheitserfahrung

Ausgestattet mit den Informationen des Einführungsprogramms und einem Lageplan macht sich der Großteil der Besucher vorbei am *Crafts Center* auf den direkten Weg zum *Pilgrim Village*. Ein Schild mit der Aufschrift "Welcome to the 17th Century" signalisiert, daß man nunmehr das Territorium der simulierten historischen Wirklichkeit betreten hat. Will der Tourist diese verstehen, ist er ab jetzt auf seine Beobachtungsgabe und interpersonelle Kommunikationsfähigkeit angewiesen, denn abgesehen von den knapp gehaltenen Informationen auf dem Lageplan gibt es keine Betextungen oder konventionellen Führungen.

Nach wenigen Schritten auf einem staubigen Feldweg geben die Bäume die Sicht auf das ansonsten uneinsehbare Dorf frei, und in einiger Entfernung erblickt man die Palisade, die das gesamte *Village* umgibt. Strohbedeckte Dächer ragen darüber hinaus. Das massiv wirkende *Fort/Meetinghouse*, das an der oberen Spitze der rautenförmigen Anlage gelegen ist, dominiert die Erscheinung des baulichen Ensembles und regt die meisten Besucher an, den nach rechts führenden Pfad ins Dorf zu wählen, ihren Erkundungsgang also vom höchsten Punkt der Siedlung aus zu beginnen. Ein weiterer Pfad führt links den Hang hinunter, vorbei an einer Sägegrube, und auf die einzige, das *Village* in der Mitte teilende Querstraße. Entlang dieser zum Dorf geleitenden Wege breiten sich kleinere Felder aus, in denen sich einige Pilger geruhsam um die Pflanzen kümmern. Sie lassen sich von den vorbeilaufenden Besuchern bestaunen, rufen diesen von Zeit zu Zeit ein freundliches "Good Day!" zu oder verwickeln sie in ein Gespräch, das zumeist die zur Schau gestellte Feldarbeit zum Inhalt hat. Der Besucher kann sich im Museumsdorf frei

---

[499] Yellis, "Not Time Machines, But Real Time" 53. Hervorhebungen im Original.

bewegen und sämtliche Objekte anfassen und ausgiebig inspizieren, da es sich ausschließlich um Reproduktionen handelt. Ist er im *Fort/ Meetinghouse* angekommen, illustrieren eine kanzelartige Konstruktion im Eingangsbereich und die Kanonen im oberen Geschoß die zweifache Funktion dieses Gebäudes, von wo aus sich ein Panoramablick über die Siedlung bietet.

Die Gesamtkomposition des Dörfleins, das sich malerisch gegen den tiefblauen Hintergrund des Meeres abhebt und außerhalb der Palisade von üppigen Bäumen umgeben ist, vermittelt auf den ersten Blick eine pittoreske Ästhetik, die durch die Patina der verwitterten Behausungen noch gesteigert wird.[500] Der Besucher erkennt jedoch auch die vergleichsweise primitive Konstruktionsweise der einzelnen Hütten, die unebenen und unbefestigten Wege, die unregelmäßig zugeschnittenen und in Teilen offenkundig reparaturbedürftigen Zäune sowie die im ganzen Dorf liegengebliebenen Holzabfälle. Die an die Behausungen anschließenden Gärten passen sich zunächst idyllisch in den optischen Gesamteindruck des *Village* ein. Bei näherem Hinsehen muten sie nach zeitgenössischem Ermessen allerdings ungepflegt an und scheinen stellenweise durch die freilaufenden Hühner in Mitleidenschaft gezogen worden zu sein, um nur einige der visuellen Impressionen zu nennen, die der Besucher aus der Vogelperspektive des *Fort/Meetinghouse* wahrnimmt. Es ist davon auszugehen, daß diese ersten Eindrücke bereits in starkem Kontrast zu den eigenen Lebensbedingungen der Touristen wie auch zu den populärkulturell verzerrten Vorstellungen stehen, die in seinem Kopf verankert sind und zu denen reichlich bepflanzte, romantische Vorgärten genauso gehören wie behagliche "log cabins," die allerdings aus einer späteren historischen Epoche stammen.[501]

Sobald sich der Besucher vom *Fort/Meetinghouse* auf den abschüssigen Weg ins Dorf hinein begibt, passiert er zwei Viehgehege mit einigen Rindern und Schafen, die einen penetranten Stallgeruch verbreiten. Der Antiquitätenliebhaber, der viktorianisch beeinflußte Reproduktionen puritanischer Artefakte schätzen gelernt hat, wird beim Betreten der düsteren Behausungen wenn nicht enttäuscht, so zumindest überrascht sein, denn diese sind nur äußerst spärlich mit primitivem Mobiliar ausgestattet. Die meisten Hütten bestehen nur aus einem Raum und die wenigsten verfügen über einen Holzboden. Befestigte *beadsteads* sind eine Seltenheit und auch *pewter plates* und Bücher sind offenkundig Mangelware. Die Besucher sehen, daß einige Häuser im Vergleich zu anderen etwas reichhaltiger bestückt sind, über einen stabiler konstruierten Kamin und besseres Geschirr verfügen oder einen Speicher haben. Während die Wandinnenseite mancher Hütten mit zementartigem Putz ausgekleidet und das

---

[500] Siehe Anhang, Abb. 26.
[501] <http://www.plimoth.org/pilmyth.htm> (02/16/98).

Dach mit Schindeln gedeckt ist, besteht das Innendekor anderer Buden aus Lehm, der mit allerlei Dreck vermischt ist, und die Dächer sind strohbedeckt. Die offenen Feuerstellen, die täglich in Gebrauch sind, erzeugen eine drückende Hitze in den Behausungen und verleihen ihnen einen rußigen Anstrich und beißenden Geruch. Viele Besucher, insbesondere Kinder, nutzen die Gelegenheit und setzen sich auf die herumstehenden Stühle, öffnen Kisten und durchwühlen deren Inhalt oder legen sich probeweise auf Strohbetten. Die Programmatik der Institution verlangt, die Pilger nicht zu unantastbaren Nationalhelden zu stilisieren, sondern sie für den Touristen in ihrem geschichtlichen Alltagskontext zugänglich zu machen. Die physische Distanzaufgabe, die dem Museumsgänger gestattet wird, ist dieser Absicht in hohem Maße zuträglich und unterscheidet sich insofern beträchtlich von den Konzepten Mount Vernons und Colonial Williamsburgs. Dort erzeugen Absperrungen, die allerdings auch aus Gründen des Denkmalschutzes errichtet wurden, einen *gallery-effect*, der den historischen Gegenständen den Status von Kunstobjekten verleiht und diese–sowie ihre ehemaligen Besitzer–mit einer weihevollen Aura versieht. Eine solche geht den Bewohnern des *Pilgrim Village* hingegen ab. Ihre Optik widerspricht dem landläufigen Bild der Pilger, das durch die kommodifizierten Repräsentationen stark verfälscht ist, die alljährlich an *Thanksgiving* Grußkarten, Häuser und Abendtische zieren. Im Dorf treffen die Touristen nicht auf stereotypisierte "steeple-hatted, dark-cloaked and generously be-buckled figures,"[502] sondern auf vergleichsweise farbenfroh und unprätentiös gekleidete Menschen, die Filzhüte und abgenutzte Schuhe tragen. Die Gewänder sind oftmals dreckig und zerschlissen, und auch ihre Träger sind zumeist von der Arbeit im Haus, auf dem Feld und im Garten schmutzig und verschwitzt.[503] Rezeptionsgeschichtlich bedingt ist der Besucher gewohnt, mit den *Pilgrims* hochkulturelle Assoziationen zu verbinden. Im Dorf erkennt er, daß es sich hier um eine Gruppe von einfachen Siedlern handelt, deren Lebensweise durch agrarische Subsistenzwirtschaft bestimmt ist.

Freilich vermögen die gebotenen visuellen Vergegenwärtigungen dieser Kultur gelegentlich, romantisierte Vorstellungen des Zeitgenossen von unentfremdeter Arbeit zu bestätigen. So etwa, wenn Frauen bedächtig im Garten Unkraut jäten oder an einem schattigen Plätzchen hinter dem Haus mit Näh- und Strickarbeiten beschäftigt sind.[504] Die Männer, die vor den Augen der Museumsgänger zumeist Feld- oder verschiedene Holzarbeiten erledigen, suggerieren zum einen selbstbestimmte Unabhängigkeit, handwerkliches Geschick und Tatkraft. Sie fügen sich zum anderen in die Gesamtkonnotation einer ursprünglichen, naturverbundenen Lebensweise ein, die der moderne Tourist im heutigen Alltag vermissen mag. Über den

---

[502] <http://www.plimoth.org/pilmyth.htm> (02/16/98).
[503] Siehe Anhang, Abb. 27.
[504] Siehe Anhang, Abb. 28 und 29.

Gartenzäunen ist Bettzeug zum Lüften ausgelegt. Obgleich dies historisch gesehen eine notwendige Maßnahme darstellte, um Feuchtigkeit und Ungezieferbefall zu bekämpfen, muß der Anblick auf den heutigen Besucher vor allem idyllisch und heimelig wirken.[505] Die baulichen Varianten der Hütten–Strohdach und Lehmwände im Vergleich zu Zementputz und Schindeldach–ermutigen ihn, auf Klassenunterschiede zwischen den Pilgern zu schließen, was ein naheliegender, aber zu einem historisch unzutreffenden Ergebnis führender Gedankengang ist. Die Abweichungen im Erscheinungsbild erklären sich vielmehr daraus, daß erstgenannte Häuser den neuesten und letztere einen veralteten Forschungsstand repräsentieren.[506] Diese Tatsache bleibt dem Beobachter verborgen und wird auch durch die Konversation mit den *Pilgrims* nicht geklärt werden, denn die historischen Gesprächspartner dürfen definitionsgemäß keine Kenntnis von den Versuchen der Nachwelt haben, eine wissenschaftlich akkurate Repräsentation des Dorfes zu leisten. Diese Auswahl an Beispielen umreißt bereits die grundlegende Problematik der replikativen und "unvermittelten" Form der Geschichtspräsentation auf Plimoth Plantation. Aufgrund des Wandels kultureller Codes sind die Signifikanten, die der Besucher in Form des äußeren Erscheinungsbildes wahrnimmt, im Kontext seiner zeitgenössischen Lebenswelt oftmals mit einem anderen Signifikat verknüpft als in der historischen Epoche, die er eigenständig, "unguided and uninstructed," entziffern soll.[507] Während die *third-person interpretation*–auf Kosten einer möglichst vollständigen Vergangenheitsillusion–eine Übersetzung kultureller Codes erlaubt, erlegt die *first-person interpretation* dem Touristen auf, diese im Museumsdorf irgendwie zu erlernen und die Zeichensysteme dann richtig zu deuten: "He must learn to 'read' the place; to tune in to the world view," wie Plimoth Plantation es formuliert.[508] Durch bloße Anschauung, so vielfältig und eindrücklich die sensorischen Impressionen auch sein mögen, dürfte dies jedoch in keinem Fall erreicht werden.

Diese vorläufigen Einwände werden noch weiter zu prüfen sein. Festzuhalten bleibt, daß der Besucher die Diskrepanz zwischen moderner Lebenswelt und populärkulturellen Imaginationen von den *Pilgrims* einerseits sowie dem Erscheinungsbild des rekonstruierten Museumsdorfes andererseits ohne Schwierigkeiten wahrnehmen kann. Die Aufmerksamkeit und Neugier des Museumsgängers wird dadurch geweckt, und er wird für den Tatbestand der historischen Alterität sensibilisiert. Das ungewohnte materielle Umfeld, die unvertrauten Gerüche und Geräusche sowie nicht

---

[505] Siehe Anhang, Abb. 30.

[506] Die Holzhütten werden in regelmäßigen Abständen eingerissen und neu aufgebaut, um nicht älter als sieben Jahre zu erscheinen. Im Zuge dieser Arbeiten werden neue Forschungskenntnisse umgesetzt.

[507] Yellis, "Not Time Machines, But Real Time" 56.

[508] Yellis, "Dying 'Interstate'" 63.

zuletzt der exotisch klingende Dialekt der *first-person interpreters* erzeugen eine Fremdheitserfahrung–eine "confused, disoriented, dissonant condition"[509] –, die die didaktischen Voraussetzungen für einen produktiven Erkenntnisprozeß theoretisch zu schaffen vermag.[510]

3.5 Idealtypische Rundgänge

Will der Besucher die bislang nur geschauten Zeichen verstehen oder eine Anleitung zu deren Interpretation erhalten, muß er sich mit entsprechenden Fragen an die anwesenden *first-person interpreters* wenden. Plimoth Plantation beabsichtigt, so sei hier in Erinnerung gerufen, mittels eines "deliberate amalgam of biographical and historical information, supported by the appropriate regional dialect, 'memories' of life experiences and proper knowledge or ignorance of period information,"[511] dem Touristen ein umfassendes Verständnis "[of] the Plymouth colonists' origins, arrival, and presence in New England" zu vermitteln.[512] Es lassen sich zunächst zwei Szenarien entwerfen, die sich auf eine erfolgreiche Umsetzung dieser programmatischen Ansprüche förderlich auswirken. Sie stellen typisierte Extrempole der *on site* möglichen Kommunikationsabläufe dar, die auch in Kombination auftreten können. Im ersten Fall wird der Tourist von einem *Pilgrim* angesprochen, der ihm die Last des dialogischen Gebens und Nehmens weitgehend abnimmt und vermag, im Rahmen eines einzigen Gesprächs ein möglichst breites Panorama an historischen Sachverhalten abzudecken. Diese Variante soll am Beispiel einer Besucherkonversation mit dem Pilger Isaac Allerton demonstriert werden. Im zweiten Fall geht die Initiative von einem Besucher aus, der Kommunikationsgeschick und Wißbegierde mitbringt, die Strukturen hinter dem äußeren Erscheinungsbild des Dorfes ergründen möchte und sich zu diesem Zweck eigenständig mit mehreren der anwesenden *Pilgrims* austauscht. Es wurde bereits darauf hingewiesen, daß im Museumsdorf keine herkömmlichen Führungen angeboten werden. Jeder Besucher ist bei der Informationsbeschaffung auf sich selbst gestellt und agiert individuell verschieden, Umfang und Qualität des Lernprozesses variieren dementsprechend. Um anhand des empirischen Materials aufzuzeigen, welches Wissensspektrum sich der einzelne Tourist *potentiell* zu eigen machen kann, sollen Gespräche, die von unterschiedlichen Museumsgängern geführt wurden, zu einem idealtypischen Rund-

---

[509] Yellis, "Not Time Machines, But Real Time" 56.

[510] Das didaktische Potential einer derartigen Fremdheitserfahrung kann sich Colonial Williamsburg so nicht zunutze machen. Die vorrevolutionäre Kolonialarchitektur und Sachkultur sind jedem Amerikaner aus den historisierenden, sauberen und modernen Ansprüchen entsprechenden Vorstadtsiedlungen bekannt.

[511] Baker, "World View" 65.

[512] Plimoth Plantation, *Employee Manual* n. pag.

gang synthetisiert werden, der gleichsam von einem virtuellen Besucher absolviert wird. Ziel ist dabei nicht die vollständige Erfassung aller denkbaren Inhalte–das Vermittlungskonzept Plimoth Plantations läßt ein derartiges Unterfangen nicht zu–, sondern die Darstellung einer repräsentativen Auswahl.

3.5.1 Die Kommunikation von Überblickswissen durch einen *interpreter*

Eine Besucherkonversation mit dem Pilger Isaac Allerton soll zunächst demonstrieren, wie dem Museumsgänger ein breites geschichtliches Wissen durch ein- und denselben *interpreter* nahegebracht wird. Wie auch anschließende empirische Beispiele werden die Gesprächsbeiträge Allertons ausführlich zitiert, um einen nachvollziehbaren Gesamteindruck der im *Pilgrim Village* behandelten Themen und der methodischen Grundzüge des Kommunikationsverfahrens zu bieten.[513]

Einige Touristen, die sich im Freien zwischen den Hütten bewegen, werden von Isaac Allerton unter dem Vorwand angesprochen, er suche seinen Nachbar Peter Browne.[514] Er fragt, ob jemand Browne gesehen habe und verwickelt die umstehenden Touristen in ein Gespräch. Um deren Aufmerksamkeit an sich zu binden, rekapituliert er zunächst abenteuerliche Gerüchte über das angebliche Aufeinandertreffen von holländischen Händlern und einem Stamm kannibalischer Indianer auf der Insel "Manahatta:"

> ALLERTON: [Manahatta] is a little island in the north of Virginia. But the Dutch did say that some of the Indians are what they call "cannibals."
> BESUCHER: Cannibals?
> ALLERTON: Aye. And the Dutch [...] made a treaty with the Indians [...] and thought that they would have good dealings. But some of their men going up to the Indian country were caught and *eaten* by them! And when the Dutchmen went to complain to the Indian king, he said [...] that they made some kind of mistake, and that he would send some of his own men, so the Dutch might eat *them*! For punishment. [Besucher lachen.] Which, of course, the Dutchmen were not so well pleased at.[515]

Was zunächst wie eine historische Märchenstunde anmutet, die die Besucher in der Tat fesselt, dient jedoch der Überleitung zu weiteren

---

[513] Aus Gründen der besseren Lesbarkeit sind die Zitate um performative Fehler und die lautliche Dialekteinfärbung bereinigt worden. Idiomatisch bedingte Grammatikfehler wurden nicht getilgt, um den Unterschied zum Sprachgefühl des modernen Besuchers in Ansätzen deutlich zu machen.

[514] Siehe Anhang, Abb. 31.

[515] Die nachfolgenden Zitate sind einer Besucherkonversation mit Isaac Allerton am 16.06.1999 entnommen.

Themen, namentlich dem Aufenthalt der puritanischen *congregation* im niederländischen Leiden: "But, I think, the Dutch said that they were able to make some deal [with the Indians]. [...] They are good men when it comes to dealing," spinnt Allerton den Faden weiter. "I lived in Holland for ten years. And I do have respect for those Dutchmen when it comes to their skill as merchants. Some would say they go a bit far," bekundet er und regt damit eine Besucherin zu der Frage an, ob man Holland aus diesem Grund verlassen habe. Nun ist ein breites Feld an möglichen historischen Vermittlungsinhalten eröffnet, das der *interpreter* geschickt auszuschöpfen weiß. So erfahren die umstehenden Touristen zunächst von dem Konflikt zwischen den religiösen Überzeugungen der puritanischen Separatisten und der säkularisierten Kultur der Niederlande:

> Many of us were deeply troubled. Having left England, because of our care of good religion. Going into Holland we found ourselves in a nation where religion is not held in any respect or esteem at all! The Dutch, you know, in many of their cities have made a policy–what is called freedom of religion. Which, of course, is a big delight to Satan and a great dishonor to God and the true faith! And, as our minister said, it seemed that we had been by God instructed to see the dangers on both sides of that narrow path that is the way of Christians. For, Pastor Robinson said, in England, the Lord was teaching us by showing us the dangers of conformity. That the English make an idol of conformity. They think their churches are better for all being made just the same. And they would not let us reform, but required that we would worship just in the way that the others would. But in Holland, he said, he thought it were a worser mistake, because they make an idol of liberty and will keep no order whatsoever. And the order that God commands is in many ways scorned. The Sabbath Day is not kept. There is all manner of licentiousness amongst them. [...]

Die gleichzeitige Ablehnung religiöser Konformität und Freiheit, die Allerton hier expliziert, überrascht die Umstehenden, die darin einen Widerspruch zu dem landläufigen Stereotyp der ausgeprägten religiösen Freiheitsliebe der *Pilgrims* erkennen. Allertons Darstellung führt deshalb zu mißtrauisch geäußerten Nachfragen: "So, you think that neither conformity, nor freedom of religion is right?" "To be good Christians, it does not mean to make an idol of liberty, but to set ourselves as servants to God's law. To be obedient and dutiful. And the Bible does in many places warn us about being too much in favor of liberty," erklärt Allerton. "We are grateful to be free of tyranny [...], but freedom itself is no good. Good is what God sets for us - out of his love and his commandments to us." Sodann nutzt er die Gelegenheit, um den historischen Kontext des Glaubenskampfes und des politischen Machtkonflikts in England zu thematisieren, der schließlich zur Auswanderung der an sich königstreuen religiösen Separatisten führte. Er berücksichtigt dabei nach wie vor, daß er als einfacher englischer Kaufmann nicht über fundierte glaubensrechtliche, kirchenorganisatorische oder politische Kenntnisse verfügt und beruft sich in seinen Darstellungen auf die Ansichten des *minister* der Gemeinde, John Robinson:

> That's how we have come here to New England, so we might rightfully live in a more better way. By law - both God's law in all matters of religion and the King's law as should be maintained, as we are Englishmen. As our minister said, there should be no great conflict between what he called the civil and religious law. As good Christians would look carefully to hold themselves in religion, dutiful to the ways of the church, yet, they would find that they can be obedient to honest and good Christian Kings who will make laws for the good of their nation, but will not meddle with matters religious. And, you see, Pastor Robinson, he, in his books did write rather sharply–not meaning disrespect to the King, but to try to guide the King that he might understand his calling better. For Pastor Robertson feared that King James had been much mislead by those wicked bishops of the Church of England.

Geschickt suggeriert er, daß er die umstehenden Besucher für historische Zeitgenossen hält, deren Erinnerung an die Zustände im englischen Mutterland aufgefrischt werden müsse:

> Some of you are rather young. You may not remember the coming of King James–how when he come down to England from Scotland, where he was formerly the King and still was the King–but, of course, it's a much greater thing to be King of England–and yet, in his mind much fear that the English would not love him. So, even though he's one-eighth part of the royal Tudor blood, being descended of the Stuart clan. And he was right. Many of the English did not hold any great love of him, and they had formerly been so loving to their Queen [and] that [...] contrast were a very dangerous thing for that King. But the English bishops did understand James's weakness. And so they enclosed the King very quickly when he come down from Scotland and helped him to think that he would be stronger by their alliance with him. If he would strengthen *them*, they would strengthen *him*. And assure him of a more better loyalty of his people. And so, in the next year after the King came from Scotland, we had more than one hundred new episcopal laws, sometimes called the "Laws of Conformity." [...] And the King was persuaded that he would set royal authority behind these episcopal laws. [...]

Dann beginnt Allerton, die Position zu skizzieren, die die separatistischen Puritaner im Glaubenskampf einnehmen:

> Our minister, in one of his tracts, he did write: "How should we, as Christians, think that we are to be better by the making of some new law? When we, as Christians, have the eternal laws of God already given to us. We need to obey those laws and not think that we can make up better ones with our own wicked minds!

Ein Besucher möchte wissen, gegen welche Konformitätsgesetze die Separatisten verstoßen hätten, was Allerton die Möglichkeit gibt, die Reformabsichten seiner *congregation* klarer zu konturieren und deren antikatholischer Haltung in Grundzügen Ausdruck zu verleihen:

> Well, the one that got him [Pastor Robinson] most in trouble, first, was that he refused [...] using the prayerbook. He had for some years closely been looking into the scriptures and into his own calling and conscience as a minister, and, he said, the more he looked into the ways of the apostles and to some of the ancient church writings, he said, it was clear that in the apostolic time there had never been a liturgy. That a worship was a thing done by the church in a work of spirit, and not all the same. And that this notion of making liturgy, you see–that's where it comes to making an idol of conformity and things being too much always the same. And, he said, the liturgy leads to a stinted worship and does much quench the spirit. And that the minister should come with no other book than the holy scripture itself. [...] That English prayer book, or the "Book of Common Prayer," he said, is drawn from the old Romish mass and [is] no better for being set into English, for, he said, it has the chains of Rome all about it. And he often said: "What is Rome but the new Babylon?" And that we must be very weary where things Romish have come in to corrupt the true teachings of the apostles.

Diese religionsbezogenen Ausführungen, die den Besuchern offenkundig sehr umfassend und detailliert erscheinen, sowie die Tatsache, daß sich Allerton zu Beginn des Gespräches nicht vorgestellt hatte, bewegt eine Besucherin zu der Frage, ob er William Brewster sei, der den meisten modernen Zeitgenossen als *ruling elder* der Pilgerväter ein Begriff ist. Der *interpreter* nutzt diese Frage, um auf ein neues Thema umzuschwenken und kommt auf die soziale Strukturierung der Gemeinde in New Plymouth zu sprechen:

> I am Isaac Allerton. I am an assistant to Governor Bradford and [...] I take some pride in being the son-in-law of our preacher [William Brewster]. In truth, I think I married almost above myself. [Besucher lachen.] I married his daughter, Fear. My first wife, like myself, was of some rather humble family. And I never been so close to a man that had been to university [...], though he makes not much of it. A very sweet and humble man. You might not know until you had some chance to speak to him for quite a while that he had ever been to university [...]. And even though he has so much lining, well, near everyday he goes forth to fieldwork and [...] labors with his hands [...].

Die neu eintreffenden Einwanderer, macht Allerton in engagierter Rhetorik deutlich, entsprächen hingegen nur selten den arbeitsethischen Vorstellungen der puritanischen *separatists*:

Some that's come here have not been so well-minded to their work. There were also some that come out from England, come here with expectations that this is the land of milk and honey! Not knowing that there's neither honeybees nor any cows, so you have neither honey nor milk in this place! 'Til things are brought from England - and they are great labor and taking care of and tending. But there are some thinking that life is *easier* here! We've seen several of them coming off the ships and, of course, all find within the very first days they are greatly discouraged and [they] cast about laying blame on all the others of us, as if it was *our* fault that they come here under such confusion! Why we had not made the place better for them and laid gold on the ground that they might stumble over it! That's what you got some of them seem to be expecting. And other men, [it seems,] they come with some kind of castles in their heads - not knowing it was even a *wilderness*!

Die eklatante Ignoranz, die die Neuankömmlinge gegenüber den Gegebenheiten in der Neuen Welt an den Tag legten, so moralisiert Allerton, sei durch deren unsittlichen Lebensstil verschuldet:

ALLERTON: You know not what some of these men have heard! I myself did come from London. I have been to some of these ale-houses and taverns. Though, I will go no longer. After I was converted I did change my life greatly. And what is all done in those ale-houses! The men, […] they tell all these tales and sit about and fill their minds with all manner of lies. Here in New England, we're not going to have any public houses at all.
BESUCHERIN: Oh, really?
ALLERTON: No, that is a harm. A man should look to his entertainment and his nourishment at home or perhaps as a guest in his neighbor's home. These public houses–first, they're selling drink, then there is wagering, dicing and cards, and loose wenches about. Aye! They are places where sin does much spring up. We are very strong here. This is a more godly place, Mistress.

Mit einem rhetorischen Trick schlägt der *interpreter* schließlich den Bogen zu den konkreten Umständen des Jahres 1627:

But, I hope, you are none of you lost [here in the village]. Can I be of any assistance? I'm just going back to my own house. I was just down here seeing, if Peter Browne was back, but he's not here, yet. I'm going to be going back to England approximate next week. […] So, I'm seeing if my neighbors have any requests for me.

Damit ist das Interesse der Besucher an der wirtschaftlichen Situation der *Pilgrims* geweckt, die unter dem Zeichen der Auflösung des Vertrages steht, der 1620 mit englischen Geldgebern geschlossen worden war:

BESUCHER: Why are you going back to England? Will you then return?

ALLERTON: [...] The settlement of our seven year contract is now due. Governor Bradford sent me back last year, as I am one of the few of the colonists who was a merchant. And I still have aquaintancy with some of these men back in London and I went to negotiate with them. There has been much dispute. And, in truth, all manner of controversies - at last leading to a breech! In 1625 the company broke all up and we have had no supply at all [...]. But I think some of the men here did not understand how it works with the merchants. They're not all enemies of ours.
BESUCHER: No, probably they didn't think it was a good investment for them.
ALLERTON: [...] They had lost much money. And, as is said by the men here, if they had continued our supplies [...], there would be profit now. And, in truth, when I was back in London last year, some of the men were still very hostile to us. [...] I [told] them that we were looking to find some agreeable means of settlement. And that we would pay back the debts [...]. In a manner, we're paying them out. They're going to turn the company over to us. And I did not tell these men that, in fact, we do have great expectations that there shall yet be good profit seen. [We have] prospects in the fur trade [...].

Allerton findet die Überleitung zu den Erwartungen, die die Siedler an die künftige Entwicklung der Kolonie knüpfen, deren ökonomische Infrastruktur sich im Jahr 1627 noch im Aufbau befindet:

ALLERTON: The hatters are mad to get a good beaver! [...] They say that the best felt comes from the beaver pelt. And we will find these wonderous beavers in the woods here and in the North where it's so cold in the winter. The coats are very thick. We sometimes get about two pounds of fur from one pelt. And they pay by the pound. And the price has been going up. And, I hope that next year we might get more than 15 shillings a pound. So, one pelt might bring us a pound five, a pound ten...
BESUCHER: Are you sending the pelts...
ALLERTON: ... back to England and selling them to the hatters.
BESUCHER: No hatters here?
ALLERTON: No hatters here. But they might come, Sir. But as of now, our work is just of a very simple sort. Clearing land and cleaning the soil, hunting and fishing, looking to our support. [...] We have a few [craftsmen]. But even those men who are of some skill at smithing, they could not keep themselves by their trade. There's not enough to do. They will work a few days a week. They must farm and fish with the rest of us, too. But it's a good thing we have the forge. Tools can be mended, and they will make nails and hinges and some simple things for our use. But as years go by, I'm certain there will be [...] more and more of the crafts and trades [...].

Die Besuchergruppe, die den Ausführungen des *interpreters* ungewöhnlich lange gelauscht hat, bedankt sich bei Allerton, der sich seinerseits auf den Weg macht: "Good meeting with you all. And do enjoy your visit. And if you get a chance, go and meet the Indians. They live down by the brook," gibt er einen Hinweis auf das rekonstruierte Indianerdorf außerhalb des

Pilgrim Village. "Though, I have to say," murmelt er im Weggehen, "[...] they cannot understand God's blessing to us," und bleibt seiner Rolle als Pilger somit über das Ende der Konversation hinaus treu.

Das soeben wiedergegebene Gespräch mag akademischen Erwartungen an eine fundierte Darstellung des Gegenstandes nicht genügen. Geisteswissenschaftlich ausgebildete Besucher werden die Einordnung des geschilderten historischen Geschehens in übergreifende Strukturen vermissen. So wird beispielweise nicht deutlich, daß die puritanische Reformbewegung ein neues kollektives Wissen schuf, das als eine Hauptantriebsfeder des Überganges vom Feudalismus hin zur Bürgerlichkeit gelten kann. Der Tourist wird nur oberflächlich mit Fragen der puritanischen Glaubenslehre, der Kirchenorganisation sowie den gesellschaftlichen und politischen Entwürfen konfrontiert. Er erhält keinen Einblick in die Spaltung der Puritaner in die gemäßigtere Gruppe der Presbyterianer und der 1620 nach Amerika emigrierten radikaleren *separatists*. Auch das zentrale Axiom des puritanischen *creed*, die Erwähltheitslehre, bleibt unerwähnt, um nur die offenkundigsten Mängel zu nennen. Die Perspektive ist auf das Jahr 1627 und die Individualität der historischen Figur Allerton begrenzt. Will man die Vergangenheitsillusion aufrechterhalten, kann das geschichtliche Wissen nicht auf eine abstraktere Reflektionsebene gehoben werden.

Nichtsdestoweniger stellt die zitierte dialogische Interaktion im Rahmen der *first-person interpretation* in inhaltlicher und methodischer Hinsicht ein gelungenes Beispiel der Geschichtsvermittlung an ein historisch weitgehend ungebildetes Publikum dar. Es werden eine ganze Reihe derjenigen Aspekte kommuniziert, die in der Programmatik der Stätte niedergelegt sind. Der Besucher erkennt, daß er es in New Plymouth nicht mit dem direkten Vorläufer der zeitgenössischen amerikanischen Kultur und Demokratie zu tun hat, sondern mit Emigranten, die in der englischen Kultur des 17. Jahrhunderts verwurzelt und durch ihre vorgängigen Erfahrungen im Mutterland und in den Niederlanden geprägt sind. Ihm wird klar, daß das Streben der Separatisten nach Religionsfreiheit restriktive und dogmatische Elemente in sich birgt. Er lernt, daß der Glaubenskonflikt im England des 17. Jahrhunderts zugleich politisch motiviert war, wird mit der Idee der kirchlichen Selbstverwaltung, dem Primat der Bibel und der Aversion der Puritaner gegen die römisch-katholische Liturgie bekannt gemacht. Berücksichtigt man die vergleichsweise kurze, ungefähr zwanzigminütige Dauer des Gesprächs sowie die Tatsache, daß darüber hinaus grundlegende Informationen über die wirtschaftlichen und materiellen Lebensbedingungen der Pilger vor Ort gegeben werden, kann man den inhaltlichen Erkenntnisgewinn des Besuchers auch für den Fall als zufriedenstellend einstufen, daß er keine weiteren Gespräche führt. Die Konversation mit Allerton liefert dem Interessierten eine Reihe von Anknüpfungspunkten für andere Unterhaltungen, in deren Verlauf die

skizzierten Lücken gefüllt werden können. Die vermittlungsformalen Ansprüche Plimoth Plantations werden hier ebenso weitgehend eingelöst.
Allerton bringt geschichtliche Sachverhalte durch den simulierten Filter
persönlicher Erfahrung und glaubhaft klingender vergangener Mentalität
zur Sprache. Er vermittelt den Besuchern den Eindruck, sie ständen einem
historisch authentischen, lebendigen Individuum gegenüber, das persönliche Erinnerungen an zurückliegende Ereignisse sowie in die Zukunft
reichende Erwartungen hat und Mitglied einer existierenden Gemeinde ist.
Er enthält sich einer theatralischen Mimik und Gestik und nimmt seiner
Darbietung damit den Anstrich der Spektakularisierung. Freilich ist zu
bezweifeln, daß dem Besucher dadurch ermöglicht wird, die Vergangenheit
mit- oder nachzuerleben. Ein hohes Maß an Plausibilität, die sich
erkenntnisfördernd auswirkt, ist der zitierten Konversation jedoch nicht
abzusprechen.

3.5.2 Sukzessive Erschließung des Gegenstands durch den Besucher

Die zweite Variante der Wissenserschließung besteht für den Besucher
darin, sich mit zahlreichen Akteuren im *Village* auszutauschen und die
erhaltenen Informationen nach und nach zu einem kohärenten Bild der
präsentierten Vergangenheit zusammenzusetzen. Im folgenden sollen fünf
Stationen eines idealtypischen Erkundungsgangs dargestellt werden. Unser
exemplarischer Tourist nähert sich dem *Pilgrim Village* und trifft vor
Betreten des Dorfes auf einen Pilger, der in einem der Maisfelder
arbeitet.[516]"How are the crops growing?" beginnt der Besucher den
verbalen Austausch. Der *Pilgrim* erklärt und demonstriert zugleich, wie
Indian corn angepflanzt und kultiviert wird:

> Well [...], as you can see, the *weeds* are faring quite well. But they ain't
> such that can't be killed, aye. They are like little villains and they draw from
> the Indian corn the water and that which it needs to grow. It is not the same
> as farming English corn [...] such as wheat and rye and barley. They are a
> crop that is sown rather than planted. *This* crop is planted. You actually dig
> a hole [and] plant the seeds in the ground on top of rotting fish.

Der Erfolg der landwirtschaftlichen Existenzsicherung, so fährt er dann
fort, sei von der Gnade Gottes abhängig, die sich die Gemeinde in Zeiten
der Not etwa durch die Ausrufung eines "day of humiliation" erarbeiten
müsse:

---

[516] Die nachfolgenden Zitate sind einer Besucherkonversation mit Myles Standish am
23.06.1999 entnommen.

God do give rain onto this country like he do the weather, so nothing comes
in moderation. It shall be several days of dry and dust, and then all of a
sudden God has been saving the stuff up in his heavens and he lets it all
down at once. Such as shall seemingly do more damage for the crops than
shall be good for them. [...] We have had a draught here in 1623. I've seen
these very [plants] laying down, and I reckoned we had it done. And yet,
after a day of humiliation was led by our church and we all spent [...] the
whole day at prayer - [...] commiserating and simplicating [ourselves] onto
God [...] that He may send upon us relief from our terrible state - He did
bring forth a gentle rain. And that Indian corn that was all laid over did find
itself to rise.

Nachdem sich der Pilger als Myles Standish, *Captain of Militia*, zu erkennen gegeben hat, möchte der Besucher wissen, welche Aufgaben er in
dieser Funktion wahrnimmt. Standish führt aus, daß es in New Plymouth
keine Berufssoldaten gäbe, den Farmern aber im Interesse der Verteidi-
gungsbereitschaft militärische Disziplin und Befehlsgehorsam abzu-
verlangen seien:

Every man here in the town has an obligation to the militia of the town. [...]
The men here are militia men and planters. I cannot treat them the way I
should treat soldiers, not entirely. [...] We are not at war, and I shall not use
the means of war when I have men who must [...] carry out war-like work.
Standing watch is certainly martial work. But standing watch on the
company town here in the wilderness is a different thing from being [...] in
the army [...], fighting against the Spaniards. The army I served in - the
codes of discipline were of such rigor that if a man should shout the Lord's
name in vain, upon the second offense, he shall have a hot poker thrust
through his tongue and be kept on bread and water for three days. And that
were not considered either cruel or unusual.

Auf die entsprechende Nachfrage des Besuchers versichert Standish, daß
die Kolonisten im Gegensatz zu früheren Jahren derzeit nicht mit einem
Überfall der Indianer rechnen müßten, denn "the wild men that are about
here are well subjected." Dennoch sei ein Angriffskrieg, wie ihn andere
Stämme im Jahr 1622 gegen englische Siedler in Virginia geführt hätten,
für Neuengland nicht auszuschließen, weil viele Europäer unchristliche
Verhaltensweisen gegenüber den Indianern an den Tag gelegt und das
Christentum in Mißkredit gebracht hätten:

There have been men who have come out here and by their behavior have
made for the wild men the very name of Christian to stink in their nostrils.
For these men shall claim they are Christians and then they shall take wild
men for slaves or shoot them, or what have you. Behaving thus more in the
manner of beasts or devils. [...] What is a poor wild man to think? So, these
wild men were easily fired up by these wretches. So that they were
determined that when the melting of the snow shall come they would fall
upon all of the English in New England and slaughter us all.

Der Besucher möchte wissen, ob man auch mit Auseinandersetzungen innerhalb der Gemeinde konfrontiert sei. Standish kommt auf den Siedler John Billington zu sprechen, der schon mehrmals als unliebsamer Quertreiber aufgefallen sei:

> Goodman Billington has always been something of a malcontent here in the town, right from the start. We were all during militia, and I had to have him tied [...] neck to heel. He was granted clamency by the Governor. But he were insolent in his speech, "opprobrious," is the word, and for this he were charged and sentenced. Again, the Governor granted him clamency. [...] I really don't think that Billington liked the Governor at all. And, unfortunately, he's not so good at keeping his mouth shut about it.

Vor einigen Jahren habe sich Billington zudem mit aus England kommenden Verrätern solidarisiert, darunter ein Mann namens Lyford. Dieser habe versucht, die gemischtreligiöse Zusammensetzung der Gemeinde, deren Mitglieder je zur Hälfte der *Church of England* beziehungsweise den Separatisten angehören, für seine Umsturzpläne gegen *Governor* Bradford zu instrumentalisieren. Bradford sei unterstellt worden, er beraube die nicht-reformierten Puritaner der Kolonie ihrer Rechte:

> Any time that faction has reared its ugly head, it has been then that the sternest measures have been taken by the governor. [...] There were a couple of men who were exiled from the town. For sedition. Finding fault with the government of the town. One were a false preacher, who, I should think, nothing less but threatened to overthrow the government of this town. For he were a minister of the Church of England. He made himself a confession of faith onto the church that is here. He spoke with such a fair and silvered tongue that he had everyone convinced that he had great love for the town and the men who governed here. And greater still was his love, it seemed, for the church. What was not known was that he were going about to people who was discontented, and chiefly people from the Church of the King, and he would tell them [...] that he were not real true joined onto our church and that he were really here for to overthrow. And sending letters back to England, he was, slandering the government here, claiming that Governor Bradford were keeping some men from the Church of England backwards from their rights and preferring and favoring men from his own church over men from the national church.

Für den Besucher klingen diese Anschuldigungen plausibel, doch Standish entkräftet den Vorwurf der religiösen Diskriminierung auf Grundlage seiner eigenen Erfahrung: "I am from the Church of England. I have never been treated here in any way that I should not favor," erklärt er, gibt sich jedoch in seiner Funktion als *Captain of Militia* zugleich als Nutznießer der etablierten Ordnung zu erkennen: "Well, it would be practical for the Governor to maintain me well." Standish gesteht ein, daß die am unteren Ende der sozialen Stufenleiter angesiedelten Billingtons im Rahmen der

Verteilung von Land und Nutztieren an die einzelnen Familien der Siedlung weniger reichhaltig bedacht worden seien als er:

> Goodman Billington is somewhat discontented for the division of cattle that was done. He fell into a lot that did not like him well. [...] There are only some four cows who are giving milk. [...] My family has a red cow and two she-goats. And the cow that we have is one of the ones giving milk. I think that Goodman Billington's lot has a bull cow. [And] bull cows ain't no good for milk [...].

Ellen, die Gattin John Billingtons, beklage sich regelmäßig über die vermeintliche Ungleichbehandlung. Ihrer Kritik sei jedoch keine Beachtung zu schenken, denn es handele sich dabei lediglich um die haltlosen "mutterings of a goodwife," also um nicht ernstzunehmende Beschwerden einer einfachen Frau, so Standish in patriarchalischer und standesbewußter Manier.

Der Besucher bedankt sich für das Gespräch und macht sich mit den bislang gewonnenen Erkenntnissen auf den Weg ins *Pilgrim Village*. Er weiß nun, daß die Realitätsdeutungen und das Handeln der Pilger religiös bestimmt sind. Er ist sich der potentiellen externen Bedrohungen der Kolonie sowie der prekären Koexistenz von *separatists* und *non-separatists* bewußt. Er hat gehört, daß die Beilegung oder Unterdrückung intra- und extrakollektiver Konflikte auf einem Weltbild beruht, das dem modernen Zeitgenossen kulturhegemonial und hierarchisch erscheint. Es ist zudem ein Weltbild, das wenig mit dem demokratischen Egalitarismus gemein hat, das populärhistorische Interpretationen den *Pilgrims* gemeinhin zuschreiben. Der Museumsgänger kann die von Standish bereitgestellten Informationen in der Folge nutzen, um die Perspektive anderer Pilger auf das bereits Bekannte in Erfahrung zu bringen oder sich der Erarbeitung neuer Inhalte zuwenden.

Unser virtueller Tourist betritt nun die erste Hütte, die rechterhand des Weges liegt, der bergeinwärts in das Museumsdorf hineinführt.[517] Aus dem Lageplan geht hervor, daß es sich um das Haus Edward Winslows handelt, "a leading citizen of New Plymouth."[518] Der Besucher setzt sich zunächst mit der materiellen Realität der Hütte auseinander. Er begutachtet die Behausung und fragt Winslow, der auf einem Stuhl sitzt, wie die Wände konstruiert seien. "It's made of daub. It's mostly made from clay, but there is mixed into the clay some sand to strengthen it, some straw and dung and water and hair, all together," erklärt dieser und zeigt auf einen Wandabschnitt in der Nähe der Tür: "You see the [timber posts] by the

---

[517] Die nachfolgenden Zitate sind einer Besucherkonversation mit Edward Winslow am 16.06.1999 entnommen.

[518] Plimoth Plantation, *Welcome to Plimoth Plantation!*, brochure, Plimoth Plantation, n. d., n. pag.

door? That is called waddle and [we] set the daub on top of the waddle to build the foundation."

Fortan setzt unser Museumsgänger das zuvor von Myles Standish vermittelte Wissen ein, um mehr über die gemischtreligiöse Struktur der Siedlung in Erfahrung zu bringen. Aus dem Lageplan weiß er, daß ihm mit Edward Winslow ein einflußreicher Vertreter der Gemeinde gegenüber sitzt. Er findet heraus, daß Winslow als *assistant to the Governor* fungiert und fragt, wie er dieses Amt erworben habe. Der Pilger erklärt, er sei gewählt worden "by the men here. All men that are freemen, that are not servants." Daraufhin möchte der Tourist wissen, ob das Wahlrecht an die Zugehörigkeit zur reformierten Kirche gebunden sei, was Winslow verneint: "No, any man, whether he is part of the reformed church or part of the English church [has the right to vote]." Man hoffe allerdings, daß die Mitglieder der anglikanischen Kirche früher oder später "the ways of the true church" erkennen und zum reformierten Glauben übertreten würden. "Which church are *you* a part of?" erkundigt sich Winslow dann. Der Besucher behauptet, er sei Katholik und versetzt sein Gegenüber damit in Aufregung: "Oh, you are a […] Roman! […] You will find much aversion here in this town, I warn you. In truth, […] I must tell you, it's a very false church, the Roman church!" Anhand des Vergleichs zwischen der römisch geprägten Church of England und den Überzeugungen der separatistischen Puritaner skizziert er, weshalb der Katholizismus als Irrlehre anzusehen sei:

> England, over a hundred years ago was a Roman church. Before the time of […] King Henry VIII. And no longer is it, though. For about the last hundred years it has been a good Protestant church. Yet, many of the practices of the church are Roman in their nature. The Book of Common Prayer is still used in the church. The ordering of archbishops and bishops and deacons and curates and vicars–it's all Romish. Even the keeping of holidays. Here in this town […] we do not keep holidays. […] For it is Romish. Those in my church, we reject it all, for it is not ordered by the bible. There is no scriptural indication for it. […] It is a very invention of the Pope.

Unser virtueller Tourist kommt daraufhin auf die *Geneva Bible* zu sprechen und möchte wissen, ob diese als textuelle Grundlage für die religiösen Überzeugungen der *congregation* diene. Winslow bejaht dies und führt aus, worin in seinen Augen der Vorzug dieser Bibelausgabe liege:

> I favor the older version more than the version that has been authorized by our King James. For the purposes of the excellent annotations in the Geneva Bible. The annotations are excellent, indeed. The authorized version, by King James, there are no annotations whatsoever. They have stricken them all and so I do much favor the older version.

Der Besucher bringt nochmals seinen katholischen Glauben ins Spiel und setzt an, die Möglichkeit des Einzelnen zur Erarbeitung des Seelenheils zu thematisieren. Als Anhänger des *Puritan creed* fällt ihm Winslow ins Wort: "Oh, I will tell you, you are mislead! For there is no amount of prayer or good works or offices that will elect any man onto heaven. God has predetermined who shall be raised onto heaven and who will not," erklärt er engagiert. Auf die Frage, ob er, Winslow, glaube, für das Himmelreich bestimmt zu sein, konzediert dieser: "I have no idea at all of that. For there is no certainty of it." Auf den Besucher wirkt die Argumentation inkonsistent. Ihm sei bekannt, so führt er an, daß sich einige der Pilger sehr wohl zum Kreise der Auserwählten zählten. Wie sei diese Gewißheit mit der dem puritanischen Glauben inhärenten Unvorhersehbarkeit des Seelenheils zu vereinbaren, lautet seine Frage. Winslow kann diesen Widerspruch nicht auflösen und betont "[that] the man who says that he is in truth elected onto heaven–he is the very first man that shall be damned! […]. No man knows whether he will be elected onto heaven."

Abschließend bittet der Besucher um eine Beschreibung des Gottesdienstes der separatistischen *congregation*. Winslow schildert, wie sich der Sonntag gemeinhin für die Pilger gestaltet:

> Here in this town it is somewhat different than it is back to England. […] The reformed church will worship with those of the English church. On Sunday, on Sabbath Day, there will be an alarm sounded after we have broken our fast, and then men will bring their muskets onto the house across there, to Captain Standish, his house, so […] we are prepared, should we have need for defense, if we are ever attacked during worship. And then we will each march three abreast onto the Meetinghouse and men will sit to one side, and women to the other side, so as we are not distracted in our worship. […] And then, on the morrow, Master Brewster–he is the ruling elder of the church–will preach the sermon to us, two or three hours of length, and then we will return back to our houses at the noon hour for our dinner. And then we join onto the Meetinghouse again, and he will preach. […]

In diesem Zusammenhang nennt Winslow eine weitere Ursache der Disharmonie zwischen *separatists* und *non-separatists*: "We take the greater part of the day to worship," betont er. "And many of my neighbors of the English Church find some contempt of it. For myself, I think it is an *honor*, and a *joy* to set myself onto worship all of the day," bezeugt er. Unser Besucher bedankt sich für die Informationen und verläßt die Hütte. Er hat Grundsätzliches über die materielle Kultur, die politische Verfaßtheit der Kolonie sowie die religiösen Überzeugungen und Praktiken der *Pilgrims* gehört.

Als nächstes sucht der Tourist den benachbarten John Alden auf, der in seinem Garten Holz hackt.[519] Er erläutert dem Pilger, welches Wissen er bisher über die religiösen Problemkonstellationen der Gemeinde erlangt hat und möchte Aldens Perspektive erfahren. "*I* come here for *land*, as every man has. [...] I disagree with [the reformed church] claiming to be separate from England, but I do agree with the nature of the reformed church for the greater part," entkräftet Alden die Brisanz glaubensbezogener Konfliktpotentiale. Nichtsdestoweniger stimmt er mit den kritischen Einschätzungen, die Winslow am Ende des vorigen Gespräches geäußert hatte, überein und tadelt den mangelnden religiösen Eifer einiger Glaubensgenossen. Er kommt in diesem Zusammenhang auf Ellen Billington zu sprechen, die dem Besucher bereits aus der Unterhaltung mit Standish bekannt ist:

> It is a curious thing, *she*. Superstitious, as well. [...] We do spend the whole of our day on Sabbath to the worship. I think she is one of those who would rather sit about with her gossips through the Sabbath afternoon, exchanging whatever tales they can of their neighbors. And what service of the Lord is that upon his day? Well, she shall rail against her *husband*, should he not spend the whole of his day laboring upon a common work day, but on the Lord's day she will wish to spend not even more than half of it to the Lord!

Anhand der oben thematisierten Geschehnisse um den Verräter Lyford bestätigt er, daß die Billingtons subversive Außenseiter seien und in der Gemeinschaft von Siedlern eher geduldet als respektiert würden. Alle Mitglieder der *company*, so der Pilger, seien von einfacher Herkunft. Auch der höchste Amtsträger der Kolonie, *Governor* Bradford, habe keinen adligen Stammbaum aufzuweisen, "but even *farther* from nobility" sei "Goodman Billington." Während Bradford immerhin für sich in Anspruch nehmen könne, "a man of good family and good education" zu sein, sei Billington "a man not fit, even, to rule his own house [...]!" Der Besucher erkennt, daß es sich bei der Geringschätzung, mit der die Billingtons bedacht werden, offenkundig nicht um Einzelmeinungen, sondern um eine Auffassung handelt, die unter den Kolonisten weitverbreitet ist. Das Zusammenleben der Emigranten, so wird ihm klar, ist durch ein hohes Maß an sozialer Kontrolle geprägt. Mögen die Auskünfte John Aldens auch inhaltlich keine neuen Erkenntnisse bieten, so stellen sie dennoch eine individuell differenzierte Auslegung des bereits Bekannten zur Verfügung. Für den Besucher verstärkt sich der Eindruck, er bewege sich in einer lebendigen Siedlung, deren Bewohner durch einen gemeinsamen Wissenshorizont und durch ein Netzwerk intrakollektiver Beziehungen verbunden

---

[519] Die nachfolgenden Zitate sind einer Besucherkonversation mit John Alden am 30.06.1999 entnommen.

sind. Er verabschiedet sich von John Alden und beschließt, nun einen weiblichen *Pilgrim* zu kontaktieren.

Unser virtueller Tourist betritt das in der Dorfmitte gelegene *Allerton House* und trifft dort auf Fear Allerton, die gerade mit der Zubereitung einer Mahlzeit beschäftigt ist.[520] Mehrere Schüsseln, die eine weiße Masse in unterschiedlichen Aggregatszuständen enthalten, ziehen die Aufmerksamkeit des Besuchers auf sich, und er fragt, worum es sich handele. Die Akteurin erklärt, sie sei dabei, Käse herzustellen und erläutert den Vorgang:

> You see, it looks like a jelly. It's goat milk. [...] Have you ever seen a keat before, a young goat, aye? If you slaughter the young goat, you shall discover in its belly something that looks much like a cheese. Much like this here, aye. I don't understand it, but if you take that belly from the goat and if you put it in [...] milk - it shall make the milk into a cheese! 'Tis a wonder!

Ausgehend von diesen unmittelbar praxisorientierten Erklärungen beginnt sie, die für die aus Holland und England kommenden Kolonisten ungewohnten Lebensbedingungen zu beleuchten:

> Of course, I was more accustomed to buying cheese at the market before I came here. Now, I'm getting more accustomed to making my own cheese. Not that I can make that fine cheese like they do in Holland. They got great wheels of cheese, sometimes with the red wax on the outside. Oh, that is pleasing stuff, aye! [...] My mother reckoned that we never could do such a thing here [...], [because] to make that milk, of course, we need cows and goats. [...] We do not have very many cows here. I think there might be five cows in all. And there is nearly two hundred people living here, I think.

Während aus Europa stammende Nutztiere Mangelware seien, halte die umliegende Natur jedoch eine Fülle von anderen Nahrungsmitteln bereit, deren Verzehr in der Alten Welt den oberen Schichten vorbehalten sei:

> We do enjoy the flesh from swans. We have enough hogs here that we can eat bacon and hams. That is pleasing. And there is an abundance of fishes here that fills our belly in the summertime. [...] In the winter's time, [...] that's when the men are at leisure to go shooting. They can shoot ducks and turkeys and cranes [...]. And, sometimes, we even enjoy *venison*. Only gentlemen eat that in England!

Allerton gibt sodann ihre subjektiv begrenzte und zum Teil abergläubisch anmutende Wahrnehmung der materiellen und natürlichen Umgebung wieder. Sie unterstreicht damit, daß sich die Auswanderer, die in der Zivilisation europäischer Städte sozialisiert wurden, an das fremdartige

---

[520] Die nachfolgenden Zitate sind einer Besucherkonversation mit Fear Allerton am 26.06.1999 entnommen.

Terrain der Neuen Welt assimilieren müssen und dabei bestrebt sind, ihr
Umfeld nach englischem Muster zu gestalten:

> I remember when I first arrived here, I thought that everyone was living in
> barns. [...]. I reckon you all have proper English houses, with the plaster on
> the outside? They have white plaster, with that wood exposed, aye. It is a
> much more pleasing looking thing, I think. And yet, we don't have the
> plaster here. That's why we've been putting these boards on the outsides of
> our houses. I think it looks very strange. And all of those trees in this
> country! Have you seen all the trees here? It is frightsome. All these terrible
> howlings in the woods here. I heard some men say that there must be lions
> living in the woods here. Have you heard any lions howling? It frightens
> me. But, we do desire to make this country more like England. My father
> says that mayhaps when we shall cut more of these trees and have more
> pastures and fields, mayhaps then the weather shall be more like the weather
> in England, aye. Not so terribly hot. That would please me.

Unser Besucher möchte mehr über die persönlichen Verhältnisse Fear
Allertons erfahren und erkundigt sich, ob sie verheiratet sei. "Indeed. This
is the house of my husband, Isaac Allerton," bestätigt sie und erklärt, daß
ihr Mann derzeit in England weile, um Vorräte für die Kolonie zu
beschaffen und mit den Geldgebern der Unternehmung über eine
einvernehmliche Auflösung des 1620 geschlossenen Vertrages zu verhandeln. Der Besucher fragt, wann sie geheiratet habe. "I would reckon I
was nearly twenty years old," erinnert sich Fear und beginnt, die
Rollenverteilung innerhalb der Familie am Beispiel ihrer eigenen
Erfahrungen zu erläutern:

> My mother, she would give me the advice not to get married too young, for
> there's many things a wife must know, aye, many things you must be
> acquainted with. But also–not to marry a man that is too young. For if a man
> is too young, well, he can't govern himself, much less to govern a family! A
> man must be well-ordered and well able to set a good example for his
> family. For it is a man's responsibility to govern over a family. Oh, that's
> why they shall punish a man, sometimes, if his wife misbehaves. If a man
> does go against his duty and does not keep his family in good order, keep
> his children following the laws and keep his wife doing the same, of course,
> he will be punished for it, for not doing his duty. Unless, of course, she
> murders someone, aye. That's against the law from our Lord, aye. Of course,
> they will punish her for that.

"Does just your family live in this house?," erkundigt sich der Besucher.
"Oh, indeed. Of course, I reckon, you shall find the same for all my
neighbors' houses. It ain't common to have more than one husband and wife
living in a household," erklärt Fear und geht dazu über, den erweiterten
Familienverband des 17. Jahrhunderts implizit mit dem Modell der
modernen Kernfamilie zu kontrastieren:

> There might be servants living there. [...] Oh, if I was to have a servant in
> this house I might take on a girl of 13 years or so. She would live in this
> house and I would treat her just as my own daughter. She would sleep, I
> reckon, on that bed with my daughters [...] and I would teach her things just
> as I am teaching my own daughters. I [would] teach her herbal physics,
> herbal medicine, using the herbs from the garden, and she would do work
> for me, just as my own children do. Of course, it is agreed that I am not to
> punish her any more harshly than I would my own children, aye.

Allerton wendet sich direkt an die umstehenden Besucherinnen: "Is any of
you desiring employment?" Sie erklärt, daß der Haushalt ihres Vaters seit
dem Tod der Mutter im Frühjahr ohne weibliche Hilfe auskommen müsse
und man deshalb auf der Suche nach einer Magd sei. Die Besucherinnen
lehnen das Angebot ab. "But my father, he could teach you how to *read*!,"
versichert Fear in der offenkundigen Überzeugung, ihre Offerte könne
angesichts dieser großzügigen Dreingabe unmöglich ausgeschlagen
werden. Ihre Gesprächspartnerinnen erklären, daß sie des Lesens bereits
mächtig seien. "Oh, that is pleasing. My father taught *me* to read, so I could
read the Bible. [...] But, I suppose, if you already know how to read and
you have no need of employment, you must be more higher born [...],"
folgert die Akteurin und nutzt die Gelegenheit, um auf die sozioökonomischen Gegebenheiten in Holland einzugehen: "Of course, when our
congregation was living in Holland, many folks had to send even very
young their children out to work, so that their families would not starve."
Einmal mehr zieht sie ihre persönlichen Lebensumstände heran, um die
frauenspezifischen historischen Gesellschaftsstrukturen zu präsizieren:

> My mother, I remember, when we were living back in Holland, she told me
> that I must think of having a bridal portion, aye. I need a dowry, if I'm going
> to get married. [...] And, she was telling me that my father - who was
> working as a printer and getting some coin from it–[...] that my father did
> not nearly have so much money as he once did. For, you see, it was terribly
> costly when my family had to leave our home in England, when we had to
> flee from England for matters of the church. My father lost much coin at
> that time. My mother, she told me, I should think of perhaps earning my
> own bridal portion, so I could have a dowry and get married. And she said,
> perhaps you shall be a servant, aye. We shall arrange that you go live in one
> of our neighbor's houses and work there and look after their children, aye.
> For, she said, there are mouths enough to feed in our household without you
> being here. You are old enough to look after yourself, aye. But then, of
> course, my family came to this colony, and it's very different here, aye.

Während sie fortfährt, lenkt sie den Blick der Besucher auf einige der
Gegenstände in der Hütte: "My husband was pleased indeed. He kept as my
bridal portion–he took that chest that I brought with me, and one of those
plates up there, and the land that the company gave me when I first come

here." Erneut wendet sie sich direkt an die Umstehenden: "I reckon that's why *you* have all come here–the *land*. Is that a wonder–to think of *owning* the land that you farm! For, of course, back in England, it's the gentlemen and the King that own the land," erläutert sie vergangene Besitz- und Machtverhältnisse, um sodann das soziale Gefüge innerhalb der Kolonie aus ihrer Sicht zu explizieren.

> I can say that my husband is of somewhat a finer estate. [...] He is accustomed to finer things, you understand. [...] He has cleverness in matters of trade and business. [...] I reckon, you have heard [that] there are no proper gentlefolks in our town here. No Dukes or Earls [...] And yet, that is a trial, aye! For back in England, of course, it is the Dukes and the Earls that govern the people. [...] And yet here, we have no proper gentlefolks. [...] I would still say that there are differences amongst the people here. My father was called a gentleman back in England. He's a man of learning. He does the preaching here. Of course, he is more respected and deserving of finer things, I would say, than many of my neighbors. All those came here as servants, as more poorer people. [...] I would not say we are having any poor beggars coming to settle here. For it is costly, aye. I'm certain you understand. You had to purchase many supplies to come here, aye. Tools for making your house, tools for cooking and tools for farming.

Abschließend fragt unser Besucher, weshalb die *congregation* die Niederlande verlassen habe. "They have this peculiar notion in Holland of freedom of religion, aye. So, we were able to live in Holland and keep the church the way we wanted it," antwortet Allerton. "But many folks were living in poverty there. They didn't have enough coin to fill the bellies of their children," gibt sie zu bedenken, "and so, we removed ourselves to the wilderness here."

Unser Besucher verabschiedet sich. Er hat im Verlauf der Unterhaltung weiterreichende Kenntnisse über die materiellen Lebensbedingungen der *Pilgrims* und das soziale Gefüge der Gemeinschaft erhalten. Ihm ist wiederholt klar geworden, daß die Siedler durch die Kultur und Gesellschaft ihrer englischen Heimat und ihren Aufenthalt im holländischen Leiden geprägt sind. Wie schon bei den vorherigen Gesprächspartnern vermitteln ihm die zahlreichen Referenzen Allertons auf ihre persönlichen Erlebnisse und Einsichten das Gefühl, er stünde nicht typisierten Repräsentanten einer vergangenen Epoche, sondern glaubhaften Individuen gegenüber, die allgemeine geschichtliche Sachverhalte im Lichte subjektiver Erfahrung zu konkretisieren vermögen. Er verläßt die Hütte, um seinen Rundgang fortzusetzen.

Im Garten des am unteren Ende des Dorfes stehenden *Fuller House* begegnet unser exemplarischer Tourist Bridget Fuller, der Gattin des *surgeon* der Kolonie.[521] "Why have you come here? Do you plan to settle yourself down here?," initiiert sie das Gespräch mit dem Besucher. Dieser gibt an, sich bereits weiter westlich niedergelassen zu haben, worauf Fuller ungläubig reagiert. Sie besteht darauf, daß in diesem Gebiet keinerlei Kolonien existierten und erklärt, ihr seien nur die Siedlungen der Holländer um New Amsterdam und "a French plantation" in den nördlich gelegenen "Canadas" bekannt. Zwar habe sie gehört, daß sich die Spanier "on the other side of this New World, on the island of the California" niedergelassen hätten, doch das dazwischenliegende Land sei bis dato unerforscht und gelte als gefährlich. Sie möchte wissen, ob ihr Gegenüber auch Landbau betreibe, was unser Tourist bejaht. Daraufhin schildert sie, welche Schwierigkeiten sie als ehemalige Stadtbewohnerin hatte, sich in die neuen Aufgaben als Farmersfrau einzufinden. "Were you used to milk the goats and milk the cows before you come here? I were not. I lived in a city all my life. [...] I lived in Norwhich and I lived in Leiden in the Netherlands. And then come I here and I did not know a thing." Ihre Konstitution, so lenkt sie das Thema auf die Theorie der *four humours*, sei ihr dabei jedoch eine Hilfe: "But I is a sanguine woman. I have more blood in my body than I really need. So, I is a sanguine woman. [...] I usually [am] a good eater, good sleeper, happy most of the time," erläutert sie. "There is others, who is choleric," fährt sie fort. "Have you ever seen those folks? [...] They is so hot like fire. They walk about very fast, they move about very fast." Der Besucher fragt, wie sie sich diese unterschiedlichen Charakterzüge erkläre. Fuller wartet mit einer religiös fundierten Begründung auf:

> My father and mother once explained to me that when Adam and Eve was living in paradise, in the Garden of Eden–it was wonderous, beautiful, no crime, no misery, no evil. But then, they were eating off the fruit. They were become sinful, and so, it is crime, misery and diseases come onto the world. And from that moment on the humors in our body get a bit out of balance.

Wie jede Frau im Dorf wüßte sie jedoch, wie man die extremen Gemüts-zustände der Sanguiniker und der Choleriker mäßigen könne: "But you can cure them out by giving them great plenty of cucumbers to eat, and strawberries to eat." Die Melancholiker seien "always slow, always thinking about this and about that. They is very cold and moist, you see." Ihnen müsse man Zwiebeln verabreichen, "or take like an herb from the garden and make an infusion for them [...], and that makes them more warmer, aye." Auch für die Phlegmatiker hält sie ein Rezept bereit:

> They are very tall, very slim, very pale [...]. Give them not over much of fish to eat, because fish is very cold and moist. If I tried to cook in the

---

[521] Siehe Anhang, Abb. 32. Die nachfolgenden Zitate sind einer Besucherkonversation mit Bridget Fuller am 16.06.1999 entnommen.

proper way [...], I would say, you take fish and then you always make [...] a sauce. With mustard seed and pepper corn, for mustard seed and pepper corn is hot and dry, and they make a sauce over the fish, which is cold and moist. It balance one another, you see. The same do I with salad.

Daraufhin wendet sich Bridget Fuller einem ihrer Gemüsebeete zu und erklärt: "I [will now] get myself some lettuce and spinach and so, and then that will cool us off today, because it is very warm today." Unser Besucher überläßt sie ihrer Arbeit, verabschiedet sich und beendet mit dem neugewonnenen Einblick in den geographischen Kenntnisstand der Pilger und die Geheimnisse der *Galenic medicine* seinen Rundgang, der nun knapp zwei Stunden in Anspruch genommen hat.

Der Aufenthalt im *Pilgrim Village* vermittelte dem exemplarischen Museumsgänger eine Mischung aus historischem Überblicks- und alltagsgeschichtlichem Detailwissen, das die Mehrzahl der Inhalte, die in der Programmatik Plimoth Plantations niedergelegt sind, abdeckt. Er erhielt Einblicke in verschiedene Aspekte des historischen Handwerks, die landwirtschaftliche Subsistenzwirtschaft sowie die politischen, militärischen und ökonomischen Grundstrukturen der Kolonie. Er wurde über intra- und extrakollektive Konfliktlagen informiert, streifte den Wissensbereich der "Galenic medicine" und wurde mit der nach Geschlecht, Besitz und sozialreligiösem Status differenzierten "early modern social hierarchy" konfrontiert. Zudem konnte er sich ein Bild der separatistischen Glaubensüberzeugungen und "the Christian basis of worldly experience" machen.[522] Wie in der Zweckbestimmung vorgegeben, wurden dem Besucher "the Plymouth colonists' origins, arrival, and presence in New England" kommuniziert, so daß der Stätte eine überzeugende Umsetzung der thematischen Ambitionen weitgehend zu konzedieren ist.[523] Die *interpreter* bedienten sich eines "deliberate amalgam of biographical and historical information, supported by the appropriate regional dialect, 'memories' of life experiences and proper knowledge or ignorance of period information [...]."[524] Sie blieben dabei im Rahmen der simulierten persönlichen Erfahrung, ohne wie herkömmliche Referenten zu erscheinen, die ihre Antworten lediglich in der ersten Person formulierten. Der Tourist verließ das Museum mit dem Gefühl, er habe eine lebensecht wirkende Gemeinde besichtigt, in der nicht bloß kostümierte Museumsmitarbeiter getrennt voneinander und einer vorgegebenen Choreographie gehorchend operieren. Er erhielt vielmehr den Eindruck, er habe eine historisch fremde Siedlung betreten, in der glaubwürdige Individuen sich eine gemeinsam gestaltete Lebenswelt teilen. Auch die vermittlungstechnischen Ansprüche Plimoth Plantations sind somit überwiegend eingelöst.

---

[522] Baker, "World View" 66.
[523] Plimoth Plantation, *Employee Manual* n. pag.
[524] Baker, "World View" 65.

Allerdings sind die bisher vorgetragenen idealtypischen Dialoge zwischen
Allerton und den umstehenden Touristen sowie die Unterhaltungen des
exemplarischen Besuchers mit mehreren Pilgern im Gesamtkontext der
stattfindenden Geschichtsvermittlung keineswegs repräsentativ. Sie stellen
vielmehr einen selten gegebenen Idealfall dar, in dem inhaltlich und
didaktisch versierte *interpreter* auf überdurchschnittlich interessierte und
kommunikative Besucher treffen, deren Neugier sich nicht auf jene
Aspekte der reproduzierten historischen Wirklichkeit beschränkt, die im
Museumsdorf visuell erfaßt werden können. Wie gesehen sind zwar
grundsätzlich sämtliche Akteure im *Village* imstande, die erlernten Aus-
bildungsinhalte überzeugend und in hinlänglicher Breite und Tiefe zu
vermitteln. Die Mehrheit der Besucher kommt jedoch nicht in den Genuß
einer kompakten Zusammenschau geschichtlicher Umstände und ist mit der
Auflage, sich die Informationen im Dialog mit mehreren *Pilgrims*
stückchenweise und ohne vorgegebene Systematik erarbeiten zu müssen
überfordert. Folgende Faktoren tragen dazu bei, daß sich der Durchschnitts-
besucher das Wissenspotential der Mitarbeiter nur unter unwägbaren
Schwierigkeiten erschließen kann: Die Museumsgänger sind unter den
Voraussetzungen der mimetischen Vergangenheitsillusion oftmals nicht in
der Lage, den dialogischen Austausch für einen produktiven Verstehensprozeß zu nutzen. Viele Touristen legen ein in hohem Maße selektives,
redundantes oder präsentistisches Frageverhalten an den Tag, was häufig
zu einer verzerrten und inkohärenten Wahrnehmung des Dargebotenen
führt. Desweiteren verstellt die Dominanz des Visuellen im allgemeinen
den Blick auf die immateriellen Aspekte der porträtierten historischen
Kultur, die nur im ausführlichen Gespräch mit den Akteuren zu eruieren ist.
Diese grundsätzlichen Schwachpunkte der Vermittlung können durch das
pädagogische Geschick der *interpreters* zwar ausgeglichen, aber nicht
völlig behoben werden. Im folgenden soll auf die skizzierten Defizite
exemplarisch eingegangen werden.

3.6 Vermittlungspraktische Defizite der *first-person interpretation*

Jeder Besucher des *Village* sieht sich zunächst mit dem Problem der
Kontaktaufnahme zu den *Pilgrims* konfrontiert, denn nur selten wird er wie
im oben vorgetragenen Beispiel direkt von einem der *interpreters*
angesprochen. Der Museumsgänger wird sich also an der Broschüre
orientieren, die den Lageplan enthält. Auf diesem sind die einzelnen Behausungen mit Familiennamen und kurzen Angaben zur Biographie der
Bewohner versehen. "Veteran soldier Captain Myles Standish, the military
commander of New Plymouth, was one of the first colonists to arrive in
New Plymouth, having come on the *Mayflower*," erfährt man beispiels, und
über einen anderen Emigranten wird berichtet: "Mayflower passenger John

Billington, Sr. had the questionable distinction of being the first-person to commit a punishable crime in New Plymouth, charged with 'opprobrious speeches' against Captain Myles Standish."[525] Diese einleitenden Informationen können sodann als Ausgangspunkt für die verbale Interaktion mit den *interpreters* dienen. In der Regel trägt allerdings der Besucher die Last der Initiative. Die Pilger zeigen sich zwar aufgeschlossen, begrüßen die Gäste des *Village* und sind jederzeit bereit "[to] eagerly share their stories with you and answer your questions."[526] Dennoch gehen sie unbeirrt ihren Beschäftigungen wie Kochen oder Holzhacken nach, ohne die Aufmerksamkeit des Publikums bewußt auf sich ziehen zu wollen. Der touristische Neuankömmling im *Pilgrim Village*, der sich in ein bereits ablaufendes Geschehen eingliedern will, wird ein solches nicht vorfinden, denn im Dorf herrscht eine merkwürdige Ereignislosigkeit. Das dramatische Momentum der *theatrical skits*, das den Touristen in Colonial Williamsburg in Atem hält, gibt es auf Plimoth Plantation nicht. Das Prinzip der "non-theatricality," das die Programmatik der Stätte zum herausragenden Kennzeichen der Geschichtsvermittlung erhebt, ist also in der Tat gegeben, wirkt sich jedoch oftmals hinderlich aus.[527] Während Colonial Williamsburg die narrative Struktur, die das Wahrgenommene in einen Zusammenhang bringen soll, in Form von konsumfertigen *Event*-Sequenzen anbietet, ist der Tourist im *Village* darauf angewiesen, den verbalen Informationsfluß weitgehend selbst zu erzeugen, zu strukturieren und zu interpretieren. Viele Gäste sind mit dieser Auflage allerdings überfordert, und so mancher Besucher scheitert bereits an der Kontaktaufnahme zu den *Pilgrims*, wie ein *interpreter* mit dem historischen Pseudonym Will Palmer im Interview zu berichten weiß:

> […] I know that this is the style of museum that is very daunting to some people. They just don't know how to interact. […] I've seen people wander through here, and oftentimes, it's either at the beginning or the end of the day, when there isn't the safety of crowds, you know, when a couple or two people and their kids are walking through. They're like: "We're the only ones here and everybody else is a Pilgrim—I'm not gonna say anything!" It's hard to figure out exactly how to approach these people, beyond: "It's okay to talk to me. Look, I'm being friendly. I put down my axe." […] I know that one of the issues about first-person [interpretation] is that people are afraid to talk to the interpreters. They don't know how to approach that - that it's such an alien environment.[528]

Der Fremdheitseffekt und die vom Besucher geforderte Eigeninitiative wecken mithin nicht nur produktive Neugier, sondern können je nach

---

[525] Plimoth Plantation: *Welcome to Plimoth Plantation*, n. pag.
[526] Ebd.
[527] Yellis, "Not Time Machines, But Real Time" 55.
[528] Interview mit Will Palmer, *Interpreter*, Plimoth Plantation, 01.06.1999.

individueller Disposition des Museumsgängers eine erhebliche Verunsiche-
rung hervorrufen, die dem pädagogischen Erfolg der Geschichtspräsentation im Wege steht. Auf die Frage, was der befangene oder zurückhaltende
Tourist an Erkenntnis aus dem *Village* mit nach Hause nehmen wird, gibt
der *interpreter* eine ebenso klare wie ernüchternde Antwort: "Not very
much."[529]

Für die Mehrheit der Besucher, die weniger Scheu vor der Interaktion
mit den Akteuren hat, gestaltet sich der Kommunikationsablauf im allgemeinen wie folgt: Die meisten *Pilgrims* halten sich nicht im Freien,
sondern in einigen der Hütten auf, in die der Tourist eintritt. Ein typisches
Gespräch beginnt mit der Feststellung des Familiennamens der jeweiligen
Behausung, wobei es vielen Museumsgängern von vornherein schwerfällt,
den Lageplan ohne Hilfestellung durch Beschilderungen mit den Gegebenheiten vor Ort überein zu bringen. Im Gegensatz zu unserem idealtypischen
Besucher betreten sie eine Hütte oftmals ohne zu wissen, in wessen Besitz
sie ist und ohne die biographischen Angaben zu lesen, die der Lageplan als
Anknüpfungspunkt für die Konversation mit den Bewohnern zur
Verfügung stellt. Zuerst wird gemeinhin versucht, die Identität des Pilgers,
den man im Haus antrifft, zu klären. Es kommt häufig vor, daß es sich
dabei nicht um ein Mitglied derjenigen Familie handelt, die der Hütte auf
dem Plan ihren Namen gibt, sondern daß man einem Verwandten, einem
Freund oder einem vorübergehend aufgenommenen Fremden begegnet.
Diese Maßnahme soll die Wahrnehmung eines unverbundenen Neben-
einanders der *Pilgrims* durchbrechen und ein Netz an Beziehungen
suggerieren. Was im Interesse einer möglichst lebensechten Porträtierung
vergangener Wirklichkeit sinnvoll erscheinen mag, führt auf der Ebene der
gesamten Interaktionen im Village allerdings zu störender Redundanz,
denn jeder *Pilgrim* muß aufs neue identifiziert werden. Das nachfolgende
Beispiel zeigt, wie umständlich sich der Kommunikationseinstieg oftmals
gestaltet: Eine Besucherin betritt in einer kleinen Gruppe das sogenannte
Fuller House und möchte mit Samuel Fuller sprechen, der im Lageplan des
Dorfes als Besitzer der Behausung und *surgeon* der Kolonie ausgewiesen
ist. Aus der Konversation, die in der Hütte bereits im Gange ist, schließt
sie, daß es sich bei dem anwesenden Pilger wahrscheinlich nicht um den
avisierten Gesprächspartner handelt. Die Besucherin ist sich deshalb nicht
sicher, ob sie dem ihr gegenübersitzenden Akteur ihre Fragen stellen kann
und beschließt zunächst, dessen Identität zu klären:

> BESUCHERIN: So, you are not ... You are not Samuel Fuller?
> STEVEN TRACY: No, I am not.
> BESUCHERIN: And who are you?
> STEVEN TRACY: Steven Tracy.
> BESUCHERIN: Are you...–because we thought this was the Fuller house.

---

[529] Ebd.

STEVEN TRACY: You are correct.
BESUCHERIN: So, what are you doing here?
STEVEN TRACY: I live here.
BESUCHERIN: Oh... You are his brother-in-law, or...?
STEVEN TRACY: Yeah.
BESUCHERIN: Oh, ok. So, his sister lives here, too?
STEVEN TRACY: His sister... His sister-in-law lives here. I'm married to
the sister of his wife.
BESUCHERIN: Oh, ok. And where did you come from in England? [...][530]

Steven Tracy, der so tun muß, als lebe er tatsächlich im *Pilgrim Village*, sieht sich veranlaßt, auf der Selbstverständlichkeit seiner Anwesenheit im *Fuller House* zu beharren. Obwohl ihm die Intention der Besucherin bereits bei der ersten Äußerung klar ist, gibt er sich wenig auskunftsbereit und erschwert seinem Gegenüber schon auf der ersten Dialogstufe die Interaktion. Erst im siebten Anlauf kann die Besucherin weiterführende Fragen stellen. Die Notwendigkeit zur vorgängigen Ermittlung der biographischen Daten des Konversationspartners wiederholt sich bei nahezu jeder Begegnung zwischen Tourist und *Pilgrim*. Nicht alle Museumsgänger bleiben so hartnäckig wie im eben zitierten Beispiel. Oftmals erlischt das Interesse so manchen Gastes an darüber hinausreichenden Informationen, und er beendet das Gespräch frühzeitig in dem Bestreben, weitere Häuser zu besichtigen und andere Pilger kennenzulernen.

Eine möglichst große Kontakthäufigkeit garantiert allerdings nicht, daß sich der Museumsgänger die porträtierte historische Wirklichkeit tatsächlich erschöpfend erarbeiten kann. Entscheidend dafür ist vielmehr "the level of interest of the visitor," bestätigt Palmer: "Are they [the visitors] actually focussed on what you're saying? Are they asking intelligent questions?"[531] Der einzelne *interpreter* kann die Vermittlung eines hinlänglich breiten Informationsspektrums oder annähernd repräsentativen Bildes der Vergangenheit nur leisten, so bezeugt Palmer, "[if] they [the visitors] are willing to stay and ask a lot of questions."[532] Doch selbst wenn der Besucher ein ausgeprägtes und anhaltendes Interesse am Dargebotenen mitbringt, wird er nur dann einen umfassenden Einblick erhalten, wenn seine historischen Gesprächspartner zum einen in der Lage sein dürfen, sich über komplexe Inhalte fundiert zu äußern. Da eine Gemeinde authentisch auch in ihrer sozialen und intellektuellen Strukturierung verkörpert werden soll, muß etwa ein weibliches Mitglied der *community* so tun, als könne sie keine Fragen zu politischen Anschauungen beantworten oder muß eine ihrem Status entsprechende, subjektiv begrenzte Version abstrakter Konzepte darbieten. Das folgende Beispiel vermag die damit verbundene Problematik zu illustrieren: Im *Standish House* ist Barbara

---

[530] Besucherkonversation mit Steven Tracy, *Pilgrim Village*, 01.06.1999.
[531] Ebd.
[532] Ebd.

Standish mit der Zubereitung von Essen beschäftigt. Eine Besucherin erwähnt im Verlauf des Gesprächs den *Governor* der Kolonie, William Bradford. Barbara Standish, die Mitglied der anglikanischen Kirche ist, äußert sich abfällig über Bradfords religiöse Strenge und suggeriert, er wolle jene Mitglieder der Gemeinde, die nicht zum reformierten Glauben übergetreten seien bei der bevorstehenden Landverteilung übervorteilen. Die Besucherin möchte daraufhin wissen, weshalb Bradford unter diesen Umständen wiederholt zum *Governor* gewählt wurde. "I do not think that there is any man here in the town who cares for the job," erklärt Barbara Standish. Die Besucherin hakt nach: "But wouldn't it have been better to elect someone who is not a member of the reformed church? Has anybody ever thought of that?" Barbara Standish scheint gleichermaßen überrascht und fasziniert von diesem Gedanken zu sein, kapituliert jedoch vor der Neugier ihres Gegenübers: "You would have to speak with the *men*," rät sie. "Well, I would like to, but I can't find any!" versichert die Besucherin, die sich offenkundig im Vorfeld um eine Klärung ihrer Frage bemüht hatte, aber erfolglos geblieben war.[533] Die Akteurin, die aus ihrer Rolle eines weiblichen *Pilgrim* nicht ausbrechen darf, selbst wenn sie die Antwort wüßte, kann der Touristin nur jene männlichen Bewohner des *Village* nennen, die Mitglied des *council* sind, die aber allem Anschein nach zu diesem Zeitpunkt keinen Dienst im Museumsdorf tun. Die Besucherin verläßt die Hütte. Es ist anzunehmen, daß es ihr auch im weiteren Fortgang des Aufenthaltes im *Pilgrim Village* nicht gelingen wird, die erwünschten Informationen zu erhalten. Die individuell begrenzten Wissenshorizonte der Pilger mögen dem Bestreben, Geschichte glaubhaft durch den Filter persönlicher Erfahrungen zu kommunizieren, zwar zuträglich sein. Das zitierte Beispiel weckt jedoch allgemeine Zweifel daran, daß der Besucher im Verlauf seiner Besichtigung ein ausreichend breites Panorama an subjektiven Einzeläußerungen erfährt, die sich in seinem Kopf dann zu einem idealtypischen Gesamtbild der vorgestellten historischen Kultur zusammensetzen können–sei es, weil der "zuständige" *Pilgrim* nicht präsent ist oder er vom Museumsgänger zufälligerweise nicht angesprochen wird.

Zum anderen ist das didaktische Können der *interpreters*, mit denen der Tourist in Kontakt tritt, unabdingbare Voraussetzung für die Vermittlung eines repräsentativen Eindrucks der reproduzierten Realität: "[It] has to do with how people [interpreters] answer questions. Whether you can read people. I mean, you can lead people to ask particular questions, to lead them to particular pieces of information."[534] Wie am Beispiel Isaac Allerton gesehen, ist ein pädagogisch beschlagener Mitarbeiter imstande, mehrere Themen miteinander zu verknüpfen und auch jene Aspekte der historischen

---

[533] Besucherkonversation mit Barbara Standish, *Pilgrim Village*, 30.06.1999.
[534] Ebd.

Realität zu erklären, die nicht visuell manifestiert sind oder die eigentlich
außerhalb des Horizontes der verkörperten Figur liegen. Manchen Akteuren
gelingt dies jedoch weniger gut. "It takes about two years to bring
interpreters to a level of expertise where they can function comfortably in
the village," wissen die Ausbilder der Stätte.[535] Es liegt deshalb in der
Natur der Sache, daß der Besucher gelegentlich auf relativ ungeübte
Neulinge trifft, deren Ausführungen ein verzerrtes Bild der Vergangenheit
liefern können: "I feel like I can get most of [the] information into one
conversation. I try to make references to the Native Americans, about
everything, regardless of what question I'm answering," beschreibt Palmer
sein pädagogisches Know-how. "Granted, there are people [interpreters]
who do not do that or don't know how to do that, yet, and that's just a
matter of training, I think. But yes, I agree," fügt er einschränkend hinzu,
"there are people [visitors] who can come here and get a real big
misunderstanding of what's going on."[536] Um diesem unerwünschten
Ergebnis vorzubeugen, orientiert sich die Vermittlungtätigkeit eines jeden
interpreter an einem inhaltlichen Leitfaden: "Everybody is always
encouraged to go back to the basic story. [...] Basically, what William
Bradfort has in his journal." Dazu gehören laut Palmer "the establishment
of the church in England, the church fleeing to Holland, the establishment
of the merchant company, people coming over here and the things that
happened in the seven years while they were over here [...]."[537] Dieser
Leitfaden, so macht er klar, wird allerdings nicht zwingend eingehalten:
"[...] there are days that go by when I don't tell that very much. Days [...]
where I'm talking about blacksmithing, where I'm talking about fieldwork
and that kind of thing. I'm answering visitor's questions and [avoiding] the
issue of what the story really is."[538]

Diese Aussage Palmers verweist zugleich auf ein weiteres Charakteristikum der Geschichtsdarbietung im Museumsdorf: Die Tatsache, daß sich
der überwiegende Teil der Gespräche an den visuellen Kommunikations-
auslösern entspinnt, sich oftmals aber auch auf diese beschränkt. Die
Dichte an abstrakten Informationen, die etwa Isaac Allerton oder Myles
Standish in den eingangs vorgetragenen Interaktionsbeispielen vermitteln
können, verdankte sich gerade der Absenz optischer Anknüpfungspunkte.
In der Regel kommt der Besucher nur auf das zu sprechen, was er sieht, sei
es die unmittelbar präsente materielle Kultur oder die von den *interpreters*
ausgeübten Tätigkeiten. Im Umkehrschluß bedeutet dies, daß ihm Unsicht-
bares, mithin die immaterielle Kultur der *Pilgrims*, zumeist verborgen
bleibt. Eine schwerwiegende Unterlassungssünde des mimetischen Vemitt-
lungskonzeptes im *Village* ist in diesem Zusammenhang die Tilgung des

---

[535] Plimoth Plantation, *Quarterly Report* (Summer/Fall 1994): 1.
[536] Interview mit Will Palmer, *Interpreter*, Plimoth Plantation, 01.06.1999.
[537] Ebd.
[538] Ebd.

sonntäglichen Gottesdienstes. Obwohl jeder Tag im Dorf dem gleichen Tag im Stichjahr 1627 entsprechen soll, wird der Sonntag allwöchentlich übersprungen und zum Montag erklärt. Plimoth Plantation begründet diese Entscheidung damit, daß es weder den zahlenden Besuchern, noch den *interpreters* zuzumuten sei, einem Gottesdienst beizuwohnen, der sich über acht Stunden hinziehen müsse, solle er die historischen Gegebenheiten originalgetreu replizieren. Eine komprimierte, idealtypische Darstellung der *Puritan worship* widerspräche wiederum dem Echtheits- und Vollständigkeitsanspruch der Stätte. Die vermittlungspraktische Begründung der Maßnahme, die Rücksicht auf das Interesse der Besucher und *interpreters* nimmt, mag einleuchten. Mit dem Argument der Authentizität läßt sie sich allerdings nicht rechtfertigen, denn durch die Auslassung des sonntäglichen Gottesdienstes wird eine angeblich vollständig replizierte Kultur gerade jener Spezifika beraubt, die für sie kennzeichnend waren. Der Besucher findet im gesamten Dorf keine visuellen Repräsentationen für die Bedeutung des Glaubens im Leben der separatistischen *congregation*. So wird er im Laufe seines Aufenthaltes etwa keinen der *Pilgrims* bei der Bibellektüre oder im Gebet beobachten. Die einzige gegenständliche Repräsentation mit Religionsbezug ist das bereits erwähnte *Fort/Meetinghouse*. Für den Touristen wird indes kaum ersichtlich, daß dieses Gebäude den Pilgern als Gebetshaus diente. Sitzbänke und eine kanzelartige Konstruktion im Eingangsbereich verweisen zwar auf die historische Funktion des Gebäudes. Es sind jedoch keinerlei erklärende Texte angebracht–die Vergangenheitsillusion muß unter allen Umständen gewahrt bleiben–und keiner der *interpreters* hat den Auftrag, die Bewandtnis des *Fort/Meetinghouse* zu kommunizieren. Folglich stellt sich dieses dem Besucher vor allem als Aussichtsplattform dar, von der aus er das *Pilgrim Village* aus der Vogelperspektive betrachten kann.

Der zentrale Vorzug musealer Geschichtsvermittlung–die Möglichkeit, Geschichte mithilfe dreidimensionaler Objekte und multisensorischer Wahrnehmungsmöglichkeiten im eigentlichen Sinne des Wortes begreiflich zu machen–erweist sich auf Plimoth Plantation nicht nur aufgrund der verzerrenden Selektivität als problematisch. Der Lernprozeß des Besuchers, der sich auf die optisch zugänglichen Gegenstände und Tätigkeiten im Dorf konzentriert, endet zudem oft mit einem schnellen Aha-Effekt. Dieser scheint die Mehrheit der Museumsgänger zufrieden zu stellen: "Oftentimes, people want to have very simple answers to questions," bezeugt Palmer auf der Grundlage seiner eigenen Erfahrungen.[539] Das nachfolgende Beispiel zweier Besucher versinnbildlicht die Vorliebe großer Teile des Publikums für historische Instant-Erkenntnisse, die im Rahmen der *first-person interpretation* an der Tagesordnung sind: Ein Ehepaar betritt das *Allerton House*, in dem Fear Allerton mit der Zubereitung von Essen beschäftigt ist,

---

[539] Ebd.

während sie bereits anwesenden Touristen ausführliche Auskünfte zu unterschiedlichen Themengebieten gibt. Der neu hinzugekommene Besucher unterbricht sie und stellt die im *Pilgrim Village* wohl am häufigsten geäußerte Frage: "What are you making there?" Fear Allerton läßt ihn die herumstehenden Zutaten in Augenschein nehmen. "As you can see, it is a potpourri of Indian corn," erklärt sie, und die Konversation nimmt ihren kurzen und überaus typischen Verlauf:

> BESUCHER: Oh, I see.
> FEAR ALLERTON: It looks like rice, though.
> BESUCHER: Yes, it does. That's what I thought it was.
> FEAR ALLERTON: Aye, but it is this corn that grows naked in this country. You grind it after it has dried. And I cook it just like I might cook up rice. And I have some herbs from the garden I put in it, you see?
> BESUCHERIN: That's interesting.
> BESUCHER: Yeah, that's great.[540]

Das Besucherpaar nickt beeindruckt und verläßt die Behausung. Die umfangreichen Ausführungen Fear Allertons, die weit über die optisch erfaßbare Gegenständlichkeit der Hütte hinausreichen, bleibt den beiden verschlossen. Sie erfahren weder von der politischen Machtverteilung, dem hierarchisch geprägten Weltbild, der patriarchalen Familienstruktur und der sozialen Schichtung der Dorfbewohner, noch von den Lebensumständen der *congregation* in Holland–ein Themenpanorama, das der weibliche *interpreter* geschickt abzudecken weiß, ohne die *attention span* des Durchschnittsbesuchers, so sollte man meinen, über Gebühr zu strapazieren.

Viele Besucher zeigen indes mehr Interesse daran, hinter den optischen Schein der präsentierten historischen Wirklichkeit zu blicken als das Paar aus dem eben zitierten Beispiel. Es gelingt ihnen jedoch häufig nicht, ihre Fragen so zu stellen, daß der Gesprächspartner antworten kann, ohne aus seinem auf das Jahr 1627 begrenzten Kenntnishorizont ausbrechen zu müssen. Der wißbegierige Museumsgänger soll nicht ohne eine zufriedenstellende Replik entlassen werden. Dieses Dilemma zieht häufig eine umständliche Umwegkommunikation nach sich, mit der auch Palmer des öfteren konfrontiert ist: "I think that's one of the tricks of being a first-person interpreter. [...] You have to figure out a way to answer the question that hasn't been asked, or that you're really not supposed to be able to answer," erklärt er und illustriert die Problematik am Beispiel einer Besucherfrage zu *Thanksgiving*.[541] "On the face of it you have to say: 'I have no idea,'" erläutert er, denn das Ereignis erhielt seine emblematische Bedeutung als Nationalfeiertag erst im 19. Jahrhundert.[542] Auf die Tatsache, daß die heute als *Thanksgiving* bekannte Begebenheit lediglich

---

[540] Besucherkonversation mit Fear Allerton, *Pilgrim Village*, 26.06.1999.
[541] Interview mit Will Palmer, *Interpreter*, Plimoth Plantation, 01.06.1999.
[542] Ebd.

ein Erntedankfest nach englischer Tradition darstellte, könne der Tourist
etwa durch eine Gegenfrage aufmerksam gemacht werden: "'Gee, you
mean a *harvest feast*?'"[543] Um die Vergangenheitsillusion nicht zu
sprengen, darf der *Pilgrim* indes nicht erklären, *wie* aus einem gewöhn-
lichen Erntedankfest ein Nationalfeiertag wurde: "I can at least explain that
there are two different traditions that they're talking about, [...] but I can't
explain how they ended up being combined with each other [...]."[544] Diese
Art der Informationsübermittlung ist nicht nur umständlich, sondern kann
auch eine Verkürzung des historischen Gegenstands zur Folge haben. Im
Beispielfall nimmt sie dem Besucher die Möglichkeit, Geschichte als ein
Konstrukt zu begreifen, das unter anderem durch Motive der nationalen
Erinnerungspolitik und Identitätsstiftung geprägt ist.

Andere Touristen, die mit dem Prinzip der verbalen Interaktion
durchaus umgehen können, kommen gar nicht mit dem Ziel ins *Pilgrim
Village*, auf dem Wege des Dialogs ein tiefergehendes geschichtliches
Verständnis zu erlangen. Sie begreifen das Gespräch mit den Pilgern
vielmehr als metakommunikatives Spiel. Ihr Hauptanliegen ist, die
interpreters durch präsentistische Fangfragen als moderne Zeitgenossen zu
entlarven und so die Vergangenheitsillusion aufzubrechen. Palmer schildert
seine einschlägigen Erfahrungen und unterstreicht den mangelhaften
Erkenntnisertrag, den derlei Konversationen dem Museumsgänger bieten:

> A lot of times, people come here not so much to learn as to have fun. And
> they find that it's very entertaining just to ask foolish questions, or to just see
> what your reaction is when they're saying: "Do you know what television
> is?" [and] that kind of thing - which is not necessarily the best educational
> tool, but it's for the fun of it, and that's their only purpose.[545]

Viele der *interpreters* sind zur Genüge mit derartigen Situationen konfron-
tiert worden und gehen gelegentlich dazu über, unbedarfte Besucher in
gleicher Weise zu verunsichern–auf Kosten eines gewinnbringenden
Gesprächs über die präsentierte Vergangenheit: Eine Besucherin im *Fuller
House* unterhält sich mit dem *Pilgrim* Steven Tracy, der untätig auf einem
der Holzstühle sitzt. Sie ist offenkundig der Meinung, das Mobiliar sei auf
Dauer sehr unbequem und fragt Tracy, wie lange man auf dem primitiven
Stuhl aushalten kann. "You sit as long as you need to," antwortet Tracy
lapidar und erläutert: "[...] I'm more comfortable than [outside] in the sun.
This [chair] has a pillow on it."[546] Die Besucherin nickt: "Oh, you're all
set...," verwendet sie eine moderne sprachliche Wendung und erntet einen
Blick von Tracy, der ihr signalisiert, er habe sie nicht verstanden.

---

[543] Ebd.
[544] Ebd.
[545] Ebd.
[546] Besucherkonversation mit Steven Tracy, *Pilgrim Village*, 01.06.1999.

"*Comfortable*," verdeutlicht sie ihre Aussage.[547] Der *Pilgrim* täuscht weiterhin Unverständnis vor und leitet damit einen verbalen Schlagabtausch ein, der zwar den linguistischen Ehrgeiz der Besucherin weckt und die umstehenden Touristen belustigt, jedoch nichts zu einem besseren Verständnis historischer Sachverhalte beizutragen vermag. "'All set'" means comfortable?" fragt Tracy nach, und die Besucherin beginnt, die Bedeutung des modernen Ausdrucks zu erklären, als wüßte sie nicht, daß ihr Gegenüber ein Zeitgenosse ist, der ihre Formulierung sehr wohl begriffen hat[548]:

> BESUCHERIN: That's all that you need, you know. "You're all set." All you need to do today is sitting. You got a pillow underneath to make it more comfortable.–"You're all set."
> STEVEN TRACY: That is a very peculiar turn of words. I' ve never heard it before.
> BESUCHERIN: You haven't lived long enough. [Besucher lachen.]
> STEVEN TRACY: Well, it's just not English–that's all I mean to say. The two words apart are. "All" is an English word, and "set" is an English word. "To set" is something that you *do*. I would *set* the pitcher onto the table. It's not something that you can *be*. In English.
> BESUCHERIN: Ok.
> STEVEN TRACY: But I can understand most of what you're saying. You don't need to apologize for it. It's obviously not your first language! [Besucher lachen.]
> BESUCHERIN: That's ok...[Tracy signalisiert Unverständnis.] Right? Ok.
> STEVEN TRACY: "Ok"...?
> BESUCHERIN: Ok.
> STEVEN TRACY: What do you mean?
> BESUCHERIN: With a cushion on the chair you can sit there and you're all prepared. That is all you need to do now.
> STEVEN TRACY: Prepared for what?
> BESUCHERIN: For comfort. In other words–"all set." [Besucher lachen.][549]

Unter dem wohlwollenden Gelächter der anwesenden Touristen verläßt die Besucherin die Hütte, ohne dem geschichtlichen Gegenstand in irgendeiner Weise näher gekommen zu sein. Das zitierte Beispiel ist kein Einzelfall und zeigt, wie die projektierte Vermittlung historischer "complexities" in der Praxis regelmäßig auf zeitgenössisches Smalltalk-Niveau herabsinkt.[550]

Die moderne Gegenwart dringt jedoch nicht nur in Gestalt renitenter oder unbedarfter Besucher in die Vergangenheitsillusion des *Pilgrim Village* ein. Sie ist vielmehr integraler Bestandteil der *first-person interpretation*. Da diese ausschließlich auf die persönliche Interaktion zwischen

---

[547] Ebd.
[548] Ebd.
[549] Ebd.
[550] Plimoth Plantation, *Grant Application* n. pag.

Pilgern und Touristen gründet, müssen zeitgenössische Erwartungen, Gewohnheiten und Sensibilitäten in einem Maße berücksichtigt werden, das bei anderen medialen Ausgestaltungen der musealen Geschichtsvermittlung so nicht gegeben ist. Dies betrifft sowohl den Inhalt als auch die Form der Kommunikation. "[...] there are areas, sometimes, where we deliberately avoid certain issues. We don't talk about wife-beating too much, about beating children. We don't talk about those kinds of things, the darker side...[...]," bestätigt Palmer.[551] "We're not throwing rocks at the cats and that sort of thing. We're not treating the women as badly as they would have been treated."[552] "It must be remembered also," gibt das Lehrbuch für *interpreters* zu bedenken, "that we cannot completely express authentic anti-papist feelings in the Village as it would be unacceptable to many visitors and harmful to the impression that we seem to give."[553] Jeder *interpreter* ist deshalb angehalten "[to] develop the approximate tone for the expression of period opinions that might be too extreme for modern taste.[554] So führen gegenwärtige Konventionen des zwischenmenschlichen Umgangs und der *political correctness* zu einem verfälschten Bild einer angeblich originalgetreu und in sämtlichen Facetten reproduzierten historischen Kultur.

Die skizzierten Kommunikationsbarrieren und verzerrenden Effekte, die der *first-person interpretation* inhärent sind, bringen es mit sich, daß Vermittlungsgehalt und -dichte im *Pilgrim Village* durch ein hohes Maß an Kontingenz charakterisiert sind. Dieser Tatbestand ist für die Museumsverantwortlichen indes kein Anlaß, Teile des Konzeptes neu zu überdenken. Sie ziehen sich auf die Position eines *educational relativism* zurück, der jeglicher Information über die Vergangenheit den gleichen Erkenntniswert zuschreibt–handele es sich um das Schmieden eines Nagels, das Sticken eines Knopflochs oder die religiösen Anschauungen des puritanischen *elder*.[555] Welches Bild der *Pilgrims* entsteht jedoch im Kopf des Durchschnittsbesuchers, der lediglich einen Teil des Wissenspotentials abruft, über das die Akteure prinzipiell verfügen, und sich die historisch fremde Wirklichkeit in aller Regel nicht umfassend und detailliert erschließen kann?

---

[551] Interview mit Will Palmer, *Interpreter*, Plimoth Plantation, 01.06.1999.
[552] Ebd.
[553] Plimoth Plantation, *Colonial Interpretation Department Training Manual*, Vol. III, typescript, Plimoth Plantation, 1996, 5.
[554] Ebd.
[555] Informelles Gespräch mit Richard Pickering, *Special Projects*, Plimoth Plantation. 01.07.1999.

3.7 Inhaltliche Deutungen und Authentizitätsprämisse

Das Vermittlungskonzept Plimoth Plantations geht davon aus, daß der Museumsgänger willens und fähig sei, sich geschichtliches Wissen im Verlauf seines Aufenthaltes im *Pilgrim Village* regelrecht zu erarbeiten und sich gerade daraus ein fruchtbarer Erkenntnisprozeß ergäbe. Die empirische Untersuchung kommt in weiten Teilen jedoch zu einem anderen Ergebnis. Die operativen Bedingungen der *first-person interpretation* haben zur Folge, daß der Tourist im allgemeinen auf die Oberflächlichkeit jener Informationen zurückgeworfen bleibt, die multisensorisch wahrnehmbar und ohne größere Schwierigkeiten zugänglich sind. Sein Wissenszuwachs beschränkt sich also vorrangig auf die visuelle Gegenständlichkeit des *Pilgrim Village* und den dialogischen Austausch, der sich mit deren Hilfe in Gang setzen läßt, in den meisten Fällen aber nicht über die Einholung vergleichsweise trivialer und fragmentarischer Erkenntnisse hinausreicht.[556] So verläßt kaum ein Besucher das Museumsdorf, ohne erfragt und beobachtet zu haben, wie Mais angebaut, ein Strohdach geflickt oder Holz für verschiedene Verwendungszwecke zugeschnitten wird. Der Großteil der Touristen wird in die kulinarischen Geheimnisse der weiblichen *Pilgrims* eingeweiht, weiß etwa mit welchen Gewürzen ein Hasenbraten zu verfeinern ist und wie Käse zubereitet wird. Fast alle Besucher hören, welche Tiere die Männer erjagen, welche Fische als Wintervorrat eingesalzen werden und welche Wollarten zu welcher Jahreszeit am besten zu tragen sind. Die Extremform der im *Pilgrim Village* praktizierten *living history* ist verantwortlich dafür, so stellt sich heraus, daß die Vermittlung entgegen der erklärten Absichten der Stätte stark antiquarische Züge aufweist. Möchte sich Plimoth Plantation auch als ein "museum of a culture, [...] not of objects, not of crafts" verstanden wissen[557], so werden dem Besucher gerade letztere Aspekte eindrücklich in Erinnerung bleiben. Die angestrebte Vielschichtigkeit der Geschichtspräsentation, die ohnehin nur einen Bruchteil der Vergangenheit visuell und deiktisch zu zeigen vermag, droht auf das eindimensionale Niveau einer "'pots and pans' history" herabzusinken.[558] Die interpretatorische Emanzipation des Museumsgängers, die Plimoth Plantation mit der Einführung der *first-person interpretation* im Jahr 1978 bezweckte, bringt den Besucher zwar einerseits in den Genuß einer demokratisch gesinnten, gleichsam volksnahen Geschichtsvermittlung. Die Kommunikation geschichtlicher Kenntnisse ist anti-elitär gestaltet und orientiert sich an den intellektuellen Fähigkeiten und dem Wissenhorizont des einzelnen Besuchers, der nicht

---

[556] "It's maybe the nitty-gritty of history more than that broad sweeping picture that you can get," wie es der *interpreter* Will Palmer im Interview eher wohlwollend formuliert. Interview mit Will Palmer, *Interpreter*, Plimoth Plantation, 01.06.1999.
[557] Ken Yellis, "Not Time Machines, But Real Time" 55.
[558] Anderson, "Living history" 305.

überfordert wird und das Niveau der Interaktion selbst bestimmen kann. Andererseits hält der egalitäre Anspruch des Museums einer kritischen Überprüfung nur vordergründig stand, denn allein der engagierte und zu Transferleistungen fähige Besucher erhält ausreichend viele Anknüpfungspunkte für eine erkenntnisfördernde Deutung des Wahrgenommenen. Für die überwiegende Mehrheit der Touristen ist das Kommunikationskonzept der Stätte mit dem Makel didaktischer Ineffektivität behaftet, und die Grenze zwischen einer progressiven demokratischen Bildungsabsicht und einer populistisch gefärbten Geschichtsdarbietung wird oftmals überschritten.

Der Durchschnittstourist, der die *Pilgrims* auf Grundlage wenig komplexer Wissensbestände und visueller Perzeptionen beurteilt, wird diese vermutlich als geschickte Handwerker, fleißige Hausfrauen und arbeitsame Bauern wahrnehmen, die sich unter einfachsten Existenzbedingungen zu behaupten verstehen. Was als historische Teilinformation nicht falsch ist, liefert in Gestalt eines undifferenzierten Gesamteindrucks jedoch ein Bild der Vergangenheit, das verzerrt ist. Die bäuerliche Konnotation, mit der die *Pilgrims* belegt werden, und der sich kaum ein Besucher entziehen kann, mag im Falle des einen oder anderen Zeitgenossen geeignet sein, den Mythos der Pilger als Nationalheilige zu relativieren. Abgeschafft wird er dadurch allerdings nicht. Durch das Medium der *first-person interpretation* wird ein essentialistisches Menschenbild kommuniziert, das den Tatbestand der historischen Alterität in weiten Teilen aufhebt und den *Pilgrims*, die in der amerikanischen Kultur nicht immer positiv rezipiert wurden, zu einer neuen Art Ansehen verhilft: "Familiarity dispels contempt: no longer weird exotics, the Pilgrims instead do everyday things just like us today," erklärt Lowenthal in diesem Zusammenhang. "To be sure, they are done differently, but they are the same kinds of activity–eating and drinking, buying and selling, chatting and cleaning."[559] Die Vermittlung *on site* zwingt dem modernen Zeitgenossen zwar keine semantisch eindeutig fixierte Interpretation der Pilger auf, eröffnet ihm jedoch die Möglichkeit, eine nationale Wunschidentität auf die Gegebenheiten der Vergangenheit zu projizieren:

> But in highlighting these resemblances we risk misreading normative for actual behavior. The Pilgrims now become American archetypes: discontented with their lot, they were confident they could change it. Visitors know this is a good American thing to do. [...] The Pilgrims again become larger-than-life figures, now acting out as behavioral norm what moderns esteem as ideal precept. [...] Extending stereotypical American behavior back into the past, [we] construct or confirm a genetically or environmentally fixed national character.[560]

---

[559] David Lowenthal, "The Dying Future–The Living Past?" *ALHFAM Proceedings of the 1990 Annual Meeting*, Vol. 13 (1993): 6.
[560] Ebd.

Plimoth Plantation leistet somit zumindest potentiell einer Reihe von gängigen amerikanischen Autostereotypen Vorschub, zu denen Pioniergeist, Pragmatismus, das Vertrauen in die Möglichkeit des Neuanfangs und die Überschreitung geographischer und existentieller *frontiers* gehören. Mag der Besucher die Pilger nach seinem Aufenthalt im *Village* auch als Engländer bescheidener Herkunft und nicht als moralisch unfehlbare, (hoch-)kulturstiftende sowie protodemokratische Repräsentanten der späteren Vereinigten Staaten wahrnehmen, so können sie ihm dennoch als idealtypische Amerikaner erscheinen, die zufälligerweise einen exotisch klingenden Dialekt sprechen und ungewöhnliche Kleidung tragen. Was sich in den programmatischen Äußerungen der Stätte bereits abzeichnete, kann für die Vermittlung *on site* bestätigt werden: *Pilgrim myth* und *myth-debunking* schließen sich nicht aus, sondern bestehen nebeneinander.

Auffallend ist zudem, daß eines der zentralen Anliegen der Zweckbestimmung *on site* nicht einmal in Ansätzen verwirklicht wird: Die Darstellung des Einflusses, den der Kontakt zwischen den europäischen Emigranten und den *Wampanoag* auf beide Kulturen nahm. Wie die empirischen Gesprächsbeispiele gezeigt haben, erhält der Besucher des *Pilgrim Village* zwar kontingente verbale Hinweise auf die Präsenz des Stammes. Im Museumsdorf ist dieser jedoch visuell absent. Es finden dort keinerlei Interaktionen zwischen Pilgern und *Wampanoag* statt–ein Vorhaben, das unter den Bedingungen der Vergangenheitsillusion, in der auch die Dialekte der Akteure repliziert werden müssen, ohnehin nicht zur Umsetzung gelangen kann. Der Tourist würde die Sprache der *native people*, so sie denn rekonstruierbar sei, nicht verstehen und müßte sich allein auf eine zusätzlich erschwerte Deutung der optischen Erscheinungsbilder verlassen. Das Konzept der Stätte steht einer umfassenden Darbietung der Vergangenheit einmal mehr im Weg.

Der Erkenntnisgewinn des Durchschnittsbesuchers, so dürfte klar geworden sein, ist oftmals dürftig und hat kaum etwas mit einem tiefreichenden geschichtlichen Verständnis der reproduzierten historischen Wirklichkeit gemein. Der absolute Vorrang, den die Aufrechterhaltung einer glaubhaften Vergangenheitsillusion vor Überlegungen didaktischer Art genießt, erweist sich als kontraproduktiv. Die *first-person interpretation*, die die Darbietung einer herkömmlichen "dramatized, colored or slanted presentation" verhindern soll, hat nicht die angestrebte interpretatorische Emanzipation des Besuchers zur Folge.[561] Hinter dem prononcierten Relativismus, dessen sich die Stätte rühmt–"There is, in a sense, no point. There is no datum the visitor must carry away from Plimoth Plantation that he didn't bring with him when he came."[562]–verbirgt sich, wie schon eingangs vermutet, die Leugnung jeglicher sinngebender

---

[561] Marten: *Plimoth Plantation Interpretation Defined* n. pag.
[562] Yellis, "Not Time Machines, But Real Time" 57.

Leitvorstellung in der Präsentation von Geschichte. Auf den Erkenntnisprozeß des Besuchers wirkt sich dies in hohem Maße hinderlich aus: Sein
Eindruck der Vergangenheit muß oftmals impressionistisch, inkohärent und
fragmentarisch bleiben. Die Informationsaufnahme gestaltet sich derart
zufallsbedingt und unsystematisch, daß die Erinnerung der meisten
Museumsgänger an das *Pilgrim Village* letztendlich weniger durch
inhaltliches Wissen, als von der überzeugenden Eindrücklichkeit der
präsentierten Vergangenheitsillusion geprägt ist. So zeigte eine von der
Stätte in Auftrag gegebene Umfrage aus dem Jahr 1988, deren Ergebnisse
bis heute nichts von ihrer Gültigkeit verloren haben dürften, daß sich in den
Köpfen der Touristen vorrangig "the realism and authenticity of the
Plantation" festsetzen.[563] Die modernen Zeitgenossen sind "most impressed
with the interpretors at Plimoth Plantation" und honorieren vor allem die
Tatsache "that the staff stayed in character and enacted authentic roles
[and] that the staff spoke with period dialects [...]."[564] Daraus folgt, daß die
Form der Vermittlung, mithin die unhinterfragte Suggestion einer mimeti-
schen Vergegenwärtigung historischer Wirklichkeit, letztendlich die
inhaltlichen, im Bereich des Verstehens angesiedelten Aspekte der
Geschichtsdarstellung dominiert und diese geradezu ins Abseits stellt.

Es ist anzunehmen, daß der Besucher aus der Präsentationsweise, die er als
authentisch perzipiert, schließt, er sei im *Pilgrim Village* der historischen
Wahrheit in ihrer Totalität auf den Grund gegangen. Nur eine Minderheit
dürfte sich des Umstands bewußt werden, bloß Zeuge eines plausiblen
Versuchs geworden zu sein, selektive und durch Hypothesenbildung
komplementierte Aspekte der Pilgergeschichte nach Maßgabe einer sozial-
und alltagsgeschichtlichen Deutung zu veranschaulichen. Ein *interpreter*,
der für die möglichst originalgetreue Wiederherstellung der dinglichen
Kultur im *Pilgrim Village* verantwortlich ist, untermauert diese Vermutung:
'No matter what we do, visitors will always assume we know what we are
doing,' erklärt er. 'They will see our work as an exhibit and say, "That's the
way it was back then."'[565] Der unkundige Besucher muß das Wahrgenommene fast zwangsläufig als gegeben hinnehmen, um es für einen
möglichst produktiven Verstehensprozeß nutzen zu können. Zweifel an der
Echtheit und Vollständigkeit des Präsentierten haben dabei nur eine
sekundäre Rolle zu spielen. Plimoth Plantation hält im übrigen einen wenig
überzeugenden Rechtfertigungsdiskurs für den Fall bereit, daß sich der

---

[563] *Characteristics and Attitudes of Visitors to Plimoth Plantation and Marketing
Communications Strategies. Spring Survey. Prepared For Plimoth Plantation,
Plymouth, Massachusetts. Prepared By Laurance S. Morrison Company, Sturbridge,
Ma., Market Street Research, Northampton, Ma.*, typescript, Plimoth Plantation, July
1988, 20.

[564] Ebd.

[565] Zitiert in: Clayton Jones, "This Pilgrim Builder Treads Where Historians Have
Failed," *Christian Science Monitor* 26 Nov. 1997: 13.

Lernerfolg des Besuchers aufgrund des kontingenten und fragmentarischen Charakters des Dargebotenen mangelhaft ausnimmt: Zunächst einmal präsumieren die Museumsverantwortlichen, daß der Besucher einen umfangreichen Verstehensprozeß durchläuft und sich ein vollständiges, komplexes Bild der Vergangenheit machen kann. Sollte die Vermittlung wider Erwarten nicht zu einer umfassenden geistigen Durchdringung historischer Inhalte führen, so lautet das Argument, dann werde in diesem Fall zumindest die Erkenntnis kommuniziert, daß die komplette Rekonstruktion der historischen Realität stets nur ein unvollkommener Versuch bleiben kann: "The process of *trying* to recreate the past [...] is where we and the visitors learn. And if what we learn *is* the fundamental nonrecoverability of the past, *that* is one of the key insights to be derived from the Plimoth Plantation experience."[566] Einerseits soll der Tourist also glauben, er sei im *Pilgrim Village* mit der historischen Wahrheit, aufgehoben in der dreidimensionalen Vergangenheitsillusion, konfrontiert. Stellt sich dieser Eindruck nicht ein, wird andererseits die Unmöglichkeit des Unterfangens zur Haupterkenntnis erhoben. Wahrscheinlich ist jedoch, daß der Besucher den letztgenannten Lernprozeß gar nicht bewältigen kann, richten sich doch alle Bemühungen im Museumsdorf darauf, ihm "the sense" zu vermitteln "that all the pieces–human, physical, programmatic, interpretive–fit together, that the presentation is allencompassing, as unified, as comprehensive, cohesive, coherent, and *seamless* as possible [...]."[567] Solange das Publikum über den Authentizitätsstatus des Gezeigten im Unklaren gelassen wird, muß zudem auch das programmatisch fixierte Vorhaben der Stätte scheitern, eine perspektivische Darstellung wissenschaftlicher Forschungsergebnisse zu leisten. Die *seamless presentation* im *Pilgrim Village* ist ungeeignet, dem Besucher zu erklären, daß Geschichte, unbenommen der wissenschaftlich verifizierbaren Fakten, nicht als eine in Objektivität und historischer Wahrheit endende Ansammlung von Tatsachenmaterial, sondern vor allem als wandelbare und unvollkommene Deutung desselben zu sehen ist. Plimoth Plantation suggeriert dem unbedarften Touristen das Gegenteil. So differenziert die vermittlungstheoretischen Argumente auch sind, mit denen sich die Museumsverantwortlichen in Fachpublikationen an die Experten richten, so wenig erkenntnisfördernd sind die nebulös bis plakativ anmutenden Authentizitätsbeteuerungen, mit denen man dem Besucher gegenübertritt.

---

[566] Yellis, "Not Time Machines, But Real Time" 55. Hervorhebungen im Original.
[567] Ebd. Hervorhebung im Original.

3.8 Validität der geschichts- und vermittlungstheoretischen Prämissen

Die Darstellung und Analyse der Geschichtsvermittlung auf Plimoth Plantation hat bislang folgendes gezeigt: Die Intention der Stätte, geschichtliche Inhalte und verschiedene Aspekte einer historischen Kultur durch das Medium einer *glaubhaften* Vergangenheitsillusion zu präsentieren, gelangt mit den bereits genannten Einschränkungen in der Tat zur Umsetzung. Der Beitrag des Fremdheitseffekts, der erzielt wird, sobald der Besucher das *Pilgrim Village* betritt, ist hierbei von großer Wichtigkeit. Die Herstellung einer *authentischen*, im Sinne einer originalgetreuen Vergangenheitsillusion, deren Bedeutung sich jedem Besucher leicht erschließt, kann aus den genannten Gründen indes nur bedingt geleistet werden. Damit sind auch die in der Programmatik mitschwingenden narrativen und hermeneutischen Annahmen der Stätte einer Neubewertung zu unterziehen. Plimoth Plantation bekundet, so sei hier in Erinnerung gerufen, dem Prinzip der "non-theatricality" des Dargestellten uneingeschränkte Geltung zu verschaffen.[568] Außerdem wird behauptet, daß "[e]ach house, garden and animal pen is maintained in *the same way* as it was done almost 400 years ago."[569] Die *interpreters* seien in der Lage, sich die Identität "of the *actual* inhabitants of the *original* village" anzuverwandeln.[570] "By using their extensive training, accurate 17th-century dialects and carefully re-created period mind-sets, they *fully replicate* the human element of the settlement," wird versichert.[571] Die Interaktionen zwischen Besuchern und Akteuren setzten einen "mutual exchange of learning" in Gang. Mit dieser Aussage macht die Stätte Anleihen bei der modernen Hermeneutik und erhebt die Dialogizität jeder Erkenntnis zum zentralen Axiom der praktischen Vermittlungsarbeit.[572] Im Lichte der Ergebnisse, die die Untersuchung der Praxis eruiert hat, stellt sich jedoch die Frage, ob diese Ansätze tatsächlich einen konsistenten Begründungs- und Rechtfertigungszusammenhang für die *first-person interpretation* liefern können.

So wird die Behauptung der Inszenierunglosigkeit im *Pilgrim Village* nicht eingelöst, wenn man unter dem Terminus der Inszenierung allgemein "schöpferische Prozesse [...]" versteht, "welche in spezifischer Weise Imaginäres, Fiktives und Reales (Empirisches) zueinander in Beziehung setzen,"[573] mithin Prozesse, die "etwas zur Erscheinung bring[en], das

---

[568] Yellis, "Not Time Machines, But Real Time" 55.

[569] Plimoth Plantation, *Grant Application* n. pag. Eigene Hervorhebungen.

[570] Ebd. Eigene Hervorhebungen.

[571] Ebd. Eigene Hervorhebungen.

[572] Marten, *Plimoth Plantation Interpretation Defined* n. pag.

[573] Erika Fischer-Lichte, "Theatralität und Inszenierung," *Inszenierung von Authentizität*, Theatralität, Bd. 1, Hg. Erika Fischer-Lichte und Isabel Pflug (Tübingen und Basel: Francke, 2000): 22.

'seiner Natur nach nicht gegenständlich zu werden vermag' [...]."[574] Plimoth Plantation versucht, die materiellen und immateriellen Strukturen einer in ihrer ursprünglichen Form nicht mehr existenten historischen Kultur zu vergegenwärtigen, leistet mithin eine Inszenierung derselben. Allerdings trifft es zu, daß sich das Vermittlungskonzept dabei nicht der herkömmlichen Mittel des Theaters, also im engeren Sinne inszenatorischer Möglichkeiten, bedient. Die *interpreters* wirken auf den Besucher nicht wie Mitglieder eines schauspielerischen Ensembles, das eine bühnenartige Vorführung darbietet. Sie machen keinen theatralischen Gebrauch von "speech, action, manner and gesture [...]"[575], und der Tourist vermag keine dramatischen Konventionen wie "discernible character development, [...] confrontations, revelations or dramatic resolutions" zu erkennen.[576] Plimoth Plantation bezweckt damit, das Publikum in einen aktiven Lernprozeß zu integrieren, der durch gängige Inszenierungen nicht erreicht werden könne, denn "the visitors, sensing the presence of the conventions of drama, would tend to settle back (mentally and emotionally) to observe the entertainment."[577] Die Einbeziehung des Besuchers als tätigen Mitspieler im Kommunikationsverlauf, so die Theorie, speise diesen nicht mit "a notion of finality following the observance of an enacted scene" ab, sondern motiviere ihn vielmehr zu einem "continuing pursuit of inquiry.[578] In der Praxis der Vermittlungsarbeit wird jedoch oftmals der gegenteilige Effekt erzielt. Vielen Besuchern fehlen die interpretatorischen Anknüpfungspunkte, und seien diese auch konventionell-dramatischer Art, um das Stadium der "confused, disoriented, dissonant condition,"[579] mit der sie das ereignislose *Pilgrim Village* konfrontiert, zu überwinden. Es gelingt ihnen weder, "to 'read' the place,"[580] noch sich als aktiver Part in der auf historische Erkenntnis zielenden Vergangenheitsillusion zu fühlen. In der Tat äußerten viele Museumsgänger in der aus dem Jahr 1988 stammenden Umfrage den Wunsch nach offen erkennbaren und den Touristen explizit involvierenden Inszenierungen: "[...] visitors [...] would be likely to return to the Plantation sooner if there were more activities in the Plantation, such as crafts shows and demonstrations [...], events visitors can participate in [...], and town activities and meetings [...].[581] Marten hat also Recht, wenn er vermutet: "Spectator-visitors may indeed applaud such [theatrical] performances [...]."[582] Die Überzeugung, daß die von theatralischen

---

[574] Ebd. 21.
[575] Marten, *Plimoth Plantation Interpretation Defined*, n. pag.
[576] Yellis, "Dying 'Interstate'" 63.
[577] Marten, *Plimoth Plantation Interpretation Defined* n. pag.
[578] Ebd.
[579] Yellis, "Not Time Machines, But Real Time" 56.
[580] Yellis, "Dying 'Interstate'" 63.
[581] *Characteristics and Attitudes of Visitors to Plimoth Plantation* 21.
[582] Marten, *Plimoth Plantation Interpretation Defined* n. pag.

Konventionen befreite Vermittlung von Geschichte im *Pilgrim Village* einer dramatischen Inszenierung überlegen sei, trifft im Falle der überwiegenden Mehrheit der Besucher jedoch nicht zu.

Obgleich Steven Snow, ein ehemaliger *interpreter* Plimoth Plantations, in einer Studie nachzuweisen versucht, daß es sich im *Pilgrim Village* um eine Spielart des *environmental theater*, also sehr wohl um eine Form der theatralischen Darbietung handelt[583], ist die Inszenierungsfrage für sich alleine betrachtet von eher untergeordnetem Interesse. Weitaus wichtiger und problematischer sind die theoretischen Prämissen und die Folgerungen, mit denen dieses Postulat im Diskurs der Stätte einhergeht. Plimoth Plantation zieht die "non-theatricality" des Gezeigten als Beweis dafür heran, daß die Darstellung geschichtlicher Wirklichkeit nicht nachträglich vom Museum entworfen, sondern allein durch die "events and seasonal activities of an actual specific historical year as it unfolds - its births, deaths, court meetings, weddings, land and cattle divisions, plantings and harvestings, [...] and so on" bestimmt sei. [584] In letzter Konsequenz wird damit die Vergangenheit selbst zum Autor der musealen Präsentation stilisiert. Es wird die ebenso naive wie falsche Vorstellung zementiert, das Museum sei bloß ein beschreibender Chronist und nicht ein deutender Schöpfer der rekonstruierten Vergangenheit, der die fragmentarisch überlieferten Objekte und Aspekte der historischen Mentalität rekon-textualisiert, komplementiert und im Interesse der Vermittlungsintentionen sowie im Lichte von museologischen und geschichtswissenschaftlichen Erkenntnissen neu synthetisiert. Die mangelnde Kohärenz und die inhaltlich kontingente Kommunikation des Präsentierten vermögen zwar zu suggerieren, die Vergangenheit werde in Echtzeit, ohne "unfolding plot" und deshalb deutungsfrei vermittelt. Die Rolle, die jeder *Pilgrim* am Tag spielt, ist in der Tat weitgehend durch die Tätigkeiten vorgegeben, die er, orientiert am vermuteten historischen Tagesablauf, zu verrichten hat. Die Aktivitäten wie auch die verbalen Ausführungen der Akteure werden jedoch aus Gründen der Praktikabilität auf die Bedingungen der musealen Geschichtsvermittlung zugeschnitten und sollen sowohl den inhaltlichen Vorgaben des *mission statement* als auch den Bedürfnissen der Besucher Rechnung tragen. Es besteht kein Zweifel daran, daß diese Vorgehensweise notwendig und legitim ist. Die Geschichtsdarbietung *on site* nicht als fiktive Inszenierung und stattdessen als genuines, chronikartiges Abbild des historischen Alltags zu kennzeichnen, ist allerdings weder das eine, noch das andere.

Beleuchtet man das verstehenstheoretische Konzept Plimoth Plantations, so ist vordergründig festzustellen, daß das essentialistische Menschenbild, das im *Pilgrim Village* anhand universalmenschlicher Tätigkeiten wie

---

[583] Stephen Eddy Snow, *Performing the Pilgrims: A Study of Ethnohistorical Role-Playing at Plimoth Plantation* (Jackson: University Press of Mississippi, 1993) 57.
[584] Yellis, "Not Time Machines, But Real Time" 54.

Essen und Trinken vermittelt wird, die Annahmen der romantischen
Tradition der Hermeneutik zu plausibilisieren scheint. Diese, so sei wieder-
holt, postulieren die Möglichkeit der "Reproduktion einer ursprünglichen
Produktion."[585] Sie sehen die Einfühlung in historische Personen und das
Nacherleben vergangener Lebenswelten aufgrund "einer vorgängigen
Verbundenheit aller Individualitäten"[586] als gegeben und mithin als
Königsweg zu historischem Verständnis an. Die Untersuchung der Ver-
mittlungspraxis im *Pilgrim Village* beweist indes das Gegenteil. Ein
Mangel an Akribie ist Plimoth Plantation bei der Reproduktion der
historischen Sachkultur zwar nicht vorzuwerfen. Auch den *interpreters*
kann man ein profundes Faktenwissen und die Fähigkeit, dieses im
Gewand persönlicher Erfahrungen glaubhaft wiederzugeben nicht ab-
sprechen. Dennoch ändern die nach heutigem Kenntnisstand detailgenauen
Rekonstruktionen der materiellen und immateriellen Kultur sowie die
Beschäftigung der Museumsmitarbeiter und die Begegnung der Besucher
mit der *world view* der Puritaner nichts an der Tatsache, daß eine
originalgetreue Nachbildung sowie ein emotionales Nacherleben der
Vergangenheit unmöglich sind. Der *interpreter*, der im historischen
Kostüm acht Stunden täglich einen puritanischen Siedler verkörpert, dabei
einen englischen Regionaldialekt imitiert, Mais anpflanzt, ein Strohdach
flickt oder Nägel schmiedet, steigt am Ende eines jeden Tages mit Jeans
und T-Shirt bekleidet in sein Auto ein, tauscht die primitive Holzhütte des
Pilgrim Village gegen sein komfortables Zuhause, setzt sich vor das
Fernsehgerät und läßt sich vielleicht vom Pizzaservice beliefern. In Bezug
auf die geschichtliche Wirklichkeit des Jahres 1627 bleibt er "'temporal'
Außenstehender."[587] So intensiv die Auseinandersetzung mit der materiellen Kultur, der Mentalität und dem *way of life* der *Pilgrims* auch sei, die
Möglichkeit einer "inneren Erfahrung" der Vergangenheit bleibt ihm
versagt.[588] Als moderner Zeitgenosse kann der *interpreter* die historisch
fremden kulturellen Codes zwar rational erfassen und versuchen, diese für
sein Gegenüber verständlich darzustellen. Eine genuine Internalisierung
bleibt ihm jedoch verwehrt. Diese Feststellung trifft gleichermaßen auf den
Besucher zu. "[...] you can see the way it was–feel the way it was. [...]
With just a little imagination you can actually be a Pilgrim," wird diesem in
Aussicht gestellt.[589] Der Museumsgänger setzt sich allerdings weitaus
weniger intensiv mit der historischen Wirklichkeit auseinander, als die
Akteure des *Pilgrim Village*. Der Rundgang im Museumdorf, für den sich

---

[585] Gadamer, *Wahrheit und Methode* 301.

[586] Ebd. 193.

[587] Danto, *Analytische Philosophie der Geschichte* 418.

[588] Alfred Schütz, *Der sinnhafte Aufbau der sozialen Welt. Eine Einleitung in die
verstehende Soziologie* (Frankfurt am Main: Suhrkamp, 1974) 141.

[589] Plimoth Plantation, *Plymouth. A lot more than a rock*, brochure, Plimoth Plantation,
1977, n. pag.

die meisten Touristen weniger als eine Stunde Zeit nehmen, stellt lediglich einen kurzen Ausflug in ein fremdartig anmutendes *environment* dar, das zwischen den Souvenireinkäufen im *museum shop* und der Einnahme einer Mahlzeit im museumseigenen Restaurant durchschritten wird, bevor man in den modernen Alltag zurückkehrt. Nur einem überdurchschnittlich interessierten und eventuell über Vorkenntnisse verfügenden Touristen gelingt es annähernd, so hat die empirische Untersuchung gezeigt, einen produktiven Lernprozeß zu absolvieren. Dieser ist allerdings nicht mit einem wahrhaftigen Nacherleben der rekonstruierten Realität zu verwechseln, sondern mündet–im Idealfall–in einen äußeren Nachvollzug des Präsentierten. Der Erkenntnisertrag der meisten Besucher ist in der Regel weit unterhalb dieses Niveaus angesiedelt, da die Mehrheit nicht über die bloße Betrachtung des äußeren Erscheinungsbildes vergangener Wirklichkeit hinauszugelangen vermag. Sowohl für den Touristen als auch den *interpreter* läßt sich mithin bestätigen: "Die Vergangenheit ist eines jener Dinge, die nicht erfahren werden können."[590] Die geschichtstheoretische Konzeption Plimoth Plantations ist insgesamt durch ein Mißverhältnis zwischen Erklären und Verstehen gekennzeichnet. "'Verstehen' und 'Erklären' sind zwei Verben, die Wege beschreiben, auf denen wir zu Erkenntnissen gelangen," so Goertz. Während sich "'Verstehen' [...] gewöhnlich auf den Bereich des Menschlichen, Individuellen, Singulären, Emotionalen, auf Sinnhaftes und Sinnträger" bezieht, so zielt "'Erklären' auf den Bereich der Dinge, der Sachen und Sachverhalte, des Gesetzmäßigen, Notwendigen und Allgemeinen," erklärt er weiter. "[...] Verstehen befriedigt das Bedürfnis nach ganzheitlicher Deutung, Erklären nach zergliedernder Analyse. [...] Beides gehört zusammen."[591] Die historische Erkenntnis, die Plimoth Plantation den Besuchern offerieren will, hat weniger den Charakter einer epistemischen, erklärenden, sondern denjenigen einer empathetischen Kategorie. Sie knüpft den Verstehensprozeß des Besuchers fast ausschließlich an affektive Wahrnehmungsmodi, ohne, wie gesagt, den Anspruch einer emotionalen Internalisierung der porträtierten Kultur einlösen zu können. Doch selbst eine verstehenstheoretisch erreichbare und erwünschte *Annäherung* zwischen dem zeitgenössischen Horizont der Besucher und dem simulierten historischen

---

[590] Danto liefert einen ausführlichen Begründungszusammenhang für die Unerfahrbarkeit der Vergangenheit. An dieser Stelle soll eine Skizzierung seiner Argumentation genügen: "Der Begriff der Gegenwärtigkeit ist im Begriff der Erfahrung schon angelegt, so daß es demnach analytisch notwendig ist, daß man nur das Gegenwärtige erfahren kann. Geht man von dieser logischen Tatsache aus und verbindet sie noch mit der Identifizierung von Erkenntnis und Erfahrung, dann wird es überaus schwierig, einzusehen, wie man die Vergangenheit erkennen kann: Die Vergangenheit ist eines jener Dinge, die nicht erfahren werden können." Danto, *Analytische Philosophie der Geschichte* 154.

[591] Hans-Jürgen Goertz, *Umgang mit Geschichte. Eine Einführung in die Geschichtstheorie* (Reinbek bei Hamburg: Rowohlt, 1995) 105.

Horizont der *Pilgrims* gelingt häufig nicht. Fragen, die der Erlangung eines tieferen Verständnisses historischer Zusammenhänge dienlich sind, aber etwa den auf das Stichjahr 1627 beschränkten Zeitrahmen sprengen, dürfen im Grunde nicht beantwortet werden, um nur dieses Beispiel aus der empirischen Untersuchung anzuführen. Die *first-person interpreter*s, die allein aus einem subjektiv wie zeitlich eng begrenzten Blickwinkel agieren können, werden damit um einen Vorteil gebracht, den Historiker gemeinhin besitzen: "[...] das einzigartige Privileg, Handlungen in einer zeitlichen Perspektive betrachten zu können." [592] Im *Pilgrim Village* müssen sie vorgeben, die simulierte historische Wirklichkeit selbst gerade erst zu durchleben. Sie haben somit "keinen privilegierten Status" inne, "wo es um historische Erklärungen geht."[593] Der geschichtliche Akteur, der die Vergangenheitsillusion unter allen Umständen aufrechtzuerhalten hat, darf die unterschiedlichen kulturellen Codes des Gestern und Heute zudem nicht in eine Terminologie übersetzen, die dem modernen Zeitgenossen vertraut ist. Ihm bleibt lediglich, den historischen Code möglichst überzeugend und pädagogisch effektiv zu umschreiben: "Implicit concepts must prevail over explication," wie es Marten in seinem vermittlungtechnischen Grundsatzpapier unbedarft formuliert.[594] Vor diesem Hintergrund steht zu vermuten, daß der Besucher zwar *Differenzen* zwischen Vergangenheit und Gegenwart feststellen wird, die im Interesse einer gefühlsmäßigen Plausibilisierung des Dargestellten wirksam sind. Die historischen Codes und ihre Bedeutung werden sich dem Touristen allein dadurch jedoch weder erschließen, noch können sie automatisch die Authentizität und den Wahrheitsgehalt des Vermittelten verbürgen.

Auch der Umgang der Stätte mit den Versatzstücken aus der modernen hermeneutischen Erkenntnistheorie, derer sich die *first-person interpretation* auf Plimoth Plantation implizit bedient, mutet bei näherer Betrachtung inkonsistent an und hält einer Überprüfung des Anwendungsfalles nicht Stand. Ohne Zweifel wird im *Pilgrim Village* versucht, die ursprünglich von Gadamer formulierte Dialogizität historischer Erkenntnis in einem produktiven Verstehensprozeß praktisch zu implementieren. Dahinter steht die Vorstellung, daß beide Gesprächsteilnehmer verwandelt aus dem Kommunikationsakt hervorgehen. Wie erwähnt, wird die Interaktion zwischen den Besuchern und den *Pilgrims* von dem Museumsverantwortlichen in diesem Sinne als "mutual exchange of learning" bezeichnet.[595] Genau genommen verstößt die damit postulierte Veränderung beider Gesprächspartner jedoch gegen die replikativen Zielsetzungen der *first-person interpretation*. Die in den *Pilgrims* personifizierte, angeblich Tag um Tag originalgetreu reproduzierte

---

[592] Ebd. 294.
[593] Ebd. 370.
[594] Marten, *Plimoth Plantation Interpretation Defined*, n. pag.
[595] Ebd.

geschichtliche Wirklichkeit darf sich durch den Kontakt mit der definitionsgemäß unbekannten Gegenwart nicht verändern, die Pilger keinen Lernprozeß durchmachen. Die Kritik, die etwa Baumgartner an Gadamers Konzept der Dialogizität übt, trifft den im Museumsdorf radikalisierten Gesprächsgedanken zwischen Gestern und Heute gleichermaßen. So ist die "Spontaneität des wechselseitigen Hörens und Antwortens und der Wille zur gemeinsamen Verständigung ins Gemeinsame" als "unumgängliche Voraussetzung" erfolgreicher Kommunikation im *Pilgrim Village* zwar gegeben.[596] Es findet jedoch keine Aufklärung darüber statt, daß der "historische Gesprächsteilnehmer [...] nicht mehr von sich selbst her" antwortet, "sondern nur noch kraft der Spontaneität und der interpretierenden und Möglichkeiten variierenden Phantasie dessen, der jeweils aus der Gegenwart her das Gespräch führt."[597] Im Museumsdorf führen beide Konversationspartner–Besucher wie *interpreter*–das Gespräch aus der Gegenwart her. Diese Tatsache wird sowohl in den konzeptionellen Ausführungen Plimoth Plantations als auch *on site* in den Hintergrund gedrängt und dürfte nur von wenigen Besuchern bedacht werden. Mehr noch als die in Colonial Williamsburg praktizierte *living history*-Variante, treibt Plimoth Plantation die Personalisierung von Geschichte auf die Spitze, indem sie die Möglichkeiten des Verstehens, die sich dem Besucher im *Pilgrim Village* bieten, ausschließlich von der Konversation mit den Pilgern abhängig macht. Die Vergangenheit wird so im eigentlichen Sinn des Wortes zum unmittelbaren Gesprächspartner stilisiert.[598] Die *first-person interpretation* erscheint mithin geeignet, ein in hohem Maße naives Geschichtsverständnis auf Seiten des historischen Laien–und vermutlich auch des *interpreters*–zu befördern. Es kann zwar mit einigem Recht vorgebracht werden, daß es nicht die Aufgabe einer vom Massentourismus lebenden *historic site* sein kann, den Besuchern neben der Vermittlung geschichtlicher Inhalte eine Einführung in die Geschichtsphilosophie und -theorie zu geben. Dennoch sollten metakommunikative Möglichkeiten entwickelt werden, die zu einer Sensibilisierung auch des historischen Laien für die genannten Problematiken beitragen können. Die von Plimoth Plantation propagierte Emanzipation des Besuchers droht sonst, bloße Makulatur zu bleiben.

---

[596] Hans Michael Baumgartner, *Kontinuität und Geschichte. Zur Kritik und Metakritik der historischen Vernunft* (Frankfurt a. Main: Suhrkamp 1997) 179.
[597] Ebd.
[598] Vgl. Baumgartner, *Kontinuität und Geschichte* 179.

IV. Deutung und Authentizität

In Mount Vernon, Colonial Williamsburg und Plimoth Plantation werden den Besuchern unter der Prämisse der Authentizität konstitutive Bestandteile des amerikanischen Gründungsmythos nahegebracht. Die Stätten bedienen sich dabei unterschiedlicher Mechanismen, die sich idealtypisch in folgenden Bezug zueinander setzen lassen: Je mehr die Schaffung einer vollkommenen Imitation geschichtlicher Realität im Vordergrund steht, desto weniger explizit erscheinen die von Vermittlerseite bewußt oder unterschwellig überbrachten Deutungen. Abhängig von der Präsentationssprache der jeweiligen Stätte bewegt sich der Spielraum, den die Besucher bei der Auslegung des Wahrgenommenen haben, also zwischen Deutungsfixierung und Deutungsoffenheit, die unter bestimmten Bedingungen in Deutungsleere umschlagen kann.

In Mount Vernon kommen konventionelle Methoden der musealen Kommunikation zum Einsatz, wobei nicht darauf abgezielt wird, eine möglichst überzeugende Vergangenheitsillusion zu schaffen. Nahezu omnipräsente Betextungen sowie die Kombination aus medialen und personellen Führungsprogrammen markieren die Vermitteltheit des Präsentierten und liefern zumeist direkte Deutungen der Exponate. Der Code, der die Entschlüsselung des Geschauten ermöglicht, wird oftmals begrifflich explizit gemacht und ist integraler Bestandteil der Darstellung. Wie in den anderen Stätten, so gehen auf Mount Vernon Faktenvermittlung und -deutung Hand in Hand, wie sich an einem einfachen Beispiel demonstrieren läßt: Der Besucher wird im Einführungsfilm *The Life of George Washington* mit dem Faktum bekannt gemacht, daß Mount Vernon der private Landsitz George Washingtons war. Die einleitenden Worte des Moderators versehen diese Tatsache jedoch zugleich mit einer direkten Interpretation: "Hello, I'm Bill Bradley, and no, this is not my home, although *it's so peaceful and beautiful*, I wish it were."[611] Im Bereich des Visuellen kommt ein anderer Modus zum Tragen. So werden etwa anhand der rekonstruierten *slave quarters* implizite Deutungen übermittelt, die als Faktenbehauptung getarnt sind. Dem Betrachter wird nicht direkt mitgeteilt, daß es George Washingtons Sklaven wohl erging. Die Botschaft wird jedoch durch die Aufmachung der *slave quarters* insinuiert. Die Unterschwelligkeit der Deutung macht diese nicht weniger wirksam, zumal sie sich nahtlos in die Zeichenkette der verbalen, textuellen und zeremoniell vollzogenen Auslegungen der ansonsten präsentierten Geschichte einfügt. Ihr nur vermeintlich neutraler Wahrheitscharakter wird durch die physische Unmittelbarkeit des Geschauten zusätzlich unterstützt. Die semantischen Rekurrenzen, die in der Untersuchung *on site* eruiert wurden, versorgen den Besucher mit

---

[611] *The Life of George Washington.* Eigene Hervorhebung.

einer inhaltlich streng fixierten Botschaft, die Mount Vernon zum Inbegriff
einer pastoralen Lebenswelt macht und in der Person des Nationalhelden
George Washington die Größe der Vereinigten Staaten feiert.

Colonial Williamsburg kreiert eine partielle Vergangenheitsillusion, die
nur zum Teil explizit gedeutet wird. Die Vermittlungsinstanz rückt bisweilen in den Hintergrund. Es gibt keine erklärenden Betextungen, und die
Führungsprogramme, an denen nicht alle Besucher teilnehmen, decken nur
einen Ausschnitt der präsentierten historischen Wirklichkeit ab. Wie auf
Mount Vernon, so suggeriert die angeblich originalgetreu reproduzierte
materielle Realität der *historic area* eine neutrale Faktizität, konfrontiert
den Museumsgänger aber gleichzeitig mit den impliziten Deutungen der
visuellen Rhetorik, deren euphemisierender Zeichencharakter Colonial
Williamsburg in ein kleinstädtisches Arkadien verwandelt und geeignet ist,
diese Konnotation zugleich auf die Geschichte als Ganzes zu übertragen.
Die inszenierten *theatrical skits* suggerieren eine unvermittelte Tatsächlich-
keit des Geschauten. In Analogie zu den Deutungsmechanismen, derer sich
bühnenartige Aufführungen im Allgemeinen bedienen, kommunizieren sie
ihre Botschaft auf indirektem Wege. Der Zuschauer muß den Code etwa
aus Handlungsverlauf und Figurenrede erschließen. Der niedrige Komplexitätsgrad, den die "Four Days In History"-Reihe aufweist, sorgt allerdings
dafür, daß der Zuschauer die Mitteilungsintentionen der theatralischen
Darbietungen leicht entschlüsseln kann. Er wird neben den präsentierten
geschichtlichen Fakten–etwa: am 15. Mai 1776 erklärte Virginia die
Unabhängigkeit von England–auch die wertenden Komponenten der
Schauspiele rezipieren. In ihrer Gesamtheit machen diese aus der Amerikanischen Revolution ein unausweichliches Ereignis, in dem sich die
Freiheitsliebe des amerikanischen Volkes, geführt von einer selbstlosen
Elite, Geltung verschaffte. Im Gegensatz zu Mount Vernon offeriert
Colonial Williamsburg in Gestalt der sklaverei-spezifischen Veranstaltungen jedoch auch konkurrierende Interpretationen und konstituiert damit
eine diskrepante oder zumindest polyphonische Zeichenkette. Die angebo-
tenen Deutungen erlauben dem Besucher, Zweifel an einer ausschließlich
patriotisch geprägten Auslegung der Geschichte zu haben, mag diese durch
das Zusammenspiel aus visueller Rhetorik und der Eindrücklichkeit der
dramatischen Inszenierungen die Wahrnehmung auch dominieren. Im
Vergleich zu Mount Vernon ist die Deutung von Geschichte nicht mono-
semisch fixiert, sondern es ist eine gewisse Deutungsoffenheit, oder besser,
Deutungspluralität gegeben.

Plimoth Plantation zielt auf die Herstellung einer möglichst vollständigen Vergangenheitssimulation ab und stellt Geschichte im *Pilgrim
Village* allein auf dem Wege der *first-person interpretation* dar. Während
in Colonial Williamsburg absichtsvoll gestaltete Szenarien mit einer bestimmten Mitteilungsabsicht aufgeführt und dem Besucher in Form von
konsumfertigen Handlungssequenzen dargeboten werden, verfolgt Plimoth

Plantation eine andere Strategie. Im *Pilgrim Village* wird eine kontingente historische Wirklichkeit imitiert, in der zum einen keine externe Vermittlungsinstanz in Erscheinung tritt: Es stehen weder Führungen noch Beschilderungen zur Verfügung. Zum anderen kommt die Inszenierung ohne leicht erkennbare theatralische Konventionen aus, wodurch eine unvermittelte Objektivität und gleichsam ungedeutete Faktizität des Gezeigten suggeriert wird, deren Anschein jedoch trügt: Allein durch die alltags- und sozialgeschichtliche Ausrichtung der Präsentation und die damit einhergehende Faktenselektion–politische Aspekte werden in der Regel nicht thematisiert–liefert Plimoth Plantation ein vorgedeutetes Bild der rekonstruierten Vergangenheit. Der Museumsgänger ist darauf an- gewiesen, den Informationsfluß selbst zu erzeugen, zu strukturieren und zu interpretieren. Er findet aber kein ausreichend dichtes Referenzsystem an visuellen und verbalen Zeichen vor, aus der sich die Bedeutung des Dar- gebotenen erschließt. Dies ist ein Vor- und ein Nachteil zugleich. Der Vorteil ist in der prinzipiellen Deutungsoffenheit der Präsentation zu sehen. Im Gegensatz zu Mount Vernon und Colonial Williamsburg trägt die Vermittlung im *Pilgrim Village* kaum ideologisch indoktrinierende oder propagandistische Züge. Die Pilger werden den Touristen nicht als unantastbare und mythologisch überhöhte Nationalheilige präsentiert, deren Lebensstil normativ zur Nachahmung empfohlen wird. Sie werden viel- mehr als alltägliche Menschen in einem historisch und kulturell definierten Kontext gezeichnet. Es bleibt jedoch zu fragen, ob allein die feststellbare Diskrepanz zwischen dem populärkulturellen Mythos und der musealen Präsentation einen fruchbaren Verstehensprozeß beim Besucher auslöst. Diese Zweifel liegen zum einen in den oben erläuterten Defiziten der Vermittlung begründet. Diese sind verantwortlich dafür, daß viele Museumsgänger gar nicht zu den erkenntnisbringenden Informationen vordringen oder das Erfahrene nicht in eine kohärente Struktur einordnen können. Zum anderen bleibt die wichtige Frage nach dem Zusammenhang von "past significance and present meaning" der Pilger unbeantwortet.[612] Dem Besucher wird im *Pilgrim Village* nicht klargemacht, ob und weshalb die Geschichte der Pilger eine Bedeutung hat, die über rein antiquarische Belange hinausreicht, und welchen Inhalts diese Bedeutung ist. Bedingt durch die vermittlungsformalen Mängel und das Fehlen einer meta- kommunikativen Ebene schlägt die zunächst positiv zu bewertende Deutungsoffenheit mithin in Deutungsleere um. Wahrscheinlich ist, daß der zeitgenössische Tourist im Interesse der Plausibilisierung des Wahrgenom- menen auf das gängige populärkulturelle Wissen rekurriert und die Leer- stellen mit vertrauten amerikanischen Autostereotypen wie Pioniergeist und dem *frontier*-Gedanken füllt. Die Vermittlung im *Pilgrim Village* regt in

---

[612] Weimann, "Past Significance and Present Meaning" 91.

Ansätzen zu derlei Assoziationen an und verfehlt insofern ihr Ziel, tradierte Mythen erfolgreich zu dekonstruieren.

Die Deutungsmechanismen, welche den verschiedenen Vermittlungs-formen zu eigen sind, stellen den einen Aspekt der Kommunikation geschichtlichen Wissens dar. Der andere Aspekt, der in den bisherigen Ausführungen bereits angeklungen ist, ist die Frage nach den Inhalten. Dabei wird es in der Folge weniger um die spezifischen Details gehen, die durch den jeweiligen Gegenstand der Stätten bestimmt sind und im Zuge der Untersuchungen *on site* bereits umfassend erläutert wurden. Im Mittelpunkt der Betrachtung sollen vielmehr jene Gesichtspunkte stehen, die über den Kontext der Museen hinaus auf die gegenwärtige Wirklichkeit verweisen. Es interessieren die gesellschaftliche Funktionsbestimmung der *historic sites* und die ihren Geschichtsbildern inhärenten Gegenwarts-entwürfe. Das verbindende Thema der drei Museen ist bei aller Unterschiedlichkeit der Gegenstände die Frage nach den zeitgenössischen Grundlagen des nationalen Konsenses. Diese wollen sie durch den Rückgriff auf den geschichtlichen Ursprung beantworten, der in den Vorvätern personifiziert ist. "Of the many different ways of calling the common tradition to witness as to the right and wrong of a current issue, none has been so favored among Americans as the simple and direct appeal to a standard presumably raised by the founding fathers,"[613] beschreibt Craven diese traditionsreiche Strategie amerikanischer Selbst– und Wertedefinition.

Wie bereits in der Untersuchung der programmatischen Diskurse deutlich wurde, bildet das geschichtliche Faktenmaterial nicht die alleinige Grundlage der musealen Vermittlungsarbeit. Von gleicher Wichtigkeit sind die lebenspraktischen Aufgaben, die der historischen Erinnerung beige-messen werden, und die sich im wesentlichen aus den Belangen der Gegenwart ableiten. Die drei Stätten gelangen in ihrer Einschätzung der Problemlagen und Befindlichkeiten der zeitgenössischen Gesellschaft zu einer weitgehend einhelligen Diagnose, in deren Mittelpunkt Fragmentari-sierungserscheinungen und soziokulturelle Auslösungsprozesse stehen. So konstatiert Mount Vernon den Niedergang von "values, ethics and citizenship"[614] und bezeichnet die Gegenwart pauschalisierend als "troubled times."[615] Colonial Williamsburg sieht die Gefahr einer "disintegration of American institutions" und perzipiert "feelings of uncertainty" und "a growing concern that American culture is falling to pieces."[616] Plimoth Plantation spricht von der Notwendigkeit "to discover common ground and to build bridges across the deep social, political and economic fault lines

---

[613] Craven, *Legend of the Founding Fathers* 1f.

[614] MVLA, *Minutes of the Council of the Mount Vernon Ladies' Association Held at Mount Vernon, Virginia, 1990* (Mount Vernon, Va.: MVLA, 1990) 66.

[615] MVLA, *Minutes 1992* 4.

[616] Carson, *Becoming Americans* 5.

which divide our fractious society."[617] In Gestalt ihrer historischen Gegenstände präskribieren die Museen Handlungsmöglichkeiten, um nicht zu sagen, Therapien, die zu einer Heilung der zeitgenössischen "anxiety" beitragen sollen.[618] Abhängig davon, ob die Geschichte vornehmlich als Spiegel oder als Leitbild der Gegenwart gedacht wird, werden dem Besucher verschiedene Angebote unterbreitet, deren gemeinsames Element in der Veranschaulichung des patriotischen Wertekonsenses besteht. Dessen konstitutive Inhalte sind in der Tat weitgehend unumstritten und wurden von Myrdal in dem klassischen Terminus des *American Creed* zusammengefaßt, der bis heute "a belief in the essential dignity of all human beings and their inalienable rights to democracy, liberty, and equal opportunity" einschließt.[619]

Aus dem programmatischen Diskurs Mount Vernons ist zu entnehmen, daß die Geschichte hier nicht als Spiegel der Gegenwart, sondern vielmehr als ein wieder anzustrebendes Ideal begriffen wird. Sie ist gewissermaßen der Zielpunkt einer reversiven Teleologie. So diagnostiziert die MVLA einen eklatanten Werteverfall, das mangelnde gesellschaftliche Engagement und, in Bezug auf ihren historischen Gegenstand, die geschichtliche Ignoranz der Zeitgenossen.[620] In den Augen der Organisation steht fest "that a generation of giants has been succeeded by a lesser breed of man."[621] Die Absicht Mount Vernons besteht in einer Reaktivierung der Tradition des *civic republicanism* "[in which] public life is built upon [...] practices of commitment that shape character [and] establish a web of interconnection by creating trust, joining people to families, friends, communities, and churches, and making each individual aware of his reliance on the larger society. They form [...] the matrix of a moral ecology, the connecting tissue of a body politic."[622] Ohne Zweifel steht der MVLA mit George Washington ein trefflicher historischer Gewährsmann zu Gebote, doch in der Praxis der Geschichtsvermittlung reduziert sich der Anspruch Mount Vernons auf eine unhinterfragte Verherrlichung des Nationalhelden. Die Vergangenheit wird zu einem konfliktfreien Refugium stilisiert und Bruchstellen der gegenwärtigen Gesellschaft, die auch ein Resultat eben dieser Vergangenheit sind, werden nicht beim Namen genannt, sondern durch einen kultisch anmutenden Patriotismus ersetzt,

---

[617] Plimoth Plantation, *A Challenge to Excel* n. pag.

[618] Carson, *Becoming Americans* 5.

[619] Eric Foner, *The Story of American Freedom* (New York and London: Norton, 1998) xix.

[620] "People aren't studying history. They don't care about history like they used to. The past is looked upon as the past [...] and I'm very concerned that American people don't appreciate their history, their traditions and their forefathers as much as they should." Interview mit Jim Reese, *Resident Director*, Mount Vernon, 10.05.1999.

[621] Craven, *Legend of the Founding Fathers* 18.

[622] Bellah, *Habits of the Heart* 251.

wie die Vollziehung zahlreicher zivilreligiöser Rituale *on site* gezeigt hat. Mount Vernon propagiert ein Modell von Geschichte als Vorbild. Es wird eine retrospektive Utopie entworfen, deren normativ aufgeladene Konstituenten nicht zur Diskussion gestellt werden. Die Botschaft der Stätte nimmt damit gleichsam die Form einer *sacred narrative* an: "These narratives are, *by their very definition*, not open to interpretation, to multiple readings," erklärt Linenthal, "for this would jeopardize their status as sacred narratives, which set forth authoritative truths about who we have been and who we are."[623] Die Notwendigkeit, in einem kollektiven Akt der kommunikativen Interaktion eine Bestandsaufnahme oder Neuinterpretation der tradierten nationalen Werte vor dem Hintergrund zeitgenössischer Gegebenheiten vorzunehmen, besteht nach Lesart der konservativen MVLA nicht. Ihre geschichtliche Präsentation legt den Schluß nahe, daß George Washington die essentiellen Grundwerte der Nation, "freedom and liberty," unveränderbar und mit dem Anspruch auf Vollkommenheit etabliert habe.[624] Die Stätte verankert das amerikanische Freiheitskonzept "in ideas that have not changed essentially since the ancient world, or in forms of constitutional government and civil and political liberty inherited from England and institutionalized by the founding fathers."[625] In dieser eindimensionalen *master narrative* findet weder die Frage Platz "how dissenting voices, rejected positions, and disparaged theories have also played a role in shaping the meaning of freedom," noch wird der Umstand berücksichtigt, daß diese Ideale erst durch deren sukzessive Einforderung durch vormals marginalisierte Minoritäten auf breiterer gesellschaftlicher Basis zum Durchbruch gelangten.[626] Auch das Problem, wie "freedom and liberty" mit der Gewährleistung von Gleichheit zu vereinbaren sind, bleibt außen vor. Mount Vernon sieht sich nicht als Forum, in dem "the meaning of freedom" oder gesellschaftliche Vorstellungen von *equality* vor dem geschichtlichen Hintergrund kritisch reflektiert werden sollen. Dem heutigen Besucher wird stattdessen der Auftrag erteilt, emulativ tätig zu werden und die nationalen Werte in der direkten Nachfolge George Washingtons zu revitalisieren: "[...] there is no one that young people should emulate more than George Washington,"[627] stellt der *resident*

---

[623] Edward T. Linenthal, "Problems and Promise in Public History," *Public Historian. A Journal of Public History* 19.2 (Spring 1997): 46. Hervorhebung im Original.

[624] *The Life of George Washington.*

[625] Foner, *Story of American Freedom* xiv.

[626] "The authors of the notion of freedom as a universal birthright, a truly human ideal, were not so much the founding fathers, who created a nation dedicated to liberty but resting in large measure on slavery, but abolitionists who sought to extend the blessings of liberty to encompass blacks, slave and free; women who seized upon the rhetoric of democratic freedom to demand the right to vote; and immigrant groups who insisted that nativity and culture ought not to form boundaries of exclusion." Foner, *Story of American Freedom* xx.

[627] MVLA, *Minutes 1996* 54.

director in diesem Zusammenhang klar und der Einführungsfilm sekundiert: "We can all try to follow in his [Washington's] footsteps, as great as
they might be, always remembering that our nation was founded by
individuals who risked everything–their homes, their families, their lives–
for the freedom and liberty we sometimes take for granted today." Mount
Vernon erklärt damit ein Geschichtsbild für verbindlich, das in hohem
Maße ahistorisch und entpolitisiert ist. Der amerikanische Wertekonsens
wird nicht in seinen zeitlichen, politischen und soziokulturellen Dimensionen erfaßt. Im Einklang mit dem konservativen Geschichts- und Gesell-
schaftsverständnis der MVLA, wird er vielmehr über das Merkmal seiner
vermeintlichen Unveränderlichkeit definiert und somit im Sinne der
rückwärtsgewandten Teleologie Mount Vernons instrumentalisiert.

Im Falle Colonial Williamsburgs ergibt sich in weiten Teilen ein
anderes Bild. Die Stätte vertritt im Gegensatz zu Mount Vernon nicht
länger die Ansicht "that our revolutionary forefathers achieved perfection at
the instant the nation was born and that everything since has been a fall
from grace."[628] Zu den Zeiten Rockefellers wurde zwar noch zur unmittelbaren Nachahmung "of those great patriots" aufgerufen, "whose
voices once resounded in these halls and whose far-seeing wisdom, high
courage, and unselfish devotion to the common good will ever be an
inspiration for noble living"[629] Heute hängt Colonial Williamsburg nicht
mehr der simplifizierenden Vorstellung an, daß der Erhalt eines angeblich
ein für allemal etablierten nationalen Konsenses durch die bloße Emulation
der vermeintlich unfehlbaren historischen Vorbilder zu bewerkstelligen sei.
In der Einschätzung, daß dieser Konsens zur Sorge vieler Amerikaner in
Gefahr stünde, stimmt Colonial Williamsburg indes mit der MVLA
überein, die sich ihrerseits veranlaßt sieht, eine ausschließlich von
Harmonie geprägte Interpretation der Vergangenheit zu liefern. Colonial
Williamsburg ist hingegen zu einer expliziten Thematisierung historischer
Konflikte übergegangen und erklärt "[the] ceaseless tug-of-war among self-
interested parties" zum gesellschaftlichen Normalzustand[630], ja zu einer
uramerikanischen Tugend: "Americans have always been engaged in
reinventing the nation and redefining the qualifications for citizenship."[631]
Im Verlauf innergesellschaftlicher Auseinandersetzungen, so die Aussage,
käme man letztendlich dem Ideal eines "equal access to the civic
enterprise" näher.[632] Obgleich der geschichtliche Gegenstand Mount
Vernons in Form einer *narrative of progress* kommuniziert wird, hat die
institutionseigene Vergangenheit der Stätte gezeigt, daß die MVLA
Phänomenen des sozialen Wandels ablehnend gegenüber steht. Die

---

[628] Carson, "Interpretive Planning" 45f.
[629] Einführungsfilm, *Visitor Center*, Colonial Williamsburg.
[630] Carson, *Becoming Americans* 9f.
[631] Ebd. 5.
[632] Ebd. 12.

Organisation erblickt ihre Aufgabe nicht darin, diesen auf dem Wege einer progressiven Geschichtsvermittlung zu befördern oder auch nur zu begleiten. Die Haltung Colonial Williamsburgs ist auch hier eine andere. "Like it or not, museums are forums, not attics," konstatiert Cary Carson, der Chefhistoriker der Institution, und betont[633]: "As teachers of popular history, we are important agents of change."[634] Die Idee, daß Museen als gesellschaftliche Foren fungieren, bedeutet auch, daß in ihnen nicht nur vorgefertigte Botschaften in Gestalt einer *one way communication* vermittelt werden, wie es auf Mount Vernon der Fall ist. Sie impliziert vielmehr die Möglichkeit eines diskursiven Austausches über das Präsentierte oder zumindest die Darbietung von relativ offen gestalteten Inhalten, die mehreren Deutungsansätzen zugänglich sind. Während Mount Vernon den Museumsgänger weitgehend als passiven Nachahmer der normativen Handlungsanweisungen zu verstehen scheint, erklärt Colonial Williamsburg die Absicht, den zeitgenössischen Besucher als "active participant" in den nationalgeschichtlichen Deutungsprozeß einbeziehen zu wollen.[635] Freilich hat die Untersuchung *on site* erwiesen, daß zwischen dem programmatischen Anspruch und der musealen Wirklichkeit ein Unterschied besteht. Die Zusammenschau von konkurrierenden Blickwinkeln— etwa dem der revolutionären Elite einerseits und dem der Sklaven andererseits–ist dem genannten Ziel ohne Zweifel zuträglich, weil sie den Besuchern interpretatorische Freiräume eröffnet. Gleichwohl sind divergierenden Auslegungen des Geschauten enge Grenzen gesetzt. Dies liegt zum einen in der insgesamt patriotisch überhöhten Deutung des historischen Gegenstandes begründet, wie sie in der Untersuchung *on site* zu Tage trat. Zum anderen erscheint die in Colonial Williamsburg porträtierte historische Epoche als Spiegel und Leitbild der Gegenwart zugleich: Es wird "a state of affairs" gezeigt "that sounds astonishingly current to today's museum visitors."[636] In der Vermittlung ist dementsprechend die Tendenz zu erkennen, die Problemkonstellationen heutiger *cultural politics*, die im Rahmen einer unübersichtlichen gesellschaftlichen *diversity* ablaufen und deren Ausgang offen ist, auf eine einfach und überschaubar gestaltete Vergangenheit zu projizieren. In dieser leistet jedes ethnische und soziale Subkollektiv der Gesellschaft auf seine Weise einen konstruktiven und gleich wertvollen Beitrag zur historischen Entwicklung, partizipiert also am nationalen Projekt. Die Auseinandersetzungen, die Colonial Williamsburg in den *theatrical skits* vergegenwärtigt, werden stets in einer affirmativen Konfliktresolution aufgehoben–eine Deutung, die offenkundig den gegen "feelings of uncertainty" und der weitverbreiteten "concern that American culture is falling to pieces" entgegenwirken soll. Im Interesse einer

---

[633] Carson, "Living Museums" 31.
[634] Carson, *Becoming Americans* 5.
[635] Wilburn, "Furthering the Business of History Education" 9.
[636] Carson. *Becoming Americans* 6.

positiven "inspiration," die den Zeitgenossen zuteil werden soll "[when] connecting themselves to the unfinished business of American history," wird die Vergangenheit somit präsentistisch verzerrt und einer ideologisierten Deutung unterworfen.[637]

Die programmatischen Absichten Plimoth Plantations sind denen Colonial Williamsburgs ähnlich, obwohl die Stätte ihre Funktion weniger darin erblickt, die Besucher auf der Grundlage einer erbaulich gezeichneten Vergangenheit zu patriotischem Engagement zu animieren: In den sechziger Jahren hat Plimoth Plantation jeglichen Formen einer "inspirational history," die stets auch auf populärkulturelle Mythen rekurriert, eine Absage erteilt.[638] Nichtsdestoweniger stellt das Museum die gegenwärtige Erfordernis, "to discover common ground and to build bridges across the deep social, political and economic fault lines which divide our fractious society" in den Mittelpunkt ihrer Vermittlungs-bemühungen.[639] Der Beitrag, den Plimoth Plantation in diesem Zusammen-hang zu leisten hofft, ist allerdings weniger in den *on site* kommunizierten *Inhalten* zu sehen. Wie oben ausführlich erläutert wurde, sind diese durch eine beträchtliche Deutungsoffenheit und zuweilen durch eine Deutungs-leere gekennzeichnet, die einem tiefergehenden Verständnis des Geschau-ten durch die Besucher eher abträglich ist. Die programmatischen Ziel-setzungen der Stätte, die im Dienste einer kritischen Geschichtsdarstellung stehen, finden im Museumsdorf keine Fortsetzung, die ohne weiteres erkenntlich ist. Sie werden nicht explizit gemacht und beziehen ihr kritisches Potential vor allem aus dem impliziten Negativkontrast, in dem die museale Darbietung zu den populärkulturellen Stereotypisierungen der Pilgerväter steht. Somit ist der Beitrag, den Plimoth Plantation zur nationalen Identitäts- und Kohäsionsstiftung leisten will, am ehesten in der Vermittlungs*form* lokalisiert, denn der musealen Kommunikation ge-schichtlichen Wissens liegt ein Konzept des Fremdverstehens zugrunde: Der Zeitgenosse muß sich auf eine ihm unbekannte Kultur einlassen, deren Strukturen er sich sukzessive auf dem Weg des Dialogs erschließt. Dabei werden idealerweise falsche Vorurteile revidiert und eine Horizont-annäherung erreicht, die sowohl zu einem besseren Selbstverständnis als auch zu einem umfassenderen Verständnis des Gegenübers führt.[640] Obwohl die oben thematisierten Defizite den Erfolg dieser Methode grundsätzlich fraglich erscheinen lassen, versucht Plimoth Plantation damit zweifellos, dem Museumsgänger eine Kompetenz zu vermitteln, die im

---

[637] Ebd. 5.
[638] Baker, *Fifty Years of Living History* 19.
[639] Plimoth Plantation, *A Challenge to Excel* n. pag.
[640] "Am Fremden (der Vergangenheit) wird das Eigene wahrnehmbar." Deneke, "Reali-tät und Konstruktion des Geschichtlichen" 79.

Kontext einer "nation of nations" zum Vorteil gereicht und im Interesse des gesamtgesellschaftlichen Miteinanders unabdingbar ist.[641]

Bei aller Unterschiedlichkeit der programmatischen Zielsetzungen, der Deutungsmechanismen und Funktionsbestimmungen, die der Vermittlungstätigkeit Mount Vernons, Colonial Williamsburgs und Plimoth Plantations zugrundeliegen, ist offenkundig geworden, daß jede der drei Stätten letztendlich der Tradition des 'civil religion approach' verhaftet bleibt.[642] Die Affirmation nationaler Identitätsbestände bildet den gemeinsamen Grundtenor der Museen, in denen ein historisch verbürgter Wertekonsens und die nationale Einheit der Vereinigten Staaten am Beispiel der Vergangenheit exemplarisch vorgeführt und für die Gegenwart normativ verbindlich gemacht wird. Historische Konflikte und Problemlagen werden zwar nicht mehr grundsätzlich negiert, aber zugunsten eines harmoniegeprägten und im Dienste der nationalen Sinnstiftung stehenden Geschichts- und Selbstverständnisses minimiert. Besonders die euphemisierende Visualität der Stätten und die vor allem auf affektive Wahrnehmung bauenden Kommunikationsverfahren sind geeignet, über kulturell codierte *visual cues* und die emotionale Plausibilität des Präsentierten nationale Mythen zu transportieren und amerikanische Autostereotype zu bestätigen. So wird dem Besucher in Gestalt der Vorväter die Geschichtsmächtigkeit des Individuums suggeriert. Ihm werden die unbeugsame Freiheitsliebe, der selbstlose Patriotismus des amerikanischen Volkes sowie die uneingeschränkt erscheinende Möglichkeit des Einzelnen zum selbstbestimmten *pursuit of happiness* vergegenwärtigt. Der Gründungsakt der Vereinigten Staaten vollzieht sich in arkadischer Kulisse aus einem Zustand nahezu paradiesischer Unschuld und Reinheit heraus. Einerseits wird die amerikanische Geschichte ausschließlich in den Kategorien des Fortschritts gedacht, andererseits wird die Vergangenheit zugleich retrospektiv romantisiert, um die maßgeblichen Versatzstücke der musealen Interpretationen hervorzuheben. Die Stätten, so ist zu resümieren, erzeugen einen ideologischen Wiedererkennungseffekt. Ihre Geschichtsdeutungen erscheinen plausibel, weil sie Konzepte zur Anschauung bringen, die fest im kollektiven Wissen der Amerikaner verankert sind–ein Tatbestand, der durch die Reaktionen von Besuchern, die über einen anderen soziokulturellen Hintergrund verfügen als der amerikanische Tourist, zusätzlich untermauert wird.[643]

---

[641] Plimoth Plantation, *A Challenge to Excel* n. pag.

[642] Glassberg, "Public History and the Study of Memory" 13.

[643] So rezipierte eine südamerikanische Besucherin Plimoth Plantations das *Pilgrim Village* nicht als ein historisch fremdes Nationalsymbol, sondern als einen Ort, der ihre eigene Lebenswirklichkeit treffend reflektiert, wie der Museumsmitarbeiter Will Palmer im Interview darlegt: "When I first started working in the village I had a woman from Chile [...] come and talk to me very earnestly. She was with her son and her daughter-in-law. She turned to her son and said: 'Why do you have an

Ungeachtet der Tatsache, daß in Mount Vernon, Colonial Williamsburg und Plimoth Plantation eben nicht nur objektives Faktenmaterial vermittelt wird, sondern auch Deutungen der Geschichte kommuniziert werden, berufen sich alle drei Stätten auf die unbedingte Authentizität des Dargestellten. Den Präsentationen wird damit der Status einer objektiven Wahrhaftigkeit zugeschrieben, der die Museen vom Verdacht der Fabrikation, wie sie etwa mit künstlich geschaffenen *theme parks* assoziiert wird, freisprechen und der Geschichtsvermittlung Glaubwürdigkeit, Autorität und den Anstrich des Wahrhaftigen verleihen soll.[644] In den Diskursen der Stätten wird weiterhin erkennbar, daß der Begriff "ganz offensichtlich nicht mehr [nur] mit 'Echtheit' eines 'Originals'" zu verbinden" ist.[645] Er erweist sich vielmehr als polyvalenter und von den Museen unterschiedlich funktionalisierter Terminus, der sich idealtypisch in drei Bedeutungskategorien fassen läßt. So erscheint Authentizität zum einen als objektfixiertes Phänomen, zum anderen übernimmt sie eine Plausibilisierungsfunktion im Rahmen halbfiktionaler Inszenierungen von Geschichte und schließlich wird sie als Eigenschaft definiert, die weniger am historischen Artefakt als vielmehr am exemplarischen Nachvollzug vergangener Handlungsweisen festgemacht wird. Diese Begriffsbestimmungen sind im Diskurs und in der Praxis aller drei Stätten zu erkennen, treten allerdings in unterschiedlichen Gewichtungen auf.

So ist das Argument der Authentizität auf Mount Vernon fast ausschließlich an die Präsenz der originalen Exponate gebunden, ein Konzept, das unverändert auf die *farewell address* Ann Pamela Cunninghams, der ersten *regent* der MVLA, aus dem Jahr 1874 zurückgeht. Wie am Beispiel Colonial Williamsburgs deutlich wurde, bringt ein streng objektfixierter Authentizitätsbegriff jedoch oftmals Exklusionsmechanismen mit sich, die einer repräsentativen Porträtierung der historischen Realität entgegenstehen. So wurde die Geschichte der versklavten Afroamerikaner dort bis vor kurzem weitgehend ausgeblendet, weil diese nicht anhand überlieferter

---

apartment in the city? Why don't you come here? [...] You could have bought a place here. If I came to live with you this is where I [would] want to live. This is just like home. I want to raise chickens and pigs [...].' I have had a lot of people from South America and Africa and India say 'I know this.'" Interview mit Will Palmer, *Interpreter*, Plimoth Plantation, 01.06.1999.

[644] "Die Koppelung von Authentizität und Wahrheit" wird gemeinhin vorgenommen, "weil die Kennzeichnung einer Darstellung als authentisch oder inauthentisch als Grund dafür gelten kann, daß eine Darstellung wahr oder falsch ist." Christian Strub, "Trockene Rede über mögliche Ordnungen der Authentizität. Erster Versuch," *Authentität als Darstellung, Medien und Theater*, Institute für Theater- und Medienwissenschaft der Universität Hildesheim, Bd. 9, ed. Jan Berg, Hans-Otto Hügel und Hajo Kurzenberger (Hildesheim: Universität Hildesheim, 1997): 10.

[645] Petra Maria Meyer, "Mediale Inszenierung von Authentizität und ihre Dekonstruktion im theatralen Spiel mit Spiegeln," *Inszenierung von Authentizität*, ed. Fischer-Lichte und Pflug: 72. Eigener Zusatz.

Artefakte veranschaulicht werden konnte. Inzwischen ist die Stätte von
dieser engen Definition des Terminus partiell abgerückt, auf Mount Vernon
ist sie indes nach wie vor in Kraft. Wie in Colonial Williamsburg, so wird
der Besucher Mount Vernons bis heute mit großer Regelmäßigkeit auf die
Originalartefakte aufmerksam gemacht. Im Gegensatz zu erstgenannter
Stätte erhalten die Touristen jedoch selten differenzierte Erklärungen des
Geschauten. Den Gegenständen wird damit ein auratischer und gleichsam
selbstexplikativer Eigenwert beigemessen, der in dieser Form allerdings
nicht zu historischem Verständnis führen kann. Die Exponate garantieren
die Echtheit und Objektivität der vermittelten Geschichte, so das Argument
der MVLA. Je größer deren Anzahl, desto wahrhaftiger das Präsentierte,
wird die Authentizität des Gezeigten zu einem rein additiven Phänomen
stilisiert und die Behauptung vorgetragen, daß Stätten, die zum Teil
rekonstruiert sind, weniger authentisch seien: "We are concerned that
people think that Williamsburg is as real as we are, and it's simply not.
Most of those buildings are built from the ground up [...] where Mount
Vernon is pretty much the real fabric."[646] Die Tatsache, daß ein absolutes
Authentizitätsgebot lediglich im Umkreis von 50 *acres* um das Mansion
eingehalten wird[647], bleibt dem Besucher indes genauso verborgen wie der
Umstand, daß auch innerhalb dieses Bereiches bauliche und landschafts-
architektonische Repräsentationen zu finden sind, die historisch unzutref-
fend, weil ästhetisiert sind.[648] Wie sich dem Diskurs Mount Vernons
entnehmen läßt, wird Authentizität außerdem dadurch gewährleistet, daß
sämtliche visuellen, verbalen oder textuellen Vermittlungselemente mit der
generellen Botschaft des Museums konform gehen, es also gelingt "to
present Mount Vernon in a manner that is *authentic and appropriate* to the
estate George Washington established on the banks of the Potomac
River"[649] Die Authentizität des Gezeigten ist in den Augen der MVLA
somit vorrangig im historischen Originalobjekt verortet. Sie wird aber
darüber hinaus aus dem Tatbestand einer in sich konsistenten Ästhetik
abgeleitet, die im Dienste einer idealisierten Vergegenwärtigung des
historischen Gegenstandes steht.

Der eingeschränkte Wahrheitsanspruch der Echtheitsbeteuerungen mag
in Bezug auf die Repräsentation historischer Sachkultur nur bedingt
offensichtlich werden. Originalobjekte können durch ihre geschichtliche
Zeugenschaft Authentizität für sich geltend machen, auch wenn die
"genuineness" der gegenständlichen Darstellungen durch museumssprak–

---

[646] Interview mit Jim Reese, *Resident Director*, Mount Vernon, 10.05.1999.

[647] Ebd.

[648] "Clearly, it [the area surrounding the kitchen] had a much 'rougher' look, as neither
the wellhouse, the brick pavers or the brick walls date to Washington's time. Instead
the area probably was enclosed by a simple wood fence and was the site of domestic
refuse." MVLA, *Minutes 1992* 74.

[649] MVLA, *Minutes 1995* 134. Eigene Hervorhebung.

tisch unumgängliche Analogieschlüsse und Rekontextualisierungen relativiert wird.[650] Im Falle einer angeblich originalgetreuen Rekonstruktion mentaler Strukturen, wie sie die *living history*-Museen für sich reklamieren, ist der Anspruch objektiver Faktizität jedoch besonders hinterfragenswert. Die Simulation vergangener Wirklichkeit durch das Nachspielen historischer Ereignisse und Persönlichkeiten bleibt in noch stärkerem Maße als die Nachbildung der historischen Sachkultur auf Plausibilitätsentscheidungen und den Einsatz von Techniken der Fiktionalisierung angewiesen, die nicht notwendigerweise ein neutrales und genuines Abbild vergangener Lebenswelten zum Ergebnis haben. Gleichwohl bezeichnen auch Plimoth Plantation und Colonial Williamsburg ihre Darbietungen als authentisch. Wie in den Untersuchungen der Programmatik und der Vermittlung *on site* bereits sichtbar geworden ist, weist der Begriff im diskursiven Kontext dieser beiden Stätten deshalb andere Schattierungen auf, als derjenige der MVLA.

So stellt sich das Authentizitätskonzept Colonial Williamsburgs heute als ein Konglomerat aus verschiedenen Aspekten dar. Wie auf Mount Vernon, wird die Faktizität des Gezeigten zunächst aus der Präsenz der Originalartefakte abgeleitet. Während die MVLA jedoch den auratischen Eigenwert der Objekte zum Selbstzweck erhebt, macht Colonial Williamsburg diesen im Sinne einer Authentifizierung des inmitten der historischen Kulisse Inszenierten fruchtbar. Die Echtheit, die der Sachkultur zugeschrieben wird, ist Mittel zum Zweck, um die Inhalte der mit fiktionalen Elementen durchsetzten *theatrical skits* zu plausibilisieren: "Three-dimensional objects provide the look and feel that storytellers want; objects that visitors further perceive to be authentic do double duty by also vouching for the truth of the story being told."[651] Mit dieser Ausweitung und Umwertung des institutionseigenen Authentizitätsbegriffs löst Colonial Williamsburg die historisch gewachsene "Gültigkeit der Opposition 'Theatralität–Authentizität' auf" und erweitert zugleich das Spektrum der Vermittlungsinhalte.[652] Heute gelangen auch jene Aspekte der Vergangenheit zur Darstellung, die sich nicht auf das Vorhandensein von originalen Gegenständen stützen können, so etwa die Lebenswelt der afroamerikanischen Sklaven, die mit den Mitteln des *story-telling* vergegenwärtigt wird. Die Geschichte von vormals marginalisierten Minoritäten wird etwa am Beispiel des entlaufenen Sklaven Peter, der nachweislich in Williamsburg gelebt hat, dessen Lebensweg jedoch weitgehend unbekannt ist, in den Mittelpunkt der musealen Vermittlung gerückt–eine Entwicklung, die insgesamt positiv zu beurteilen ist. Der Authentizitätsanspruch, der sowohl für diese *storyline* als auch für die revolutionsbezogenen *skits* geltend gemacht wird, ist aber insofern problematisch, als hier eine Wesens-

[650] Bruner, "Abraham Lincoln" 399.
[651] Carson, "Interpretive Planning" 47.
[652] Fischer-Lichte, "Theatralität" 18.

gleichheit von narrativer und historischer Wahrheit suggeriert wird. Colonial Williamsburg setzt die Faktizität des Gezeigten und die erzählerische und gefühlsmäßige Glaubwürdigkeit der Präsentationen in eins. Die emotionale Wirksamkeit der Darbietungen, die sich zumeist auf die Erzeugung von Begeisterung oder Betroffenheit beschränkt, wird zum historischen Wahrheitskriterium. Dadurch wird den Besuchern die Möglichkeit genommen, zwischen Authentizität und Plausibilität zu differenzieren, die in den Augen der Touristen somit beide eine faktisch neutrale Aussagekraft erlangen. Es ist zwar zutreffend, daß Colonial Williamsburg sein Authentizitätsverständnis in den museumsinternen Planungsdokumenten nuanciert darlegt. Es wird eingeräumt, daß es sich bei der im Museumsdorf repräsentierten Vergangenheit um ein Konstrukt handelt, das von Selektivität geprägt ist, unter einem bestimmten Motto steht und durch bewußt gewählte Ausdrucksformen, namentlich die theatralische Vergegenwärtigung historischer Szenarien, kommuniziert wird. Die Besucher *on site* werden allerdings nicht zu einer kritischen Einschätzung des Geschauten angeregt, sondern vielmehr ermutigt, sämtliche Vermittlungselemente vor dem Hintergrund einer uneingeschränkten Authentizitätsvermutung zu rezipieren. Diese Feststellung trifft gleichermaßen auf die dritte Stätte, Plimoth Plantation, zu, deren Vermittlungsmethode es verbietet, den Echtheitsstatus des Dargebotenen *on site* explizit zu thematisieren.

Plimoth Plantation genießt den Ruf, eine besonders authentische Darstellung von Geschichte zu leisten: "The Plantation's approach of radical authenticity is unique in America," lautet die in weiten Teilen der interessierten Öffentlichkeit verbreitete Einschätzung.[653] Im Gegensatz zu Mount Vernon und Colonial Williamsburg handelt es sich im Falle des *Pilgrim Village* um ein *historical environment*, das von Grund auf rekonstruiert wurde. Daraus folgt, daß die simulierte historische Wirklichkeit ihren Echtheitsanspruch zwar mit dem Verweis auf wissenschaftlich verifizierbare Forschungsergebnisse legitimieren, nicht aber aus der Präsenz von Originalobjekten ableiten kann. Im Diskurs Plimoth Plantations ist die Authentizität des Gezeigten nicht in den Artefakten oder der Plausibilität choreographierter Szenarien verortet, sondern liegt in der historisch korrekten Ausführung vergangener Aktivitäten begründet, wie anhand einer Abgrenzung, die die Stätte in Bezug auf Colonial Williamsburg vornimmt, deutlich wird: "The Williamsburg end of the spectrum relies on scripted events, displays both original and reproduced artifacts or structures to illustrate the cultural context, while the Plimoth end uses reproductions almost exclusively and relies on its re-creation of period social activity to give meaning and legitimacy to the exhibit.[654] Es handelt

---

[653] John Hechinger, "Plimouth Rocked: Fiscal Woes Force Deep Cuts at Historic Site," *Wall Street Journal* 15 April 1998: NE-1.
[654] <http://www.plimoth.org/liveh1.htm#top> (02/16/98).

sich also um einen Authentizitätsbegriff, der den Aspekt des Performativen betont und insofern auch auf bestimmte Bereiche der Vermittlung in Colonial Williamsburg anwendbar ist, so etwa im Falle der *craft demonstrations*: "Whether they [the artisans] are making a gun, a wig, or whether they're making a dress or a cabinet, *they're doing exactly as the trade was done in the 18th century*. Same tools, same techniques, same material."[655] Aus dem Authentizitätskonzept Plimoth Plantations ergeben sich zweierlei Folgen, eine paradox anmutende und eine im Sinne des Bildungsauftrages der Institution produktive Konsequenz. Denkt man den Ansatz der Stätte zu Ende, so kumuliert die Argumentation im Oxymoron der "authentic reproduction,"[656] ein Terminus, in dem sich Eco zufolge eine widersinnige Idiosynkrasie des amerikanischen Geschichts- und Authentizitätsverständnisses manifestiert: "[…] there is a constant in the average American imagination and taste," konstatiert er, "for which the past must be preserved and celebrated in full-scale authentic copy [...]."[657] Die Erschaffung einer maßstabsgetreuen "reincarnation" vergangener Strukturen sei geradezu eine zwingende Voraussetzung "for historical information to be absorbed [...]."[658] "[...] the American imagination demands the real thing," führt er weiter aus, "and to attain it, must fabricate the absolute fake."[659] Das Resultat sei eine kaum mehr zu differenzierende "fusion of copy and original," wie sie in den untersuchten *historic sites* in der Tat gegeben ist.[660] Der Authentizitätsbegriff Plimoth Plantations hat desweiteren zur Folge, daß den Artefakten, die immerhin originalgetreue Nachbildungen der historischen materiellen Kultur sind, kein auratischer Eigenwert zugeschrieben wird. Wie bereits erwähnt wurde, rückt die Stätte vielmehr die pädagogische Zweckdienlichkeit der Kopie in den Vordergrund: "'Authentic' objects [...] do convey a numinous value that inspires emotion and aesthetic appreciation, but an accurate [...] full[y] operational model has an equal educational legitimacy to a view of George

---

[655] *Orientation Walk*, Colonial Williamsburg, 20.07.1999. Eigene Hervorhebung.

[656] <http://www.plimoth.org/liveh1.htm#top> (02/16/98).

[657] Umberto Eco, *Faith in Fakes: Travels in Hyperreality* (London: Vintage, 1998) 6.

[658] Ebd. 7.

[659] Ebd. 8.

[660] Ebd. 9. Die jüngst von Heinlein vorgetragene pauschale Schlußfolgerung, daß "Objektives [...] nicht erreichbar" und "auch gar nicht das Ziel" amerikanischer historischer Stätten sei, besitzt im Falle Colonial Williamsburgs, Plimoth Plantations und Mount Vernons jedoch nur eingeschränkte Gültigkeit. Im Gegensatz zu den empirischen Beispielen, die Heinlein zitiert, wird Geschichte hier nicht ausschließlich als unterhaltsames Freizeitspektakel verfügbar gemacht, sondern auf der Basis wissenschaftlich verifizierbarer Erkenntnisse rekonstruiert. Diese können die Faktizität des Gezeigten zumindest partiell gewährleisten, auch wenn die Grenze zwischen *fact* und *fiction* in den Präsentationen vor Ort zuweilen fließend ist. Sabine Heinlein, "Geschichte auf des Messers Schneide," *Süddeutsche Zeitung* 12./13. Mai 2001, SZ am Wochenende: 1.

Washington's false teeth."[661] Somit haben die *interpreters* im *Pilgrim Village* die Gelegenheit, die materielle Kultur in ihrem funktionalen Kontext vorzuführen. Die Artefakte werden vor den Augen der Besucher benutzt, abgenutzt und verbraucht. Die Objekte sind nicht auf eine "auratische Daseinsweise" reduziert[662] und damit gleichsam vom "Kultwert" des Echten befreit, ein Effekt der auch den inhaltlichen Vermittlungsintentionen Plimoth Plantations in hohem Maße zuträglich ist.[663]

Insgesamt ergibt sich in Bezug auf die unterschiedlichen, zum Teil überlappenden Bedeutungsfacetten des Authentizitätsbegriffs folgendes Bild: Während sich Mount Vernon vornehmlich auf die Präsenz und die planvoll arrangierte Ästhetik der Originalartefakte stützt, sehen sich die *living history*-Museen gezwungen, auch das inmitten der historischen Kulisse Inszenierte als authentisch zu preisen. Aufgrund der Tatsache, daß eine vollständige Reproduktion vergangenen Denkens und Handelns nicht möglich ist, sondern stets ein Fragment bleibt, das durch fiktionale Elemente ergänzt und rekontextualisiert wird, erfährt der Begriff der Authentizität hier eine Umwertung: Die Erlebnishaftigkeit, emotionale Glaubwürdigkeit und geschichtliche Plausibilität des Dargebotenen wird unabhängig von der Originalität oder Echtheit eines jeden Details zur eigentlichen Bedeutung.

Die zentrale Position, die der Authentizitätsbegriff in den Diskursen aller drei Stätten einnimmt, scheint den Schluß nahezulegen, daß die geschichtspädagogischen Zielsetzungen der Museen ohne die Berufung auf die unbedingte Echtheit des Gezeigten nicht zu erreichen wären. Die berechtigte Frage: "Does a visitor learn more, the more authentic something is?" muß vor dem Hintergrund der bislang getroffenen Feststellungen indes verneint werden, und zwar unabhängig davon, wie man den Begriff im einzelnen definieren mag.[664] Ohne Zweifel ist den echten Objekten "eine besondere Form der Anmutungsqualität" zu eigen, "die erregend, faszinierend und motivierend wirken kann" und den Besuchern damit einen Zugang zum historischen Gegenstand eröffnet, wie ihn die textuelle Historiographie nicht zu bieten vermag. Was der Authentizitätskult der Stätten jedoch auch hervorbringt, ist ein trügerischer Eindruck der Faktizität des Wahrgenommenen. Die kulturell konstruierten und in Teilen ideologisierten Deutungen geschichtlicher Wirklichkeit generieren damit nicht nur ein Normalitätsgefühl, das eine Hinterfragung des Geschauten entbehrlich erscheinen läßt. Mount Vernon, Colonial Williamsburg und Plimoth Plantation propagieren darüber hinaus "the vision of an untarnished history yet to be found, an objective past preserved untouched

[661] <http://www.plimoth.org/liveh1.htm#top> (02/16/98).
[662] Walter Benjamin, *Das Kunstwerk im Zeitalter seiner technischen Reproduzierbarkeit. Drei Studien zur Kunstsoziologie* (Frankfurt am Main: Suhrkamp, 1963) 16.
[663] Ebd. 18.
[664] Leone: "Outdoor History Museums" 36.

in archives and artifacts."[665] Ihr Anspruch, die historische Realität in ihrer unverfälschten Gesamtheit zur Anschaung zu bringen "[has] revived faith in the old chimera of objectivity."[666] Geschichte, so kann der unkundige Besucher folgern, ist mit einer Akkumulation historischen Faktenmaterials gleichzusetzen, an deren Ende eine wahrhaftige Darstellung der Vergangenheit steht, die sich aus den Quellen objektiv und faktisch neutral ergibt. Der Bildungsbeitrag des Echtheitsdiskurses nimmt sich aus dieser Sicht also defizitär aus. Seine Exponiertheit steht nicht im Verhältnis zur didaktischen Leistung, die er erbringt–eine Tatsache, die sowohl den Museumsverantwortlichen als auch so manchem Besucher klar sein dürfte. Nichtsdestoweniger wird die Authentizität des Präsentierten, die sowohl im Verständnis der Museen als auch der Touristen durchweg positiv besetzt ist, für unabdingbar gehalten. Der Grund hierfür ist in dem Umstand zu sehen, daß den historischen Stätten im Kontext der zeitgenössischen Kultur nicht allein ein geschichtspädagogischer Auftrag zukommt, sondern ihnen "in einer Welt der Vermittlungen und der Erfahrungen zweiter Hand" eine kompensatorische Funktion zufällt[667], die in der gleichsam antimedialen "Konträrfaszination des Authentischen" besteht.[668] "[…] so much of what we are exposed to is spurious, meretricious, phoney, manipulative," charakterisiert etwa Plimoth Plantation die Gegenwart und leitet daraus die Verpflichtung ab "to make as much as possible look, feel, and act real."[669] Die besondere Qualität der Authentizitätserfahrungen, die die Museen bereitstellen, liegt vor allem in der narrativen Kohärenz und Überschaubarkeit der präsentierten historischen Wirklichkeit begründet. Sie wird also durch Wesensmerkmale konstituiert, "that our everyday, alienated lives lack."[670] Der Vergangenheit wird retrospektiv eine einfache, visuell und narrativ ästhetisierte, gleichsam nicht-entfremdete Ursprünglichkeit zugeschrieben, die der Zeitgenosse in der kontingenten Unübersichtlichkeit seiner alltäglichen Lebensrealität vermissen mag. Die Tatsache, daß in den Darbietungen der Stätten inzwischen auch historisches Konfliktpotential zur Anschauung kommt oder, wie auf Plimoth Plantation, versucht wird, nationalmythologische Auslegungen der Geschichte zu konterkarieren, ändert nichts an dieser Gesamtwirkung. Die Museumsgänger erhalten *"access to lives and experiences characterized by the wholeness that*

---

[665] Lowenthal, "Dying Future" 8.

[666] Ebd.

[667] Christoph Henning, *Reiselust. Touristen, Tourismus und Urlaubskultur* (Frankfurt am Main und Leipzig: Insel, 1997) 172.

[668] Gottfried Korff, "Die Eigenart der Museumsdinge," *Handbuch der museumspädagogischen Ansätze*, Berliner Schriften zur Museumskunde 9, ed. Kirsten Fast (Opladen: Leske und Budrich 1995): 24.

[669] Yellis, "Not Time Machines, But Real Time" 57.

[670] Handler and Saxton, "Dyssimulation" 243.

historical narratives can provide."[671] Die historischen Stätten machen das
"Ursprüngliche, Selbstverständliche und Sichere, das wir in unserem Leben
kaum noch finden" für den Besucher verfügbar.[672] Sie vermitteln mithin
nicht bloß Deutungen historischen Wissens und tragen zur Stiftung nationaler Identität bei, sondern machen die Geschichte als Zufluchtsort des
modernen Zeitgenossen vor einer ungewissen Gegenwart und Zukunft
attraktiv.

---

[671] Ebd. 251. Hervorhebung im Original.
[672] Henning, *Reiselust* 172.

Anhang

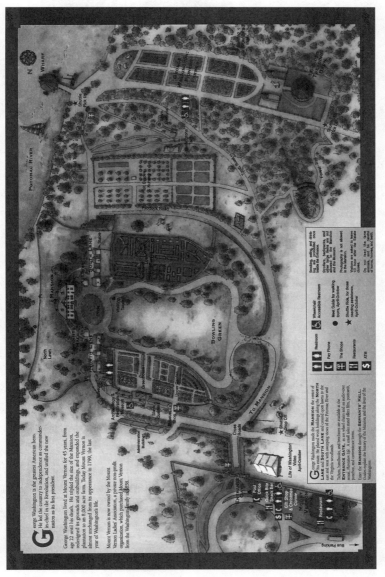

Abb. 1: *Site Map* Mount Vernon (MV)

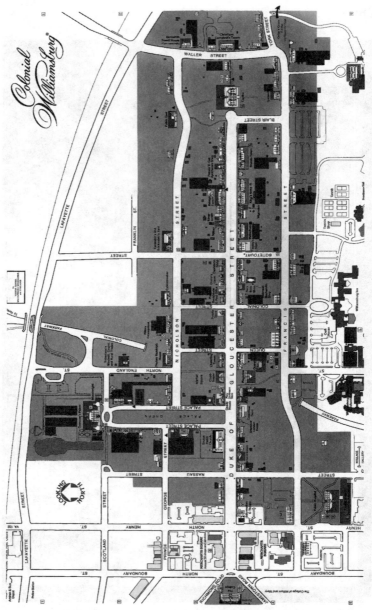

Abb. 2: *Site Map* Colonial Williamsburg (CW)

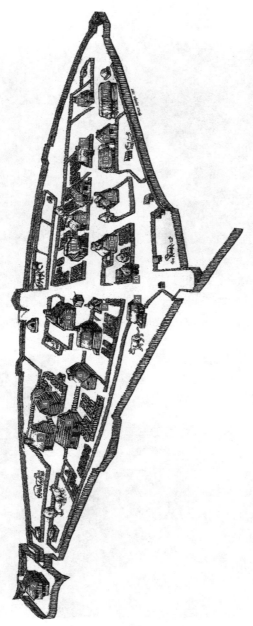

Abb. 3: *Site Map* Plimoth Plantation (PP)

Abb. 4: *16-sided treading barn, Pioneer Farmer Site* (MV)

Abb. 5: Schafe auf der *Pioneer Farmer Site* (MV)

Abb. 6: Nordwestansicht der *outbuildings* und des *Mansion* (MV)

Abb. 7: Westansicht des *Mansion* (MV)

Abb. 8: *Slave quarters* (MV)

Abb. 9: *Slave quarters* (MV)

Abb. 10: Musikalische Darbietung des *Virginia Regiment* (MV)

Abb. 11: *The Tomb* (MV)

Abb. 12: Feierliche Zeremonie am Grabmal (MV)

Abb. 13: Kostümierte *interpreters* (CW)

Abb. 14: Besucher auf der Nicholson Street (CW)

Abb. 15: Die *outbuildings* des *Wythe House* (CW)

Abb. 16: In der Werkstatt des *Silversmith* (CW)

Abb. 17: Peyton und John Randolph in der *Raleigh Tavern* (CW)

Abb 18: Der *Governor's Palace* (CW)

Abb. 19: Begrüßung des britischen Gouverneurs (CW)

Abb. 20: Gouverneur Botetourt wendet sich an die Besuchermenge (CW)

Abb. 21: Peyton Randolph auf den Stufen des *Courthouse* (CW)

Abb. 22: Verkündung der Unabhängigkeitserklärung Virginias (CW)

Abb. 23: Lydia warnt Peter vor den Gefahren einer Flucht (CW)

Abb. 24: Die *slave patrol* stellt Peter zur Rede (CW)

Abb. 25: Peter und Sarah treten gemeinsam die Flucht an (CW)

Abb. 26: Blick vom *Fort/Meetinghouse* auf das *Pilgrim Village* (PP)

Abb. 27: *Pilgrims* beim Schleifen ihrer Werkzeuge (PP)

Abb. 28: Ein weiblicher *Pilgrim* jätet Unkraut (PP)

Abb. 29: Ein weiblicher *Pilgrim* arbeitet im Schatten einer Hütte (PP)

Abb. 30: Kräutergärten und zum Lüften ausgelegte Decken (PP)

Abb. 31: Isaac Allerton sucht das Gespräch mit Besuchern (PP)

Abb. 32: Bridget Fuller mit Besuchern im Garten (PP)

Literaturverzeichnis

1. Literatur

A Living History Reader. Hg. Jay Anderson. Vol. 1: Museums. Nashville: American Association for State and Local History, 1991.

A People and a Nation: A History of the United States. Hg. Mary Beth Norton, David M. Katzman, Paul D. Escott, Howard P. Chudacoff, Thomas G. Paterson and William M. Tuttle, Jr. Boston and New York: Houghton Mifflin, 5. Aufl. 1998.

Abrams, Ann Uhry. *The Pilgrims and Pocahontas: Rival Myths of American Origin*. Boulder: Westview Press, 1999.

Alderson, William T. and Shirley Payne Low. *Interpretation of Historic Sites*. Nashville, Tenn.: American Association for State and Local History, 2. überarb. Aufl. 1985.

Alexander, Edward P. *Museums in Motion: An Introduction to the History and Functions of Museums*. Nashville, Tenn.: American Association for State and Local History, 1979.

Anderson, Jay. *The Living History Sourcebook*. Nashville: American Association for State and Local History, 1985.

---. *Time Machines: The World of Living History*. Nashville: American Association for State and Local History, 1984.

---. "Living History: Simulating Everyday Life in Living Museums." *American Quarterly* 34.3 (1982): 290-306.

Archibald, Robert R. "Memory and the Process of Public History." *Public Historian. A Journal of Public History* 19.2 (Spring 1997): 61-64.

Assmann, Jan. *Das kulturelle Gedächtnis: Schrift, Erinnerung und politische Identität in frühen Hochkulturen*. München: Beck, 1999.

Authentität als Darstellung, Medien und Theater, Institute für Theater- und Medienwissenschaft der Universität Hildesheim, Bd. 9. Hg. Jan Berg, Hans-Otto Hügel und Hajo Kurzenberger. Hildesheim: Universität Hildesheim, 1997.

Bailyn, Bernard. *The Ideological Origins of the American Revolution*. Cambridge: Belknap Press of Harvard University Press, 1967.

Baker, James W. *Plimoth Plantation: Fifty Years of Living History*. Plymouth, Ma.: Plimoth Plantation, 1997.

---: "World View At Plimoth Plantation: History and Theory." *ALHFAM Proceedings of the 1990 Annual Meeting* 13 (1993): 64-67.

---. "Haunted by the Pilgrims," *The Art and Mystery of Historical Archaeology: Essays in Honor of James Deetz*. Hg. Anne Elizabeth Yentsch and Mary C Beaudry. Boca Raton, Ann Arbor, London and Tokyo: CRC Press, 1992. 343-358.

Barnes, Arthur. "Living History: Its Many Forms." *The Colonial Williamsburg Interpreter* 6.3 (May 1985): 1-2.

Barthes, Roland. *Mythen des Alltags*. Frankfurt am Main: Suhrkamp, 1964.

Baumgartner, Hans Michael. *Kontinuität und Geschichte: Zur Kritik und Metakritik der historischen Vernunft*. Frankfurt a. Main: Suhrkamp, 1997.

Becoming Americans: Our Struggle To Be Both Free And Equal. A Plan Of Thematic Interpretation. Hg. Cary Carson. Williamsburg, Va.: The Colonial Williamsburg Foundation, 2. Aufl. 1999.

Beitzel, George B. "Summoning the Heroes. Message from the Chairman." *Colonial Williamsburg Foundation: 1995 Annual Report*, spec. section in *Colonial Williamsburg. The Journal of the Colonial Williamsburg Foundation* (Summer 1996): 10-11.

---. "Message from the Chairman." *Colonial Williamsburg Foundation: 1994 Annual Report*, spec. section in *Colonial Williamsburg. The Journal of the Colonial Williamsburg Foundation* (Summer 1995): 10-11.

Bellah, Robert N., Richard Madsen, William M. Sullivan, Ann Swidler and Steven M. Tipton. *Habits of the Heart: Individualism and Commitment in American Life*. Berkeley, Los Angeles and London: University of California Press, 2. Aufl. 1996.

Bender Thomas. "'Venturesome and Cautious': American History in the 1990s." *The Practice of American History*, spec. issue of *Journal of American History* 81.3 (1994): 992-1003.

Benjamin, Walter. *Das Kunstwerk im Zeitalter seiner technischen Reproduzierbarkeit: Drei Studien zur Kunstsoziologie*. Frankfurt am Main: Suhrkamp, 1963.

Berger, John. *Ways of Seeing*. London: Penguin Books, 1972.

Blatti, Jo. "Public History as Contested Terrain: A Museum's Perspective on David Glassberg's Study of Memory." *Public Historian. A Journal of Public History*, 19.2 (Spring 1997): 57-60.

Bodnar, John. *Remaking America: Public Memory, Commemoration, and Patriotism in the Twentieth Century*. Princeton, N.J.: Princeton University Press, 1992.

Breen, T.H. *Tobacco Culture: The Mentality of the Great Tidewater Planters on the Eve of the Revolution*. Princeton, N.J.: Princeton University Press, 1985.

Brinkley, Alan. "Historians and Their Publics." *The Practice of American History*, spec. issue of *Journal of American History* 81.3 (1994): 1027-30.

Britton, Diane F. "Public History and Public Memory. National Council on Public History President's Annual Address." *Public Historian. A Journal of Public History* 19.3 (1997): 11-23.

Bruner, Edward M. "Abraham Lincoln as Authentic Reproduction: A Critique of Postmodernism." *American Anthropologis* 96.2 (1994): 397-415.

Burnham, Irene U. "So the Seams Don't Show." *Past Meets Present: Essays about Historic Interpretation and Public Audiences*. Hg. Jo Blatti. Washington, D.C. and London: Smithsonian Institution Press, 1987. 105-15.

Carlson, Marvin. *Theatre Semiotics: Signs of Life*. Bloomington and Indianapolis: Indiana University Press, 1990.

Carson, Cary. "Colonial Williamsburg and the Practice of Interpretive Planning in American History Museums," *Public Historian. A Journal of Public History* 20.3 (Summer 1998): 11-51.

---. "Lost in the Fun House: A Commentary on Anthropologists' First Contact with History Museums." *Journal of American History* 81.1 (1994): 137-50.

---. "Living Museums of Everyman's History." *A Living History Reader*. Hg. Jay Anderson. Vol. 1: Museums. Nashville: American Association for State and Local History, 1991. 25-31.

Characteristics and Attitudes of Visitors to Plimoth Plantation and Marketing Communications Strategies. Spring Survey. Prepared For Plimoth Plantation, Plymouth, Massachusetts. Prepared by Laurance S. Morrison Company, Sturbridge, Ma., Market Street Research, Northampton, Ma., typescript, Plimoth Plantation, July 1988.

Charles, Barbara Fahs. "Exhibition as (Art) Form." *Past Meets Present. Essays about Historic Interpretation and Public Audiences.* Hg. Jo Blatti. Washington, D.C. and London: Smithsonian Institution Press, 1987. 97-104.

Colonial Williamsburg Foundation. *Visitor's Companion For The Week of July 11-17,* brochure, Colonial Williamsburg, 1999.

---. *Visitor's Companion for the Week of July 18-24,* brochure, Colonial Williamsburg, 1999.

---. "Colonial Williamsburg: Virginia's Colonial Capital Comes Alive." *Williamsburg Great Entertainer Magazine: Official Visitors Guide.* Williamsburg, Va.: Williamsburg Hotel/Motes Association, Spring 1997.

---. *This Vacation, Discover Your Revolutionary Spirit: Colonial Williamsburg 1997 Vacation Planner,* brochure, Colonial Williamsburg, 1997.

---. *One Mission–Many People–Shared Values,* typescript, Colonial Williamsburg, June 1992.

---. *Teaching History at Colonial Williamsburg.* Williamsburg, Va.: Colonial Williamsburg Foundation, 1985.

---. *Visit Historic Williamsburg, Virginia's Colonial Capital,* brochure, Colonial Williamsburg, 1984.

---. *Communicating the Past to the Present: Report on The Colonial Williamsburg Foundation with A Summary of the Years 1980 and 1981.* Williamsburg, Va.: Colonial Williamsburg Foundation, 1982.

---. *Planning a Future for the Past: The President's Report.* Williamsburg, Va.: Colonial Williamsburg Foundation, 1972.

---. *Colonial Williamsburg, Virginia,* brochure, Colonial Williamsburg, 1964.

---. *Colonial Williamsburg,* brochure, Colonial Williamsburg Foundation, February 1941.

Connerton, Paul. *How Societies Remember.* Cambridge et al.: Cambridge University Press, 1989.

Craven, Wesley Frank. *The Story of the Founding Fathers.* Ithaca, New York: Cornell University Press, 1965.

Dalzell, Robert F. Jr. and Lee Baldwin Dalzell. *George Washington's Mount Vernon: At Home in Revolutionary America.* New York and Oxford: Oxford University Press, 1998.

Danto, Arthur C. *Analytische Philosophie der Geschichte.* Frankfurt a. Main: Suhrkamp, 1980.

Das historische Museum: Labor, Schaubühne, Identitätsfabrik. Hg. Gottfried Korff und Martin Roth. Frankfurt und New York: Campus, 1990.

Deetz, James. "A Sense of Another World: History Museums and Cultural Change." *A Living History Reader.* Hg. Jay Anderson. Vol. 1: Museums. Nashville: American Association for State and Local History, 1991. 119-23.

Deneke, Bernward. "Realität und Konstruktion des Geschichtlichen." *Das historische Museum: Labor, Schaubühne, Identitätsfabrik.* Hg. Gottfried Korff und Martin Roth. Frankfurt und New York: Campus, 1990. 65-86.

Dippel, Horst. *Die Amerikanische Revolution 1763-1787.* Frankfurt am Main: Suhrkamp, 1985.

Eco, Umberto. *Faith in Fakes: Travels in Hyperreality.* London: Vintage, 1998.

Eggen, Dan. "A Taste of Slavery Has Tourists Up in Arms. Williamsburg's New Skits Elicit Raw Emotion." *Washington Post* 7 July 1999: A-8.

Ellis, Rex. "A Decade of Change: Black History at Colonial Williamsburg." *Colonial Williamsburg. The Journal of the Colonial Williamsburg Foundation* (Spring 1990): 14-23.

Engley, Hollis L. "George Washington's farm still operating: W. K. Kellogg Foundation grant pays for barn project." *Battle Creek Enquirer* 16 July 1995: n. pag.

Etzioni, Amitai. *The Spirit of Community: The Reinvention of American Society*. New York, London, Toronto, Sydney, Tokyo and Singapore: Simon and Schuster, 1993.

Faber, Michael H. "Freilichtmuseen – Abbilder historischer Realität?" *Museumspädagogik: Grundlagen und Praxisberichte*. Hg. Marie-Louise Schmeer-Sturm, Jutta Thinesse-Dermel, Kurt Ulbricht und Hildegard Vieregg. Baltmannsweiler: Pädagogischer Verlag Burgbücherei Schneider, 1990. 164-82.

---. "Freilichtmuseen als Freizeitorte. Möglichkeiten und Grenzen der Geschichtserfahrung am Beispiel des Rheinischen Freilichtmuseums Kommern." *Geschichte in der Freizeit: Formen historischer Vermittlung außerhalb von Schule und Universität*. Hg. Thomas-Morus-Akademie Bensberg, Bensberger Protokolle 53. Bensberg: Thomas-Morus-Akademie, 1988. 45-73.

Fischer-Lichte, Erika. "Theatralität und Inszenierung." *Inszenierung von Authentizität*. Theatralität, Bd. 1. Hg. Erika Fischer-Lichte und Isabel Pflug. Tübingen und Basel: Francke, 2000. 11-27.

Foner, Eric. *The Story of American Freedom*. New York and London: Norton, 1998.

Fortier, John. "The Dilemmas of Living History." *ALHFAM Proceedings of the 1987 Annual Meeting* 10 (1989): 1-19.

Foster, Andrea Kim. *"They're turning the town all upside down:" The Community Identity of Williamsburg, Virginia Before and After the Restoration*, diss., George Washington University, 1993.

Franco Barbara. "Public history and Memory: A Museum Perspective." *Public Historian. A Journal of Public History* 19.2 (1997): 65-67.

Gable, Eric and Richard Handler. "The Authority of Documents at Some American History Museums." *Journal of American History* 81.1 (June 1994): 119-36.

---. "Deep Dirt: Messing up the Past at Colonial Williamsburg." *Social Analysis. Journal of Social and Cultural Practices* 34 (Dec. 1993): 3-16.

Gable, Eric, Richard Handler and Anna Lawson. "On the Uses of Relativism: Fact, Conjecture, and Black and White Histories at Colonial Williamsburg." *American Ethnologist* 19.4 (November 1992): 791-805.

Gadamer, Hans-Georg. *Wahrheit und Methode: Grundzüge einer philosophischen Hermeneutik*. Hermeneutik I. Tübingen: Mohr, 1990.

Geertz, Clifford. *The Interpretation of Cultures*. New York: Basic Books, 1973.

George Washington's Prayer For His Country, typescript, Mount Vernon, n. d.

Glassberg David. "Public History and the Study of Memory." *Public Historian. A Journal of Public History* 18.2 (1996): 7-23.

---. "Living in the Past." *American Quarterly* 38.2 (1986): 305-10.

Goertz, Hans-Jürgen. *Umgang mit Geschichte: Eine Einführung in die Geschichtstheorie*. Reinbek bei Hamburg: Rowohlt, 1995.

Halbwachs, Maurice. *La mémoire collective*. Paris: Presses universitaires de France, 1950.

Handler, Richard and Eric Gable. *The New History in an Old Museum: Creating the Past at Colonial Williamsburg*. Durham, N.C.: Duke University Press, 1997.

Handler, Richard and William Saxton. "Dyssimulation: Reflexivity, Narrative, and the Quest for Authenticity in 'Living History.'" *Cultural Anthropology* 3.3 (1988): 242-60.

Handler, Richard. "Overpowered by Realism: Living History and the Simulation of the Past." *Journal of American Folklore* 100 (1987): 337-41.

Hansen, Klaus P. *Kultur und Kulturwissenschaft: Eine Einführung.* Tübingen und Basel: Francke, 2. vollst. überarb. und erw. Aufl. 2000.

Hechinger, John. "Plimouth Rocked: Fiscal Woes Force Deep Cuts at Historic Site." *Wall Street Journal* 15 April 1998: NE-1.

Heinlein, Sabine. "Geschichte auf des Messers Schneide." *Süddeutsche Zeitung* 12./13. Mai 2001, SZ am Wochenende: 1.

Henning, Christoph. *Reiselust: Touristen, Tourismus und Urlaubskultur.* Frankfurt am Main und Leipzig: Insel, 1997.

Hirschfeld, Fritz. *George Washington and Slavery: A Documentary Evidence.* Columbia and London: University of Missouri Press, 1997.

History Museums in the United States: A Critical Assessment. Hg. Warren Leon and Roy Rosenzweig. Urbana and Chicago: University of Illinois Press, 1989.

Holt, Thomas C. "Explaining Racism in American History." *Imagined Histories: American Historians Interpret the Past.* Hg. Anthony Molho and Gordon S. Wood. Princeton, New Jersey: Princeton University Press, 1998. 107-19.

Hood, Graham. "Williamsburg's Most Elegant and Imposing Building Mirrors the Last Days of British Pomp and Prestige in the Virginia Colony: The Royal Governor's Palace Reopens As One of the Most Authentically Furnished and Most Carefully Researched Historical Structures of the Original Colonies." Spec. issue of *Colonial Williamsburg Today. News and Features from the Colonial Williamsburg Foundation* 3.3 (Spring 1981): 3-6.

Horwitz, Tony *Confederates in the Attic: Dispatches from the Unfinished Civil War.* New York: Vintage Books, 1998.

Hosmer, Charles B. Jr. *Preservation Comes of Age: From Williamsburg to the National Trust, 1926-1949.* Charlottesville: University of Virginia Press, 1981.

---. *The Presence of the Past: A History of the Preservation Movement in the United States Before Williamsburg.* New York: Putnam's Sons, 1965.

Huxtable, Ada Louise. "Inventing American Reality." *New York Review of Books*, 3 Dec. 1992: 24-29.

Inszenierung von Authentizität. Hg. Erika Fischer-Lichte und Isabel Pflug. Theatralität, Bd. 1. Tübingen und Basel: Francke, 2000.

Isaac, Rhys. *The Transformation of Virginia 1740-1790.* Chapel Hill: University of North Carolina Press, 1982.

Jones, Clayton. "This Pilgrim Builder Treads Where Historians Have Failed." Hg. *Christian Science Monitor* 26 Nov. 1997: 13.

Kammen, Michael. "'Teach Us Our Recollections:' Re-Siting the Role of Memory in American Culture." *Sites of Memory in American Literatures and Cultures.* International American Studies Conference. Regensburg. 11-14 May 2000.

---. "Public History and National Identity in the United States." *Amerikastudien/ American Studies. A Quaterly* 44.4 (1999): 459-75.

---. *In the Past Lane: Historical Perspectives on American Culture.* New York/Oxford: Oxford University Press, 1997.

---. "Public History and the Uses of Memory." *Public Historian. A Journal of Public History* 19.2 (Spring 1997): 49-52.

---. *Mystic Chords of Memory: The Transformation of Tradition in American Culture.* New York: Vintage Books, 1993.

Kaye, Harvey J. "The Making of American Memory." *American Quarterly* 46.29 (1994): 251-59.

Kemp, John. "World View And The Interpreter." *ALHFAM Proceedings of the 1990 Annual Meeting* 13 (1993): 68-72.

Klein, Hans-Joachim und Barbara Wüsthoff-Schäfer. *Inszenierung an Museen und ihre Wirkung auf Besucher.* Staatliche Museen Preußischer Kulturbesitz, Heft 13. Berlin: Institut für Museumskunde, 1990.

Koh, Eun Lee. "Exposing another side of history. Colonial Williamsburg skits cast new light on US patriots: their roles as slave owners." *Boston Globe* 15 July 1999: n. pag.

Korff, Gottfried und Martin Roth. "Einleitung." *Das historische Museum: Labor, Schaubühne, Identitätsfabrik.* Hg. Gottfried Korff und Martin Roth. Frankfurt und New York: Campus, 1990. 9-37.

Korff, Gottfried. "Die Eigenart der Museumsdinge." *Handbuch der museumspädagogischen Ansätze.* Berliner Schriften zur Museumskunde 9. Hg. Kirsten Fast. Opladen: Leske und Budrich, 1995. 15-28.

Kulik, Gary. "Designing the Past: History-Museum Exhibitions from Peale to the Present." *History Museums in the United States.* Hg. Warren Leon and Roy Rosenzweig. Urbana and Chicago: University of Illinois Press, 1989. 3-37.

Lawson, Anna Logan. *"The Other Half:" Making African American History at Colonial Williamsburg,* diss., University of Virginia, 1995.

Leon, Warren and Margaret Piatt. "Living-History Museums." *History Museums in the United States.* Hg. Warren Leon and Roy Rosenzweig. Urbana and Chicago: University of Illinois Press, 1989. 64-97.

Leon, Warren and Roy Rosenzweig. "Introduction." *History Museums in the United States: A Critical Assessment.* Hg. Warren Leon and Roy Rosenzweig. Urbana and Chicago: University of Illinois Press, 1989. xi-xxvi.

Leon, Warren. "A Broader Vision: Exhibits That Change the Way Visitors Look at the Past." *Past Meets Present: Essays about Historic Interpretation and Public Audiences.* Hg. Jo Blatti. Washington, D.C. and London: Smithsonian Institution Press, 1987. 133-52.

Leone, Mark. "Keynote Address: Sketch of a Theory for Outdoor History Museums." *ALHFAM Proceedings of the 1987 Annual Meeting* 10 (1989): 36-46.

Lewis, Taylor Jr., Donna C. Sheppard and John J. Walklet Jr. *A Window on Williamsburg.* Williamsburg, Va.: Colonial Williamsburg Foundation, 8. Aufl. 1994.

Lewis, William J. *Interpreting for Park Visitors.* Philadelphia: Eastern Acorn Press, 1980.

Lindgren, James M. "'A New Departure in Historic Patriotic Work': Personalism, Professionalism, and Conflicting Concepts of Material Culture in the Late Nineteenth and Early Twentieth Centuries. Changing Attitudes Toward Material Culture." *Public Historian. A Journal of Public History* 18.2 (1996): 41-60.

Linenthal, Edward T. "Problems and Promise in Public History." *Public Historian. A Journal of Public History* 19.2 (Spring 1997): 45-47.

---. "Anatomy of a Controversy." *History Wars: The Enola Gay and Other Battles for the American Past.* Hg. Edward T. Linenthal and Tom Engelhardt. New York: Metropolitan, 1996. 9-62.

---. "Committing History in Public." *The Practice of American History*, spec. issue of *Journal of American History* 81.3 (1994): 986-91.

Living History: The Journal of Historical Reenactment & Interaction. Fairfax, Virginia: Great Oak, Spring 1995ff.

Lowenthal, David. "History and Memory." *Public Historian. A Journal of Public History* 19.2 (Spring 1997): 31-39.

---. *The Past Is A Foreign Country*. Cambridge: Cambridge University Press, 5. Aufl. 1995.

---. "The Dying Future – The Living Past?" *ALHFAM Proceedings of the 1990 Annual Meeting* 13 (1993): 3-11.

---. "The American Way of History." *A Living History Reader*. Hg. Jay Anderson. Vol. 1: Museums. Nashville: American Association for State and Local History, 1991. 157-62.

Marling, Karal Ann. *George Washington Slept Here: Colonial Revivals and American Culture 1876-1986*. Cambridge and London: Harvard University Press, 1988.

Marten, Robert. *Plimoth Plantation Interpretation Defined*, typescript, Plimoth Plantation, 1977.

Matthews, Christy Coleman. "Twenty Years Interpreting African American History: A Colonial Williamsburg Revolution." *History News* 54.2 (1999): 6-11.

Mayflower News of North Carolina 12.3, Oct. 1969.

Melosh, Barbara. "Speaking of Women: Museums' Representation of Women's History." *History Museums in the United States*. Hg. Warren Leon and Roy Rosenzweig. Urbana and Chicago: University of Illinois Press, 1989. 183-214.

Meyer, Petra Maria. "Mediale Inszenierung von Authentizität und ihre Dekonstruktion im theatralen Spiel mit Spiegeln." *Inszenierung von Authentizität*. Theatralität, Bd. 1. Hg. Erika Fischer-Lichte und Isabel Pflug. Tübingen und Basel: Francke, 2000. 71-91.

Mount Vernon Ladies' Association. *Mount Vernon Commemorative Guidebook: George Washington Bicentennial Edition*. Mount Vernon, Va.: MVLA, 1999.

---. *Annual Report 1997*. Mount Vernon, Va.: MVLA, 1997.

---. *George Washington: Pioneer Farmer. The Dedication Ceremonies for George Washington's Barn and The Luncheon Honoring Donors to George Washington: Pioneer Farmer, Friday, September 27*, brochure, Mount Vernon, 1996.

---. *Minutes of the Council of the Mount Vernon Ladies' Association Held at Mount Vernon, Va., 1996*. Mount Vernon, Va.: MVLA, 1996.

---. *Minutes of the Council of the Mount Vernon Ladies' Association Held at Mount Vernon, Va., 1995*. Mount Vernon, Va.: MVLA, 1995.

---. *Annual Report 1994*. Mount Vernon, Va.: MVLA, 1994.

---. *Minutes of the Council of the Mount Vernon Ladies' Association Held at Mount Vernon, Virginia, 1994*. Mount Vernon, Va.: MVLA, 1994.

---. *Annual Report 1993*. Mount Vernon, Va.: MVLA, 1993.

---. *Minutes of the Council of the Mount Vernon Ladies' Association Held at Mount Vernon, Virginia, 1993*. Mount Vernon, Va.: MVLA, 1993.

---. *Annual Report 1992*. Mount Vernon, Va.: MVLA, 1992.

---. *Minutes of the Council of the Mount Vernon Ladies' Association Held at Mount Vernon, Virginia, 1992*. Mount Vernon, Va.: MVLA, 1992.

---. *Mount Vernon: The Story of a Shrine. An Account of the Rescue and Continuing Restoration of George Washington's Home by The Mount Vernon Ladies' Association*. Mount Vernon, Va.: MVLA, 1991.

---. *Minutes of the Council of the Mount Vernon Ladies' Association Held at Mount Vernon, Virginia, 1990*. Mount Vernon, Va.: MVLA, 1990.

---. *Minutes of the Council of the Mount Vernon Ladies' Association Held at Mount Vernon, Virginia, 1989*. Mount Vernon, Va.: MVLA, 1989.

---. *Minutes of the Council of the Mount Vernon Ladies' Association Held at Mount Vernon, Virginia, 1988*. Mount Vernon, Va.: MVLA, 1988.

---. *Minutes of the Council of the Mount Vernon Ladies' Association Held at Mount Vernon, Virginia, 1987*. Mount Vernon, Va.: MVLA, 1987.

---. *Minutes of the Council of the Mount Vernon Ladies' Association Held at Mount Vernon, Va., 1986*. Mount Vernon, Va.: MVLA, 1986.

---. *Annual Report 1985*. Mount Vernon, Va.: MVLA, 1985.

---. *Minutes of the Council of the Mount Vernon Ladies' Association Held at Mount Vernon, Va., 1985*. Mount Vernon, Va.: MVLA, 1985.

---. *Minutes of the Council of the* Mount Vernon *Ladies' Association Held at* Mount Vernon, *Virginia, 1984*. Mount Vernon, Va.: MVLA, 1984.

---. *Minutes of the Council of the Mount Vernon Ladies' Association of the Union Held at Mount Vernon, Virginia, 1983*. Mount Vernon, Va.: MVLA, 1983.

---. *Minutes of the Council of the Mount Vernon Ladies' Association Held at Mount Vernon, Virginia, 1981*. Mount Vernon, Va.: MVLA, 1981.

---. *Minutes of the Council of the Mount Vernon Ladies' Association of the Union Held at Mount Vernon, Virginia, 1977*. Mount Vernon, Va.: MVLA, 1977.

---. *Annual Report 1968*. Mount Vernon, Va.: MVLA, 1968.

---. *Annual Report 1950*. Mount Vernon, Va.: MVLA, 1950.

Museums and Communities: The Politics of Public Culture. Hg. Ivan Karp, Christine Mullen Kreamer and Steven D. Lavine. Washington: Smithsonian Institution Press, 1992.

Nash Gary B. *The History Wars of the 1990s*. Lawrence F. Brewster Lecture In History XV. Greenville, North Carolina: East Carolina University, 1996.

Nash Gary B., Charlotte Crabtree and Ross E. Dunn. *History on Trial: Culture Wars and the Teaching of the Past*. New York: Knopf, 1997.

Nora, Pierre. *Zwischen Geschichte und Gedächtnis*. Berlin: Wagenbach, 1990.

Of Consuming Interests: The Style of Life in the Eighteenth Century. Hg. Cary Carson, Ronald Hoffman and Peter J. Albert. Charlottesville and London: University Press of Virginia, 1994.

O'Leary, Cecilia Elizabeth. *To Die For: The Paradox of American Patriotism*. Princeton, New Jersey: Princeton University Press, 1999.

Olmert, Michael. *Official Guide to Colonial Williamsburg*. Williamsburg, Va.: Colonial Williamsburg Foundation, 1998.

O'Meally, Robert and Geneviève Fabre. "Introduction." *History and Memory in African-American Culture*, Hg. Robert O'Meally and Geneviève Fabre. New York and Oxford: Oxford University Press, 1994. 3-17.

Past Meets Present: Essays about Historic Interpretation and Public Audiences. Hg. Jo Blatti. Washington, D.C. and London: Smithsonian Institution Press, 1987.

Pfister, Manfred. *Das Drama. Theorie und Analyse*. München: Fink, 10. Aufl. 2000.

Plimoth Plantation. *Employee Manual: Human Resources Policies and Procedures*, typescript, Plimoth Plantation, January 1999.

---. *Grant Application for the Institute of Museums and Library Services*, typescript, Plimoth Plantation, 1999.

---. "Interview with Nancy Brennan, new Executive Director." *Plimoth Plantation Almanack* 9.1 (Spring 1998): 4.

---. *Colonial Interpretation Department Training Manual*, vol. III, typescript, Plimoth Plantation, 1996.

---. *Quarterly Report* (Summer/Fall 1994).

---. *A Challenge to Excel*, brochure, Plimoth Plantation, 1993.

---. *Plymouth. A lot more than a rock*, brochure, Plimoth Plantation, 1977.

---. *Of Plymouth Plantation*. Plymouth, Ma.: Leyden Publishing, June 1949.

---. *The Pilgrim Memorial to be erected in The Town of Plymouth, Massachusetts: The Program*, brochure, Plimoth Plantation, 1948.

---. *The English Origins Project: A Guide for the Interpreter*, typescript, Plimoth Plantation, n. d.

---. *Welcome to Plimoth Plantation*, brochure, Plimoth Plantation, n. d.

Pogue Dennis. "Slavery in the Age of Washington." *MVLA Annual Report 1994*. Mount Vernon, Va.: MVLA, 1994. 24-28.

Ronsheim, Robert. "Is the Past Dead?" *A Living History Reader*, Hg. Jay Anderson. Vol. 1: Museums. Nashville: American Association for State and Local History, 1991. 170-74.

Roth, Stacy F. *Past into Present. Effective Techniques for First-Person Historical Interpretation*. Chapel Hill and London: University of North Carolina Press. 1998.

Rumford, Beatrix T. "Bruton Heights: 'A Great Center for Historical Study'. Buildings for the future give new meaning to John D. Rockefeller's words.'" *Colonial Williamsburg. The Journal of the Colonial Williamsburg Foundation* (Spring 1997): 16-23.

Rüsen, Jörn. "Für eine Didaktik historischer Museen." *Geschichte sehen: Beiträge zur Ästhetik historischer Museen*. Geschichtsdidaktik. Studien, Materialien, Neue Folge, Bd.1. Hg. Jörn Rüsen, Wolfgang Ernst und Heinrich Theodor Grütter. Pfaffenweiler: Centaurus, 1988. 9-20.

Sahlins, Marshall. *Culture and Practical Reason*. Chicago: University of Chicago Press, 1976.

Schindler, Sabine. *Die Vermittlung von Geschichte in Colonial Williamsburg*, Diplomarbeit, Universität Passau, 1997.

Schlereth, Thomas J. "It Wasn't That Simple." *Cultural History and Material Culture. Everyday Life, Landscapes, Museums*. Hg. Simon J. Bronner. American Material Culture and Folklife Series. Ann Arbor and London: UMI Research Press, 1990. 347-59.

Schütz, Alfred. *Der sinnhafte Aufbau der sozialen Welt: Eine Einleitung in die verstehende Soziologie*. Frankfurt am Main: Suhrkamp, 1974.

Sites of Memory in American Literatures and Cultures. Hg. Udo Hebel. American Studies – A Monography Series; 101. Heidelberg: Winter 2003.

Snow, Stephen Eddy. *Performing the Pilgrims: A Study of Ethnohistorical Role-Playing at Plimoth Plantation*. Jackson: University Press of Mississippi, 1993.

Strub, Christian. "Trockene Rede über mögliche Ordnungen der Authentizität. Erster Versuch." *Authentität als Darstellung, Medien und Theater*, Institute für Theater- und Medienwissenschaft der Universität Hildesheim, Bd. 9. Hg. Jan Berg, Hans-Otto Hügel und Hajo Kurzenberger. Hildesheim: Universität Hildesheim, 1997. 7-17.

Sweeney, Kevin M. "High-Style Vernacular: Lifestyles of the Colonial Elite." *Of Consuming Interests: The Style of Life in the Eighteenth Century.* Hg. Cary Carson, Ronald Hoffman and Peter J. Albert. Charlottesville and London: University Press of Virginia, 1994. 1-58.

Synnott Marcia G. "Disney's America: Whose Patrimony, Whose Profits, Whose Past?" *Public Historian. A Journal of Public History* 17.4 (1995): 43-59.

Tilden, Freeman. *Interpreting Our Heritage.* Chapel Hill: University of North Carolina Press, 3. Aufl. 1977.

Tyler-McGraw, Marie. "Becoming Americans Again: Re-envisioning and Revising Thematic Interpretation at Colonial Williamsburg." *Public Historian. A Journal of Public History* 20.3 (Summer 1998): 53-76.

Van West, Carroll and Mary S. Hofschwelle. "'Slumbering On Its Old Foundations': Interpretation at Colonial Williamsburg." *South Atlantic Quarterly* 83 (1984): 157-75.

Wallace, Michael. "The Battle of the Enola Gay." *History Wars: The Enola Gay and Other Battles for the American Past.* Hg. Edward T. Linenthal and Tom Engelhardt. New York: Metropolitan, 1996. 269-318.

Wallace, Mike. *Mickey Mouse History and Other Essays on American Memory.* Philadelphia: Temple University Press, 1996.

Weimann, Robert. "Past Significance and Present Meaning." *New Literary History: A Journal of Theory and Interpretation* 1.1 (1969): 91-109.

Wells, Camille. "Interior Designs: Room Furnishings and Historical Interpretations at Colonial Williamsburg." *Southern Quarterly* 31.3 (Spring 1993): 89-112.

West, Patricia: *Domesticating History: The Political Origins of Ameria's House Museums.* Washington and London: Smithsonian Institution Press, 1999.

Wilburn, Robert C. "Report from the President: Furthering the Business of History Education." *Colonial Williamsburg Foundation: 1995 Annual Report,* spec. section in *Colonial Williamsburg. The Journal of the Colonial Williamsburg Foundation* (Summer 1996): 6-9.

---. "Report From The President: Learning From The Past Defines Our Mission." *Colonial Williamsburg Foundation: 1994 Annual Report,* spec. section in *Colonial Williamsburg. The Journal of the Colonial Williamsburg Foundation* (Summer 1995): 6-9.

Wood Gordon S. *The Radicalism of the American Revolution.* New York: Vintage Books, 1991.

Yellis, Ken. "Dying 'Interstate:' World View and Living History at Plimoth Plantation." *ALHFAM Proceedings of the 1990 Annual Meeting* 13 (1993): 59-63.

---. "Not Time Machines, But Real Time: Living History at Plimoth Plantation." *ALHFAM Proceedings of the 1989 Annual Meeting* 12 (1992): 52-57.

Yetter, George Humphrey. *Williamsburg Before and After: The Rebirth of Virginia's Colonial Capital.* Williamsburg, Va.: Colonial Williamsburg Foundation, 1988.

Young, Cynthia F. "What's Old Is New: Exhibit showcases 'the First Farmer.'" *Fairfax Journal* 25 Sept. 1996: A1.

Zapf, Hubert. "Mimesis." *Metzler Lexikon Literatur- und Kulturtheorie: Ansätze-Personen-Grundbegriffe.* Hg. Ansgar Nünning. Stuttgart und Weimar: Metzler, 1998. 373.

2. Tonbandaufnahmen und weitere Quellen

Besucherkonversation mit Barbara Standish, *Pilgrim Village*, 30.06.1999.
Besucherkonversation mit John Alden, *Pilgrim Village*, 30.06.1999.
Besucherkonversation mit Fear Allerton, *Pilgrim Village*, 26.06.1999.
Besucherkonversation mit Myles Standish, *Pilgrim Village*, 23.06.1999.
Besucherkonversation mit Bridget Fuller, *Pilgrim Village*, 16.06.1999.
Besucherkonversation mit Edward Winslow, *Pilgrim Village*, 16.06.1999.
Besucherkonversation mit Isaac Allerton, *Pilgrim Village*, 16.06.1999.
Besucherkonversation mit Steven Tracy, *Pilgrim Village*, 01.06.1999.
Guided tour, Governor's Palace, Colonial Williamsburg, 07.05.1997 und 08.05.1997.
<http://www.plimoth.org/liveh1.htm#top> (02/16/98).
<http://www.plimoth.org/living.htm> (02/16/98).
<http://www.plimoth.org/pilmyth.htm> (02/16/98).
Informelles Gespräch mit John Dever, *Assistant Program Supervisor, Colonial Interpretation Department*, Plimoth Plantation, 09.06.1999.
Informelles Gespräch mit Richard Pickering, *Special Projects*, Plimoth Plantation. 01.07.1999.
Interview mit Jim Reese, *Resident Director*, Mount Vernon, 10.05.1999.
Interview mit Peggy MacDonald Howells, *Manager Professional Services*, Colonial Williamsburg, 09.05.1997.
Interview mit Will Palmer, *Interpreter*, Plimoth Plantation, 01.06.1999.
"Liberty and Loyalty: The Paradoxes and Contradictions." *Raleigh Tavern*, Colonial Williamsburg, 08.05.1997.
Mansion House Tour, Mount Vernon, 30.04.1999.
Mount Vernon: A Rural Village, An Audio Tour of the Mount Vernon Outbuildings. Antenna and The Mount Vernon Ladies' Association, 1995.
Orientation film, Visitor Center, Colonial Williamsburg.
Orientation Walk, Colonial Williamsburg, 20.07.1999.
Orientation walk, Colonial Williamsburg, 06.05.1997.
Reenactments of the Virginia and Maryland Regiments, Mount Vernon, 07.11.1999.
"Rule Britannia!" Colonial Williamsburg, 18.07.1999.
Slave Life Walking Tour, Mount Vernon, 26.10.1998.
Slave Life Walking Tour, Mount Vernon, 20.04.1999.
"The Gathering Storm!" Colonial Williamsburg, 12.07.1999.
The Life of George Washington: A Video Biography of America's Greatest Hero. Prod. by the Mount Vernon Ladies' Association. Our National Heritage Series, 1989.
The Other Half Tour, Colonial Williamsburg, 21.07.1999.
The Other Half Tour, Colonial Williamsburg, 07.05.1997.
"The Sword Is Drawn!" Colonial Williamsburg, 13.07.1999.
"To Create a New England": The Orientation Multi-Image Show, Plimoth Plantation, 1987.
"To Run Or To Stay," Colonial Williamsburg, 13.07.1999.
"Virginia Declares Independence!" Colonial Williamsburg, 17.07.1999.
Williamsburg – The Story of a Patriot: A New Democracy Is Born. Colonial Williamsburg Foundation, 1957.
Wythe House, Colonial Williamsburg, 06.05.1997.

Personen- und Sachregister

American Studies –
A Monograph Series

Universitätsverlag
WINTER
Heidelberg

Herausgegeben von Reinhard R. Doerries,
Gerhard Hoffmann und Alfred Hornung

Volume 106: TOBIAS DÖRING
MARKUS HEIDE
SUSANNE MÜHLEISEN (Eds.)

Eating Culture

The Poetics and Politics of Food
2003. VIII, 284 Seiten, 4 Abbildungen.
ISBN 3-8253-1519-3

Volume 105: HERMANN JOSEF SCHNACKERTZ (Ed.)

POEtic Effect and Cultural Discourses

2003. XIV, 247 Seiten, 16 Abbildungen.
ISBN 3-8253-1489-8

Volume 104: GABRIELE LINKE

Populärliteratur als kulturelles Gedächtnis

Eine vergleichende Studie zu zeitgenössischen
britischen und amerikanischen *popular romances* der
Verlagsgruppe Harlequin Mills & Boon
2003. 382 Seiten.
ISBN 3-8253-1367-0

Volume 103: DIETMAR SCHLOSS

Die tugendhafte Republik

Politische Ideologie und Literatur in der
amerikanischen Gründerzeit
2003. IV, 375 Seiten.
ISBN 3-8253-1476-6

Volume 102: HANS-ULRICH MOHR/
BRIGITTE GEORGI-FINDLAY (Eds.)

Millennial Perspectives

Lifeworlds and Utopias
2003. 276 Seiten, 42 Abbildungen.
ISBN 3-8253-1469-3